Dänemark

Nordseeküste

Hans Klüche

Gratis-Download: Updates & aktuelle Extratipps des Autors

Unsere Autoren recherchieren auch nach Redaktionsschluss für Sie weiter. Auf unserer Homepage finden Sie Updates und persönliche Zusatztipps zu diesem Reiseführer.

Zum Ausdrucken und Mitnehmen oder als kostenloser Download für Smartphone, Tablet und E-Reader.
Besuchen Sie uns jetzt!
www.dumontreise.de/daenemark-nordsee

short.travel/63lww

DUMONT
Reise-Taschenbuch

Unterwegs an der dänischen Nordseeküste

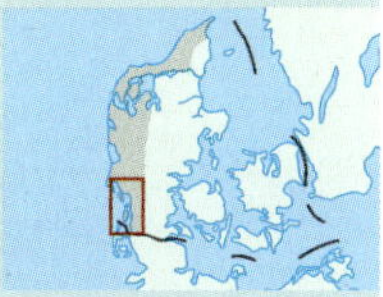

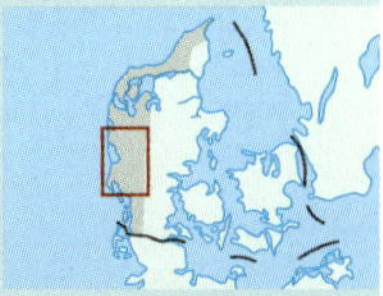

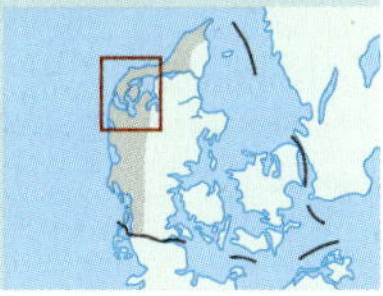

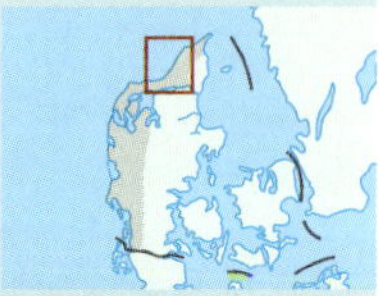

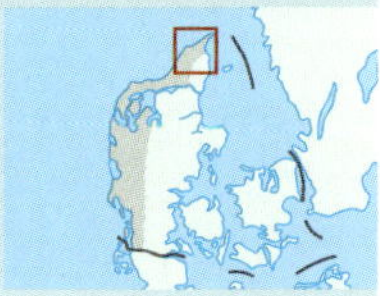

Auf Entdeckungstour

Karten und Pläne

s. hintere Umschlagklappe

▶ Dieses Symbol im Buch verweist auf die Extra-Reisekarte Dänemark Nordseeküste

atmosfair

Das Klima im Blick

Reisen bereichert und verbindet Menschen und Kulturen. Wer reist, erzeugt auch CO_2. Der Flugverkehr trägt mit einem Anteil von bis zu 10 % zur globalen Erwärmung bei. Wer das Klima schützen will, sollte sich für eine schonendere Reiseform (z. B. die Bahn) entscheiden – oder die Projekte von *atmosfair* unterstützen. *Atmosfair* ist eine gemeinnützige Klimaschutzorganisation. Die Idee: Flugpassagiere spenden einen kilometerabhängigen Beitrag für die von ihnen verursachten Emissionen und finanzieren damit Projekte in Entwicklungsländern, die dort den Ausstoß von Klimagasen verringern helfen. Dazu berechnet man mit dem Emissionsrechner auf *www.atmosfair.de,* wie viel CO_2 der Flug produziert und was es kostet, eine vergleichbare Menge Klimagase einzusparen (z. B. Berlin – London – Berlin 13 €). *Atmosfair* garantiert die sorgfältige Verwendung Ihres Beitrags. Klar – auch der DuMont Reiseverlag fliegt mit *atmosfair!*

Liebe Leserin, lieber Leser,

im Sommer 2014 erlebte Dänemarks Nordseeküste einen warmen und trockenen Hochsommer wie noch nie seit Beginn regelmäßiger Wetteraufzeichnungen. Blauer Himmel, strahlende Sonne, leichter Wind und viele ›tropische‹ Nächte – die Temperaturen sanken nicht unter 20 °C. Sogar die Wassertemperaturen der Nordsee lagen konstant in den 20ern. Karibisch ist das noch nicht, aber für Nordeuropa traumhaft. Ich kenne die dänische Nordseeküste auch anders, aufgewühlt von wütenden Winden im Herbst oder zart überdeckt von Seenebel im Spätsommer, wenn das Wasser wärmer ist als die kalte Morgenluft. Oder wie ich es liebe im Frühjahr, mit glasklaren, eiskalten Tagen, an denen man warm eingepackt stundenlang am Strand entlang geht und eine frische Luft genießt, die Lungen wie Geist frei macht für neue Taten.

Die Nordseeküste ist der Deutschen liebstes Dänemark. Für Dänen ist es ›Vestkysten‹, die Westküste, und entsprechend das Meer ›Vesterhavet‹, das Westmeer – alles nur eine Frage des Blickwinkels. Dänemarks Literaturnobelpreisträger von 1917, Henrik Pontoppidan, schrieb darüber in einem Buch, das für seine Heimat werben sollte: »Wie ein mächtiges Riff schiebt sich die dänische Halbinsel hinaus ins Meer. Die ewige Brandung der Nordsee schäumt an ihre Küste, und zwischen ihren weißen Flugsanddünen und auf ihren dunklen, weithin sich erstreckenden Heiden haben die wilden Weststürme ihren Tummelplatz.« Marketing geht heute anders – oder gab es damals noch nicht die grandiosen Sommer mit ewig blauem Himmel über endlos weißem Strandband und dieses wunderbare, blau schimmernde Licht, wenn heiße Sommertage in laue Abende übergehen?

Die dänische Nordseeküste mit Strand, Dünen, Ferienhäusern ist Erholung pur. Die Küste darauf zu reduzieren, greift aber zu kurz. Der Westen Dänemarks ist Abwechslung: Fachwerk trifft moderne Architektur, spannendes Edutainment fasziniert Kinder wie Eltern, Kunst von gestern und Gegenwart will entdeckt werden, ebenso Weltklasse-Mode und nordisch-nüchternes Design bei kultiviertem Shopping – ich liebe die Landschaft, ihre Menschen, ihre Kreativität und ihr entschleunigtes Leben. Lassen auch Sie sich darauf ein.

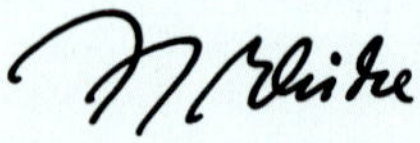

Am Strand von Løkken

Leser fragen, Autoren antworten

Dänemarks Nordseeküste – meine Tipps

Wo lerne ich die Küste schnell mal kennen?

Ganz im Südwesten, gleich hinter der Grenze: Rund drei Stunden ab Hamburg bei normalem Verkehrsfluss und man steht ohne eine Fähre oder einen Autozug benutzt und ohne Kurtaxe gezahlt zu haben auf der Insel Rømø, an einem der breitesten Strände Europas.

Prägend für die Region ist das Wattenmeer, seit 2010 Nationalpark und seit 2014 UNESCO-Welterbe, mit drei Inseln: **Rømø** über einen Damm, **Mandø** bei Ebbe über eine Piste durchs Watt und **Fanø** per Fährfahrt erreichbar.

Im Hinterland besuche ich das romantische **Møgeltønder** mit seinen royalen Spuren gern, ebenso die benachbarte Grenzstadt **Tønder.** Dort verkauft mein Lieblingsladen Möbeldesign auf Weltstadtniveau, meist bleibt es aber beim Schauen, während ich in **Blåvand,** wo Outlet-Shops 365 Tage im Jahr geöffnet haben, eigentlich immer ein Schnäppchen finde. Auch kulinarisch bietet der Südwesten Spannendes: Austern kann man in kalten Monaten etwa von Oktober bis Ostern im Watt suchen, so

Die dänische Nordseeküste zum Kennenlernen

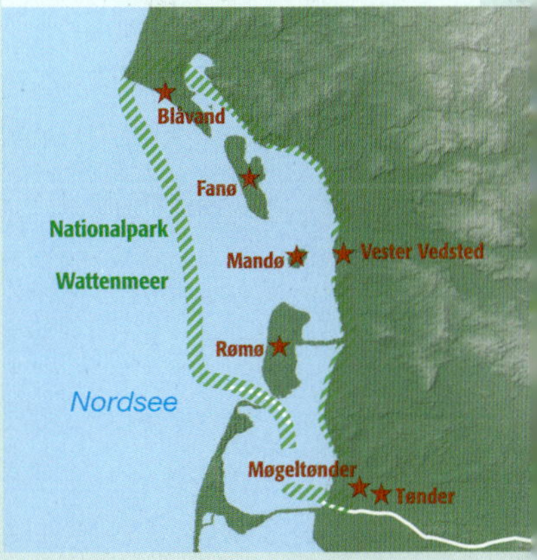

Ribe Domkirke

viel man mag. Und in **Vester Vedsted** gibt's dazu Wein, der hinter den Deichen angebaut wird.

Meer, Strand, Dünen, Ferienhäuser – was gibt's sonst noch?

Ribe ist Dänemarks älteste Stadt mit sensationellen Wikingerzeit-Funden und einem majestätischen Dom. Das benachbarte **Esbjerg** ist im Verhältnis dazu blutjung und wirkt auf den ersten Blick spröde, überrascht dann aber im Detail: Die Innenstadt erinnert an eine Modellausstellung für Architekturstile und überall spürt man, wie sich Esbjerg bemüht, seine Rolle als ›Hauptstadt der Westküste‹ auch kulturell auszufüllen – die Mega-Skulptur »Mennesket ved Havet« unterstreicht das kraftvoll.

Herning und **Holstebro**, zwei Provinzstädte im Hinterland, punkten ebenfalls mit moderner Kunst: Hernings Museumsmeile im Vorort **Birk** stünde jeder Millionenmetropole gut zu Gesicht, und Holstebro stellt eine echte Giacometti-Skulptur offen vor sein altes Rathaus.

Schließlich ist da noch das mondäne **Skagen** ganz im Norden, ein internationaler Badeort, quicklebendig und schick, der in seinen Museen über die Skagen-Maler eine wichtige Kulturepoche des Nordens pflegt.

Ich bin gern aktiv, was kann ich machen?

Naheliegend ist Wassersport! **Ringkøbing Fjord, Nissum Fjord** und **Limfjord** sind Spitzenreviere für Wind- und Kitesurfer, mit wilden Winden, aber gutmütigen Wellen.

Erfahrene Surfer sind auf der Nordsee unterwegs, und in der Region Thy verehrt die Szene das kleine **Klitmøller** als Herz eines ›Cold Hawaii‹, das allen Spielarten ihres Sports vom Wind- und Kitesurfen über klassisches Wellen-

Radfahrerparadies Dänemark – perfekt bis ans Ende aller Wege

reiten bis zum trendigen Stand-up-Paddling beste Bedingungen bietet.

Und wenn Wasser nicht mein Ding ist?

Da gibt's gute, trockene Alternativen: Über die Strände von **Rømø** und **Fanø** oder entlang der **Jammerbucht** flitzen Strandsegler, Kite-Buggy- und Blokart-Fahrer – das nötige Gerät kann man leihen, Kurse und Einführungen machen. Ansonsten ist Dänemark ein Fahrradland. Kaum losgefahren stößt man auf gut ausgeschilderte Radwege. Eine der großen Radwanderstrecken Europas folgt als **Vestkystruten** über 560 km der Küste, und jüngst wurden über ein Dutzend Panoramarouten explizit für Rundfahrten entwickelt und markiert.

Ein ähnlich gut markiertes Wegenetz finden Wanderer, Jogger und Spaziergänger, es führt oft über schmale Dünenpfade oder gar über den Strand. Den nutzen zudem Reiter: Viele Pferdehöfe bieten Strandritte, meist auf Islandpferden.

Ist Dänemarkurlaub gleich Ferienhausurlaub?

Nein! Luxus-Hausboote wie am Ringkøbing Fjord stehen für eine neue Dimension des Ferienhauses, Komforthütten mit Meerblick oder über einen Angelsee gebaut für neue Campingerfahrungen.

Ich persönlich nutze bei Recherchereisen gern Danhostels, die ehemaligen Jugendherbergen, mit funktionalen Zimmern, viele mit eigenem Bad und WC. Die Frühstücksbuffets sind oft besser als in Hotels und einige finden sich in Top-Lagen, wie das Danhostel Ribe mit Blick auf Altstadt und Dom oder das Danhostel Hirtshals mit Panoramaaussicht auf Hafen und Meer. Wer Nostalgie und Charme großer Epochen mag, bucht ein Badehotel: Einige wurden in den letzten Jahren sehr luxuriös, andere einfacher, aber respektvoll gegenüber ihren Ursprüngen Ende des 19., Anfang des 20. Jh. restauriert.

Die schönsten Urlaubsregionen an der dänischen Nordseeküste

Wo ist das schönste Ferienhausgebiet?

Das kommt auf Vorlieben an. Im Südwesten sind die meisten ausländischen Gäste Deutsche, da ist es wie zu Hause. Je weiter man nach Norden kommt, desto internationaler wird es, da urlauben auch gern Schweden, Norweger und vereinzelt Färinger oder Finnen. Die sind allesamt ›nachtaktiver‹ als deutsche Gäste – abends ist da mehr los.

Von den Inseln ist **Fanø** dank der Fähre exklusiver als **Rømø,** das bei gutem Sommerwetter über seinen Damm Zehntausende Tagesgäste anzieht.

Mein Favorit ist die Nordseeküste von **Thy** mit Orten wie **Stenbjerg** (ganz ruhig), **Nørre Vorupør** (der munterste) oder **Klitmøller** (mit Surfer-Flair): Auf der einen Seite haben sie eine tolle touristische Infrastruktur, auf der anderen Seite findet man schnell einsame Flecken in Dänemarks größter Wildnis, dem **Nationalpark Thy.**

Delikatesse preiswert: Krabbenscheren

Warum lassen die Dänen Autos auf den Strand?

Autos auf dem Strand haben Tradition: Auf Fanø wurden in den 1920ern gar Geschwindigkeitsrekorde gebrochen – heute sind nirgendwo mehr als 30 km/h erlaubt.

Surfer und Strandsportler fahren gern bis ans Wasser, so können sie ihr Gerät mitbringen, und bei Stränden, die über einen Kilometer breit sind wie auf Fanø oder Rømø, ist es mit Kindern und all dem Prüddel, den die brauchen, die praktikabelste Lösung, überhaupt ans Wasser zu kommen. Ökologisch ist das nicht einmal schlecht, denn Strand ist weniger empfindlich als Dünen, in denen sonst Parkplätze angelegt werden müssten.

Man sollte sich aber der Risiken bewusst sein: Bachläufe, die über den Strand ins Meer münden, können nach Regenfällen anschwellen und unpassierbar werden, Passagen mit tiefem, weichem Sand zum gnadenlos Festfahren gibt's auch an weitgehend festen Strandabschnitten, und Fluten fallen manchmal höher aus als normal und überspülen die sonst sicheren Autostrände – Bergungskosten trägt der Fahrer und unter Umständen entfällt bei Schäden der Kaskoschutz.

Wer auf keinen Fall zwischen Autos am Strand liegen will, dem sei versichert: Es gibt viel, viel mehr Strand, an dem Autofahren nicht erlaubt oder nicht möglich ist, als Autostrände.

Wo bekomme ich als Selbstversorger frische Lebensmittel?

Wenn ich mit meiner Familie an der Nordseeküste Urlaub mache, kaufe ich Gemüse, Kartoffeln, Obst und Honig meist an einem der Treu-und-Glauben-Stände, die Bauern und Imker an ihren Hofzufahrten entlang der Landstraßen aufstellen. Dafür liegt immer Kleingeld im Auto, denn Wechselkassen gibt's fast nie.

Sehe ich irgendwo einen Kutter von Fangfahrt kommen, schaue ich nach, ob der Skipper direkt vom Boot verkauft, je kleiner das ist, desto größer die Chancen – inzwischen habe ich sogar gelernt, mit einem kompletten Fisch umzugehen, denn filetiert wird er mir beim Direktkauf nicht. Bin ich in Hvide Sande, steigere ich bei den Fischauktionen für Touristen gern mit – dort bekommt man den Fisch gegen ein kleines Trinkgeld sogar fachgerecht zerlegt.

Die historische Munitionsbahn im Bunkermuseum Hanstholm

Stören nicht die vielen Bunker aus dem Zweiten Weltkrieg?

Es gibt nur ganz wenige Küstenabschnitte, an denen Bunker das Bild prägen, anderswo sieht man einzelne und auf vielen, vielen Kilometern überhaupt keine. Die vorhandenen Bunker scheinen jedoch unkaputtbar und verschwinden nur, wenn sie durch Erosion im Meer oder im Sand versinken. Sie halten indes das Thema Zweiter Weltkrieg und Atlantikwall präsent. Bunkermuseen wie Tirpitz-stillingen bei Blåvand oder das größte seiner Art in Hanstholm sind vielbesuchte Attraktionen und Bunkerführungen sind oft ausgebucht. Auch finden viele Kunst- und Kulturevents um die befremdlichen Kriegsrelikte statt. Als 2013 einige Bunker gesprengt und beseitigt werden sollten, gab es heftige Debatten über ihre Bedeutung – dänische Historiker sehen in ihnen wichtige Zeugnisse der Geschichte des Landes.

Resultieren denn aus der Kriegszeit noch Ressentiments gegen Deutsche?

Nein. Dänen sind aber sensibel, wenn sie ihre Eigenständigkeit und ihre nationale Identität bedroht sehen. Das macht sie traditionell kritisch gegen die EU und ließ sie dort Sonderregeln durchsetzen: So dürfen Ausländer, die nicht im Lande leben, keine Häuser kaufen.

Wenn man als Deutscher heute bei Begegnungen mit Dänen permanent Deutsch redet, ohne zu fragen, ob der Angesprochene es versteht, oder wenn man Dänen erklärt, wie sie ihr Land, ihren Job, ihren Laden oder was auch immer besser machen können, dann weckt man Ressentiments, aber das hat mit der Besatzung im Zweiten Weltkrieg nichts mehr zu tun.

NOCH FRAGEN?
Die können Sie gern per E-Mail stellen, wenn Sie die von Ihnen gesuchten Infos im Buch nicht finden:
klueche@dumontreise.de
info@dumontreise.de
Auch über eine Lesermail von Ihnen nach der Reise mit Hinweisen, was Ihnen gefallen hat oder welche Korrekturen Sie anbringen möchten, würden wir uns freuen.

Entschleunigung am Abend:
Ballum Sluse, S. 98

Vier Riesen mit Meerblick: »Mennesket ved Havet« in Esbjerg, S. 132

Lieblingsorte!

Picknick mit Aussicht:
auf dem Bulbjerg, S. 228

Das schönste ›alte‹ Badehotel der dänischen Nordsee: Svinkløv Badehotel, S. 237

Symbol für dänische Idylle:
Gourmetlokal Sønderho Kro, S. 141

Schlanke Landmarke in den Dünen:
Blåvandshuk Fyr, S. 157

Die Reiseführer von DuMont werden von Autoren geschrieben, die ihr Buch ständig aktualisieren und daher immer wieder dieselben Orte besuchen. Irgendwann entdeckt dabei jeder Autor seine ganz persönlichen Lieblingsorte. Dörfer, die abseits des touristischen Mainstreams liegen, eine ganz besonderer Strandabschnitt, Plätze, die zum Entspannen einladen, ein Stückchen ursprünglicher Natur, eben Wohlfühlorte, an die man immer wiederkehren möchte.

Im Würgegriff der Naturgewalten:
Rubjerg Knude Fyr, S. 254

Sonnenuntergänge mit Kultpotenzial:
Solnedgangskiosken in Skagen, S. 286

Schnellüberblick

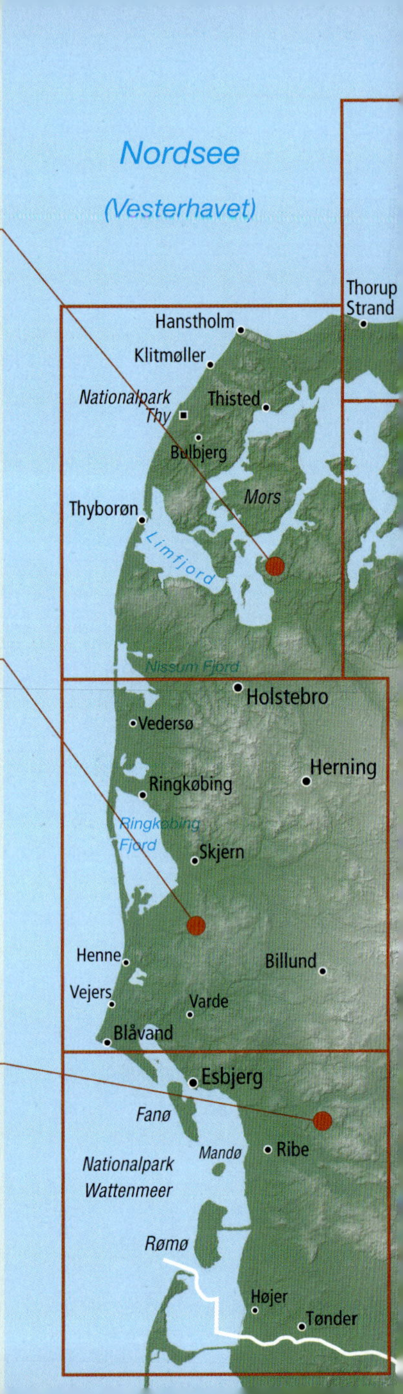

Vom Nissum Fjord zum Bulbjerg
Eine hauchdünne Nehrung trennt den Nissum Fjord von der Nordsee – Angler verehren seine Ufer. Weiter nördlich öffnet sich der Limfjord zur Nordsee, ein Binnenmeer quer durch Jütland. Schließlich Thy: rau, archaisch, irgendwie unfertig – Surfer schwärmen mit Liebe, aber auch Respekt von ›Cold Hawaii‹. S. 196

Von Blåvand bis Vedersø
Blåvand, Vejers, Grærup, Børsmose, Henne … die beliebten Siedlungen im Westen locken mit Stränden und Dünen Jahr für Jahr Hunderttausende in Ferienhäuser und auf Campingplätze. Für Service, Kultur und Lebensart sorgen Kleinstädte wie Varde, Hvide Sande oder Ringkøbing. S. 148

Die Wattküste
Das Wattenmeer lebt im Rhythmus der Gezeiten. Mittendrin die Inseln Rømø, Mandø und Fanø mit grandiosen Stränden. Auf dem Festland wetteifern Dörfer und Städte um Besucher, allen voran das historische Ribe und als Kontrast das junge, nur auf den ersten Blick spröde Esbjerg. S. 82

Tannis Bugt und Halbinsel Skagen
Kilometerlange Strände, Heiden und schattige Dünenforste, die den Sandflug stoppen sollen. Nur die Wanderdüne Råbjerg Mile darf ungehindert von der Nord- zur Ostsee ziehen. Ganz im Norden Grenen, Dänemarks Land's End – ein touristisches Pilgerziel. Davor Skagen: Leben trifft Lifestyle mit Werften, Fischfabriken, Gourmetlokalen und Treffs der Schönen und Reichen, die ihre Jachten und Autos aus Maranello oder Zuffenhausen zur Schau stellen. S. 266

Jammerbugt, Lønstrup und Hirtshals
Sandige Strände, abbrechende Klippen, Dünen – die Küste der Jammerbugt ist abwechslungsreich, manchmal spektakulär wie bei Lønstrup, wo ein Leuchtturm regelrecht auf der Kippe steht. Küstenorte sind mal romantisch wie besagtes Lønstrup, mal laut wie Løkken und Blokhus, mal pittoresk wie Thorup Strand mit den Kuttern der Strandfischer. S. 232

Reiseinfos, Adressen, Websites

Dänemarks Land's End Grenen: Auf 57° 45' 06" Nord verliert sich Dänemark im Meer

MONARK
MONARK

Informationsquellen

Infos im Internet

www.visitdenmark.de
Portal von VisitDenmark (s. rechts) mit Zugang zu landesweiten, auch regionalen und lokalen Informationen, u. a. mit Routenplaner, Buchungsfunktionen für Unterkünfte und Bestellformular für Broschüren (dt.).

www.tyskland.um.dk, www.oestrig.um.dk, www.schweiz.um.dk
Dänemarks diplomatische Vertretungen mit Informationen zu konsularischen Fragen, Einreise, Aufenthalts- und Einfuhrbestimmungen; dazu Informationen zu Land und Leuten (dt.).

www.denmark.dk
In soziale Netzwerke eingebundene Imagepflege des dänischen Außenministeriums mit Artikeln über Gesellschaft, Geschichte und Kultur, garniert mit News aus Politik, Königsfamilie, Wissenschaft und Sport (engl./teils dt.).

www.dk-forum.de
Munterer Austausch für Dänemarkfans über Orte, Urlaub, Kultur etc. (dt.)

www.daenemark-nordseekueste.de, www.dänemark.info, www.gute-adressen.dk
Private deutschsprachige Portale mit kommerziellen Absichten (Ferienhausvermietung usw.)

www.dmi.dk
Das Wetter allgemein und auf www.dmi.dk/eng/index/forecasts.html eine Fünf-Tage-Vorhersage (teils in dt.)

www.kongehuset.dk
Die königliche Webseite – was Sie immer schon über Königin Margrethe II. und ihre Familie wissen wollten (dän./engl.).

Touristeninformationen

VisitDenmark
Touristeninformation für alle deutschsprachigen Länder: Glockengießerwall 2, 20095 Hamburg, Tel. 0180 532 64 63 (Mo–Fr 9–17 Uhr; Sondernummer mit erhöhten Gebühren!), dan info@visitdenmark.com. Web-Portal (s. links): www.visitdenmark.de.

i-Büros im Land
Entlang der dänischen Nordseeküste haben alle touristisch bedeutenden Orte i-Büros: Hinter dem Begriff **›Turistinfo‹** verbirgt sich nicht selten eine unbemannte Station mit Broschüren-Ständern und interaktivem Bildschirm, der per Webcam Kontakt zu einem Mitarbeiter in einer Zentrale erlaubt. Eine **›Turistinformation‹** – weißes ›i‹ auf rotem Grund – informiert lokal/regional und hat oft nur im Sommer geöffnet.

Ein **›Turistbureau‹** – weißes ›i‹ auf grünem Grund – hat ganzjährig zu ortsüblichen Geschäftszeiten geöffnet, informiert über seine Region ebenso wie über ganz Dänemark, verkauft Eintrittskarten, Tickets für Fähren, Flüge, Busse und Bahnen und vermittelt Unterkünfte.

Im Web findet man i-Büros oft unter ›visit+Orts- oder Regionalname+.dk oder .de‹ wie www.visitesbjerg.dk/de oder www.visitwestdenmark.de. Aufgepasst bei Domain-Endungen und Umwandlung der Sonderzeichen ø, æ und å: Mit www.visitfanoe.dk landet man beim i-Büro der Insel Fanø, mit www.visitfano.de oder www.visitfanoe.com bei kommerziellen Anbietern.

Karten

Eine Dänemark-Karte 1 : 500 000 mit guten Zusatzinfos – Strände, i-Büro-Adressen, Campingplätze und Jugendherbergen – stellt VisitDenmark (s. S. 18) kostenlos zur Verfügung.

Lese- und Filmtipps

H. C. Andersen ließ eigene Reiseerlebnisse an der dänischen Nordsee u. a. in ein weniger bekanntes Märchen einfließen: »Eine Geschichte aus den Dünen«. Seine Werke erscheinen in immer neuen Zusammenstellungen als gedruckte Ausgaben ebenso wie als E-Books.

Karen/Tanja Blixen ist weltberühmt durch ihren autobiografischen und mit Meryl Streep und Robert Redford verfilmten Roman »Jenseits von Afrika«. Die Verfilmung einer ihrer bekanntesten Novellen, »Babettes Fest«, wurde ebenfalls mit einem Oscar prämiert: Gourmetköchin Babette landet durch politische Wirren in einem kargen Dünendorf der dänischen Nordseeküste (in der literarischen Vorlage ist es die norwegische Küste), dessen fundamental-pietistische, jedem Genuss abholde Gemeinde durch die Französin bei einem Festmahl in einen kulinarischen Rausch versetzt wird – eine schöne DVD für einen Abend im Ferienhaus.

Die Olsenbande gab zwischen 1968 und 1998 einer Filmreihe mit 14 Krimi-Burlesken den Titel. Film Nr. 3 »Die Olsenbande fährt nach Jütland« von 1971 bringt die ewig scheiternden Kleinkriminellen Egon, Kjeld und Benny in die Gegend von Hanstholm, um aus einem Bunker einen Nazi-Goldschatz zu bergen. Die Reihe lockte im Osten Deutschlands Massen in die Kinos und besitzt dort bis heute Kultstatus. Alle Filme sind in der von Fans bevorzugten DEFA-Synchronisation auf DVD oder Blu-Ray erhältlich.

Krimi-Schauplatz Dänemark

Julie Hastrup schickt in ihrem Krimi-Debüt »Vergeltung« (2012) die ambitionierte Ermittlerin Rebekka Holm aus Kopenhagen ins beschauliche Ringkøbing, wo eine junge Frau nach einem Discobesuch bestialisch ermordet wurde. Autorin und Romanfigur stammen beide selbst aus der Kleinstadt an der Nordseeküste und Rebekka muss bei diesem Fall auch die eigene, nicht leichte Vergangenheit aufarbeiten – Pflichtlektüre für Krimifans, die in der Region Ferien machen. Die drei bisher noch erschienenen Romane der Rebekka-Holm-Reihe (zuletzt »Todessommer« und »Die Toten am Lyngbysee«, beide 2014) spielen indes vorrangig in Kopenhagen und nur am Rande in Ringkøbing. Auch die aktuell bekanntesten dänischen Krimi-Autoren nutzen andere Schauplätze als die Nordseeküste: Relativ nah sind das mörderische Aarhus und Jütlands Ostseeküste, wo **Elsebeth Egholm,** eine der besten Autorinnen des Nordic Crime, in sechs schon auf Deutsch erschienenen Dicte-Svendsen-Romanen eine Journalistin auf Verbrecherjagd schickt (zuletzt »Rachlust« 2011, weitere Titel noch unübersetzt). Außerdem stellte sie in zwei Spin-off-Thrillern Dictes in früher Jugend zur Adoption abgegebenen Sohn Peter Boutrup in den Mittelpunkt (»Eiskalt wie die Nacht« 2013, »Die Nacht der toten Seelen« 2014). Bestseller-Autor **Jussi Adler-Olsen** lässt derweil in fünf Thrillern den grantigen Kommissar Carl Mørck vom Dezernat Q der Kopenhagener Polizei zusammen mit skurril bis undurchsichtigen Mitarbeitern ungelöste Altfälle aufgreifen, die sich letztlich aber immer als brandaktuell erweisen – grandios »Erbarmen« (2009) und »Erlösung« (2011), zuletzt »Erwartung – Der Marco-Effekt« (2013, TB 2014).

Wetter und Reisezeit

Wechselhaftes Klima

Abwechslung prägt das Wetter der dänischen Nordseeküste, es sind aber auch über Tage stabile Wetterlagen möglich, schöne wie stürmische. Der Februar ist der kälteste Monat. Ab Mai steigen die Temperaturen, der Frühling kommt spät und ist kurz. Mai und Juni sind statistisch trocken mit den meisten Sonnenstunden, wärmer sind jedoch Juli und August mit Tagesdurchschnittstemperaturen um 20 °C und Spitzen von über 30 °C. Die Wassertemperatur im Meer übersteigt in guten Sommern die 20-Grad-Marke, heizt sich aber nur langsam auf – ein Bad in der Nordsee ist im Spätsommer angenehmer als im Frühsommer.

Im Herbst kann es klare, kühle Tage für Strandspaziergänge ebenso geben wie Weststürme mit tief fliegenden Wolken – dann ist man froh über die Sauna im Ferienhaus. Zum Jahresende sollte man eher mit nasskaltem Wetter als mit weißen Weihnachten rechnen.

Klimadiagramm Skagen

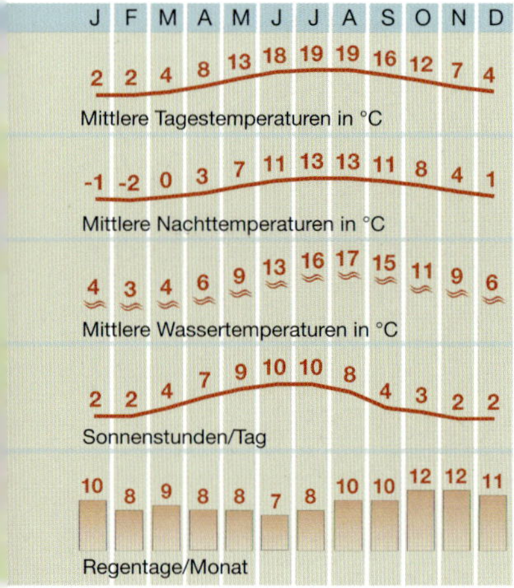

Saisonverlauf

Preise und Öffnungszeiten orientieren sich in erster Linie an den dänischen Ferien, die mit wenigen Abweichungen jedes Jahr gleich liegen.

Das touristische Jahr beginnt um den Jahreswechsel mit annähernden Hochsaison-Preisen für Ferienhäuser und Apartments. Eine Zwischensaison bringen die dänischen Winterferien in den Kalenderwochen 7 und 8 vor allem in gut ausgestatteten Ferienparks, ebenso die Osterferien. Mit denen beginnt für viele Attraktionen die Saison, einige öffnen hingegen erst um Pfingsten.

In sechs Wochen Sommerferien ab dem letztem Juni-Samstag läuft das Land touristisch auf Hochtouren mit höchsten Preisen und längsten Öffnungszeiten. Traditionell kulminieren alle auf Dänemark brandenden Urlaubswellen in Woche 29 (Mitte Juli), dann meldet fast das ganze Land *»alt optaget«* – alles besetzt. Schon Ende August werden Öffnungszeiten wieder kürzer, erste Attraktionen schließen im September, viele nehmen noch die dänischen Herbstferien in Woche 42 (Mitte Oktober) mit. Die ist für viele Museen und Attraktionen Schlussakkord der Saison fast wie im Hochsommer, weil dänische Familien diese Woche traditionell für Aktivitäten wie Museumsbesuche nutzen.

Häuser und Wohnungen kann man aber das ganze Jahr über mieten und es gibt auch überall ganzjährig geöffnete Boutiquen, Lebensmittelläden, Museen und Restaurants – nur muss man im Winterhalbjahr Ausflüge und Besuche sorgfältiger planen.

Packen für Dänemark

Dänemarks Nordseeküste erfordert keine Spezialkleidung, doch sollte Wasser- und Windundurchlässiges dabei sein sowie ein wärmender Pullover für den Abend. Zum Ausgehen reicht in der Regel leger-sportliches Outfit auch in der gehobenen Gastronomie.

Ein guter Sonnenschutz sollte auch außerhalb der Sommermonate nicht fehlen, denn bei erfrischendem Seewind merkt man oft zu spät, wie stark die Sonne ist. Im Herbst und Winter machen sich für lange Abende im Ferienhaus Gesellschaftsspiele sowie eine kleine Auswahl an Lieblingsmusik und -filmen gut – viele dänische Ferienhäuser besitzen CD- und DVD-Player.

Anreise und Verkehrsmittel

Einreisebestimmungen

Mensch: Dänemark ist ›Schengen-Land‹ und so entfallen z. Zt. alle Grenzkontrollen. Bürger der EU und der Schweiz – das gilt auch für Kinder unabhängig vom Alter – müssen eigene Ausweispapiere mit sich führen und Bürger anderer Staaten die für ihr Heimatland gültigen Visabestimmungen beachten.

Tier: Hunde – ausgenommen Kampfhunderassen und Kreuzungen damit –, Katzen und sogar Pferde können eingeführt werden, wenn sie durch einen implantierten Chip oder eine Tätowierung identifizierbar sind und Papiere wie ein EU-Heimtierausweis sowie vorgeschriebene Impfnachweise vorliegen. Ausführliche Informationen auf der Seite der dänischen Botschaft www.tyskland.um.dk unter ›Reise & Aufenthalt‹, ›Jagd, Angeln und Reisen mit Tieren‹.

Ware: Für den persönlichen Gebrauch können die meisten Waren aus EU-Ländern unbeschränkt eingeführt werden, bei einigen gelten jedoch Richtwerte (ca. 10 l Hochprozentiges, 90 l Wein, 800 Zigaretten). Die private Einfuhr von Feuerwerkskörpern ist grundsätzlich verboten!

Anreise

Bei Reisen an Dänemarks Nordseeküste ist das Auto dominierendes Verkehrsmittel. Bahn, Bus und Flugzeug werden zur An- oder Abreise selten genutzt, meist nur, wenn beim Ferienhausurlaub jemand nachkommen bzw. früher zurückreisen muss oder bei der Anreise zu Fahrradurlauben.

Samstage mit Staugarantie
Samstag ist Hauptwechseltag in dänischen und norddeutschen Urlaubsdomizilen. Das sorgt an wichtigen Reisetagen zwischen Hamburg und den Feriengebieten für Staus in beiden Fahrtrichtungen. Wer z. B. als Camper flexibel ist, fährt besser in der Wochenmitte und Ferienhausmieter sollten einen Zwischenstopp bei An- und Abreise einlegen: Businesshotels in dänischen Städten locken gerade in Ferienzeiten oft mit Sonderangeboten oder man bucht ein Familienzimmer im Danhostel (s. S. 27) einer attraktiven Stadt, z. B. im historischen Ribe. Und auch um den LEGOLAND Park Billund gibt es reichlich Hotels, eine Familien-Herberge und einen Campingplatz mit Hütten.

Details zur Anreise in die verschiedenen Abschnitte der Küste finden Sie in den Infoboxen zu Beginn aller Kapitel im Reiseteil dieses Buches.

Margeriten-Route
Geruhsam bummelt man im Zeichen der Margerite. Die Lieblingsblume von Königin Margrethe II. markiert auf braunem Grund etwa 3500 km ›Schleichwege‹ kreuz und quer durch Dänemark, gut 600 km davon entlang der Nordseeküste. Die Routen sind so gewählt, dass sie regelmäßig Sehenswürdigkeiten passieren wie Kirchen, Schlösser, Herrensitze oder Vorzeitmonumente. In der Reisekarte dieses Buches ist die Margeriten-Route markiert; Apps (dän. oder engl.) auf www.margueritruten.dk.

... mit dem Auto

Hat man das schlimmste Nadelöhr auf dem Weg zur dänischen Nordseeküste hinter sich, den Elbtunnel in Hamburg, kann man ohne Staus in ca. 2,5 Std. am Strand von Rømø sein, in knapp 4 Std. im populären Badeort Søndervig am Ringkøbing Fjord oder in gut 5 Std. an Dänemarks Nordspitze in Skagen. Von den Autobahnen E 45 (südl. der Grenze A 7)/E 20 (Kolding–Esbjerg) und E 49 (Aalborg–Hirtshals) führen gut ausgebaute Fern- und Nebenstraßen in die Urlaubsgebiete. Fährfahrten sind nur nach Fanø nötig (s. S. 145). Bekannte Nadelöhre im dänischen Autobahnnetz sind die Autobahndreiecke der E 20/E 45 um Kolding und der Autobahntunnel unter dem Limfjord bei Aalborg.

... mit Bahn und Bus

Dänemarks Nordseeküste ist ab Deutschland nur mit Umsteigen zu erreichen. Mit Ausnahme der Lokalbahn vom deutschen Niebüll nach Tønder, Ribe und Esbjerg fahren die wenigen durchgehenden Züge und Fernbusse durch Ostjütland. Dort steigt man in größeren Orten Richtung Nordseeküste auf innerdänische Fern- oder Regionalbusse bzw. -züge um. Preise und Fahrpläne für die Bahn auf www.bahn.de, für Busse www.abildskou.dk/tyskland (tgl. Hamburg/Berlin–Kolding–Aarhus, Tel. in DK 70 21 08 88) oder www.eurolines.de (Hamburg–Kolding–Vejle–Aarhus–Aalborg mit Verbindungen ab anderen deutschen Städten, Tel. in D 06196 20 78-501, in DK 33 88 70 00).

... mit dem Flugzeug

Die meisten Flüge aus den deutschsprachigen Ländern führen über Kopenhagen, nur wenige direkt nach Billund (BLL, für die südliche bis mittlere Nordseeküste). Weitere Airports mit Linienflügen sind Karup (KRP, Ringkøbing Fjord bis Thy) und Aalborg (AAL, Nordjütland). Wichtige Airlines: www.flysas.com (via Kopenhagen), www.lufthansa.com (via Kopenhagen, direkt Frankfurt–Billund), www.britishairways.com (direkt Düsseldorf, München und Zürich–Billund), www.norwegian.com (via Kopenhagen).

Reisen in Dänemark

Autofahren

Verkehrsregeln und -zeichen entsprechen europäischem Standard. Generell gilt Tempo 50 in Ortschaften, 80 auf Landstraßen und 130 auf Autobahnen, wobei lange Autobahnabschnitte auf 110 km/h beschränkt sind (Gespanne: 50/70/80 km/h). Verstöße werden mit hohen Geldstrafen geahndet, Ausländer müssen direkt zahlen, Kreditkarte wird akzeptiert. In Ortschaften ist schnell die Geschwindigkeitsschwelle überschritten, ab der die Polizei den Führerschein einbehält. Dänische Besonderheiten: Das Fahrlicht ist ganztägig Pflicht, an Autobahnauffahrten gilt das Reißverschlussverfahren, weiße Dreiecke (›Haifischzähne‹) auf der Fahrbahn an Kreuzungen signalisieren: Vorfahrt gewähren.

Tankstellen gibt es reichlich, viele als reine Automatentankstellen, an denen man u. a. mit Kreditkarten zahlen kann. 92 Oktan entspricht ›Normal‹, 95 Oktan ›Super‹, 98 Oktan ›Super plus‹. Die Preise liegen je nach Stand der letzten Steuererhöhungen mal nördlich, mal südlich der Grenze höher (minutenaktueller Preisspiegel auf www.fdmbenzinpriser.dk). Autogas-Tankstellen sind rar (aktuell: www.gas-tankstellen.de).

Umweltplaketten *(Miljøzonemærke)* werden bisher nur für Lkw und Busse über 3,5 t in einigen Großstädten, u. a. in Aalborg, verlangt: http://ecosticker.applusbilsyn.dk/de.

Bei **Unfällen** mit dänischen Fahrzeugen, bei denen der Halter nicht feststellbar oder unversichert ist, hilft: DFIM, Tel. 41 91 90 69, www.dfim.dk (engl.). **Pannenhilfe** leisten private Firmen wie Dansk Autohjælp (Tel. 70 10 80 90) oder Falck (Tel. 70 10 20 30), nicht jedoch der dänische Automobilclub FDM.

Öffentliche Verkehrsmittel

Der öffentliche Verkehr ist in großräumigen Verkehrsverbünden mit aufeinander abgestimmten Fahrplänen für Busse und Bahnen organisiert. www.rejseplanen.dk (auch dt.) bietet einen umfassenden Onlinefahrplan mit Zugang zu Onlinebuchungen (nur Dänisch). Günstigste Bahn-Sparpreise ›Orange‹ gibt's selten für attraktive Verbindungen, flexibler sind günstige Minigruppen-Tarife für 3–7 Personen. Busse fahren bis in ländliche Regionen

Teure Knöllchen

510 DKK (ca. 70 €) kostet in Dänemark aktuell falsches Parken *(p-afgift oder kontrollafgift)*, in schweren Fällen wie unberechtigtem Parken auf Behindertenparkplätzen oder vor Ein- und Ausfahrten 1020 DKK (ca. 140 €). In Internetforen klagen Urlauber oft über ungewohnte Regeln: Auch auf **privaten Parklätzen** z. B. von Einkaufszentren kann es Knöllchen in oben genannter Höhe geben, wenn man je nach Hinweisschild ohne gültigen **Parkschein** *(p-billet påkrævet)*, ohne **Parkscheibe** *(p-skivepåbud)* oder über die darauf angezeigte Zeit hinaus oder mit dem falschen Fahrzeug auf **Flächen für Fahrzeugtypen** wie Wohnmobile, Gespanne oder Elektrofahrzeuge parkt.

– **Generelles Park- und Halteverbot** 10 m vor und hinter Straßenkreuzungen, -einmündungen und -gabelungen; 5 m vor Zebrastreifen und Abfahrten von Fahrradwegen; an schmalen Straßen mit durchgezogener Mittellinie und sobald Straßen in Richtungsfahrbahnen aufgeteilt sind; an gelb markierten Bordsteinkanten. In geschlossenen Ortschaften ist Halten oder Parken ganz oder teilweise auf Bürgersteigen, Fahrradwegen, begrünten Rand- und Mittelstreifen u. ä. nur erlaubt, wenn dort Parkflächen ausdrücklich aufgemalt oder ausgeschildert sind.

– **Verkehrsberuhigte Zonen:** Parken nur in markierten Flächen.

– **Zusatzschilder für Sonderregeln:** Zeitangaben schwarz = Mo–Fr, schwarz in Klammern = Sa, rot = So/Feiertage.

– **Parkscheiben:** Ist kostenloses Parken zeitlich begrenzt, sind Parkscheiben Pflicht. Folgt auf eine gebührenpflichtige Zeitphase eine kostenlose, zeitlich begrenzte Parkzeit, ist die Parkscheibe auf die Ablaufzeit des Parkscheins einzustellen.

Vestkystruten: Dänemarks nationale Radroute 1 folgt über 560 km der Nordseeküste

im Taktverkehr, wenig genutzte Linien werden nach Bedarf bedient (Telebus/Teletaxa; Rufnummern u. a. in Fahrplänen). Soweit Platz vorhanden, transportieren Linienbusse außer in Städten gegen geringe Gebühr Fahrräder, teils im Gepäckraum oder auf Metallgestellen hinten am Fahrzeug – nicht gerade schonend!

Taxi

In größeren Orten bekommt man schnell ein Taxi, in einsamen Ferienhausgebieten mit längeren Wartezeiten – Rufnummern hängen in vielen Ferienhäusern aus oder stehen in örtlichen Broschüren. Eine 3 km Strecke kostet je nach Uhrzeit und Wochentag 60–105 DKK (Grund- u. Kilometergebühr), eine 30-km-Strecke ab ca. 480 DKK.

Radfahren

Entlang der Nordseeküste existiert wie überall in Dänemark ein perfekt beschildertes Radwegenetz *(cykelsti* oder *cykelvej)* über speziell angelegte Trassen, wenig befahrene Nebenstraßen sowie Damm- und Forstwege. Die ›National Cykelrute 1‹ Vestkystruten, dt. Nordseeküsten-Radweg, folgt der Küste vom Grenzdorf Rudbøl bis Grenen bei Skagen über 560 km, etwa zwei Drittel davon asphaltiert, sonst auf festem Schotter (Details: www.vestkystruten.dk, auch dt.).

Mit Radroute 12, Limfjordsruten um den Limfjord, berührt ein weiterer Langstrecken-Radweg die Region (ca. 600 km, Abkürzungen möglich). Radwanderführer zu den beiden großen Routen erschienen in der Reihe »bikeline« im Verlag Esterbauer (ca. 12 €). Schilder an Radwegen zeigen ein weißes Fahrrad auf blauem Grund, die Nummer des Radweges sowie wichtige Entfernungen.

Besonderheiten beim Radfahren: Zum Linksabbiegen fährt man nie in die Straßenmitte sondern rechts über den Kreuzungsbereich und ordnet sich auf der anderen Seite in den Querverkehr ein. Das Heben einer Hand warnt auf Radwegen nachfolgende Radfahrer, dass man anhalten will.

Übernachten

Hotels

Doppelzimmer mit Bad/WC und Frühstück kosten in einfachen Hotels ab ca. 500 DKK/65 €, in der Mittelklasse ca. 750 DKK/100 € und in komfortablen bis luxuriösen Häusern ab ca. 1000 DKK/130 €. Im Hinterland bieten Businesshotels in Ferienzeiten und an Wochenenden oft Sonderangebote.

Ein freiwilliges Klassifizierungssystem mit 1–5 Sternen orientiert sich an objektiven Ausstattungsmerkmalen, so müssen für drei Sterne alle Zimmer eines Hotels mit Bad/WC ausgestattet sein. Entlang der Nordseeküste sind viele der schönsten und romantischsten Hotels jedoch nicht klassifiziert, was weder gegen Qualität noch Atmosphäre spricht. Infos mit tagesaktuellen Sonderangeboten auf www.hotel.dk (auch dt.).

Dem landesweit aktiven Verband **Small Danish Hotels** (www.smalldanishhotels.com) sind gut zwei Dutzend unabhängiger Häuser entlang der Nordseeküste angeschlossen, darunter Stadthotels, Schloss- und Gutshofhotels sowie traditionelle Landgasthöfe, die die Dänen Kroer – Einzahl Kro – nennen. Auf Kroer trifft man überall, gern in kleinen Orten oder entlang der Landstraßen. Hinter dem rechtlich ungeschützten Begriff können sich billige Kaschemmen ebenso wie Gourmettempel mit Luxuszimmern verbergen.

Ferienhäuser

Deutsche Urlauber verbringen statistisch etwa 90 % ihrer dänischen Nächte in Ferienhäusern. Die Mietpreise variieren nach Ausstattung und Reisezeit, oft gibt es fünf oder sechs Tarifperioden, die am Anfang und Ende durch Angebote wie ›3-Wochen-zum-2-Wochen-Preis‹ oder ›2-Wochen-zum-10-Tage-Preis‹ auch noch fließend gestaltet sind. Teuerste Zeiten sind Juli und früher August sowie um den Jahreswechsel (s. S. 20). Meist wird wochenweise mit Wechsel am Samstag vermietet, aber die Flexibilität der Vermittler wächst vor allem in der Nebensaison, weil der Markt es verlangt.

Klassisch, romantisch, elegant
Badehotels, von denen einige auf über hundert Jahre Tradition zurückblicken, boomen. Lange vernachlässigt, wurden mehrere in den letzten Jahren respektvoll renoviert, meist romantisch, zum Teil mondän. Ein nostalgisches Paradies in den Dünen ist das Svinkløv Badehotel (s. S. 237) in Nordjütland, Klassiker der Moderne das Henne Mølle Å Badehotel (s. S. 165) und die Luxusklasse repräsentiert Ruths Hotel (s. S. 285) in Gammel Skagen.

In der Nebensaison fallen Mieten auf etwa 35–40 %, in Einzelfällen unter 30 % der Hochsaisonpreise. Einen Teil dieser Ersparnis fressen die **Nebenkosten** auf. Strom – fast überall wird elektrisch geheizt – wird immer, Wasser selten gesondert abgerechnet. Außerhalb des Sommers können in Luxushäusern mit Pool ein paar hundert Euro pro Woche anfallen. Brennholz oder Briketts für Kaminöfen findet man in Ferienhausregionen an jeder Ecke, Treibholz vom Strand darf wegen des hohen Salzgehalts aber nicht in die Öfen!

Bettwäsche
In Ferienhäusern, Apartments und Hütten auf Campingplätzen gehören Bettwäsche und Handtücher niemals zur Standardausstattung, können aber geliehen werden (ca. 10–15 €/Garnitur). In Danhostel-Herbergen (s. S. 27) wird die Bettwäsche bisher nur selten kostenlos gestellt, sondern meist verliehen (ca. 8–9 €/Pers.), wenn man keine eigene mitgebracht hat. Schlafsäcke sind überall verboten!

Nebenkosten werden mit einer **Kaution,** die bei Ankunft oder mit der letzten Rate vor Reiseantritt zu zahlen ist, verrechnet. Einige Vermittler verlangen von Mietern unter 21 Jahren sowie über Silvester erhöhte Kautionen. Die **Endreinigung** kostet je nach Hausgröße und -ausstattung 50–200 € und muss rechtzeitig bestellt werden; bei hochwertigen Häusern ist sie oft bei der Miete eingepreist und dann als ›Gratis Endreinigung‹ hervorgehoben.

Haustiere dürfen manchmal gar nicht, manchmal nur gegen Extragebühr in Ferienhäuser und -wohnungen, Kataloge und Buchungsportale geben Auskunft.

Vermittler

In ganz Dänemark werden ca. 40 000 bis 50 000 Ferienhäuser kommerziell vermietet. Werben mehrere Internetanbieter mit 20 000 oder gar 50 000 Häusern im Angebot, dann nur, weil sie alle dieselben meinen:

Lokale Vermittler agieren mit ›kurzem Draht‹ zu Vermietern und guter Kenntnis der Objekte. Einige kooperieren, wie Feriepartner Dänemark (zehn Büros im Westen Dänemarks, in D Tel. 0800 358 75 28, www.feriepartner.de) oder Nordsee Holidays (acht Büros mit über 4000 Häusern, Tel. +45 70 30 00 41, www.nordsee-holidays.dk) und bieten in ihren Portalen Häuser entlang der ganzen dänischen Nordseeküste, sie sind vor Ort aber gut verwurzelt und in der Regel inhabergeführt.

Große Vermittler bieten landesweit Tausende Objekte aller Preisklassen und betreuen Kunden mit Servicebüros vor Ort, darunter Dansommer (www.dansommer.de) mit Premium- und Aktivitätshäusern oder NOVASOL (www.novasol.de) mit Qualitätshäusern für jeden Geschmack.

Digitale Internet-Reisebüros wie www.cofman.de oder die TUI-Tochter www.atraveo.de bündeln automatisiert Häuser der oben genannten Anbieter und verkaufen sie weiter, so wie früher das Reisebüro an der Ecke mit seinen verschiedenen Katalogen – eigene Servicebüros vor Ort haben sie nicht.

Ferienparks

Ferienparks bieten in der Regel Einkaufsmöglichkeiten, Restaurants, Fitness-/Wellness-Einrichtungen oder ein Spaßbad. Bei vergleichbarem Wohnkomfort sind sie meist günstiger als individuelle Ferienhäuser. Wohnungen in großen Blöcken oder Reihen- und Doppelhäuser sind üblich, freistehende Häuser selten. Ferienparks sind in puncto Mietzeiten und Wechseltag recht flexibel und locken außerhalb der Hochsaison gern mit Sonderangeboten für Kurzurlaube. Nicht alle haben ganzjährig geöffnet.

Entlang der dänischen Nordseeküste vermarktet **Danland** (www.danland.de) über ein Dutzend Anlagen, einige in schroffem Baustil der 1970/80er-Jahre. **Dayz Resorts** (www.dayz.dk) betreibt zwei Ferienparks nahe der Nordsee sowie einen am Limfjord, darunter **Dayz SeaWest**

Nymindegab (s. S. 170), und **enjoy resorts** (www.enjoyresorts.dk) eine Anlage auf Rømø (s. S. 108) mit einer der besten dänischen Wellnessanlagen sowie einem international beachteten Golfplatz vor der Tür. Ferienpark-Portal: www.feriecenter-siden.dk/ferienwohnung.

Privatzimmer

Privatzimmer – oft als **Bed & Breakfast** vermarktet – findet man durch Hinweisschilder auf ›B&B‹ oder ›Værelser‹ an der Straße oder durch Vermittlung der i-Büros. Doppelzimmer mit Frühstück kosten ab 300 DKK/40 €. Wird vom Vermieter kein Frühstück angeboten, steht meist eine Teeküche zur Verfügung. Buchungsportale für B & B: www.bbdk.dk und www.net-bb.dk. Ebenfalls Zimmer nach dem B & B-Prinzip oder kleine Ferienwohnungen zur Selbstversorgung vermieten gut zwei Dutzend **Bauernhöfe** in der Nähe der Nordseeküste, organisiert in der ›Landesvereinigung für Ferien auf dem Bauenhof‹ (Tel. 86 37 39 00, www.bondegaardsferie.dk) und im Verband für Ökohof-Ferien (www.ecoholiday.dk).

Danhostel

Die aus den Jugendherbergen hervorgegangenen Danhostels (www.danhostel.dk/de) verstehen sich als Familienherbergen, sprechen aber auch ältere Gäste ohne Kinder an. Einzelne Betten im Mehrbettzimmer (ca. 150–275 DKK/21–37,50 €) gibt es nicht einmal mehr in allen Häusern und zu allen Jahreszeiten, dafür Einzel-, Doppel- und Familienzimmer, letztere für mindestens 4, manchmal für bis zu 6 oder 7 Personen.

Alle Danhostel sind mit 1–5 Sternen klassifiziert, einige bieten nahezu Hotelkomfort; ab 4 Sternen haben die meisten Zimmer im Haus Bad/WC. Preise werden von jedem Haus individuell festgelegt und variieren je nach Standard und Saison. Doppelzimmer kosten ca. 275–725 DKK/37,50–97,50 €. Ein YHA-/Jugendherbergsausweis (vor Ort 70 DKK/9,50 € für ein Jahr) bringt bei Buchungen über das Danhostel-Portal oder direkt bei den Häusern 10 % Rabatt auf Übernachtungen sowie Rabatte bei vielen Attraktionen im Land.

Frühstück kostet in der Regel extra (50–80 DKK/7–11 €) und übertrifft häufig gängigen Hotelstandard. In einigen Häusern gibt es zudem preiswertes Mittag- und Abendessen – eine Küche für Selbstversorger ist trotzdem immer vorhanden.

Camping

Entlang der Nordseeküste finden sich über 100 vom Camping-Rat mit 1 bis 5 Sternen bewertete Campingplätze, darunter zwei 5-Sterne-Anlagen, die zu den besten Campingplätzen Europas zählen. 3 Sterne stehen für soliden Standard. Bewertet wird nach objektiven Kriterien, nicht nach subjektiven wie Atmosphäre oder Lage – so können auch 1- und 2-Sterne-Plätze sehr attraktiv sein und traumhaft liegen. Alle Plätze mit Suchmaske auf Deutsch auf der Seite des halbamtlichen dänischen Campingrådet www.daenischecampingplaetze.de.

Die Übernachtungskosten setzen sich aus dem Preis pro Person (Erw. ca. 40–90 DKK, Kinder 20–70 DKK), einer komfort-/saisonabhängigen Stellplatzmiete (0–300 DKK) und evtl. Zuschlägen wie für Strom zusammen. Luxus-Stellplätze mit ca. 300 m² Fläche, eigenem Bad-/WC-Häuschen und freiem Internetzugang gibt es auch – sie erreichen Hotelpreise.

Auf dänischen Campingplätzen wird ein **Campingpass** verlangt. Das kann ein CCI (Camping Carnet International) sein, den man z. B. bei Automobilclubs bekommt, oder der auf allen dänischen Plätzen verkaufte Camping Key Europe (110 DKK/ca. 15 €).

Quick Stop statt wild Campen

Freies Campen auf Rast- und Parkplätzen – ausgenommen sie sind explizit ausgewiesen – oder in den Dünen und auf Stränden ist verboten, auf Privatgrundstücken können Besitzer es erlauben. Vielerorts, besonders an Zufahrten zu Strandparkplätzen, unterstreichen Übernacht-Parkverbote diese Regeln. Wo Übernacht-Parken (!) erlaubt ist, sollte man nie Stühle, Markisen, Tische oder Unterlegkeile benutzen – dann ist es kein Parken mehr sondern unerlaubtes Campen. Wohnmobilisten, die die Verbote ignorieren, müssen mit Strafen rechnen, z. B. 510 DKK für falsches Parken. Kommt Umweltverschmutzung hinzu, kann eine Nacht schnell einige Tausend Euro kosten. Legal können ›Quick Stop‹-Stellplätze genutzt werden, die rund 80 Campingplätze der Region anbieten, meist innerhalb ihrer umzäunten Anlagen, einige aber auch vor dem Schlagbaum (ca. 20–10 Uhr, 10–25 €/1–4 Pers. u. Strom; Abwasserentsorgung und Auffüllen von Frischwasser inkl.). Zwei Organisationen listen auf www.stellplatz-danmark.dk bzw. www.camper-parkering.dk einfache Wohnmobil-Parkplätze auf, weit über 100 entlang der Nordseeküste. Das können Plätze neben einer Imbissstube sein, dessen Besitzer so auf neue Kunden hofft, oder Wiesen an Bauernhöfen oder Parkplätze an Häfen mit Servicegebäuden, die auch Segler nutzen. Einige Plätze sind gratis, wo kassiert wird, zahlt man ca. 50–100 DKK/ Wagen, in Häfen etwas mehr.

Hütten

Fast alle Campingplätze bieten Hütten von ›basic‹ nur mit Betten (ab 300 DKK/40 € pro Tag) bis luxus mit Küche, Toilette, Dusche und Meerblick (bis über 1000 DKK/135 € pro Tag), die in der Saison jedoch fast nur wochenweise vermietet werden. In der Hüttenmiete sollte die Platzgebühr für alle Personen enthalten sein!

Freies Zelten und Naturlagerplätze

Die gesetzliche Regelung des *fri teltning* erlaubt **freies Zelten** in staatlichen Wäldern, nicht jedoch an Stränden und in Dünen. Die Regeln: Keine Nutzung von Motorfahrzeugen. Nur eine Nacht am selben Ort. Nur Minipackzelte für bis zu drei Personen, maximal zwei Zelte. Nie in Sichtweite von Häusern, Straßen oder Campingplätzen. Aktuelle Brandschutzregeln haben erste Priorität, offenes Feuer ist nur an eingerichteten Feuerstellen erlaubt, sonst nur die Nutzung von Sturmkochern mit abgedeckter Flamme (Trangia o. ä.).

Einfach sind **Naturlejrpladser** in Wäldern, auf Bauernhöfen, an Schulen, Vereinsheimen u. ä. Viele sind kostenlos, nie mehr als 20 DKK (ca. 3 €). Einige Naturlagerplätze haben einfachste, aber überdachte Unterschlüpfe, Feuerstellen und/oder Toiletten. Sie dürfen von Wanderern, Radfahrern, Reitern sowie am Wasser von Jollenseglern und Kanuten genutzt werden, nie aber mit Motorfahrzeugen. Eine interaktive Karte zeigt Gebiete für freies Zelten und Naturlagerplätze: www.udinaturen.dk (dort ›Overnatning‹ klicken und über Piktogramme weitersuchen). Eine Druckversion »Overnatning i det fri« gibt's im dänischen Buchhandel oder in Deutschland über www.geobuchhandlung.de (Tel. 0431 910 02).

Essen und Trinken

Fisch kommt frisch

Fisch ist an der Nordseeküste Muss wie Genuss. Hering taucht schon beim Frühstück auf, spätestens zum Frokost, mal süß mariniert, mal sauer, mal in kräftiger Kräuterlake oder in dicker Currysauce. Wer Aal mag, kann sich in kulinarischer Vielfalt ›aalen‹: Man bekommt ihn gekocht, geräuchert und gebraten, gesalzen oder gepökelt, in Aspik oder im Eierkuchen, gerollt oder in Bier mariniert – rund um den Limfjord ist er eine Spezialität.

Dorsch, früher Allerweltsfisch, dann wegen Überfischung Luxusgut und heute wieder häufiger, wird von Kennern geschätzt, traditionell käme er in Senfsauce auf den Tisch. Angler, Seewolf und Seehecht, Steinbeißer – der auch den Kaviar liefert – sowie schwarzer und weißer Heilbutt sind weitere Delikatessen aus Nordsee und Ostatlantik. Bei Schalentieren machen clevere Gastronomen gern einen Übersetzungsfehler: Den um Skagen viel gefangenen *jomfruhummer* findet man auf deutschsprachigen Speisekarten gern als Hummer, dabei ist er nur ein kleiner Verwandter und heißt im Deutschen korrekt Kaisergarnele oder Kaisergranat. Echten Hummer gibt es in dänischen Gewässern und Gourmetrestaurants auch – aber kaum unter 500 DKK/70 €.

Und noch eine Delikatesse vom Meer: Lamm

Lamm gilt in der gehobenen Küche als Delikatesse der Küste, wenn es auf den Salzwiesen, Deichen oder Marschen im Südwesten des Landes aufgewachsen ist: Als Marschlamm steht es auf Speisekarten und Handwerksschlach-

Fisch direkt am Hafen: Otto & Ani's Fisk in Havneby auf Rømø

Frokost zu Mittag? Einige sprachliche Fallen

Wer den Tag mit einem *frokost,* wörtlich Frühstück, beginnt, hat ihn schon halb verschlafen: Frokost essen Dänen mittags. Das echte Frühstück heißt *morgenmad.* Diese Verschiebung folgte der Veränderung im Arbeitsalltag: Frokost war früher das zweite Frühstück, das man zu einer Zeit einnahm, in der heute viele erst mit der Arbeit anfangen. Konsequent rutschte das traditionelle Mittagessen auch nach hinten: *Middag* meint ein üppiges, gegebenenfalls festliches Abendessen, während *aftensmad,* Abendessen, ein kleines, abendliches Alltagsessen meint.
Und noch eine Falle: *Æblekage med flødeskum* bedeutet wörtlich übersetzt Apfelkuchen mit Schlagsahne, ist jedoch ein im Schälchen servierter Apfelkompott mit Krokant und Sahne überdeckt. Andererseits werden Fruchttorten, *tærte,* gern mit Crème fraîche serviert – Fremde reklamieren dann »Die Sahne ist sauer!«.

ter bieten es an, wie Rømø Slagteren (s. S. 109). Auch ökologisch gezogenes Schwein oder Ferkel – *gris* – erfreut sich in der modernen Gourmetküche großer Beliebtheit. Sonst dominieren in der Gastronomie Steaks die Fleischkarte, oft mit *hakkebøf,* Rinderhacksteak, als preiswertester Variante.

Wer's deftig mag, schaut nach *flæskesteg:* Schweinebraten mit Schwarte wird im Ofen kross gebraten, bis die mit Salz und Pfeffer eingeriebene Fettkruste zum Knabbervergnügen wird. Ein Alltagsgericht wären Frikadellen mit Kartoffeln unter geschmacksneutraler brauner Soße, garniert mit süßsauer eingelegten, hauchdünnen Gurkenscheibchen und Rote Bete. Dänen sind auch begeisterte Grillfans, Supermärkte liefern dazu im Sommer eine riesige Auswahl.

Frokost und Smørrebrød

Das Frokost am Mittag hat hohen Stellenwert und kann in der Gourmetklasse ein kulinarisches Erlebnis mit mehreren Gängen sein. Eine einfache Variante wäre ein Paket mit bis zu drei *smørrebrød,* Dänemarks legendären Butterbroten, jedes aus drei, vier oder mehr Bestandteilen komponiert – das Brot dient dem Zusammenhalt. Drei Smørrebrød füllen jeden hungrigen Magen. Sättigend ist auch jede *frokost anretning,* eine Platte mit kalten und lauwarmen Speisen wie Frikadelle, Schweinefilet, gebratenes Schollenfilet, verschiedene Sorten Hering und Krabben.

Klassiker

Legendär gegen den kleinen Hunger und an fast jedem Kiosk erhältlich sind Würstchen: puristisch kommen *pølser* nur in Begleitung von je einem Klecks Senf und Ketchup sowie einem pappigen Weißbrötchen, modern als Hot Dog mit Gurken sowie Röst- oder Rohzwiebeln garniert.

Kopenhagener oder Danish Pastry sind weit über Dänemark hinaus ein Begriff, nur dort muss man beim Bäcker *wiener brød,* Wiener Brot, verlangen. Einen Klassiker lassen sich Dänen gern von Ausländern vorsprechen: *rødgrød med fløde.* Sprachlich meist ein Gewürge, kommt Rote Grütze mit Sahne auf den Tisch.

Und Skål!

Dänen trinken nach der Statistik weniger Alkohol als Menschen in allen deutschsprachigen Ländern. Bier –

dänisch *øl* und wie das Schmiermittel gesprochen – ist Alltagsgetränk. Viel liefert Brauereigigant Carlsberg, der auch das vermeintliche Konkurrenzbier Tuborg braut. Zunehmend kreieren aber ›mikrobryggerier‹, kleine Brauhäuser, unzählige Spezialbiere, je verrückter die Zutaten desto größer die Aufmerksamkeit – kaum eine Kneipe, die keine dieser Lifestyle-Biere serviert (s. S. 74). Ansonsten ist Wein in der gehobenen Gastronomie das Getränk zum Essen, oft gibt es zu Menüs auf dem Teller passende Weinmenüs. Dänischer Wein, den die EU seit 2003 offiziell erlaubt, ist bisher eher etwas für Sammler als für Genießer.

Nach dem Essen servieren sich die Dänen gern einen eiskalten *snaps,* der meist nach Kümmel schmeckt und als **Akvavit** firmiert oder mit Dill und Koriander verfeinert als **Jubilæums Akvavit.** Als Magenaufräumer dient **Gammel Dansk,** ein Kräuterbitter für echte Kerle. Angesagt sind auch Mixturen aus Akvavit oder Wodka mit Kräutern oder Früchten oder in Szenelokalen Cocktails, wobei nicht alle international bekannt sein dürften, wie ›brandbil med udrykning‹, Feuerwehrauto im Einsatz: Jägermeister, Wodka, Himbeersprudel – wohl bekomm's. Von Gesundheits- und Jugendpolitikern verteufelt sind populäre Shots, hochprozentige Mixturen aus Wodka mit Lakritz, Menthol oder Eukalyptus, die sich optisch an die Lakritz-Marke Gajol oder an Fishermans Friends anlehnen.

Aktivurlaub, Sport und Wellness

Angeln

Am und auf dem Meer braucht man den in ganz Dänemark gültigen Angelschein *(lystfisketegn),* erhältlich in Post-Shops, i-Büros oder auf www.fisketegn.dk (auch dt.): 40 DKK/Tag, 130 DKK/Woche, 185 DKK/Jahr, gratis bis 18 und ab 65 Jahre. An einigen Binnenseen mit privaten Angelrechten sind zusätzliche Angelscheine nötig; umliegende i-Büros haben sie oder wissen, wo es sie gibt. Für ›put&take‹-Seen zahlt man nur Eintritt oder nach Fanggewicht.

VisitDenmark (s. S. 18) publiziert regelmäßig Info-Material mit Hinweisen zu Fanggebieten, Schutzbestimmungen, Hochseeangelfahrten. Gute Ferienhausvermittler haben spezielle Anglerhäuser im Angebot, mit Platz zum Reinigen der Fische, zum Unterstellen der Geräte sowie einer großen Kühltruhe zum Aufbewahren der Fänge.

Baden

›Blaue Flaggen‹ für gute Wasserqualität haben die meisten dänischen Nordseestrände.

An besonders beliebten Stränden sind von Ende Juni bis Mitte August täglich von ca. 11 bis 19 Uhr **Rettungschwimmer** stationiert, weithin erkennbar an rot-weißen Türmen (Standorte im Reiseteil, Abb. s. S. 32). Sie zeigen mit Flaggen, ob Baden verboten (rot), gefährlich (gelb) oder erlaubt (grün) ist. Grundsätzlich sollte man nicht allein schwimmen und besonders vorsichtig bei ablandigem Wind sein. Schwimmen Sie nie Gegenständen nach und passen Sie auf, dass auch Kinder das nie machen! Luftmatratzen, leichte Wasserbälle sowie Schwimmringe gehören nicht auf die Nordsee.

Zum **Notruf** und zu den bei Badeunfällen lebenswichtigen **Strandnummern** s. S. 40.

Sicher baden unter wachsamen Augen: Rettungsschwimmer am Tornby Strand

Richtiges Verhalten bei Meeresströmung

Revlehul oder *hestehul* nennen Dänen die an der Nordsee häufige Strömung, die im Deutschen steif, aber treffend ›Brandungsrückstrom‹ heißt. Solange man nicht in Panik gerät, ist sie nicht lebensgefährlich, denn sie tritt immer nur auf wenige Meter breiten Abschnitten auf, zieht nicht weit aufs Meer hinaus und nie in die Tiefe. Am besten lässt man sich ein Stück hinaustreiben und schwimmt, sobald die Strömung schwächer wird, zur Seite und dann zum Strand zurück, nie aber gegen die Strömung. Die ist vom Ufer oft zu erkennen, weil in einem Revlehul die Brandung schwächer oder gar nicht vorhanden ist und manchmal sogar das ausströmende Wasser deutlich zu sehen ist.

Golfen

Von weit über 100 Golfplätzen in Jütland liegen einige direkt an der Nordsee, etliche mehr im Hinterland. Die Umgangsformen sind leger, Green Fees kosten ab ca. 150 DKK (ca. 20 €). Immer mehr Pay&Play-Plätze entstehen, die man ohne die auf Clubanlagen üblichen Formalitäten nutzen kann, Übersicht auf: www.payandplay.dk (dän.; ›Baner‹ klicken).

Kajak- und Kanufahren

Die meisten Flüsse, die zur Nordseeküste fließen wie Vidå, Brede Å, Skjern Å und Uggerby Å, sind befahrbar (Kanuverleiher s. Reiseteil). Meereskajaks werden u. a. ab dem Limfjordcentre Doverodde (s. S. 215) oder im i-Büro Mors (s. S. 212) für den Limfjord vermietet.

Radfahren

Leihräder gibt es in jedem touristisch erschlossenen Ort, die i-Büros wissen, wo der nächste Verleiher ist. Erwachsenenräder kosten ab 50 DKK/7 € am Tag bzw. 300 DKK/40 € für die Woche, Kinderräder sind meist etwas günstiger, zunehmend sind auch E-Bikes im Angebot (ab 150 DKK/Tag bzw. 750 DKK/Woche); je länger man mietet, desto drastischer fällt der Tagespreis.

Reiten

Viele Reiterhöfe bieten Strand- und Dünenritte an, meist mit Island-Pferden (ab ca. 175 DKK/25 €/Std.). Adressen und Details dazu im Reiseteil dieses Buches.

Segeln

Zwar gilt Dänemark als Seglerparadies, das jedoch eher wegen seiner Ostseereviere. Nordsee und Skagerrak erfordern erfahrene Mannschaften, gute Navigationskenntnisse und seegängige Jachten. Eine formale Legitimation, ein Segelboot zu führen, wird nicht verlangt. Gut geeignet für Gelegenheitssegler sind Ringkøbing Fjord (s. S. 170) und Limfjord (s. S. 205).

Surfen und Strandsport

An Wind mangelt es selten. Auf der Nordsee bringt er oft einen beachtlichen ›white swell‹ mit, der von Wind- und Kitesurfern Erfahrung erfordert. Im Ringkøbing Fjord, Nissum Fjord und Limfjord gibt es jedoch auch ideale Anfängerreviere.

Wellensurfen wird vor Thy gepflegt, dort gilt Klitmøller als Europas ›Cold Hawaii‹ (s. S. 219). An bekannten Surf-Spots gibt es meist Surfschulen und -verleiher. Schnupperkurse **Windsurfen** inkl. Ausrüstung kosten ca. 400 DKK/55 €, ein dreitägiger Anfängerkurs **Kitesurfen** inkl. Theorie ca. 2000 DKK/270 € und Einführung **Stand up Paddle** (SUP) inkl. Materialleihe 2 Std. 350 DKK/47 €. Besonders breite Strände dienen **Strandseglern** und **Kitebuggy-Fahrern** als Tummelplatz (s. S. 77), **Paraglider** genießen indes die Thermik vor Steilküsten wie Lønstrup Klint (s. S. 253).

Warten auf die perfekte Welle

In 3–7-tägigen **emcee Wavecamps** lernen Anfänger im Cold Hawaii von Thy echtes Wellensurfen und erfahrene Surfer können ihren Horizont erweitern. Die Unterbringung erfolgt in Campinghütten in Klitmøller, Transfers zu Surfspots inklusive (Tel. +49 179 133 33 01, www.emcee-wavecamp.de).

Wandern

Wälder und Dünenforste haben fast immer markierte Wanderwege, über die es Faltblätter mit Kartenmaterial gibt, erhältlich aus Infoständern an Zugängen oder in umliegenden i-Büros. Etliche gibt es in deutscher Übersetzung als »Wanderungen in den Staatlichen Wäldern« (Download: www.naturstyrelsen.dk/Udgivelser/Vandretursfoldere/Tysk).

Wellness

Wellness ist allein schon die frische Seeluft, spezielle Wellness-Hotels sind entlang der Nordseeküste jedoch noch selten. Die besten Wellness-Anlagen gehören zu einem Campingplatz (Hvidbjerg Strand Camping, s. S. 161) und einem Ferienpark (enjoy resorts Rømø, s. S. 108). Zeitlosen Luxus eines Badehotels und Wellness-Angebote vereint Ruths Hotel in Skagen (s. S. 285).

Feste und Unterhaltung

Sankthansaften

Auch wenn es oft anders geschrieben oder behauptet wird: Die Dänen feiern kein Mittsommer am 21./22 Juni, sondern zwei Tage später am 23. Juni Sankthansaften, ohne dass das ein gesetzlicher Feiertag wäre; der eigentliche Skt.-Hans-Tag ist der 24. Juni. Ist ein Strand in der Nähe, wird dort gefeiert und, wie in Dänemark üblich, viel gesungen. Im Mittelpunkt steht ein riesiges Feuer, auf dem eine Hexe aus Stroh verbrannt wird. Der Volksglaube lässt sie zum Bloksberg fliegen. Geradezu Kult sind Sankthans-Feuer in und um Skagen.

Pferdhändler, Krämer und Leierkastenmänner

Traditionelle Volksfeste sind die Vieh- und Trödelmärkte im Hinterland der Küste. Sie sind immer mit Viehhandel, großen Flohmärkten und etwas Kirmes verbunden, und immer gehören zu den Besuchern dieser Märkte auch einige der für Dänemark typischen Leierkastenmänner mit Zylinder und Frack und der Brust so voller Orden, Ehrenzeichen, Anstecker und Buttons, dass jeder verdiente Veteran der Sowjetarmee vor Neid erblassen würde.

Tickets
Eintrittskarten für Kulturveranstaltungen verkauft **BilletNet** über viele i-Büros der Region, über Hotline Tel. 70 15 65 65 22 oder online unter www.billetnet.dk (dän./engl.).

Entlang der Küste sind die bekanntesten dieser Märkte der **Vilsund Marked** (s. S. 231) in der zweiten Julihälfte auf Thy, **Kloster Mærken** in Løgumkloster (s. S. 91) Mitte August, der **Ho Fåremarked** (s. S. 162) in der Kommune Blåvandshuk Ende August und am zweiten Wochenende im September der **Højer Fåremarked** (s. S. 97).

Feiern, wo die Schiffe sind

Weniger traditionell, aber nicht minder munter sind sommerliche, maritime Feste in fast allen Häfen, ob in Thorsminde (Mitte Juli), Havneby auf Rømø oder Hvide Sande (beide Anfang Aug.) sowie an den Landungsplätzen der Strandfischer weiter im Norden wie in Thorup (Ende Juni/Anfang Juli) oder in den kleinen Strandorten der Region Thy (Juli). Vom lokalen Hafenfest zu einem überregionalen Groß-Event hat sich das **Bork Havn Musikfestival** (Ende Juli/Anfang Aug., s. S. 177) gemausert, während andere Hafenfeste immer kulinarischer werden, wie das **Skaldyrsfestival** in Nykøbing Mors (s. S. 212) oder der **Fiskedag** in Thyborøn (s. S. 205).

Trachtenfeste

Für die schönsten Trachtenfeste Dänemarks muss man auf die Insel Fanø reisen: Die **Fannikerdage** am zweiten Juliwochenende in Nordby und der **Sønderhodag** am darauf folgenden Sonntag in Sønderho präsentieren viel Brauchtum, Musik, Tanz und vor allem die traditionellen Trachten der Insel, die nirgendwo sonst so gepflegt werden wie hier (s. S. 145).

Festkalender

April
An einem Samstag Mitte April lädt Thorsminde beim **Store Silde Dag** (Großer Heringstag) zum Heringswettangeln ein (s. S. 200).
Viel, viel größer ist am letzten April-Wochenende das vergleichbare Event in Hvide Sande: das internationale **Sildefestival** (s. S. 183).

Mai
Der Monat beginnt mit Dänemarks größtem **Wikingermarkt** am Vikingecenter Lustrupholm bei Ribe (s. S. 127).

Juni
Alle drei Jahre wird in Tønder in der ersten Monatshälfte beim **Klöppelfestival** der alten Kunst der Spitzenklöppelei gehuldigt (s. S. 90, nächster Termin: 3.–5. Juni 2016).
International Kitefliers Meeting auf Insel Fanø: Mitte Juni s. S. 78.
Einen Sonntag um den Monatswechsel Juni/Juli hetzen Marathonläufer beim **North Sea Beach Marathon** über den Strand zwischen Vejers und Hvide Sande (s. S. 183).

Juli/August
Fannikerdage und **Sønderhodag** auf Fanø: s. S. 145.
Vilsund Marked: s. S. 231.
Klassisch wird's beim **Vendsyssel Festival** Anfang Juli bis Mitte Aug. bei stimmungsvollen Konzerten vornehmlich in Stadt- und Landkirchen Nordjütlands (s. S. 256).
Dänemarks älteste Stadt hört Ende Juli dann modernere Töne beim **Ribe Jazz Festival** (s. S. 127).
Das **Bork Havn Musikfestival** bringt Ende Juli/Anf. Aug. Woodstock-Feeling an den Ringkøbing Fjord (s. S. 177).
Kaum sind die Rockfans weg, tummeln sich am 2. Augustwochenende friedliche wie furchterregende Wikinger auf dem **Wikingermarkt** am Bork Vikingehavn (s. S. 176).
Die Hafenstadt Esbjerg feuert zum Ende der dänischen Sommerferien Mitte Aug. neun Tage lang ein breit gefächertes Kulturprogramm als **Esbjerg Festuge** ab.
Daran schließt in der 2. Aug.-Hälfte das Kammermusikfestival **Esbjerg International Chamber Musik Festival** im Konservatorium der Stadt an (s. S. 136).
Kloster Mærken: s. S. 91.
Gegen Ende Aug. steht das viertägige **Tønder Festival** im Kalender aller Fans der Folk & Roots Music (s. S. 90).
Ho Fåremarked: s. S. 162.

September/Oktober
Rømø Dragefestival: drei Tage ab dem ersten Freitag im Sept. (s. S. 78).
PWA World Cup »Cold Hawaii« der Windsurfer Mitte Sept. vor Klitmøller: s. S. 78.
Højer Fåremarked: Volksfest, ebenfalls Mitte Sept. (s. S. 97).
Das **Godtfolk Festival** Mitte Sept. auf Fanø könnte man auf Deutsch am besten mit Spielmanns- und Straßenmusikerfestival bezeichnen (s. S. 145).

November/Dezember
Ab Mitte Nov. versucht sich Tønder als **Julebyen** (s. S. 89), während Esbjerg mit einer großen **Eisbahn** auf seinen zentralen Platz Torvet (s. S. 130) lockt. Romantisch, aber nur wenige Tage geöffnet ist der **Weihnachtsmarkt** im Freilichtmuseum Hjerl Hede (s. S. 208).

Reiseinfos von A bis Z

Ärztliche Versorgung

Viele Orte im Hinterland, seltener aber Ferienhaussiedlungen an der Küste, haben Ärztehäuser *(lægehus)*, in denen Allgemeinmediziner praktizieren, die als Familienärzte auch für Kinder zuständig sind, Kinderärzte wie auch andere Fachärzte gibt es kaum. Gut ist die zahnärztliche Versorgung.

Außerhalb normaler Sprechzeiten (Mo–Fr ca. 8–16 Uhr) stehen ärztliche Notdienste *(lægevagten)* bereit. Telefonnummern hängen üblicherweise in Ferienhäusern aus und sind regional: Nordjütland Tel. 70 15 03 00, Mitteljütland Tel. 70 11 31 31, Südjütland Tel. 70 11 07 07.

Krankenhäuser *(sygehuse)* sind zu wenigen Regionalkliniken konzentriert, ergänzt durch kleine ›Akutklinikker‹, ›Sundhedshuse‹ oder ›Sundhedscenter‹ in Kleinstädten zur Notfallversorgung. Es kann also durchaus sein, dass die nächste Unfallstation *(skadestue)* 30 oder 40 km entfernt liegt – wo, erfährt man in dringenden Fällen über Notruf 112.

Apotheken gibt es nur wenige. In kleineren Orte haben häufig Supermärkte einen ›Handverkauf‹ mit ein paar rezeptfreien Medikamenten und der Option, rezeptpflichtige Medikamente dorthin liefern zu lassen.

Gefährliches Getier

Kreuzottern *(hugorm)* in Dünen und Heidegebieten sind scheu, klein, haben wenig Gift und beißen nur, wenn sie überrascht werden. Sollte das einmal passieren, ist es außer bei Hypersensibilität nicht bedrohlich. Trotzdem sollte man versuchen, das Gift auszusaugen, sich wenig bewegen und einen Arzt aufsuchen.

Petermännchen *(fjæsing)* sind Fische mit Giftstacheln, die sich in flachem Wasser in den Sand eingraben. Tritt man, was sehr selten passiert, beim Baden darauf, ist der Stich schmerzhaft und hat Schwellungen zur Folge; Hypersensibilität kann einen Schock auslösen. Da das Gift nicht hitzebeständig ist, hilft es, den betroffenen Fuß in möglichst heißes Wasser zu stellen.

Feuerquallen *(brandmand)* verursachen brennende, später juckende Bläschen. Nach einem Kontakt befinden sich auf der Haut noch intakte Nesselkapseln, die sich nicht entladen sollten. Am besten schabt man die Stellen mit einem Messer oder einer Kreditkarte vorsichtig ab. Schmerz- und juckreizstillende Salben helfen.

Diplomatische Vertretungen

Botschaften und Konsulate helfen Staatsangehörigen ihrer Länder in Notfällen, wenn alle Mittel zur Selbsthilfe ausgeschöpft sind; Kosten und Auslagen werden zurückgefordert.

Deutsche Botschaft: Tel. 35 45 99 00, Notfälle Tel. 40 17 24 90, www.kopenhagen.diplo.de.

Österreichische Botschaft: Tel. 39 29 41 41, kopenhagen-ob@bmaa.gv.at, 24-Std.-Hotline beim Außenministerium: Tel. +43 5011 50 44 11.

Schweizer Botschaft: Kopenhagen, Tel. 33 14 17 96; in konsularischen Fragen: Regionales Konsularcenter Stockholm, Tel. +46 8 676 79 00, sto.vertretung@eda.admin.ch, 24-Std.-Helpline in der Schweiz: Tel. +41 800 24 73 65.

Eintrittspreise

Ein nationales Museumsgesetz verschafft freien Eintritt in staatliche Museen sowie für alle unter 18 Jahren in staatlich geförderte Museen (außer Sonderausstellungen). Sonst zahlen Kinder manchmal schon ab 12 Jahren voll oder annähernd Erwachsenenpreise, besonders in Freizeitparks, wo sie Hauptzielgruppe sind. Unter drei Jahren ist freier Eintritt die Regel. Fragen Sie mit Kindern immer nach Familientarifen!

Elektrizität

Stecker und Spannung entsprechen deutschen Normen. Ungewohnt: Kippschalter sichern Steckdosen.

Feiertage

Neben Neujahr *(Nytår)*, Karfreitag *(Langfredag)*, Ostersonntag und -montag *(Påske)*, Christi Himmelfahrt *(Kristihimmelfartsdag)*, Pfingsten *(Pinse)*, Heiligabend (ab Mittag, *Juleaften*), 1. und 2. Weihnachtstag *(Jul)* und Silvester (ab Mittag, *Nytårsaften)* sind auch Gründonnerstag *(Skærtorsdag)* und Der Große Bettag (4. Freitag nach Ostern, *Stor Bededag)* gesetzliche Feiertage.

Der Tag der Arbeit am 1. Mai und Verfassungstag (5. Juni, *Grundlovsdag)* sind oft arbeitsfrei mit Sonderplänen im ÖPNV sowie verkürzten Öffnungszeiten von Geschäften.

FKK

Im Prinzip reicht am Strand für Männer und Frauen eine Badehose. Die auszuziehen wird meist toleriert, aber nicht immer gern gesehen. Es gibt auch dezidierte FKK-Strände und Campingplätze; Informationen: http://strandguiden.dk (dän./dt.).

Geld

Die Dänen stimmten bei Volksabstimmungen für den Erhalt ihrer Krone (DKK), die praktisch jedoch fest an den Euro gebunden ist: 1 € = 7,45 DKK, 1 DKK = 0,13 €; 1 CHF = 7,56 DKK, 1 DKK = 0,13 CHF. Kleinste Münze im Umlauf ist die zu 50 Øre, Teilbeträge werden bei Barzahlung gerundet. Überall an der Nordseeküste akzeptieren Geschäfte den Euro zu mehr oder minder fairem Kurs, meist 1 € = 7 DKK.

Kreditkarten (meist Visa/Mastercard) sind üblich, aber viele Geschäf-

Rot-weiße Flaggenliebe

Bei jeder sich bietenden Gelegenheit hängen die Dänen ihren geliebten *Danebrog,* die Flagge mit dem weißen Kreuz auf rotem Grund, in den Wind, vor öffentlichen Gebäuden ebenso wie vor privaten, nie jedoch vor Sonnenauf- oder nach Sonnenuntergang: Geflaggt wird bei lokalen Ereignissen wie Hochzeiten, Beerdigungen oder Stadtfesten, an offiziellen Flaggentagen wie den gesetzlichen Feiertagen, einem halben Dutzend zusätzlicher Gedenktage wie dem Befreiungstag am 5. Mai (Ende der deutschen Besatzung 1945) und an Geburtstagen aller volljährigen Mitglieder der königlichen Familie inklusive angetrauter Prinzessinnen. Schließlich hat das Militär auch noch eigene Flaggentage zur Erinnerung an wichtige Schlachten.

Der Danebrog fiel der Legende nach am 15. Juni 1219 während der Schlacht von Lyndanisse in Estland vom Himmel und gab den Dänen Kraft, eine drohende Niederlage in einen Sieg zu verwandeln. Historisch belegt ist das Tuch ab dem späten 14. Jh., offizielle Reichsflagge ist es ab dem späten 15. Jh.

te, Hotels, Lokale und Tankstellen schlagen je nach Branche die 1–5 %, die ihnen die Kreditkartenfirmen abnehmen, auf die Rechnung. Geldautomaten für Maestro- und Kreditkarten sind häufig. **Geldwechsel** ist in Banken Mo–Fr 9.30–16 Uhr, Do bis 18 Uhr möglich; Gebühren pro Tausch ca. 20–35 DKK.

Heiraten

Haben beide Partner Pässe und Geburtsurkunden parat und waren beide noch nie verheiratet, ist eine Eheschließung binnen 24 Stunden möglich. Zuständig ist die Kommune, in der man Urlaub macht, i-Büros kennen Ansprechpartner und besorgen Termine. Trauen dürfen *entweder* Bürgermeister *oder* Pfarrer der dänischen Volkskirche.

Kommerzielle Büros organisieren alles inkl. Fest und Aufenthalt, z. B. Wedding Island auf Fanø mit Optionen zum Heiraten auf dem Strand (Tel. in DK 20 77 73 33, www.wedding island.dk).

Hygge ist so gemütlich

Die ›hygge‹ ist ein Merkmal dänischen Lebens. Wer das einfach mit ›Dänische Gemütlichkeit‹ übersetzt und auf eine bestimmte Form von Geselligkeit oder auf einen bestimmten Einrichtungsstil reduziert, liegt falsch. Hygge ist viel individueller: Eine Familie kann zum Geburtstag der Oma im Garten grillen, dabei Bier und Gammel Dansk kreisen lassen und gemeinsam Lieder singen – was Dänen wirklich gern machen. Zum Abschied werden alle sagen: ›Das war hyggelig.‹ Wenn die Jüngeren aus diesem Kreis am folgenden Wochenende zu einem Open-air-Konzert pilgern, dort im Gras liegen, Rockmusik hören und Tüten kreisen lassen, werden sie wieder sagen: ›Das war hyggelig.‹

Hunde

Hunde dürfen kostenlos oder gegen geringe Gebühr in viele Ferienhäuser (s. S. 26), aus hygienischen Gründen aber nicht in Restaurants (ausgenommen Blindenhunde).

An Stränden gilt von Mai bis September Leinenpflicht, die tolerant gehandhabt wird, solange Mensch-Hund-Begegnungen friedlich ablaufen, außerdem können die Vierbeiner in speziellen Hundewäldern frei toben.

Im Internet kursieren Horror-Fake-Stories über tödliche Polizeiwillkür gegen Hunde von Touristen. Dahinter steckte eine Kampagne gegen ein Gesetz, das Zucht und Haltung von Kampfhunden radikal einschränkt. Fakt ist: Nie wurde ein Hund von Urlaubern zwangsweise eingeschläfert! Foren seriöser Hundehalter loben Dänemark immer als ideales ›Hunde-Urlaubsland‹.

Kinder

Viele Attraktionen richten sich vornehmlich an Kinder. Neben den klassischen Freizeitparks wie LEGOLAND Park (s. S. 172) oder Fårup Sommerland (s. S. 247) boomen geradezu kommerziell betriebene Outdoor-Spielplätze mit Fußballgolf, aufgepepptem Minigolf, Kletteranlagen, Labyrinthen, Baumkronen-Parcours oder Ähnlichem, gern im bäuerlichen Hinterland der Küste gelegen und nur selten teurer als 100 DKK pro Person.

Sonst haben Museen Kinderabteilungen, Restaurants bieten Kindergerichte *(børneretter)* und der öffentliche Transport ist günstig (meist zwei

Kinder bis 12 Jahre pro Erw. gratis). In vielen Urlaubsorten werden zudem Kinder- und Familienprogramme auf Deutsch angeboten – das kann Bonbonmachen sein oder auch eine Wattwanderung; i-Büros kennen alle Programme.

Kommunikation

Telefon

Dänemark kennt außer bei Sondernummern nur Rufnummern mit acht Ziffern ohne Vorwahlen, die immer komplett gewählt werden müssen. Dänemarks Landesvorwahl ist +45. Für Gespräche von Dänemark ins Ausland wählt man 00 plus die gewünschte Landesvorwahl (D = 49, A = 43, CH = 41). Bei Anrufen in Länder mit Ortsvorwahlen entfällt die Anfangs-0.

Auskunft (sehr teuer): Inland Tel. 118, Ausland Tel. 113.

Die weniger werdenden öffentlichen **Münztelefone** geben eingeworfenes Geld (DKK, einige auch €) meist nicht zurück, auch wenn kein Gespräch zustande kommt. Man kann sich in öffentlichen Telefonzellen anrufen lassen, die Nummer sollte am Gerät stehen. Haben Ferienhäuser Telefone, sollte ein Zähler vorhanden sein, sonst ist nur Gesprächsannahme möglich.

Von Festnetzanschlüssen inkl. öffentlichen Telefonen telefoniert man günstig mit **Calling Cards** z. B. von Global One, die es u. a. in Post-Shops gibt; die Einwahl erfolgt über gebührenfreie Rufnummern. Die sind für Hoteltelefone leider oft gesperrt oder man zahlt den Ortstarif.

Die Netzabdeckung für **Mobiltelefone** ist ausgezeichnet. Dänische Prepaid-SIM-Cards sind günstig, lohnen aber nur, wenn man viel im oder aus dem Land telefoniert bzw. Gespräche empfängt.

Internet

Unterkünfte, Bibliotheken und einige Cafés und i-Büros sowie viele Ferienhäuser bieten Internetzugang. Oft ist der Zugang gratis oder man zahlt einen Pauschalbetrag für die Aufenthaltsdauer. Teuer sind Abrechnungen nach Zeit oder der Zugang über Hotspots kommerzieller Provider wie TDC Hotspot (Zahlung bei Login per Kreditkarte oder durch vor Ort erhältliche Prepaid-Voucher).

UMTS- und LTE-Netze sind gut ausgebaut. Da internationales DATA-Roaming teuer ist, sollten Sie Ihre aktuellen Konditionen bei Ihrem Provider erfragen. in der Regel empfiehlt es sich, den automatischen Netzzugriff von Smartphones und Tablets abzuschalten. Starterpakete mit dänischer SIM-Card ohne Vertragsbindung für volumenabhängigen Netzzugang gibt's in Telefon-Shops schon ab ca. 50 DKK, sie sind per Kreditkarte aufzuladen; Überblick: www.mobilt-bredband.dk (dän.).

Medien

Deutschsprachige Zeitungen und Zeitschriften gibt es am Erscheinungstag an Kiosken und in Supermärkten. Auch »Der Nordschleswiger«, Tageszeitung der deutschsprachigen Minderheit (s. S. 57), bringt viel Aktuelles inklusive Sport aus Deutschland.

Radiostationen aus Norddeutschland sind im Süden auf UKW gut zu empfangen, weiter nördlich auf Mittel- und Kurzwelle. Ferienparks und Hotels speisen oft deutschsprachige Fernsehprogramme in ihre Hausanlagen und viele Ferienhäuser haben Satellitenempfang mit deutschen Programmen. Einige Lokalradios senden in der Saison deutschsprachige Touristenprogramme – Frequenzen und Sendezeiten kennen die i-Büros.

Notruf

Notruf: 112
(Polizei, Feuerwehr, Krankenwagen)
Notfall am Strand: An Strandzugängen zeigen grün-weiße Schilder Buchstaben-Ziffern-Codes (z. B. C 047) mit denen Rettungskräfte Strandabschnitte lokalisieren können – am besten auf dem Weg zum Strand merken!
Sperrnotruf in Deutschland für Mobilfunk-, EC/Maestro- und Kreditkarten: +49 116 116 oder +49 30 405 04 05 09.

Öffnungszeiten

Die Kernöffnungszeiten in Dänemark sind Mo–Fr 10–17.30 und Sa bis 14 Uhr. Dank liberaler Gesetze haben Läden in den Urlaubsorten abhängig von der Saison bis zu sieben Tage die Woche oft bis in den späten Abend geöffnet. Bäckereien, Kioske, Minimärkte an Tankstellen sowie Campingplatz- und Ferienpark-Shops – die man auch benutzen darf, wenn man nicht in der entsprechenden Anlage wohnt – bieten ebenfalls ein breites Sortiment bei überlangen Geschäftszeiten.

Post

Das Porto für Briefe bis 50 g und Postkarten ins europäische Ausland beträgt aktuell 14 DKK in der gängigen Beförderungsklasse A (= Prioritaire), die man durch Aufkleber oder das Aufmalen eines deutlichen A kennzeichnet. Die langsamere Beförderungsklasse B (= Économique) lohnt allenfalls bei Großbriefen. Post-Shops ähneln Schreibwarenläden, sonst gibt es Postschalter oft in Supermärkten.

Rauchen

Rauchen ist im öffentlichen Raum einschließlich Lokalen und Hotels stark eingeschränkt, Ausnahmen gelten für sehr kleine Bars, Kneipen und Clubs.

Reisen mit Handicap

Viele Unterkünfte, Attraktionen und Verkehrsmittel sind auf Bedürfnisse behinderter Menschen eingerichtet und können mit einem offiziellen Qualitätslogo für barrierefreien Zugang werben. Auf www.godadgang.dk (auch dt.) findet man die Kriterien und eine Suchmaschine für zertifizierte Einrichtungen. Weitere Infos auf www.visitdenmark.com/barrierefrei.

Sicherheit

Dänemark ist sicher, aber nicht kriminalitätsfrei. Der Satz »tøm bilen, for tyven gør det« warnt an vielen Parkplätzen und spricht für sich: »Leere Dein Auto, bevor der Dieb es tut.«

Alleinreisende Frauen sind keinen besonderen Risiken ausgesetzt. Mit dem aus Mitteleuropa gewohnten Maß an Vorsicht kommt man gut zurecht.

Souvenirs

Keramik, Kerzen, Studioglas und Bernstein werden in Kunsthandwerkerateliers und -boutiquen auch außerhalb der Orte angeboten.

Markenprodukte des Danish Design insbesondere Haushaltsgeräte und -accessoires wie die von Eva Trio, Georg Jensen und Stelton oder Porzellan von Royal Copenhagen bekommt man selbst in Kleinstädten – immer gut sortiert sind Läden der Kette ›Inspiration‹.

Designermöbel gibt es oft billiger als südlich der Grenze und z. B. ab Tønder (s. S. 89) liefern Möbelgeschäfte günstig auch in die deutschsprachigen Länder aus.

Edelste Souvenirs von der Küste wären Hi-Fi-Geräte von Bang & Olufsen aus Struer (s. S. 207).

Für legere **Mode** stehen dänische Label wie ›Sand‹, ›Cottonfield‹, ›InWear‹, ›Matinique‹ oder ›Jackpot‹ und Dank häufiger Sonderangebote *(udsalg)* findet man sogar Schnäppchen. Zudem verhökern Outlet-Shops gern Outdoor-Mode deutscher wie internationaler Marken mit hohen Rabatten.

Trinkgeld

Trinkgeld ist keine Pflicht, kann aber, so wie man es von Zuhause gewohnt ist, für guten Service gegeben werden.

Truppenübungsplätze

Es gibt in den Dünen- und Heidegebieten an der Nordsee u. a. im Hinterland von Blåvand/Vejers oder im Südteil des Holmsland Klit Truppenübungsplätze. In der Saison halten sich die Militärs zurück, in der Nebensaison muss man mit Einschränkungen rechnen. Informationstafeln warnen auch in Deutsch am Rande von Sperrzonen. Andererseits erfreuen sich Tage der offenen Tür in den Kasernen großer Beliebtheit auch bei deutschen Touristen.

Umgangsformen

Umgangsformen sind nur von wenigen Konventionen geprägt. ›Du‹ ist gängige Anrede, aber niemals Zeichen von Verbrüderung oder gar Anmache. Auch wenn an der dänischen Nordseeküste viele Dänen Deutsch sprechen, sollte man nicht jedes Gespräch sofort auf Deutsch beginnen, ohne zu fragen, ob der Gegenüber es auch kann.

Reisekasse und Spartipps

Da auf Waren und Dienstleistungen 25 % Mehrwertsteuer liegen, ist Dänemark im Prinzip teuer, aber man kann sparen: Eher günstig als kulinarisch anspruchsvoll servieren Discount-Restaurants Hauptgerichte für ca. 6–12 €, auch deftige Tagesgerichte *(Dagens ret)* in Hafenrestaurants liegen meist unter 10 €. Tee, Kaffee, frischer Fisch oder Fischkonserven sind traditionell günstig. Steuersenkungen brachten sogar Qualitäts-Spirituosen und Zigaretten auf deutsches Niveau. Beim Bier gibt es extreme Preisunterschiede zwischen Premium- und Designer-Bieren, die im Supermarkt ab 3 € pro Flasche und in Lokalen schon mal 8–10 € das Glas kosten, und Standard- oder Billigbier, von dem die 30er-Kiste im Angebot ab ca. 12 € zu bekommen ist. Sonderangebote funktionieren von Hosen und T-Shirts bis Grillfleisch, Milch und Wein über Mengenrabatte wie ›1 Paket Grillfleisch 59 DKK, nimm 4 zahl 120 DKK‹. Ich fand schon Wein für 129 DKK die Flasche, zwei kosteten 100 DKK – der Rabatt wird an der Kasse erst abgezogen, wenn die erforderliche Menge eingescannt ist! Ungewohnt auch Käse-Angebote: Abgepackte Stücke gibt es gern zum Festpreis, die Stücke fallen aber höchst unterschiedlich aus, das eine vielleicht 600 g, das daneben 800 g Fazit: Masse macht Dänemark billiger. Sparen kann man auch beim Einkauf an den Ständen entlang der Landstraßen, wo Bauern oder Gartenbesitzer anbieten, was aktuell wächst. Dafür sollte man Kleingeld parat haben, Wechselkassen sind selten.

In einem Punkt ist Dänemark unschlagbar billig: Kurtaxe ist unbekannt, jeder hat freien Zugang zu Stränden und Seeufern.

Panorama – Daten, Essays, Hintergründe

Rund 50 000 Ferienhäuser stehen in Dänemark für Urlauber bereit

Steckbrief Dänemarks Nordseeküste

Daten und Fakten

Einwohnerzahl: 620 000 (Dänemark gesamt: 5,65 Mio.)
Bevölkerungsdichte: Entlang der Küste ca. 60 Einw./km^2 (Dänemark gesamt: 124 Einw./km^2)
Größte Städte: Esbjerg (71 600 Einw., Dänemarks fünftgrößte Stadt), Herning (47 500), Holstebro (35 000), Hjørring (25 000), Varde (13 500) und Thisted (13 000)
Inseln der Region: Rømø (128 km^2, 620 Einw.), Mandø (8 km^2, ca. 31 Einw.) und Fanø (56 km^2, 3200 Einw.) sowie Mors im Limfjord (363 km^2, 21 150 Einw.)
Amtssprache: Dänisch
Währung: Dänische Krone (DKK)
Zeitzone: Mitteleuropäische Zeit (MEZ) mit Sommerzeit (MESZ)
Vorwahl: 0045

Geografie und Natur

Die Nordseeküste (dän. Vestkysten) der Halbinsel Jütland (dän. Jylland) ist gut 400 km lang: im Süden das Wattenmeer, in der Mitte Haffs und im Norden große Buchten. Der Limfjord teilt die Halbinsel in 23 872 km^2 kontinentales Süd- und Mitteljütland sowie 4685 km^2 Nordjütland – faktisch eine Insel, aber kaum so wahrgenommen.

Die Lage der Küste auf 54–57,5° Nord bewirkt im Sommer kurze helle Nächte, aber keine Mitternachtssonne. Dänemarks Hauptstadt Kopenhagen liegt von den Küstenorten der Nordsee ca. 300 km Landweg ab Esbjerg, ca. 500 km ab Skagen entfernt.

Die Küste bekam ca. 6000 v. Chr. Konturen, als eine durchgehende Landmasse von Schweden bis England durch den Anstieg des Meeres überflutet wurde. Später sorgten Strömungen für das sanft geschwungene Strandband von heute. Nordjütland, während der letzten Eiszeit unter Gletschern begraben, steigt peu à peu aus dem Meer – je weiter man nach Norden reist, desto jünger das Land. Während sich der Norden hebt, sinkt der Süden; diese Landsenkung förderte die Bildung des Wattenmeers.

Geschichte und Kultur

Schiffskatastrophen und Sturmfluten sind wichtige Ereignisse regionaler Geschichte, die aber untrennbar von der des Gesamtstaates ist, vor allem im Grenzgebiet zu Deutschland. Dort entstand im frühen Mittelalter an der Kreuzung wichtiger Handelswege Dänemarks älteste Stadt Ribe. Weiter im Norden erlebte der Limfjord zur Wikingerzeit einen Boom als Sammelplatz jener Flotten, mit denen Dänemarks Macht in Ostengland etabliert und später gesichert wurde. Unübersehbar sind Bunker und Geschützstellungen des Atlantikwalls aus dem Zweiten Weltkrieg an Stränden und in Dünen.

Kulturell ist die Region von der Nähe zum Meer geprägt mit bäuerlichen Akzenten auf den Strandhöfen Mitteljütlands oder auf den Warften in der Marsch. Eine Kunstepoche prägte die Region Ende des 19. Jh., als mit der Malerschule in Skagen der Impressionismus nach Dänemark kam.

Staat und Politik

Dänemark ist konstitutionelle Erbmonarchie mit Margrethe II. (geb. 1940, seit 1972 Königin) als Staatsoberhaupt. Im Parlament *folketing* sind seit etlichen Wahlperioden 7 bis 10 Parteien vertreten, in der Regel regieren Minderheitskoalitionen. Wahlen sollen alle vier Jahre stattfinden, doch kann der Regierungschef (dän. *statsminister)* jederzeit Wahlen ansetzen.

Seit Januar 2014 regiert die Sozialdemokratin Helle Thorning-Schmidt zusammen mit den Radikalliberalen in einer filigranen Minderheits-Koalition, unterstützt von zwei sozialistischen Parteien, drei Abgeordneten aus Dänemarks teilautonomen Gebieten im Nordatlantik und ihrem ehemaligen Kulturminister, der in der laufenden Legislaturperiode eine neue grün-alternative Partei gründete. Die Kommunen entlang der Nordsee sind politisch konservativer als der Gesamtstaat, elf haben rechtsliberale Bürgermeister, nur vier sozialdemokratische.

Wirtschaft und Tourismus

Dänemark ist dank der Gas- und Ölfunde in der Nordsee reich. Die globale Wirtschaftskrise nach 2008 war merkbar, aber nicht dramatisch. Den Arbeitsmarkt prägen hohe Jobzufriedenheit, große Mobilität, soziale Sicherheit und ein hoher Beschäftigungsgrad von Frauen und älteren Menschen.

Tourismus ist entlang der Nordseeküste wichtiger Erwerbszweig neben der auf wenige Häfen konzentrierten Fischerei. Zudem boomt die Versorgung der Offshore-Gas-, Öl- und Windenergiegewinnung. In der Region sind zwei weltbekannte Unternehmen zu Hause: Windkraftanlagenbauer Vestas am Ringkøbing Fjord und HiFi-Geräte-Hersteller Bang & Olufsen in Struer am Limfjord.

Bevölkerung, Sprache und Religion

Knapp 90 % der dänischen Gesamtbevölkerung sind von Geburt Dänen, davon werden 15 000 bis 20 000 der deutschen Minderheit in Südjütland zugerechnet; dort ist Deutsch anerkannte Minderheitensprache.

Rund 80 % der Gesamtbevölkerung gehört der evangelisch-lutherischen Folkekirke an, die in der Verfassung als Staatskirche verankert ist. Die Zahl regelmäßiger Kirchgänger ist gering, jedoch gibt es innerhalb der Folkekirke eine entlang der Nordseeküste starke pietistische Erweckungsbewegung. Katholiken (landesweit 0,6 %) und Muslime (3 %) rekrutieren sich meist aus Migrantenkreisen.

Geschichte im Überblick

Frühgeschichte

Ab 4000 v. Chr. In der Jüngeren Steinzeit – in Dänemark Bauernsteinzeit – werden erste Menschen sesshaft und legen Dolmen, Kammer- und Ganggräber an. Auch in der Bronzezeit ab ca. 1800 v. Chr. entstehen manchmal regelrecht landschaftsprägende Grabhügel.

500 v. Chr. –793 n. Chr. Die Eisenzeit erlebt eine keltische (bis etwa zur Geburt Christi), eine römische (bis ca. 400 n. Chr.) und eine germanische Periode, aus letzterer stammen die bedeutendsten Funde dieser Epoche, die Goldhörner von Gallehus.

793–1066 In der Wikingerzeit wird Dänemarks älteste Stadt Ribe bedeutendes Handelszentrum und Mitte des 9. Jh. Tor für die Christianisierung des Landes. Gorm den Gamle, der ca. 940–50 in Mitteljütland herrscht, wird Stammvater der dänischen Monarchie, sein Sohn Harald Blauzahn (ca. 950–985) eint ein erstes gesamtdänisches Königreich.

Mittelalter

1074–1412 Politisch wirre Zeiten prägen den Übergang zum Mittelalter – die Kirche gewinnt an Macht. Später vereint Margrete I. (1375–1412) die Kronen Dänemarks, Norwegens und Schwedens in der Kalmarer Union – Dänemark ist auf dem Höhepunkt seiner Macht.

1448–60 Mit Christian I. (1448–81) kommt ein ›Oldenburger‹ auf den Thron. Die Ritterschaft im Grenzgebiet wählt ihn auch zum Herzog von Schleswig und Grafen von Holstein, doch muss er schwören, dass beide Gebiete ›auf ewig ungeteilt‹ sein sollen.

1534–37 Aus bürgerkriegsähnlichen Zuständen geht Christian III. als Sieger hervor. Kaum auf dem Thron, führt er die Reformation durch und lässt allen Besitz der zuvor mächtigen Kirche konfiszieren.

Von der Renaissance zum Goldenen Zeitalter Dänemarks

1560–1720 Niederlagen in mehreren Kriegen lassen Dänemark schrumpfen und Schweden zur regionalen Großmacht aufsteigen. Eine Sturmflut am 11./12. Oktober 1634 fordert in Südjütland Tausende Menschenleben und geht als ›Große Manntränke‹ in die Geschichte ein. Andere Küstenregionen leiden unter zunehmendem Sandflug.

1800–47 Dänemark steht in den Napoleonischen Kriegen auf der Verliererseite. Vor Jütland havarieren mehrere britische Schiffe, Weihnachten 1811 ertrinken nahe Thorsminde fast 1400 Seeleute. Gegen die wirtschaftliche Depression nach dem Staatsbankrott 1814 stemmt sich Dänemark mit dem Goldenen Zeitalter seiner Kunst und Geisteswissen-

Sandflug zerstörte an der Küste bäuerliche Strukturen und trieb viele Männer zur See, wie der Grabstein eines Kapitäns auf Rømø dokumentiert

schaften. In Hanstholm wird 1843 der erste Leuchtturm der dänischen Nordseeküste fertig; bis 1906 entstehen insgesamt sechs.

Konflikte mit Deutschland

1848–1914 Unblutig endet 1848 der Absolutismus, nur nicht im Grenzgebiet zu Deutschland: Deutsche Kreise wollen eine Verfassung für Holstein und Schleswig sowie den Anschluss an den Deutschen Bund, Dänen eine gemeinsame Verfassung für Dänemark und Schleswig – der Erste Schleswigsche Krieg 1848–50 endet im Patt.
1863 dehnt Dänemark seine Verfassung formal auf Schleswig aus und verliert durch den folgenden Krieg 1864 Schleswig und Holstein an Preußen, ca. 175 000 dort lebende Dänen eingeschlossen. Als ›Kompensation‹ für die Landverluste werden Heide- und Feuchtgebiete urbar gemacht und als Ersatz für verlorene Nordseehäfen entsteht Esbjerg.

1914–20 Dänemark übersteht den Ersten Weltkrieg neutral, jedoch sterben 6000 Dänen aus Schleswig in deutschen Uniformen. 1920 initiieren die Siegermächte dort ein Referendum, das die bis heute gültige Grenze festlegt. Auf beiden Seiten bleiben Minderheiten.

1940–49 Am 9. April 1940 besetzt die Wehrmacht Dänemark, lässt dem Land aber eine innere Autonomie, bis ein Volksaufstand im August 1943 die Zusammenarbeit beendet. An der Nordseeküste entstehen Tausende Bunker und Stellungen des Atlantikwalls auch unter Beteili-

Königlicher Auftritt in der Møgeltønder Kirke: Prinz Joachim und seine ältesten Söhne

gung dänischer Firmen und Arbeiter – nach der Befreiung am 5. Mai 1945 kommt es zu Übergriffen auf die ›Kollaborateure‹. Bei Kriegsende überschwemmen Flüchtlinge aus deutschen Ostgebieten Dänemark, bis 1949 werden sie in Lagern untergebracht, die größten an der Nordseeküste.

Dänemark in der Gegenwart

1953–72 Eine Verfassungsreform 1953 erlaubt die weibliche Thronfolge. 1955 garantiert die ›Bonn Kopenhagener Erklärung‹ den Minderheiten beiderseits der deutsch-dänischen Grenze die Wahrung ihrer Kultur und gilt bis heute weltweit als vorbildlich. Margrethe II. wird 1972 Königin.

Ab 1973 Dänemark tritt 1973 der EWG bei, jedoch bremst die Bevölkerung oft gegen den Willen der Regierungen mit Volksabstimmungen den weiteren Einigungsprozess – u. a. haben sich die Dänen bis heute dem Euro verweigert. Öl- und Gasvorkommen in der dänischen Nordsee sanieren die öffentlichen Kassen.

1995 Als Prinz Joachim, zu diesem Zeitpunkt Nr. 2 der dänischen Thronfolge, heiratet, werden als Volksgeschenk im Königreich 13 Mio. Kronen für die Renovierung von Schloss Schackenborg in Møgeltønder gesammelt. Das Schloss bewohnt Joachim heute mit seiner zweiten Frau, Prinzessin Marie. Sowohl die Hochzeit mit ihr als auch die Taufen der beiden gemeinsamen Kinder 2009 und 2012 finden in der Dorfkirche von Møgeltønder statt.

1998 Die Eröffnung der Brücken-Tunnel-Verbindung über den Großen Belt verkürzt Auto- oder Zugfahrten zwischen West- und Ostdänemark um 1–2 Std. – von Esbjerg nach Kopenhagen fährt man noch ca. 3 Std.

2005/06 Von Islamisten inszenierte Proteste gegen Mohammed-Karikaturen in der Zeitung Jyllands-Posten stürzen Dänemark in die schwerste politische Krise seit dem Zweiten Weltkrieg.

2007 Eine Gebietsreform reduziert die Zahl der Kommunen im Land von 275 auf 98, elf davon haben Nordseestrände. In der Folge schließen viele Touristeninformationen oder werden zusammengelegt.

2008–10 Mit dem 2008 offiziell eröffneten Nationalpark Thy und dem 2010 eröffneten Nationalpark Wattenmeer liegen zwei der bisher drei dänischen Nationalparks an der Nordseeküste.

Sept. 2011 Wahlen bringen nach zehn Oppositionsjahren wieder einen Sozialdemokraten ins Amt des Regierungschefs, erstmals in Dänemarks Geschichte eine Frau. Eine der ersten Amtshandlungen der neuen Regierung beendet die von der bürgerlich-konservativen Vorgängerregierung wider alle Vereinbarungen im Schengener Abkommen eingeführten Kontrollen an der deutsch-dänischen Grenze.

2012 Der Radklassiker Giro d'Italia startet in Dänemark. Die 2. Etappe führt an der Nordseeküste entlang und hat in Lemvig auf 47 m über dem Meeresspiegel eine Bergwertung. Nach einer systematischen Minensuche auf der Halbinsel Skallingen wird Dänemark 67 Jahre nach Ende des Zweiten Weltkriegs minenfrei erklärt – Deutsche Truppen hatten an der Nordseeküste rund 1,4 Mio. Sprengsätze ausgelegt.

2014 Ein Teilverkauf des größten dänischen Energiekonzerns DONG energy an die Investment-Bank Goldmann Sachs treibt im **Februar** die Sozialistische Volkspartei aus der Minderheitsregierung von Staatsministerin Helle Thorning-Schmidt. Die regiert fortan nur noch mit zwei Parteien, hinter denen 64 von 179 Abgeordneten im Folketing stehen. DONG energy ist mit seiner Offshore Öl-, Gas- und Windenergiegewinnung einer der wichtigsten Arbeitgeber an der dänischen Westküste. Im **Juni** wird das dänische Wattenmeer als Teil des europäischen in die Liste des UNESCO-Welterbes aufgenommen.

2015–ca. 2021 Der Fehmarnbelt-Tunnel auf der Strecke Hamburg–Kopenhagen soll nach den Querungen am Großen Belt (1998) und am Øresund (2000) Dänemarks drittes Infrastrukturprojekt der Megaklasse werden und auch die Verkehrswege zwischen Deutschland und Jütland entlasten.

Auf der Wippe – die Entstehung der dänischen Küstenlandschaften

Auf dem Höhepunkt der letzten Eiszeit schoben sich vom skandinavischen Urgesteinschild die Eismassen bis zu einer Hauptstillstandslinie in Mitteljütland vor – auf die heutige Geografie übertragen von der Flensburger Förde nordwärts bis kurz vor den Limfjord, von dort nach Westen zum Bovbjerg. Dessen Steilküste ist nichts anderes als ein Anschnitt der gewaltigen Endmoräne, die die Gletscher vor sich aufgeschoben hatten.

Nach Westen flossen gigantische Schmelzwassermassen ab und hinterließen ein flaches, sandiges und karges Land. Nur dort, wo Geestinseln den Wassermassen standhielten, und dort, wo sich später durch Marschbildung neuer Boden aufbaute, ist das Land von Natur aus fruchtbar. Die Mündungsgebiete der Gletscherströme wurden bei steigendem Meeresspiegel zu großen Buchten. Später formten Meeresströmungen die klassische Ausgleichsküste, jenes sanft geschwungene Band der Strände von heute. Das legte sich vor die Buchten, bildete dort Nehrungen wie die Landzunge Holmsland Klit am Ringkøbing Fjord und macht sie zu klassischen Haffs – das ›Fjord‹ im Namen ist irreführend.

Zuvor bestand eine durchgehende Landmasse von Schweden bis England. Ein Abschmelzen des Eises im Norden und der Anstieg des Meeresspiegels ab etwa 6000 v. Chr. formte erste Konturen Jütlands. Besonders das Land nördlich des Limfjord, das während der Eiszeit unter Gletschern lag, ist ein junger, längst nicht vollendeter Teil Dänemarks.

Zusammengewachsen

Nach dem Abschmelzen der Gletscher hatte der Tourist der frühen Steinzeit im nördlichen Jütland unzählige Möglichkeiten für einen Inselurlaub im ›Li-

torinameer‹. Ein Archipel aus älteren Moräneninseln reichte bis zu einer Linie zwischen den heutigen Städten Hirtshals und Frederikshavn. Die Halbinsel Skagen war da noch Meeresboden, der sich in den folgenden Jahrtausenden um 13 m anheben musste, um sie in die gegenwärtige Form zu bringen.

Die verschiedenen Inseln wurden landfest – sogar Laien können alte Küstenlinien im Landesinneren der Regionen Thy, Han Herred und Vendsyssel erkennen. Schaut man auf die Küste, dann sind alle flachen Abschnitte Neuland aus den letzten 8000 Jahren, während Reste alter Moräneninseln als Ecken und Kanten herausragen: Die 50 m hohe Kalkklippe Bulbjerg auf der Grenze zwischen Thy und Han Herred gehört dazu, ebenso die Anhöhen, auf denen die Städte Hanstholm und Hirtshals liegen.

Abgesunken

Während sich der Norden Jütlands langsam aus dem Steinzeitmeer hob, sank der Süden in die Tiefe. Vom Nissum Fjord zieht sich eine Achse nach Südosten, die die Trennlinie zwischen Landhebung und Senkung markiert: Hier liegt eine geologische ›Wippe‹ auf. Im Süden hatte diese Landsenkung die Bildung des Wattenmeers zur Folge. Dass dort keine große Bucht in das Land ragt, ist einem biologischen Prozess zu verdanken, der ähnlich schnell Land aufbaut, wie der Untergrund absinkt: die natürliche Marschbildung.

Sandzunge Grenen bei Skagen: Hier wächst Dänemark immer weiter nach Norden

Sandflug verhindern, Strände sichern – Küstenschutz in Dänemark

Råbjerg Mile: eine Düne, auf der das freie Herumwandern ausnahmsweise erlaubt ist

Sandflug mit seinen oftmals zerstörerischen Auswirkungen stellte über Jahrhunderte ein drängendes Problem an der dänischen Nordseeküste dar. Das großflächige Pflanzen von Strandwäldern brachte ab dem 19. Jh. Linderung, aber auch heute noch gilt es jeden Tag, Küste, Strände und Dünen zu schützen – rund 100 Mio. Kronen pro Jahr gibt Dänemark dafür aus.

Die Landhebung und das Absinken des Meeresspiegels durch eine Zwischeneiszeit im 17. Jh. setzte an der Küste ungeheure Sandmengen frei – Sandflug wurde zur Geißel der Küstenregionen. Er traf auf ein Land, dessen schützende Vegetation durch Abholzen und Beweidung seit der Wikingerzeit gelitten hatte und für den Bau von Schlössern und Schiffen in der ersten Hälfte des 17. Jh. einen nicht mehr zu verkraftenden Aderlass erlebte. Etliche Dörfer und viel Land versanken unter Dünen, Landstriche entvölkerten.

Erst ab Mitte des 19. Jh. wurde der Sandflug durch systematisches Anpflanzen großer Dünenforste wirksam bekämpft. Diese *klitplantager* gehören wie Strand und Dünen zu den Merkmalen der dänischen Nordseeküste. Dabei werden fremde Nadelhölzer angepflanzt, die auf den kargen Sandböden überleben können: Bergkiefern aus Mitteleuropa spielten die Pioniere, später kamen ökonomisch attraktivere Kiefernarten wie Sitkafichten aus Amerika hinzu. Anfang des 20. Jh. war der Sandflug eingedämmt, trotz Europas größter Dünenareale entlang der Nordsee.

Die Dünen selbst werden unterschieden in weiße Dünen und schon bewachsene graue Dünen. Die weißen Dünen sind Sandmassen in Bewegung. Sie werden, wo nötig, mit anspruchslosen Pflanzen befestigt, vor allem mit Strandhafer. Dafür müssen die Dünen mühsam geformt werden, um dem Wind alle Angriffsflächen zu nehmen. Verdorrte Äste und Zweige, die oft in Dünenmulden liegen, sind somit keine wilden Deponien für Gartenabfälle, sondern Versuche, den Sand zu binden. In eindrucksvollen Fällen unterbleibt die Stabilisierung bewusst, weil das Naturschutzgesetz auch Wanderdünen ein Existenzrecht garantiert. So darf die größte ihrer Art, die Råbjerg Mile, ungehindert über die Halbinsel Skagen kriechen.

Imposant, aber untauglich: Buhnen

Schon vor der Küste fängt deren Schutz an. Früher galten weit ins Meer ragenden Buhnen – Dänen nennen sie ›höfde‹ – aus Stein oder Betonblöcken als Nonplusultra der Küstenbefestigung. Die erste entstand 1875 vor dem Bovbjerg und etwas weiter nördlich ragt von der Südspitze der Halbinsel Agger Tange die längste rund 800 m ins Meer hinaus. So prägen rund 100 Buhnen die dänische Nordseeküste, doch inzwischen sieht man sie kritisch, ihre Wirkung als unzureichend, manchmal kontraproduktiv. In Strömungsrichtung lagert sich zwar vor den Buhnen Sand ab, aber in ihrem Windschatten entsteht eine auffällige Erosion, die nicht gewollt ist und sich in einigen Fällen unvorteilhaft auf das natürliche Strömungssytem entlang der Küste auswirkt. Die einzigen, die davon profitieren, sind Surfer, wie man bei starkem Südwestwind zum Beispiel an der Buhne von Nørre Vorupør bestaunen kann.

Aktuell sichert das dänische Kystdirektoratet bestehende Buhnen nur noch, baut aber keine neuen. Man setzt beim Küstenschutz lieber auf Sandaufspülungen, um verlorene Küstenmasse zu ersetzen – vor allem dort, wo bei Sturmfluten Durchbrüche erwartet werden oder Gebäude konkret gefährdet sind. Durch diese seit den 1980er-Jahren benutzte und kaum ins Auge fallende Methode konnte der Küstenschwund auch in den gefährdetsten Abschnitten weitgehend gestoppt werden, zuvor holte sich das Meer in einigen Abschnitten bis zu 10 m Land pro Jahr.

Schützen auch Sie die Dünen!
Dünenpflege ist ein mühsames Geschäft, das Urlauber nicht zerstören sollten, allein schon aus Respekt vor der dezenten Art dänischer Behörden, den Dünenzugang zu reglementieren: Sie sprechen weit weniger Verbote aus als z. B. deutsche Küstenschützer. Halten Sie sich an Zugangsbeschränkungen! Trampeln sie keine Pfade neben vorhandene, auch wenn man dort nur mühsam vorwärtskommt! Graben Sie nicht in Dünen (Lebensgefahr!) und rutschen Sie nicht die Sandhänge hinunter! Weisen Sie Ihre Kinder auf diese Regeln und Gefahren hin! In den Dünen ist jede Form von Feuer und Campieren verboten. Nach dänischem Naturschutzrecht stehen die Küstendünen selbst, der gesamte Vorstrand und ein 300 m breiter Streifen landeinwärts unter Schutz.

Verklärt, verzerrt, verfilmt – die Wikingerzeit

Der 8. Juni 793 ist für Westeuropa ein historischer Paukenschlag. Allein der Mönch Alcuin schreibt davon, wie sich Drachenboote auf den Strand der Insel Holy Island vor Nordenglands Küste schieben und wilde Männer herausspringen, wie sie sein Kloster Lindisfarne plündern und in Schutt und Asche legen, wie sie die alten Mönche erschlagen und die jungen als Sklaven mitnehmen. Die Wikingerzeit hat begonnen.

Die Männer aus dem Norden haben eine schlechte Presse, denn es sind meist des Schreibens Kundige aus dem Kreis der Opfer, die ihr Auftreten festhalten. Und nirgends, wo Wasser in der Nähe ist, sind Siedlungen oder Städte sicher, nicht in England, nicht in Irland, nicht in Frankreich, nicht am Mittelmeer oder entlang der großen Flüsse. Hamburg und London sind betroffen, ebenso Köln und Paris.

Manches vom Bild der raubeinigen Hooligans wird aber erst viel später zementiert. Nazis stilisierten sie zu Vorzeige-Ariern und die braune Szene missbraucht Elemente ihrer Kultur bis heute. Und dann die hanebüchenen Hörnerhelme: Wagners Bühnenbildner soll sie für die Urpremiere des »Ring« erfunden haben, Hollywoods Filmemacher setzten sie dann ihren Wikingern aus Effekthascherei auf, später der Komikzeichner Dik Browne seinem liebenswert schrecklichen Hägar oder Runer Jonsson dem Kinderidol Wickie.

Die einzigen nachgewiesenen Hörnerhelme der nordischen Geschichte trugen jedoch kleine Kultfiguren aus der Bronzezeit, als Opfergaben in Moore gelegt – gut 1800 Jahre bevor echte Wikinger zuschlugen. Von denen hätte keiner einen solchen Helm aufgesetzt, vor allem nicht im Kampf: Ein Helm soll die gegnerische Klinge vom Kopf ableiten und nicht, von den Hörnern auf die Kopfmitte geführt, zum Schädelspalter machen.

Berufung Wikinger

Über kaum ein Phänomen europäischer Geschichte existiert so viel Un- und Halbwissen. So gibt es kein Volk der Wikinger. Wikinger ist Beruf, allenfalls Berufung. Männer fahren unter einem Schiffsführer – oft Söhne aus gutem Haus – auf Wiking. Sie rekrutieren sich aus nordgermanischen Stämmen im Gebiet der heutigen Königreiche Dänemark, Schweden und Norwegen, später sitzen auch Geistesverwandte aus den keltischen Ländern mit im Boot. Die Schiffe sind allein oder in kleinen Verbänden unterwegs, erst gegen Ende ihrer Epoche formieren sie sich zu großen Flotten. Da sind es schon die zusammenwachsenden Königreiche des Nordens, die mobilisieren.

Keine andere Epoche wird in Dänemark so lebendig gepflegt wie die Wikingerzeit

Auch wenn sich in Dänemark Museen, Freilichtspiele, historische Märkte und Erlebniszentren oft mit einem ›Wikinger‹ im Namen präsentieren, wäre die Bezeichnung ›Nordleute‹ richtiger, wenn allgemein die Menschen im Norden gemeint sind, nicht nur die Krieger in den Schiffen. Längst zeigen Funde, dass sie große Baumeister, Künstler und Kunsthandwerker hervorbrachten, von Literaten ganz zu schweigen, die mit den Sagas frühe Weltliteratur schufen. ›Nordleute‹ berücksichtigt auch die Frauen, die zwar nicht auf Wiking gingen, aber in der damaligen Gesellschaft eine bedeutende Rolle spielten. So nennen mittelalterliche Schriften zum Beispiel Entdeckerinnen und Führerinnen ganzer Einwanderertrecks nach Island, die vielen Männern in ihrem Gefolge sagten, wo es langging.

Wikingerzeit erleben
Zahlreiche Museen, Geschichtszentren und Events entlang der Nordseeküste bieten die Möglichkeit, die Welt der Wikinger näher kennenzulernen:
Museet Ribes Vikinger: Modern konzipiertes Schwerpunktmuseum in Ribe (s. S. 118)
Ribe VikingeCenter: Erlebniscenter mit Schwerpunkt Handel (s. S. 124) bei Ribe; großer Wikingermarkt am ersten Mai-Wochenende mit Auftaktprogramm die ganze Woche zuvor
Bork Vikingehavn: Erlebniscenter zur maritimen Seite der Wikingerzeit (s. S. 175); Wikingermarkt am 2. August-Wochenende
Aggersborg: Dänemarks größte Ringburg aus der Wikingerzeit (s. S. 242)
Lindholm Høje: Gräberfeld aus der späten Eisen- und Wikingerzeit im Norden von Aalborg (s. S. 246), dort ein Museum zum Thema; Wikingermarkt Ende Juni/Anfang Juli

Entdecker, Siedler, Händler

Nordleute tauchen lange vor dem 8. Juni 793 an fremden Küsten auf und kommen auch später noch in friedlicher Absicht. Sie leben im Norden Schottlands neben der angestammten Bevölkerung, besiedeln zuvor vom Abendland nicht wahrgenommene Inseln im Nordatlantik, betreten fünf Jahrhunderte vor Kolumbus Nordamerika oder reisen als Händler über die russischen Flüsse bis zum Kaspischen Meer. Grundlage all dieser Aktivitäten sind ihre seefahrerischen Fähigkeiten und Schiffe, die allen zuvor bekannten Typen überlegen sind.

Von dänischem Boden aus fahren Nordleute vor allem an die Küsten des Frankenreichs und nach England. Dort wird ihr Einfluss so groß, dass es für einige Jahrzehnte ein vereinigtes Königreich von Ostengland und Dänemark gibt. Mit dessen Zerfall Mitte des 11. Jh. neigt sich die wilde Wikingerzeit dem Ende zu. Jetzt bindet lukrativer Handel die Nordleute in die europäische Mittelaltergemeinschaft ein. Und sie sind Christen geworden, da überfällt man keine Klöster mehr.

Über das genaue Ende lässt sich streiten, länger als bis 1066 setzt niemand die Wikingerzeit an. Wer gern auch einen Paukenschlag als Ende der Epoche braucht, weist auf die Schlacht von Stamford Bridge, in der angelsächsische Truppen – darunter viele assimilierte Dänen – ein norwegisches ›Wikingerheer‹ besiegten.

Nordschleswig oder Südjütland – deutsch-dänische Grenzgeschichte

Wer vor dem Ersten Weltkrieg nach Sylt reiste, nahm von Hamburg Altona die Preußische Staatsbahn über Husum nach Tondern, stieg auf die Nebenstrecke zum Fähranleger Hoyerschleuse um und setzte mit dem Raddampfer zur Insel über – einen Pass brauchte man nicht, man blieb im Deutschen Reich. Zu der Zeit gehörten neben Sylt – dänisch Sild – auch Föhr, Amrum und Rømø zum preußischen Landkreis Tondern.

Tondern – das heute dänische Tønder – hatte bis weit ins 20. Jh. eine mehrheitlich deutschgesinnte Bevölkerung. Bei dem Referendum, mit dem die Siegermächte 1920 die Grenze zwischen Deutschland und Dänemark neu zogen, stimmten über Dreiviertel der Einwohner in der Stadt für den Verbleib im Deutschen Reich – doch Tondern war Teil einer Abstimmungszone, in deren großen ländlichen Gebieten die Mehrheit für die Wiedervereinigung mit Dänemark votierte.

1000 Jahre Stress

Vorausgegangen waren über 1000 Jahre Grenzstreitigkeiten und mehrere Kriege: Erste Grenzbefestigungen jütischer Stämme gegen ihre südlichen Nachbarn am legendären Danewerk sind auf Mitte des 8. Jh. datiert. Im frühen Mittelalter einigen sich dann dänische und deutsche Herrscher auf die Eider als Grenze ihrer Machtbereiche, nördlich wird das Herzogtum Schleswig dänisches, südlich Holstein deutsches Lehen. Heiratsdiplomatie bringen beide Gebiete im 13. Jh. in eine Hand. Als Mitte des 15. Jh. der letzte Schauenburger auf dem Doppelthron kinderlos stirbt, wählt die Ritterschaft in den Herzogtümern Dänenkönig Christian I. zum Nachfolger, doch muss er schwören: ›Schleswig und Holstein bleiben auf ewig ungeteilt zusammen‹ – ein Schwur, der viel Blut kosten soll.

Käufe, Erbschaften und Mitgiften machen die politische Karte Schleswigs schnell zu einem Flickenteppich gräflicher, herzoglicher, königlicher, reichsunmittelbarer oder gemeinschaftlich verwalteter Gebiete. Deutsch entwickelt sich zur Sprache der Oberschicht, Dänisch sprechen ›die Ungebildeten‹ vom Lande im nördlichen Teil Schleswigs. Christian VIII. verordnet 1840, dass Dänisch Amtssprache in allen mehrheitlich dänischsprachigen Gemeinden wird – Beginn eines höchst emotionalen Sprachkampfes. Der bringt nebenbei etwas hervor, was heute rund um den Globus Teil des Alltags vieler Menschen ist: Volkshochschulen. Die erste weltweit gründen dänisch gesinnte Kräfte um den Pfarrer N. F. S. Grundtvig 1844 in Sønderjylland, um dort das Bildungniveau der dänischen Bevölkerung zu heben.

Der Chauvinismus des 19. Jh. verschärft die Situation: Die bürgerliche Verfassung, die Frederik VII. im Juni

Wenn Sylt zu Hering wird

Ob man sich in Sønderjylland – ›Südjütland‹ – oder in Nordschleswig befindet, ist keine Frage der Koordinaten, eher der Blickrichtung: Die dort lebenden Dänen meinen mit Sønderjylland den gleichen Landstrich wie die Angehörigen der deutschen Minderheit mit Nordschleswig. Die Geschichte hat den Süden Dänemarks nicht nur mit Blut durchtränkt, sondern auch zweisprachig gemacht, und wie die Region tragen beiderseits der Grenze Orte, Flüsse, Inseln und Hügel einen deutschen und einen dänischen Namen. Meist ähneln sie sich wie Tønder und Tondern oder Rømø und Röm, manchmal braucht man etwas Kombinationsgabe wie bei Ribe und Ripen, Skærbæk und Scherrebek, Vidå und Wiedau oder, südlich der Grenze, bei der Insel Sylt bzw. Sild – eigentlich das dänische Wort für Hering.

1849 unterschreibt, gilt für das Königreich, nicht für die Herzogtümer. Deutschgesinnte in Schleswig und Holstein fordern eine gemeinsame Verfassung sowie den Anschluss an den Deutschen Bund. Ihr Aufstand führt zum Ersten Schleswigschen Krieg 1848 bis 50, der am 25. Juli 1850 auf der Heide von Idsted nördlich der Stadt Schleswig in der blutigsten Schlacht endet, die Nordeuropa je erlebt mit weit über 6000 Toten und Verwundeten. Historiker vermerken einen dänischen Sieg, aber es ist eher ein Patt. Frederik VII. bleibt in den Herzogtümern absoluter Regent.

1863 die nächste Eskalation: Die Regierung in Kopenhagen lässt den gerade gekrönten Christian IX. ein Gesetz unterzeichnen, das die dänische Verfassung auf Schleswig, aber nicht auf Holstein ausdehnt. Unter Federführung von Kanzler Bismarck setzen Preußen und Österreich den Dänen ein Ultimatum zur Rücknahme. Das ist schon zeitlich unerfüllbar. Es gibt Krieg. Dänemark ist chancenlos, zumal die anderen skandinavischen Königreiche die erhoffte Unterstützung versagen. Die Herzogtümer Schleswig und Holstein werden deutsch. Mit dem Land geraten etwa 175 000 dänisch gesinnte Menschen unter preußische Herrschaft, ein Drittel verlässt das Herzogtum, viele Richtung Amerika.

Der Krieg und die Gebietsabtretung prägen indirekt sogar die Landschaft in Dänemarks Westen: ›Was außen verloren ging, muss innen gewonnen werden‹ ist die Losung, mit der Heidegebiete urbar gemacht, Feuchtgebiete trocken gelegt, der Sandflug an der Küste bekämpft und Esbjerg, heute größte Stadt der dänischen Nordseeküste, gegründet werden.

Ein Hintertürchen im Friedensvertrag kommt nach dem Ersten Weltkrieg zum Tragen: Ein Referendum prüft 1920 die nationale Zugehörigkeit Schleswigs. Als Resultat rutscht die Grenze nach Süden auf den bis heute gültigen Verlauf mitten durch das alte Herzogtum Schleswig. Auf beiden Seiten bleiben Minderheiten.

Deutsche Dänen, dänische Deutsche

Den deutschstämmigen Nordschleswigern nördlich und der dänischen Bevölkerungsgruppe südlich der Grenze garantieren seit 1955 die Regierungen Deutschlands und Dänemarks mit der ›Bonn Kopenhagener Erklärung‹ die

Wo früher Kriege tobten, wird heute zusammengearbeitet: deutsch-dänisches Tourismusprojekt im Grenzland

uneingeschränkte Wahrung ihrer politischen und kulturellen Integrität – ein bis heute weltweit als vorbildlich geltender Minderheitenschutz: Die Zugehörigkeit soll nur durch individuelle Empfindungen bestimmt sein und darf ethnisch nicht geprüft werden. So gibt es nur Schätzungen, wie viele Menschen den Minderheiten tatsächlich angehören: Die Zahlen schwanken von ca. 15 000 bis 25 000 Deutschen in Südjütland und etwa 50 000 Dänen in Südschleswig. Beide Volksgruppen haben politische Sonderrechte, für ihre Parteien gelten bei Wahlen keine Sperrgrenzen. Das brachte im Juni 2012 den Südschleswigschen Wählerverband (SSW) der dänischen Minderheit im Rahmen der ›Dänen-Ampel‹ sogar mit einer Ministerin in Schleswig-Holsteins Landesregierung.

Die kleinere Schleswigsche Partei nördlich der Grenze sitzt derweil nur noch in Kommunalparlamenten, die Volksgruppe hat aber mit dem ›deutschen Sekretariat‹ bei Parlament und Regierung eine einflussreiche Vertretung in Kopenhagen. Beide Volksgruppen betreiben, mit öffentlichen Finanzmitteln gut ausgestattet, Schulen und Kindergärten, Sprachvereine und Bibliotheken. Auch die Tageszeitungen der Minderheiten, der deutschsprachige »Nordschleswiger« aus Aabenraa und die zweisprachige »Flensborg Avis« können alimentiert trotz minimalster Auflagen überleben.

Die Grenzregion im Web

Deutsche in Nordschleswig:
www.nordschleswig.dk
Dänen in Südschleswig:
www.syfo.de
Nordschleswig beim Folketing:
www.tysksekretariat.dk
Die Zeitungen der Minderheiten:
www.nordschleswiger.dk,
www.fla.de

Von Mond und Sonne getrieben – Gezeitenwelt Watt

Das Wattenmeer, Kinderstube und Speisekammer für viele Fische, Vögel und maritime Säuger unserer Breiten, steht als einer der bedeutendsten Naturräume Europas in allen drei Anliegerstaaten unter besonderem Schutz. In Dänemark ist es der dritte Nationalpark im Lande.

Produktiver als der Regenwald

Die extrem breiten Strände der Inseln Rømø und Fanø begrenzen zusammen mit der Halbinsel Skallingen diese Gezeitenwelt gegenüber dem offenen Meer. Zwischen ihnen hindurch strömt

Hauptsache die Gummistiefel sind dicht: Wattwanderung bei Rømø

das Wasser der Nordsee, das zweimal täglich das Watt überspült und es zweimal täglich wieder freigibt. Diese Dynamik sorgt für eine ungeheuer große Produktion kleinster Pflanzen und Tiere, die am Anfang der maritimen Nahrungsketten stehen; die Nahrungsproduktion eines Quadratmeters Wattenmeer übersteigt in vielen Fällen die des Regenwaldes, und kein Dünger der Welt kann einen Acker so fruchtbar machen.

Von diesem reich gedeckten Tisch leben Würmer, Muscheln und Kleinkrebse – in jedem Quadratmeter können mehrere Tausend Tiere existieren. Bei Niedrigwasser kommen die Vögel und bedienen sich: Ein Säbelschnäbler vertilgt 3000 Borstenwürmer am Tag, ein Austernfischer bis zu 300 Muscheln. Und mit der Flut kommen unzählige Fische, die hier ihre Brut- und Kinderstube haben, aber auch ihren Mittagstisch. Auf die Fische wiederum warten am Rande der großen Durchflüsse, der ›Tiefs‹, die Säugetiere, die dieses Revier als Lebensraum nutzen: Seehunde und Kegelrobben.

Den Rhythmus gibt der Mond

Etwa zwölf Stunden und 25 Minuten dauert eine Tide von einem Niedrigwasser (dän.: *lavvande)* zum nächsten. Ebbe – also die gesamte Phase des

Watt is watt im Watt

Ebbeweg: Um Niedrigwasser nutzbarer Weg durchs Watt

Flutsaum: Algenreste, Muscheln usw. zeigen die maximale Wasserhöhe auf dem Strand

Hochsand: Bei normalen Hochwassern nicht überspülte Sandbank

Kentern: Wechsel zwischen Ebbe und Flut

Lahnungen: Minidämme, die durch Bindung von Sedimenten die Marschbildung einleiten sollen

Marsch: Fruchtbarer Landstreifen aus Meeresablagerungen an Gezeitenküsten

Priel: Wasserlauf im Watt

Salzwiesen: Grünflächen direkt am Meer, die Gischt und Überflutungen ausgesetzt sind

Tennen: Abflüsse bei natürlicher Marschbildung

Tief: Tiefe Ströme im Watt, durch die der größte Wasseraustausch erfolgt

Das Watt erleben

Ausstellungen zum Thema Wattenmeer bieten u. a. Tøndermarskens Naturcenter an der Vidå Sluse (s. S. 96), Naturcenter Tønnisgård auf Rømø (s. S. 105) und Vadehavscentret Vester Vedsted (s. S. 111). **Wattwanderungen** u. a. zum Austernsuchen (ca. Oktober bis Ostern) organisieren das Naturcenter Tønnisgård ab Rømø und das Vadehavscenter Vester Vedsted um Mandø sowie Sort Safaris (s. S. 95) im südlichen Wattenmeer.

ablaufenden Wassers – und Flut – die komplette Phase auflaufenden Wassers vom niedrigsten zum höchsten Wasserstand, dem Hochwasser *(højvande)* – verändern sich Tag für Tag. Motor sind Anziehungskräfte des Mondes und der Sonne. Sie ziehen mit ihrer Masse das Wasser der Weltmeere an.

Hochwasser herrscht auf der dem Mond zugewandten Seite der Erde sowie – aufgrund der Fliehkraft – auf der gegenüberliegenden; Niedrigwasser existiert dagegen an den Seiten, die im Winkel von 90 Grad dazu stehen. Reihen sich Sonne, Mond und Erde bei Neu- oder Vollmond in einer Linie, verstärkt sich dieses Phänomen zur Springtide mit den höchsten Hochwassern. Steht die Sonne im rechten Winkel zur Linie Erde–Mond, schwächt sie es zur Nipptide mit niedrigem Hoch-, aber höchstem Niedrigwasser ab.

Im Prinzip läuft eine Gezeitenwelle um die Erde, modelliert durch Inseln und Kontinente. In der Nordsee schwappt sie wie ein Schwenkarm, der gut 300 km nordwestlich Rømø aufgehängt ist, zuerst an der englischen Ostküste südwärts, biegt vor dem Kanal nach Osten, streicht durch das niederländische und deutsche Wattenmeer und folgt schließlich der dänischen Nordseeküste nach Norden. Je weiter nördlich man sich dort befindet, desto später kommt die Flut. Tidenkalender *(højvandskalender)* sind deshalb immer nur lokal gültig! Auch der Tidenhub verändert sich durch geografische Besonderheiten, vor allem trichterförmige Buchten wie die Deutsche Bucht verstärken die Effekte. Auf offener See beträgt der mittlere Tidenhub etwa 40 cm, im dänischen Wattenmeer 1,5–2 m – Peanuts im Vergleich zum Weltrekord von 14 m im Mittel und 21 m bei Springtiden in der Fundy Bay an der kanadischen Ostküste.

Der Blanke Hans

Zu allen berechenbaren Faktoren kommt das Wetter. West- und Nordweststürme drücken ungeheure Wassermassen vom Atlantik in die Nordsee und können dort 4 bis 5 m auf das normale Hochwasser ›drauflegen‹.

Die Liste der Sturmfluten ist lang, die meisten Opfer – beide Male fünfstellige Zahlen – forderten die ›Großen Manntränken‹. Die erste brach 1362 über die Küste herein und ließ u. a. das sagenumwobene Rungholt von der Landkarte verschwinden, die zweite kam am 11. Oktober 1634. Damals gab es schon seit fast hundert Jahren Deiche, aber sie hielten nicht. Heute liegt die Deichkrone bei 7,45 m über dem Meeresspiegel, das reichte am 3. Dezember 1999, als bei Ribe mit 5,12 m der bisher höchste Sturmbonus aller Zeiten gemessen wurde. Sorgen macht indes die Häufigkeit der Sturmfluten. Lagen früher lange Perioden dazwischen, so langt der Blanke Hans heute statistisch 2,2 Mal pro Jahr zu.

Schnäpel, Schweinswale und Schwarze Sonnen – die Fauna

Der Name ›Nordseeschnäpel‹ könnte von Loriot stammen, aber sein Schicksal ist nicht lustig. Der Lachsverwandte mit dem charakteristisch hochgezogenen Näschen ist eine der am stärksten bedrohten Fischarten Europas. Früher in allen Flüssen zu Hause, die ins europäische Wattenmeer münden, wird er jetzt im Südwesten Dänemarks mit Millionenaufwand gerettet.

Rettet dem Schnäpel die Kinderstube!

Der ›Snæbel‹, wie er in Dänemark heißt, braucht die Flüsse zum Laichen und das Wattenmeer zum Leben. Seit 2005 wurden über 100 Mio. Kronen eingesetzt, um durch Renaturierung von Varde Å, Sneum Å, Ribe Å und Vidå seine Lebensbedingungen zu verbessern. 13 Sperren, Umleitungen und Staustufen wurden entschärft, denn der Snæbel ist ein schlechter Schwimmer und erst recht kein Springer, der Lachsleitern hinaufwandert. Das alles gab ihm 130 km Flussläufe zurück, von denen er vorher durch Menschenhand ausgeschlossen war.

Letztendlich ist der Schnäpel aber nur Symbolfigur für das bedeutendste Naturschutzprojekt des Nationalparks Vadehavet: Die Renaturierung der Flüsse gibt vielen Tier- und Pflanzenarten verlorene Lebensräume zurück, vom Lachs bis zum Storch. Insgesamt sind rund 100 der etwa 230 Fischarten der Nordsee in ihrem dänischen Teil heimisch, sprich, sie laichen hier.

Und kein Schwein interessiert sich für ihn

Bedroht ist auch der Schweinswal, mit kaum mehr als 1,5 m Länge der kleinste Wal der Weltmeere – Dänen nennen ihn ›Marsvin‹. Er ist in allen nördlichen Meeren heimisch und zieht in dänischen Gewässern Junge auf. Ungewollt macht er Dänemark zu einer der größten Walfangnationen der Welt: Meeresbiologen schätzen, dass jedes Jahr 3000–4000 dieser Säuger als Beifang in Fischernetze geraten und verenden. Da ihr Fang in der EU verboten ist, dürfen sie nicht verwertet werden.

Man muss Dänemark zugutehalten, dass es führend bei der Forschung ist, wie sich der Beifang von Schweinswalen verhindern lässt, und dass es Ergebnisse dieser Forschung regelmäßig in die Praxis umsetzen lässt: Akustische Warnbojen an Netzen sind Pflicht und die besonders gefährliche Stellnetzfischerei wurde reduziert.

Gejagte Jäger

In dänischen Gewässern lebt über ein Dutzend Haiarten bis hin zum 10 m groß werdenden, planktonschlürfenden Riesenhai. Die meisten Arten sind deutlich kleiner, keine knabbert Menschen an, eher umgekehrt, selbst wenn sie als bedroht gelten: Der optisch am ›haimäßigsten‹ wirkende Heringshai wird direkt bejagt, der Dornhai gern als Beifang mitgefischt. Er liefert eine Spezialität, die als ›Geräucherter Bauchlappen vom Dornhai‹ wohl schwer zu vermarkten wäre, als ›Schillerlocken‹ aber als Delikatesse gilt.

Flugkreuz Wattenmeer

Augenfälligste Bewohner wie Gäste der dänischen Nordseeküste sind jedoch Millionen von Vögeln. Vor allem See- und Watvögel, aber auch große Raubvögel, darunter Adler, sieht man kreisen und das nicht nur über dem Ørnereservatet, der Adlerwarte von Tuen (s. S. 270).

Vogelbeobachtungsplätze
Feuchtgebiete, flache Seen, Strandwiesen – Gebiete für Vogelbeobachtungen gibt es viele, oft mit komfortablen Beobachtungsständen und -türmen. Sieben Gebiete entlang der Nordseeküste sind zudem als RAMSAR-Reservate geschützt, darunter das Wattenmeer, der südliche Ringkøbing Fjord mit Tipperne als Highlight (s. S. 170) und Vejlerne (s. S. 235). Beliebter Beobachtungsplatz zu Vogelzugzeiten ist auch der Rømø-Damm (s. S. 103) im Nationalpark Wattenmeer. Organisierte Vogelexkursionen auch zur ›Schwarzen Sonne‹ (Sort Sol) bieten Vadehavscentret Vester Vedsted (s. S. 111), Naturcenter Tønnisgård (s. S. 105) und der private Anbieter Sort Safari (s. S. 95).

Auch für die Aviafauna ist das Wattenmeer lebensnotwendiger Rast- und Speiseraum. Vor allem für Vögel, die in arktischen und subarktischen Regionen ihre Brutgebiete und im mittleren und südlichen Europa oder im nördlichen Afrika ihre Winterquartiere haben, wären die jährlichen Züge undenkbar ohne das ›Auftanken‹ in dieser Speisekammer. Grob geschätzt machen im dänischen Wattenmeer jährlich etwa 10 Mio. Vögel Station.

Wenn Stare zu Stars werden

Manchmal sorgen Vögel, die Laien eher als gewöhnliche Bewohner unserer Breiten wahrnehmen, für Sensationen, so die Stare über den Marschen Südjütlands. Ihr Tanz der ›Schwarzen Sonne‹, im Dänischen ›Sort Sol‹, gilt als eines der größten Naturschauspiele der Erde: Zwei-, drei-, vielleicht fünfhunderttausend Stare kreieren ein wundersames Luftballett über ihren Schlafplätzen in den Schilfgürteln der Marschseen. Maximal eine halbe Stunde lang werfen sie zu den Strahlen der Abendsonne Figuren an den Himmel: Dämonen. Engel. Rauchschwaden. Dann fließende Schleier wie bei einem Nordlicht in negativer Belichtung. Irgendwo muss eine Jury sitzen und Noten geben: 6.0 – 6.0 – 5.9 – 5.9 – 6.0. Jede Sekunde ein anderes Bild, synchronisiert mit Abertausenden von Flügelpaaren – nüchtern betrachtet könnte man von typischem Schwarmverhalten sprechen. Wenn Raubvögel sich ins Getümmel stürzen, werden die Bewegungen schneller, aber nicht weniger präzis. Und wer hört schon die Schreie der Opfer.

Eine Kür der Schwarzen Sonne

Lernen mit Spaßfaktor – Edutainment für Klein und Groß

Ob der Rochen wohl unten auch so flach ist, wie er von oben aussieht?

Der kleine Lennart Johan ist in seinem Element: Skeptisch beäugt von seinen Cousinen Nele und Marie schlägt er Wellen, treibt sie immer kräftiger an und lässt aus einer langen Dünung kleine Brecher werden, die an den Scheiben der Simulationsanlage entlanglaufen. So macht Lernen Spaß!

Die Kinder verbringen mit ihren Eltern einen Nachmittag im **Kystcenter** von Thyborøn (s. S. 203) – anfassen, mitmachen, experimentieren ist erwünscht, eigentlich Pflicht. Sogar Sandstürme können die Kids auslösen oder Trawler durch ein großes Becken mit einer maritimen Landschaft steuern. Die Strandküste, die real gleich hinter dem Center greifbar nah ist, steht im Mittelpunkt dieses Erlebniszentrums. Die Natur der Region wird multimedial, interaktiv und vor allem spielerisch für alle Sinne fassbar gemacht – Edutainment. Erwachsene können nicht verhehlen, noch etwas zu lernen und die Kinder sind begeistert, weil sie das Gefühl haben, in erster Linie zu spielen. Dass sie nebenbei etwas über Gesetze und Phänomene der Natur lernen, nehmen sie kaum wahr – warum auch, es sind doch Ferien.

Überall entlang der dänischen Nordseeküste stößt man auf ähnlich ambitionierte Projekte. Oft steckt eine Errungenschaft des Sozialstaates dahinter, die Überschüsse erwirtschaftet und das Geld für den ›Bau ferienrelevanter Attraktionen‹ für Familien mit Kindern unter die Leute bringen muss: Arbejdsmarkets Feriefond, die gesetzliche Urlaubsgeldkasse.

Gleich neben dem Kystcenter darf man in **JyllandsAkvariet** (s. S. 203) Nordseehaie im Streichelbecken kraulen – bisher haben alle, die den Mut dazu hatten, ihre fünf Finger wieder komplett aus dem Wasser herausbekommen. In Hirtshals präsentiert **Nordsøen** (s. S. 262) ebenfalls einheimische Haie, aber auch Robben und manchmal sogar beeindruckende Mondfische in einem der größten Salzwasseraquarien Europas, umgeben von vielen Mitmachstationen für junge Besucher – Meeresschutz und Meeresnutzung sind hier Themen.

Skagens Elemente und das Watt

Wasser, Sand, Wind und ein faszinierendes Licht prägen die Landschaft an der Nordspitze Dänemarks und mit diesen vier Elementen der Skagener Natur befasst sich das **Naturcenter Skagen Odde** (s. S. 273) intensiv. Es ist nebenbei auch ein architektonisches Kleinod, ein Entwurf des dänischen Stararchitekten und Vaters der Sydney Opera Jørn Utzon – ein Wüstenfort, existent, aber nicht aufdringlich oder gar störend inmitten einer archaischen Landschaft.

Eine gänzlich andere Küstenlandschaft vermittelt das **Vadehavscentret** in Vester Vedsted (s. S. 111) im Südwesten. Hier dreht sich alles um das Wattenmeer. In einem Multimediaraum kann man hinter lärmend geschlossenen Deichtoren sogar das schauerliche Gefühl erleben, wie es ist, wenn eine Sturmflut über diese maritime Halbwelt hereinbricht. Das Vadehavscenter setzt bei seiner Wissensvermittlung verstärkt auf direkten Kontakt zum Objekt, dem Wattenmeer, und bietet fast täglich Exkursionen an.

Dem steht das **Naturcenter Tønnisgård** auf Rømø (s. S. 105) in nichts nach, wenn es die Vielfalt der Wattenmeerinsel vermitteln will.

Mit dem Profi durch die Natur
Da kann ein Förster im Dünenforst Zusammenhänge zwischen Baumbewuchs und Sandflug erläutern, ein Meeresbiologe erklärt im Watt die Bedeutung dieses Ökosystems für unsere Nordsee, jemand hilft Kräuter für einen Aufgesetzten zu suchen oder im Spätsommer passt ein Pilzkenner auf, dass sein Gefolge das nächste Abendessen überlebt: Überall an der dänischen Nordsee bieten qualifizierte *naturvejleder* Dienste an, fast immer auch in deutscher Sprache. Alle i-Büros kennen Themen, Termine und Treffpunkte.

Schmuck vom Strand – Bernstein

Wenn ein stürmischer Wind die letzte Flut auf die Küste gepeitscht hat und wenn sich das Meer dann bei Ebbe zurückzieht, dann schleichen Männer, Frauen und Kinder an Dänemarks Nordseestränden entlang, den Blick fest auf den Boden gerichtet. Sieht dort etwas wie ein kleiner brauner Stein aus, wird es Objekt heißer Begierde: ›Ist das Bernstein?‹

›Nein, das ist ein kleiner brauner Stein!‹ ist wohl in den meisten Fällen die Antwort. Am Abstand zum Wasser kann man die Erfahrung der Sammler ablesen: Wer nah am Wasser geht, dort wo die Wellen immer noch über den Sand spülen, ist eher Anfänger. Bernstein ist nämlich leicht, wiegt nur etwa ein Drittel dessen, was der cognacfarbene Feuerstein auf die Waage bringt, nach dem sich Laien so oft bücken.

Bernstein schwimmt und brennt

Die Erfahrenen orientieren sich weiter oben am Strand an Muschelresten, dunklen alten Holzstücken und Seetangbüscheln, die den Höchststand der letzten Flut markieren. Hier stochern sie in Hinterlassenschaften des Meeres herum, und wenn ihnen etwas interessant erscheint, dann reiben sie es an den Kleidern, vielleicht auch mit etwas Schmirgelpapier, oder sie schlagen es vorsichtig gegen die Zähne. Basis-Tests: Bernstein hat – im Gegensatz zu Stein – einen weichen Klang, wenn man ihn vorsichtig gegen die Zähne schlägt, er lädt sich durch Reiben an Wolle elektrostatisch auf und zieht dann Haare an – unser Wort ›Elektrizität‹ stammt vom altgrie-

chischen Wort für Bernstein ›elektron‹ – und das Anschleifen setzt einen aromatisch harzigen Duft frei. Den erzeugt auch der Feuertest: Bernstein, dessen deutscher Name auf ein mittelalterliches Wort für ›Brennstein‹ zurückgeht, brennt mit aromatischem Duft, wo Plastik nur noch stinkt.

Ganz ausgebuffte Profis suchen aber nicht einmal auf dem Strand, sondern im Winter bei ruhiger See mit hüfthohen Watstiefeln und Keschern ausgerüstet im Wasser. Bei rund 5 °C hat salziges Meerwasser in etwa das gleiche spezifische Gewicht wie Bernstein, dann schwebt er im Meer.

Begehrt seit der Steinzeit

Das erstarrte, nicht etwa versteinerte Harz ist eine Erinnerung an die graue Vorzeit. Im Tertiär, vor über 30 Mio. Jahren, tropfte es aus einer Baumwunde. Oft blieben auf dem Tropfen Insekten kleben und wurden dann eingeschlossen. Stücke mit erkennbaren Fliegen, Mücken, Käfern oder sogar kleinen Amphibien sind bei heutigen Sammlern sehr begehrt. Aber Bernstein fasziniert Menschen schon seit der frühen Steinzeit. Älteste

Andreas Wörner bearbeitet in seiner Rav-Værkstedet in Mygdal Bernstein

Schmuckstücke im Kopenhagener Nationalmuseum stammen aus der Zeit zwischen dem 8. und 5. Jahrtausend v. Chr. Es sind mit Netzmustern verzierte Steine und kleine Skulpturen, die Tiere zeigen, denen die Jäger der damaligen Zeit nachstellten.

Als der Handel in Europa in Gang kam, insbesondere mit Kupfer und Zinn aus England oder deutschen Mittelgebirgen, war Bernstein die Ware, die der Norden zum Tausch anbieten konnte. Ohne ihn wären wohl Bronze- und Eisenzeit erst mit Jahren Verzögerung nach Dänemark gekommen.

Seine Popularität hat Bernstein bis heute bewahrt, auch wenn er nicht gerade Trend-Schmuck ist. Klarer Bernstein im Farbspektrum von Honig bis Cognac ist der bekannteste, aber längst nicht der einzige: Es gibt orangefarbenen, braunen und gelbweißen Bernstein, ganz selten sogar fast schwarzen und Kenner schätzen helle, durchsichtige Stücke. Selten aber ist er klar, meist milchig und undurchsichtig und vor allem im Rohzustand hinter einer rauen Oberfläche verborgen. Erst Schleifen und Polieren macht ihn zum Schmuckstück. Diese Vielfalt der Erscheinungsformen erschwert es Amateursuchern, Bernstein von Steinen oder von Glas, das länger im Meer gelegen hat, zu unterscheiden.

Bernstein finden

Guides der **Koresand-Exkursionen** (s. S. 112) rund um Mandø haben oft den richtigen Riecher, Bernstein zu entdecken.

Bernstein in Museen und Geschäften

Das **Esbjerg Museum** (s. S. 131) besitzt eine große Bernsteinsammlung mit Natur- und bis zu 10 000 Jahre alten Schmucksteinen.

Das **Ravmuseet i Oksbøl** (s. S. 155), eines der besten Spezialmuseen zum Thema in Europa, beleuchtet Bernstein aus allen Blickwinkeln. Rund um **Henne** in Südwestjütland ist eine Hochburg der Bernsteinschleifer (s. S. 166) mit mehreren Ateliers.

Rav-Værkstedet (s. S. 271) in Mygdal in Nordjütland zeigt mit peppigen Ideen, dass Bernstein längst kein Alte-Damen-Schmuck mehr ist.

Bernstein im Netz

Eine wahre Info-Fundgrube zum Thema Bernstein – wo und wie man ihn findet, erkennt und von Fälschungen oder Pressbernstein unterscheidet – ist die Seite www.ambertop.de eines Bernstein-Enthusiasten und Sammlers.

Nicht fälschungssicher

Dann kommt auch noch die Verarbeitung: Durch Hitze – ca. 180–200 °C – bei gleichzeitigem Druck verändert man Struktur und Farbe, beseitigt Lufteinschlüsse und Trübungen und verstärkt die natürlich selten vorkommenden ›Sonnenflinten‹, kleine Sprünge im Inneren des Steins, die ihn funkeln lassen und ihm damit mehr Charakter geben. Unter erhöhtem Druck kann man zudem aus Bruchstücken, Resten und minderwertigen Steinen ganz neue Stücke, ›Pressbernstein‹, formen und natürlich gibt es Versuche, mit Kunstharz und anderen Kunststoffen Bernstein gänzlich zu fälschen. Aber keine Sorge, in den Bernsteinschleifereien entlang der dänischen Nordseeküste ist das kein Thema.

Vom Fisch zu Öl, Wind und Wellen – Arbeitsplatz Nordsee

Während der traditionelle Erwerbszweig der Küste, die Fischerei, darbt, hat die Öl- und Gasförderung vor der Nordseeküste Dänemark ohne viel Aufsehen in den Club der Ölförderländer katapultiert. Fast in Sichtweite der Bohrtürme produzieren Windkraftanlagen in einem der größten Offshore-Energieparks der Welt nachhaltige Energie und in Hanstholm experimentieren Ingenieure mit der nächsten Generation: Die Kraft der ewig anrollenden Nordseewellen soll zur Stromgewinnung genutzt werden.

Die Fischerei an der dänischen Nordseeküste musste seit den 1980er-Jahren eine radikale Schrumpfkur hinnehmen. Fangquoten zum Schutz der Bestände und Abwrackprämien für Kutter reduzierten die Zahl der Berufsfischer und der Arbeitsplätze an Land drastisch. Die verbliebene Fischerei, Fischhandel und Fischverarbeitung konzentrierten sich auf immer weniger Standorte wie Hvide Sande, Thyborøn, Hanstholm, Hirtshals und Skagen.

Gestiegene Weltmarktpreise für Qualitätsfisch, erste Erfolge beim Bestandsschutz und die hervorragende Infrastruktur geben der verbliebenen Branche wieder ein Auskommen, auch weil Kutter und Trawler aus allen Teilen Europas in den dänischen Nordseehäfen ihre Quotenfänge anlanden und sie in dortigen Auktionen vermarkten lassen.

Aber ein Wandel ist nichtsdestotrotz überall spürbar – nirgendwo jedoch so drastisch wie in Esbjerg. Westjütlands größte Stadt besaß in den 1980er-Jahren einen der bedeutendsten Fischereihäfen Europas. Heute wird dort allenfalls noch von Hobbyanglern Fisch an Land gebracht, und wenn in der großen Auktionshalle im Sommer für die Touristen Fisch versteigert wird, ist dies inszeniert – der Auktionator und sein Team kommen von auswärts und bringen den Fisch aus einem anderen Hafen mit.

Statt Fischkutter und Trawler dümpeln in den Hafenbecken die typischen Versorgungsschiffe der Offshore-Ölindustrie, auf den Kaianlagen liegen Bauteile von Windkraftanlagen, in einer Reparaturwerft werden Bohr- und Versorgungsplattformen gewartet und über Stadt und Hafen hinweg pendeln Helikopter vom städtischen Flughafen zu den Produktionsanlagen für die Öl-, Gas- und Windenergie – tausende Arbeitsplätze entstanden neu. Dänemark ist heute nach Norwegen und Schottland Europas drittgrößter Öl- und Gasförderer.

Strom vom ›Teufels Horn‹

Seit dem Sommer 2002 fahren die Versorgungsschiffe der Ölindustrie auf ihrem Weg zu den Förderplattformen nordwestlich von Esbjerg an der nächs-

Strom für 350 000 Haushalte: die Offshore-Windparks von Horns Rev

ten Generation der Energiegewinnung vorbei: Auf der einst von Seeleuten als ›Teufels Horn‹ gefürchteten Sandbank Horns Rev produzieren 14 km vor der Küste 80 Windkraftanlagen des Havmøllepark Horns Rev 1 Strom für rund 150 000 Haushalte. 2009 konnte Kronprinz Frederik einen noch größeren Windpark 30 km vor Blåvands Huk eröffnen: Horns Rev 2, dessen Windräder bei klarem Wetter vom Strand aus gesehen gerade noch über den Horizont linsen. Die 91 Anlagen stehen verteilt auf 35 km² Meeresfläche und kommen auf eine Nennleistung von 209 MW – Strom für weitere 200 000 Haushalte.

Und schon ist in diesem Seegebiet ein weiterer Offshore-Energiepark in Planung, Horns Rev 3 mit einer Leistung von 400 MW. Allein diese Anlage wird Dänemark und damit unserer Erde helfen, jährlich etwa 450 000 t CO_2 und 10 500 t SO_2 einzusparen.

Je nach notwendigem Fundament, das 25 m tief in den Boden gerammt wird, wiegt jede der Hightech-Windmühlen 440 bis 490 t und ragt gut 110 m über den Meeresspiegel auf. Und damit bei den regelmäßigen Wartungs- und Kontrollbesuchen kein Notfall mit der Notdurft auftritt, besitzt jede Anlage auch eine Toilette. Was vom Strand aus wie Ölbohrplattformen mitten zwischen den Windkraftanlagen aussieht, sind Umspannwerke sowie, bei Horns Rev 2, eine Wohnplattform für betreuende Techniker.

Während Dänemark mit dieser CO_2-neutralen Energiegewinnung sein hohes Umweltengagement demonstrieren will, kritisieren Tierschützer die Windmühlen im Meer als lebensgefährlich für Vögel. Aber alles hat zwei Seiten: Neue Forschungen wollen belegen, dass Offshore-Windparks mit ihren künstlichen Steinhaufen um die Fundamente der Anlagen die Vielfalt der Meeresfauna fördern und dass dank der Einschränkungen für die Fischerei in den betreffenden Seegebieten auch die Bestände vieler Fischarten und sogar der Schweinswale wachsen.

Die bestehenden und der noch zu bauende dritte Horns-Rev-Offshore-Energiepark sollen Dänemark helfen, den ehrgeizigen Plan zu realisieren, bis 2020 die Hälfte des nationalen Stromverbrauchs mit Windenergie zu decken. Einige Regionen entlang der Nordseeküste haben dieses nationale Ziel längst überschritten, allen voran Thy ganz im Nordwesten. Es war eine der ersten Regionen weltweit, die mehr Windstrom produzierte, als vor Ort benötigt wurde, und den Überschuss exportieren konnte.

Da an Land die optische und akustische Belastung durch die Türme mit den ausladenden Rotoren aber an die Grenze des Erträglichen stößt und Anlagen der erste Generationen teilweise ersatzlos rückgebaut werden, entstehen immer mehr Windkraftanlagen offshore in dänischen Gewässern. Solche Offshore-Anlagen sind auch schon seit den 1980er-Jahren bekannt, aber keine an so exponierter Stelle im offenen Meer und keine mit solchem Investitionsvolumen wie die Windparks vor Blåvands Huk. Eine Ausstellung im alten Leuchtturmwärterhaus des Blåvandshuk Fyr berichtet über Bau und Betrieb (s. S. 158), weitere Infos findet man auf der Website www.hornsrev.dk (dän./engl.).

Die nächste Welle für den Strom

Auf Dänemarks sturmumtoster Nordwestecke geht die nachhaltige Energiegewinnung in die nächste Runde. DanWEC – Danish Wave Energy Center – macht das Städtchen Hanstholm, dessen Hafeneinfahrt für extreme Wellen- und Strömungsverhältnisse berüchtigt ist, zu Dänemarks Forschungszentrum für Wellenenergie. Deren Potenzial gilt als mindestens so groß wie das der Windenergie. Zwar zeigen einige Wracks offensichtlich untauglicher Testmodelle, dass es noch viel Forschungsbedarf gibt, aber immer wieder werden real gewordene Visionen an den Hafenmolen oder vor der Küste Praxistests unterzogen.

Und wenn wieder alles schief geht, trösten sich die Verantwortlichen mit Erfahrungen aus den Kindertagen der Windkraftnutzung: Auch die fing klein an und erlebte Rückschläge. Wenn in den nächsten Jahren der Hafen erweitert wird, soll er beide Techniken vereinen: Die neue Mole wird ein Wellenkraftwerk in sich aufnehmen und oben drauf entstehen Windkraftanlagen. Der Hafen soll damit in Zukunft so viel erneubare Energien produzieren, wie er verbraucht. Führungen werden angeboten (s. S. 223).

Nordisk Folkecenter for Vedvarende Energie

Wer sich für das Thema erneuerbare Energien interessiert: Im Süden der Region Thy dokumentiert das Nordisk Folkecenter for Vedvarende Energie (s. S. 215) die Möglichkeiten, Energie aus regenerativen Quellen zu gewinnen. In einem Freigelände zeigt es u. a. eine Sammlung früher Windkraftanlagen – Ähnlichkeiten mit modernen Windkraftwerken scheinen eher zufällig.

Think global, drink local – neues Brauen erlebt das Land

Sie wollen am Abend im Ferienhaus ein Bier – ›en øl‹ wie es in Dänemark heißt – trinken und stehen im Supermarkt in der Getränkeabteilung. Palettenweise gibt es das untergärige Pilsner, Dänemarks Standardbier, sicher auch Classic, etwas dunkler, süßer und malziger als Pilsner, ein Biertyp, der aus England stammt, aber Wiener Bier heißt. Und fast jeder Supermarkt hat ein Regal mit Spezialitäten, da wird es richtig spannend.

Porter steht bestimmt dort, dunkel vom gerösteten Malz, in Dänemark untergärig gebraut und meist hochprozentig. Guldøl oder Luxusøl sind stärkere Pilssorten, Hvedeøl kennt man als Weizenbier, Ale gern britisch bitter und mit deutlicher Hopfennote, Bock nach deutschen Vorbildern oder Klosterbiere, wie die Belgier sie gern brauen. Dänemarks Brauer kreieren fast täglich Neues und kein Reinheitsgebot bremst sie. So gibt es Biere mit Schokolade, Holunderblüten, Johanniskraut oder Sanddorn. Auf der anderen Seite legen sie viel Wert auf Qualitätszutaten und weisen genau darauf hin, mit welchen exklusiven Hopfen und Malzsorten sie die Geschmacksnuancen ihres ganz speziellen Bieres hinbekommen haben.

Der Brauhausboom beginnt 1990

Als in Kopenhagen 1990 ein erstes Brauhaus die Zapfhähne aufdreht, beginnt, was dänische Bierliebhaber die Bierrevolution nennen und für eine ungewohnt große Vielfalt an Biersorten sorgt. Über die Qualität wachen Konsumenten: Die Danske Ølenthusiaster bewerten regelmäßig neue Sorten und prämieren jedes Jahr die besten ›Neuerscheinungen‹ sowie die Brauerei des Jahres.

Sogar der allmächtige Carlsberg-Konzern musste reagieren: Er baute sein Stammhaus in Kopenhagen zum Handwerks-Brauhaus um und braut dort immer neue Spezialbiere ganz im Stil der kleinen Brauhäuser. Zuvor dominierte der Globalplayer mit seinen Massenbieren den nationalen Markt fast wie ein Monopolist, den vermeintlich größten Konkurrenten Tuborg hatte er schon 1970 geschluckt.

Brauhaus des Volkes: Thisted Bryghus

Ganz im Nordwesten Jütlands bot das winzige Thisted Bryghus dem mächtigen Brauerreich ähnlich wie das kleine gallische Dorf von Asterix und Obelix immer die Stirn und überstand alle Konzentrationsphasen des Marktes in Unabhängigkeit. Die 1902 gegründete Brauerei ist im Besitz von gut 2000 ortsansässigen Aktionären. Große Konzerne haben praktisch keine Chance, eine der begehrten Aktien zu übernehmen, denn die werden meist innerhalb der Familie von Generation zu Generation weitergegeben. Zur jährlichen Aktionärsversammlung, die vor Ort als vierte *højtid*, als vierter großer Feiertag neben Ostern, Pfingsten und Weihnachten, gilt und bei der ein Teil der Dividende eher ausgeschenkt den ausgeschüttet wird, kommen die meisten Aktionäre persönlich.

Das bodenständige Management definiert das ›primäre Verbreitungsgebiet‹ seiner Biere bescheiden: In Thy, Han Herred und auf der Limfjord-Insel Mors bekommt man es in jedem Laden und in fast allen Lokalen. Auf dem Heimatmarkt spielen die Brauer gern die Karte des Lokalpatriotismus: Thy Pilsner heißt ihr Mainstream-Bier auf Thy und weil bei der uralten Rivalität zwischen den Thyboer und den Morsingboer ein Thy Pilsner auf der Insel Mors nicht gut ankäme, heißt dasselbe Bier dort einfach Morsø Pilsner. Und für alle Lokalpatrioten rund um den Limfjord gibt es noch das kräftige, dunkle Limfjords Porter.

Der Bierboom hat aber auch in Thisted Kessel wie Kreativität angeheizt. Gut zwei Dutzend Biere stehen meist im Lager und man hat den Sixpack neu erfunden: sechs unterschiedliche Bierspezialitäten in der Geschenkbox. Tradition haben ›Jahreszeitbiere‹ wie ›Høst‹ (Herbst), ein Bier zum Erntedank, bei dem alle gängigen Kornsorten verwendet werden, oder süffigsüße Oster- und Weihnachtsbiere, gern in verschiedenen Alkoholstärken: Julebryg mit 7,9 % für Männer, Julefnug mit 5,8 % für Frauen und

Julefred aus 100 % ökologischen Zutaten für alle Ökos. Zudem pflegt Thisted Bryghus traditionelle Methoden: Beim Stenøl werden 800 °C heiße Lavasteine in die Maische gelegt. Darauf karamellisiert die Bierwürze. Legt man die Steine später in die Reifetanks, geben sie ihren Geschmack langsam ans Bier ab.

Bierwürze vom Betriebsausflug

Absolute Spezialitäten sind Porse Øl und Porse Guld, Biere so herb wie das Land mit Gagel gebraut. Die herb-aromatisch schmeckenden Blätter des wild wachsenden Strauchs dienten im Mittelalter auch in deutschen Landen als Biergewürz armer Leute, ehe sich reiche Brauer mit dem Reinheitsgebot von 1516 den Markt sicherten und teuren Hopfen als allein selig machende Bieringredienz vorschrieben.

Einzigartig ist wohl, wie sich das Thisted Bryghus mit Gagel versorgt: Traditionell sammeln alle Mitarbeiter die jungen Blätter des Strauchs bei Betriebsausflügen in den Dünen der Umgebung. Danach wird die Bierwürze mit Alkohol aufgesetzt und nach einem Monat ist der Extrakt zum Brauen fertig. Weil das Bier aus Thisted so erfolgreich ist, gibt es inzwischen mehrere dieser Betriebsausflüge pro Saison.

Wenn Sie jetzt vor einem dänischen Bierregal stehen, beweisen Sie Mut zu neuen Geschmackserlebnissen: *Think global, drink local.*

Mein Tipp

Brauhäuser und Brauereien an der dänischen Nordseeküste
Eine Übersicht über dänische Brauereien und Brauhäuser bietet die Website www.bryggerier.dk/de/brauereien.html. Einige Empfehlungen:
Ribe Bryghus ApS: Hobby-Brauerei mit einer Handvoll Ale-Sorten (Ribe, Skolegade 4 B, www.ribebryghus.dk)
Fanø Bryghus: Brauhaus mit Gastronomie auf der Insel Fanø (s. S. 144)
Mylius-Erichsen Bryghus: Gute Biere, deftiges Essen in Ringkøbing (s. S. 189)
Ølleriet Håndgjow: Hofbrauerei in Hurup Thy mit innovativen Bieren, u. a. mit Sanddorn und Johanniskraut (Bjerregårdsvej 10, Heltborg, www.haandgjow.dk). Verkauf lokal in Sydthy
Restaurant Bryggen: Das kleine Hafenbrauhaus in Thisted produziert das ultimative Bier zu den perfekten Steaks, die es serviert (s. S. 231)
Løkken Bryghus: Frische Biere für den Sommer an der Küste – mit Gastronomie (Løkken, Kjelgaards Plads 5, www.loekkenbryghus.dk)
Bryghuset Vendia: Zur deftigen Küche gibt es deutsch inspirierte Biere wie das dunkle ›Schwartzbier‹ (Markedsgade 9, Hjørring, www.bryghusetvendia.dk)
Skagen Bryghus: Populäres Brauhaus mit viel Livemusik zum Bier (s. S. 285)

Vom Wind getrieben – Trendsport an Dänemarks Stränden

Kilometerbreite, feste Strände auf den Wattinseln Rømø und Fanø oder weit im Norden auf dem Festland zwischen Blokhus und Løkken locken Strandsegler, Blokart-Fahrer, Kitebuggy-Piloten, Kitewing-Flieger und Landkiter zum Spiel mit dem Wind. Und vor dem Strand flitzen Kite- und Windsurfer übers Wasser oder reiten Bord-Surfer die Wellen ab vor ›Cold Hawaii‹, der meist windumtosten Küste von Thy.

Segeln und Surfen an Land

Man muss nicht gleich um die halbe Welt fliegen, um Erfindungen aus dem Trendsport-Eldorado Neuseeland auszuprobieren, es reichen zweieinhalb Stunden mit dem Auto ab Hamburg bis an Rømøs gigantischen Strand: Blokarts sind dort so ein typisches Kiwi-Ding mit etwa gleich großem Spaß- wie Sportfaktor. Tom Maas bringt die superleichten Strandsegler mit seinem Verleih ›Windriders.dk‹ (s. S. 110) auf Rømøs Sydstrand. Selbst Laien ohne Segelerfahrung kommen unter seiner rustikal-flapsigen Anleitung nach wenigen Minuten mit den dreirädrigen Flitzern und ihrem einen Segel gut zurecht – im Prinzip lassen sie sich wie Liegeräder steuern und mit ähnlicher Bodennähe ist man auch unterwegs, spritzendem Sand und strahlender Sonne ausgesetzt.

Bei anderen Innovationen ist mehr Körperbeherrschung und etwas längeres Training von Nöten. Aus Finnland kommen Kitewings: Windsurfen ohne nass zu werden. Hier muss man auf einem Board balancieren und dabei den Wind in den Händen halten – das Segel mit seinem starren Rahmen ist nirgendwo festgemacht. Als Boards dienen zweirädrige Dirtsurfer aus Australien, mit denen sich dort Wellenreiter bei Landausflügen vergnügen, oder die von amerikanischen Snowboardern als Sommergerät entwickelten, vierrädrigen All-Terrain- und Landboards – gut eine Stunde Training sollte aber auch hier reichen, um erste Erfolge zu erzielen.

All-Terrain-Bretter mit Rädern sind auch Utensilien beim Kite-Landboarding, dem Kitesurfen auf Land, das die größten Sprünge erlaubt.

Per Zugdrachen über den Strand

Größer ist das Gerät, mit dem Kite-Buggy-Fahrer von großen Lenkdrachen gezogen über den Strand jagen – die meist dreirädrigen Hightech-Flitzer sind noch eine Kiwi-Erfindung der Drachenbauer-Legende Peter Lynn. Hier müssen Anfänger zuerst einmal lernen, im Sitzen die mehrere Meter breiten Power-Kites, die Zugdrachen, zu beherrschen und in die ideale Po-

Events im und mit dem Wind

International Kitefliers Meeting Fanø: Das Drachenfestival Mitte Juni über weite Teile des Weststrandes der Insel Fanø ist mit rund 5000 Drachenpiloten eines der größten und buntesten Festivals seiner Art weltweit (www.kitefliersmeetingfanoe.de, s. S. 145).

Rømø Dragefestival/Kitefliers Meeting: Spektakuläres, dreitägiges Drachenfest auf dem Strand vor Lakolk immer ab dem ersten Freitag im September, samstags Nachtfliegen (www.danskdrage klub.dk, s. S. 110).

PWA World Cup »Cold Hawaii«: Mitte September trifft sich in Klitmøller die Weltelite der Windsurfer (www.worldcup.coldhawaii.eu, s. S. 223).

sition im Windfenster zu bringen, in der man genug Zug für die Vorwärtsbewegung bekommt.

Im Surfer-Paradies ›Cold Hawaii‹

Eine boomende Variante, sich von den windgefüllten Matten ziehen zu lassen, ist Kitesurfen auf dem Wasser, grob gesagt eine Kombination aus Windsurfen und Paragliding. Es ist so schnell populär geworden, weil es etwas leichter zu lernen ist als Windsurfen und weil die Ausrüstung, allem voran das Board, kompakter ist. Hochburgen für Kite- wie Windsurfen sind der Ringkøbing Fjord mit seinen ›zarteren‹ Wellen als auf der offenen Nordsee und die Region Thy nördlich des Limfjord – Nordeuropas Antwort auf Hawaii, nur ein paar Grad kälter. Dort schlägt im Dorf Klitmøller – Kosename ›Klitte‹ – das Herz jenes ›Cold Hawaii‹, als das sich Thy mit seinen rund 30 Surf Spots vermarktet. In der Bucht nördlich des Dorfes baut sich bei West- oder Westnordwest-Winden eine steile Brandungswelle auf, ideal für wilde Sprünge.

Erreichen die Wellen Logo- oder gar Masthöhe, trauen sich nur noch die Besten aufs Brett, ziselieren Luftsprünge und Salti in die Brandungsgischt. An solchen Tagen wird das Ufer, wo sonst bunte Boote für

Trendsport auf Rømø: mit Kitewings ein ›Wettrennen‹ gegen die Sylt-Fähre

ein mediterranes Ambiente sorgen, zur Tribüne für eine staunende Menge. Und es ist in Cold Hawaii nicht nur Kite- und Windsurfen angesagt, auch klassisches Board-Surfen – Mensch, Board, Welle.

Nicht nur im Herbst: Bunte Drachen im Wind

Und irgendwie ist es auch ein Sport, auf jeden Fall ein faszinierendes und bei starkem Wind auch durchaus körperlich anstrengendes Spiel mit dem Wind, wenn man selbst auf dem Boden bleibt und nur einen großen Drachen steigen lässt. Vor allem die breiten Inselstrände von Rømø und Fanø locken dazu nicht nur Laien, sondern zu den Drachenfestivals oder Kite-Flyer-Meetings, wie sie angesichts der internationalen Bedeutung heißen, die gesamte europäische Szene. Dann fliegen Kraken, Hummer, Krebse und auf die Größe mehrstöckiger Häuser aufgeblähte Comicfiguren zusammen mit Engelchen und Teufelchen oder Zahnbürsten und Henkersknoten um die Gunst der Zuschauer – ein kunterbuntes Spektakel im Himmel wie auf Erden.

Unterwegs an Dänemarks Nordseeküste

Breite und oftmals endlos scheinende Strände laden zu langen Spaziergängen ein

Das Beste auf einen Blick

Die Wattküste

Highlights!

Møgeltønder: Zwischen dem Prinzenschloss Schackenborg und der Dorfkirche verläuft Dänemarks romantischste Dorfstraße. S. 91

Rømø Strand: Der kilometerbreite Nordseestrand der Insel ist in Europa einzigartig. S. 103

Nationalpark Wattenmeer: Der dänische Teil ist der kleinste des europäischen Wattenmeeres und seit 2010 als Nationalpark geschützt. S. 110

Ribe: Dänemarks älteste Stadt mit historischem Zentrum rund um den Dom entstand im 8. Jh. S. 115

Auf Entdeckungstour

Mandø und Koresand: Die Wattinsel ist nur bei Niedrigwasser zu erreichen, ebenso ihr Anhängsel Koresand – eine Mini-Sahara mit Seehunden. S. 112

Ribe Domkirke: Der Kirchenbau ist modern ausgeschmückt, und ein Aufstieg auf den Bürgerturm verschafft überraschenden Weitblick. S. 120

Kolding: In der alten Grenzstadt auf der Ostseeseite Jütlands fusioniert die Burgruine des mittelalterlichen Königsschlosses mit modernster Architektur; das Kunstmuseum Trapholt zeigt Gegenwartskunst auf internationalem Niveau. S. 146

Kultur & Sehenswertes

Wikinger: Das Museum Ribes Vikinger und das Zeitreise-Center Ribe VikingeCenter entführen in Skandinaviens bekannteste Geschichtsepoche. S. 118, 124

Kunst: Dänische Kunst des 19. und 20. Jh. zeigt das Ribe Kunstmuseum; moderneren Zeiten widmet sich das Esbjerg Kunstmuseum. S. 119, 130

Zu Fuß & mit dem Rad

5-Tage-Radtour: Zwei Inseln und das Hinterland des Wattenmeeres beiderseits der Grenze werden erkundet: von Niebüll über Ribe, Rømø nach Sylt. Praktisch: Die An- und Abreise kann mit der deutschen Bahn erfolgen. S. 94

Wandern oder Radfahren in der Ballum Enge: Vom Sperrwerk Ballum Sluse aus erschließen Wege die Ballum Enge, diese typischste aller Marschen im Südwesten Dänemarks. S. 100

Genießen & Atmosphäre

Bummeln in Ribe: Nirgendwo sonst entlang der dänischen Nordseeküste spaziert man so romantisch durch eine Altstadt wie in Ribe. Rund um den Dom oder entlang des Flusses Ribe Å kann man sich ein Restaurant oder Café von ganz nostalgisch bis total edel aussuchen. S. 125

Abends & Nachts

Klassik bis Clubbing in Esbjerg: Die spröde wie schöne Hafenstadt bietet wilde Wochenend-Nächte im Nachtclub des Dronning Louise und besitzt Event Locations für Musik von Metal bis Klassik: Kulturhaus Tobakken, Musikhuset Esbjerg und das Syddansk Musikkonservatorium. S. 136

Viel Land hinter Deichen und drei Inseln im Watt

Das europäische Wattenmeer, das sich vom holländischen Den Helder fast 500 km entlang der Nordseeküsten dreier Staaten bis Blåvands Huk nördlich von Esbjerg erstreckt, gilt als eines der wertvollsten Ökosysteme der Welt. Der dänische Teil von der Grenze nach Deutschland bis nördlich der Hafenstadt Esbjerg ist der kleinste, aber auch er steht seit 2010 als Nationalpark unter ganz besonderem Schutz.

Hinter den Deichen breitet sich flaches, gutes Bauernland aus, dem Meer abgerungen und immer wieder vor ihm verteidigt. Dazwischen, von weither sichtbar, Dörfer und kleine Städte: Tønder ist ein charmantes Einkaufsparadies mit barocker Note gleich hinter der Grenze und das benachbarte Møgeltønder ein romantisches Dorf mit Prinzenschloss. Die drei Inseln Rømø, Mandø und Fanø begrenzen mit scheinbar

Infobox

Internet

www.sydvestjylland.com/de: Deutschsprachiges Portal für die gesamte Wattküste

www.romo.dk/de: Webseite für die Großkommune Tønder von der deutsch-dänischen Grenze bis Rømø

www.visitribe.dk/de, www.visitesbjerg.dk/de, www.visitfanoe.dk/de: deutschsprachige, lokale Webseiten

Regionale Künstler und Kunsthandwerker

In den kleinen Marschorten stößt man auf viele Künstler und Kunsthandwerker, die dem Verein ›Kunst og kunsthåndværk langs Vadehavet‹ angehören. Eine Übersicht ihrer Galerien gibt es auf www.vadehavskunst.dk.

Anreise und Weiterkommen

Auto: Von der Grenze bis Rømø: A 7/E 45 bis Abfahrt 75, dann Straßen [8], [11] und [401] zur Küste. Ribe: A 7/E 45 bis Abfahrt 70, dann Straße [24]. Esbjerg und Fanø: A 7/E 45 bis Autobahnkreuz Kolding Vest/Abfahrt 64 und dann über die E 20.

Bahn/Bus: Wichtigste Bahnhöfe der Region sind Tønder, Ribe und Esbjerg mit Direktverbindungen inkl. Fahrradtransport ab Niebüll (an Bahnstrecke Hamburg–Sylt). Esbjerg ist ab Deutschland auch mit Umsteigen in Lunderskov oder Kolding erreichbar.

Flugzeug: Flughafen Billund mit Direktflügen ab Deutschland und weiteren internationalen Verbindungen via Kopenhagen (s. S. 22); der günstiger gelegene Flughafen Esbjerg bietet nur Flüge in andere Ölstädte oder per Helikopter auf Nordseeplattformen.

Ausflüge

Ab Esbjerg stdl. IC-Züge via **Kolding** (ca. 40 Min., s. Auf Entdeckungstour S. 146) und **Odense** (ca. 90 Min.; H. C. Andersen-Erinnerungen) nach **Kopenhagen** (ca. 3 Std.), letzte IC-Rückfahrt ab Kopenhagen erfolgt ca. 21.30 Uhr.

unendlichen Stränden das Wattenmeer zur offenen Nordsee, jede geprägt von der rauen Natur und einer traditionsreichen Küstenkultur. Ribe mit seinem ehrwürdigen Dom kann man getrost in die Reihe der schönsten historischen Städte Europas einreihen, während das spröde Esbjerg als Versorgungsstadt an den dänischen Offshore-Öl- und Windenergie-Aktivitäten in der Nordsee gut verdient. Bewohnern wie Besuchern setzt es ein Kulturangebot vor, das man von einer jungen Stadt dieser Größe nicht unbedingt erwartet.

Tønder-Marsch ▸ C 14

Dort, wo das Wattenmeer auf festes Land trifft, entstehen Marschen. Land baut sich auf und wächst. Dazwischen entsteht ein Netz von Abflüssen, die Tennen, und lässt eine natürlich entstandene Marsch wie ein weit verzweigtes Flussdelta aussehen. Diesen Prozess kann der Mensch fördern oder künstlich in Gang setzen.

Marschland ist naturgemäß feucht, aber auch fruchtbar – ideale, fette Viehweiden. Schützen Deiche das Marschland, wird es zu Kogland. Erste Deiche in der Tønder-Marsch entstanden 1553–56 entlang der Vidå von Tønder über das Grenzdorf Rudbøl bis Højer, die jüngsten vom Hindenburgdamm über die deutsch-dänische Grenze bis Emmerlev Klev 1981.

Aber wie sehr der Mensch sich auch bemüht, immer bleibt das Risiko, dass der Blanke Hans sich Haus, Hof, Land und manchmal sogar das Leben holt. Wahrscheinlich schwappte eine Sturmflut an der dänischen Nordseeküste indirekt sogar bis ins Römische Reich: Als mitursächlich für die Völkerwanderung der Cimbern und Teutonen um 120 v. Chr. gilt eine Sturmflut, die damals die deutsche Bucht traf. 120 v. Chr., 1362, 1374, 1412, 1436, 1615, 1634, 1727, 1825, 1874, 1881, 1904, 1909, 1911, 1923, 1958, 1962, 1976, 1981, 1990, 1999, 2002, 2005, 2006, 2007, 2008 – das sind nur die Jahre mit großen Sturmfluten. Vielerorts sind die höchsten Wasserstände an Flutsäulen abzulesen, im Dom von Ribe sogar an einer der Säulen – gut 1,70 m stand 1634 das Wasser über dem Kirchenboden.

Dem Wasser stellt sich auch kaum etwas entgegen, denn die landschaftlichen Höhepunkte sind ungemein flach: »Schön ist das Land, kein Hindernis verstellt den Blick« schreibt Egeberg Jensen 1922 in seiner Heimathymne über die Tønder-Marsch. Karten zeigen um Tønder nur einstellige Höhenangaben, manchmal steht sogar ein Minuszeichen davor. Da ahnt man, wie markant sich Orte aus dieser Landschaft herausheben, vor allem, wenn sie wie Tønder den 47,5 m hohen Turm der Kristkirke als Landmarke aus ihrer Mitte aufragen lassen.

Tønder ▸ D 14

Tønder hat zwar nur etwa 7600 Einwohner, bietet als Zentrum der Region im äußersten Südwesten Jütlands und als wichtige Einkaufsstadt im Grenzland jedoch weit mehr, als man bei dieser Größe erwartet. Handel war immer eine Stärke der Stadt, und auch wenn das Meer heute über 10 km entfernt ist, besaß sie vor dem Bau der ersten Deiche im 16. Jh. einen florierenden Hafen mit direktem Zugang zur Nordsee.

Der Verlust dieses Hafens ließ sich verschmerzen, man nutzte Rudbøl, später Højer als Ersatz. Ab dem frühen 17. Jh. bis ins 19. Jh. hinein machte dann Spitze die Stadt reich,

Wehe, er schwingt die siebenschwänzige Katze: der Kagmanden in Tønder

enge Handelsbeziehungen zu Holland hatten die Mode aus Flandern in die Marschen gebracht. Zwischen zehn- und fünfzehntausend Frauen und Mädchen klöppelten in Heimarbeit, ruinierten dabei ihre Rücken und ihre Augen. Die jüngsten waren fünf Jahre alt, viele wurden später von der Schule ferngehalten und mit erniedrigenden Strafen zum Produzieren täglicher Mindestmengen gezwungen. Die Einnahmen reichten trotz aller Mühen allenfalls als Zubrot für die Familie, fehlte ein Hauptverdiener, war es nicht genug. Alleinstehende und vor allem allein erziehende Klöpplerinnen füllten Anfang des 19. Jh. die Armenhäuser der Region.

Den Löwenanteil an den luftigen Textilien verdienten die Händler aus Tønder, die praktisch ein Monopol besaßen. Sie importierten den notwendigen Flachszwirn aus Flandern und schickten Handelsvertreter mit den fertigen Spitzen auf Reisen. Alte Gerichtsakten belegen, wie rigoros sie ihre Position verteidigten. Klöpplerinnen wurden sofort angeklagt, verkauften sie Ware an ›fremde‹ Händler oder machten gar ›Raubkopien‹ von einem Muster.

Drøhses Hus

Storegade 14, Tel. 74 72 49 90, April–Dez. Mo–Fr 10–17, Sa 10–14 Uhr, 30 DKK/ab 18 Jahre

Vom Reichtum der Spitzenhändler zeugen Patrizierhäuser aus der Zeit des Barock und der Renaissance mit prächtigen Portalen entlang der heutigen Fußgängerzone. Dazu gehört das 1672 gebaute Drøhses Hus mit einer Dependance des Museum Sønderjylland (s. u.). Das zeigt hier regelmäßig Ausstellungen rund ums Klöppeln und greift dabei auf seine große Sammlung regionaler Klöppelarbeiten zurück.

In den Gassen zwischen Fußgängerzone und der Vidå dann die Kehrseite: kleine Häuschen mit Erkern an der Straße, hinter deren Fenstern Frauen das Tageslicht so lange wie möglich für ihre knifflige Arbeit nutzten – ›schönstes‹ Beispiel ist die Uldgade.

Torvet

Ein sehenswertes Ensemble historischer Bauten säumt den Marktplatz **Torvet.** Auffälligster Bau ist das Haus Østergade 1 von 1668, besser bekannt als **Det Gamle Apotek** (s. S. 89). Zwar ist der alte Apothekenraum rechts vom Eingang noch erkennbar, aber in erster Linie beherbergt das Haus heute einen florierenden Souvenir- und Kunstgewerbehandel. Schwerpunkt ist Julepynt, wie die Dänen Weihnachtsdeko nennen. Rund ums Jahr füllt sie einen Raum, spätestens ab November überschwemmt sie das ganze Gebäude und dann betreibt hier sogar der Weihnachtsmann ein Sonderpostamt.

Gegenüber zeigt das älteste Haus der Stadt, **Klosterbagerens Hus** von ca. 1520, einen spätgotischen Giebel. Wo im Mittelalter Mönche entbehrungsreich lebten, versorgt heute das Klostercafeen Touristen mit Kaffee, Kuchen und Frokost-Tellern (s. S. 89). In einer Ecke des Platzes mit Blick auf das alte Rathaus sollte ein Mann in roter Uniform auf hohem Sockel stehend eine siebenschwänzige Katze schwingen. Doch wird dem **Kagmanden,** Nachbildung der einzigen erhaltenen Staupe-Figur Dänemarks, die Peitsche so oft geklaut, dass sie ihm nur noch zu besonderen Anlässen in die Hand gegeben wird. Solche hölzernen ›Büttel‹ mahnten in alten Zeiten die Bürger an Recht und Ordnung, eine Botschaft, die offensichtlich nicht mehr richtig verstanden wird. Das Original von 1699 ist im Museumzentrum von Tønder (s. u.) zu sehen.

Über die Häuser ragt der Turm der **Kristkirke.** Ihr Inventar aus Barock und Renaissance spiegelt den Reichtum der Stadt in diesen Epochen wider. Ungewöhnlich für dänische Kirchen ist der Lettner, die Sängerempore, die den Chor vom Schiff trennt. Während die Gläubigen auf eine Bilderreihe mit biblischen Motiven schauen, erfreut sich der Geistliche auf seiner Seite an zwölf Frauenbildern – die Tugenden und die Jahreszeiten.

Museum Sønderjylland Tønder

Kongevej 51, Tel. 74 72 89 89, www.museum-sonderjylland.dk, Di–So, Juni–Aug. auch Mo 10–17 Uhr, 50 DKK/ab 18 Jahre für alle Abteilungen

Tønder besaß im Mittelalter eine Burg, die Mitte des 18. Jh. abgerissen wurde. Nur das Torhaus blieb und dient heute als Empfang für einen Komplex der drei hiesigen Abteilungen des regionalen Museumsverbunds »Museum Sønderjylland«.

Die jüngste Abteilung ist in jeder Hinsicht herausragend: Der 40 m hohe **Wasserturm,** seit 1902 auf dem Gelände, wurde zu einem achtgeschossigen Ausstellungsgebäude umgebaut und zeigt ausschließlich Stühle des 1914 in Tønder geborenen Möbeldesigners Hans J. Wegner. Seine bekannteste Arbeit, schlicht »Der Stuhl« genannt und unter John F. Kennedy im Oval Office des Weißen Hauses berühmt geworden, ist dort ebenso zu sehen wie rund 40 weitere Wegner-Stühle, viele davon bis heute produzierte Klassiker. Der Besuch des Turms bietet zudem herrliche Ausblicke über die Marsch.

Kulturhistorie Tønder besitzt neben wertvollen Möbeln und schöner Spitze auch viele Exponate lokaler Silberschmiedekunst, dem zweiten Standbein des wirtschaftlichen Erfolgs der Stadt. Dazu kommt die größte Sammlung friesischer und holländischer Fliesen außerhalb der Niederlande; die Fliesen sind durch intensiven Handel entlang der Nordseeküste in die Region gekommen.

Das **Kunstmuseet i Tønder** begrüßt Besucher mit einer beeindruckenden blauen Rotunde und zeigt vor allem dänische Kunst des 20. Jh. Emil Nolde ist dort ebenso vertreten wie Asger Jorn und Per Kirkeby. Einen Schwerpunkt bildet der dänische Surrealismus der 1930er- und 1940er-Jahre.

Zeppelin- og Garnisonsmuseum

Gasværksvej 1/Ribe Landevej, Tel. 74 72 72 54, www.zeppelin-museum.dk, Mai–Okt. Sa/So 11–16 Uhr, 45 DKK, 15 DKK/7–12 Jahre

Im Norden der Stadt stutzt man: Was hat Tønder mit Zeppelinen zu tun? Einiges: Im Ersten Weltkrieg, als Tønder noch Tondern hieß und deutsch war, betrieb die kaiserliche Marine hier eine ihrer größten Luftschiffbasen. Die gigantischen Fluggeräte erforderten adäquate Bauten. Der größte von drei Hangars mit dem klangvollen Namen TOSKA maß 242 m in der Länge, 73 m in der Breite und 42 m in der Höhe.

Unter damaligen Luftschiffern war TOSKA berüchtigt: Drei der ›Zigarren‹ mit ihrer hochbrennbaren Gasfüllung eckten beim Bugsieren an und gingen in Flammen auf, zwei fielen in der Halle einem britischen Bombenangriff am 19. Juli 1918 zum Opfer.

Für Tønder bedeutete der Angriff das Ende der Luftschiffära, die weitgehend intakten Hallen wurden bald nach Kriegsende demontiert, nur die Fundamente sind noch zu sehen. Geblieben sind Versorgungsgebäude, so auch Teile des ehemaligen Wasserwerks, die das Zeppelinmuseum jetzt nutzt. Gezeigt werden neben Fotos und Ausrüstungsgegenständen auch alte Uniformen sowie Modelle der Luftschiffbasis.

Übernachten

Komfortabel und zentral – **Hotel Tønderhus:** Jomfruestien 1, Tel. 74 72 22 22, www.hoteltoenderhus.dk (Small Danish Hotels s. S. 25). Mit gutem Restaurant. DZ ab ca. 1000 DKK.

Old-fashioned – **Hostrups Hotel:** Søndergade 30, Tel. 74 72 21 29, www.hostrupshotel.dk. Der Charme vergangener Tage umgibt das Hotel am Ufer der Vidå nur wenige Schritte vom Zentrum entfernt; das Restaurant serviert dänische Küche, bei schönem Wetter auch draußen. DZ ca. 490–875 DKK.

Moderne 4-Sterne-Herberge – **Danhostel Tønder:** Sønderport 4, Tel. 74 72 35 00, www.danhostel-tonder.dk. Weitläufig, am südöstlichen Stadtrand über die Vidå-Brücke gut ans Zentrum angebunden. Bett im Mehrbettzimmer ab 200 DKK, DZ mit Bad 395 DKK, Familienzimmer bis 6 Pers.

Essen & Trinken

Beim Gourmetkoch in der Stube – **Stigs Restaurant:** Sønderlandevej 3, Tel. 74 72 00 46, Mo, Do, So/Fei geschl., nur abends und nur mit Reservierung. Bei Küchenchef Stig Henriksen passen kaum mehr als zwanzig Gäste ins Wohnzimmer, und so ist das Dinieren immer eine persönliche Begegnung mit dem Spitzenkoch. Er bereitet mit hohem kulinarischen Anspruch jeden Tag ein mehrgängiges Menü zu, hechelt aber nicht jedem neuesten Gourmet-Trend nach.

Tapas kann Sønderjysk – **Johannes Kaffebar:** Storegade 12, Tel. 74 72 20 22, www.johanneskaffebar.dk, Mo, Di 10–17.30, Mi–Fr 10–21.30 (Küche nur bis 20 Uhr!), Sa 10–16 Uhr. Direkt an der Fußgängerzone kann man ›mal eben‹ ein paar lokale Leckereien genießen wie Tapas à la Südjütland oder à la Wattenmeer mit Aufschnitt bzw. Fischspezialitäten aus der Region oder auch nur ein Solei zum Bier – originell (60–160 DKK).

Altes Haus, einfache Küche – **Klostercafeen:** Torvet 11, Tel. 74 72 65 22, www.klostercafeen-toender.dk. Die Lage mitten im Ort und das historische Ambiente machen den Reiz aus. Neben Kaffee und Kuchen gibt's typische Frokost-Gerichte wie ›Stjerneskud‹ mit zwei Sorten Fischfilet und Krabben auf Toast oder Teller mit drei Sorten eingelegtem Hering (ca. 80–110 DKK) – man kann nicht klagen, solange man keine kulinarischen Höhenflüge erwartet.

Teuflisch guter Kaffee – **Café Engel:** Frigrunden 3, Tel. 74 72 70 80, www.cafe-engel.dk, Di–Fr ab 10, Sa ab 11 bis mindestens 17, maximal 21 Uhr. ›Hyggeliges‹ Café an ruhigem Altstadtplatz etwas abseits der Fußgängerzone mit perfekt zubereiteten Kaffees. Zum Lunch gibt es gesunde Sandwiches oder Salate (90–140 DKK).

Einkaufen

Designklassiger und andere Möbel – Möbelhäuser in Tønder liefern Waren überall in Deutschland aus (inkl. Montage) und sind trotzdem oft günstiger als Geschäfte südlich der Grenze. Auf Klassiker der Moderne, darunter alle lieferbaren Wegner-Stühle (s. S. 87), ist **Møbelhuset II** (Vestergade 35–39, Tel. 74 72 20 81, www.mobelhuset2.dk) in der Fußgängerzone spezialisiert.

Schuhe zu Schnäppchenpreisen – **ECCO Outlet Bredebro:** Storegade 20, 6261 Bredebro, Tel. 74 71 00 28, Mo–Fr 10–17.30, Sa 10–14 Uhr. In Bredebro, einem unscheinbaren Kaff an der Hauptstraße [11] etwa auf halbem Weg zwischen Tønder und dem Rømø-Damm, startete 1963 eine kleine Schuhfabrik, die heute unter dem Namen ECCO ein Global Player ist, aber dem Ort mit einem Outlet-Shop verbunden blieb: Aktuelle Kollektion zum ›Listenpreis‹, 2. Wahl und Modelle aus älteren Programmen in großer Auswahl wesentlich günstiger.

Weihnachtsschmuck ganzjährig – **Det Gamle Apotek:** Østergade 1, Tel. 74 72 51 11, www.det-gamle-apotek.dk, Mo–Fr 10–17.30, Sa/So 10–16 Uhr. Krimskrams ohne Ende und Weihnachtsengel im Juli – auch wenn das nicht jedermanns Sache ist.

Shopping-Events – Die rege Kaufmannschaft sorgt dauernd für verkaufsfördernde Aktionen. Jeder 1. So im Monat (11–16 Uhr) ist verkaufsoffen, im Juli und in der ersten Aug.-Hälfte gibt es Sa über die Mittagszeit Livemusik auf dem Marktplatz. Am 2. Juli-Wochenende wirds nostalgisch zum **›Gammeldags Gågademarked‹**, und an einem Sa Anfang Aug. gibt es allerlei Fun der Geschäftsleute bei **›Gak Gak i Gågaden‹**. Von Mitte November bis zum Fest zeigt sich das Städtchen anheimelnd als ›Julebyen Tønder‹ mit Aufmarsch der Weihnachtsmänner, Weihnachts-Volkslauf ›Santa run‹ sowie einem Mini-Weihnachtsmarkt auf Torvet – das Programm auf www.tonderjul.dk.

Aktiv

Kanutouren auf der Vidå – **Vidå Kanoudlejning:** Tel. 74 72 42 50, www.vidaa-kano.dk. Ein- bis dreitägige Kanuwanderungen sind auf der Vidå und ihren Zuflüssen möglich, im Westen bis zur alten Højer Sluse. Verleih ab 250 DKK/Tag plus eventueller Transport (250 DKK/pro Strecke).

Infos & Termine

Tønder Turistbureau: Storegade 2–4 (am Torvet), 6270 Tønder, Tel. 74 72 12 20, www.visittonder.dk.
Heiraten: Rund 2000 Paare aus Deutschland geben sich Jahr für Jahr in der Großkommune Tønder das Ja-Wort – ein europäisches Heiratsparadies. Beliebte weil romantische ›Örtlichkeit‹ ist das alte Rathaus in Højer (s. S. 97). Egal aber, wo in der Kommune man heiratet, zuständig ist immer: Tønder Kommune Standesamt, Kongevej 57, 6270 Tønder, Tel. 74 92 97 09, vielse@toender.dk, www.toender.dk/Burger/Standesamt.aspx (dt.). Mehr zum Heiraten in Dänemark s. S. 38.
Tønder Festival: Jedes Jahr Ende Aug. geht ein international bekanntes Folk & Roots Music Festival über mehrere Bühnen; für alle Konzerte auf dem zentralen Festivalplatz gibt es Dauerkarten, für Konzerte in Clubs und Kneipen in der Stadt Einzelkarten; Details auf www.tf.dk, Info-Tel. 74 72 46 10, Ticket Hotline Tel. 74 72 10 10.
Klöppelfestival: Alle drei Jahre (2016, 2019) in der ersten Junihälfte gibt es Workshops, Ausstellungen und eine Messe rund um die Klöppelkunst (www.kniplings-festival.dk).

Løgumkloster ▶ D 14

Die Kleinstadt Løgumkloster, gut 15 km nordöstlich von Tønder, entstand um ein 1173 gegründetes Zisterzienserkloster und lag in sturmflutsicherer Höhe auf einer Geestinsel am Rande des Marschlandes. Løgumkloster erlebte wie Tønder vom 16. bis ins 19. Jh. einen Klöppelboom, blieb aber immer eine Stadt der Kirche. Vom ursprünglichen Kloster sind nur ein Teil des Ostflügels mit einer Sakristei und dem restaurierten Kapitelsaal sowie die nach den Ordensregeln schlichte, aber dennoch beeindruckende Kirche erhalten. Der zweistöckige Renaissanceanbau auf der Westseite der Kirche, heute ein Priesterseminar der dänischen Volkskirche, hatte mit dem Kloster nichts zu tun, sondern wurde 1614 als Jagdschloss für die Gottorfer Herzöge gebaut.

Kong Frederik IX's Klokkespil

Glockenspiel; Sølstedgårdvej,
5–6 automatische Spielzeiten tgl.,
Zeiten auf www.royalcarillon.dk, dort auch aktueller Konzert-Kalender
Erst einige Jahrzehnte alt sind das benachbarte Refugium (s. Übernachten) und der nahe gelegene Turm mit 49 Glocken, die kleinste 16 kg, die größte 1,8 t schwer. Diese nutzt die angesehene Kirchenmusikschule von Løgumkloster, eine von vieren weltweit, an der man die Kunst des Glockenspiels lernen kann – der Turm wird regelmäßig manuell bespielt, Konzerte sind eine echtes Ereignis.

Museet Holmen

Østergade 13, Tel. 74 74 41 65,
www.museetholmen.com,
bei Ausstellungen Di–Do 13–16.30,
Sa/So 14–17 Uhr
Mitten im Ort fällt ein weißgetünchtes, langgestrecktes Hofgebäude auf, das heute ein Museum beherbergt, das gerade dabei ist, eine Sammlung von Kunst mit religiösen Bezügen aufzubauen. Darüber hinaus macht es regelmäßig mit anspruchsvollen, überregional bedeutenden Ausstellungen auf sich aufmerksam.

Familientreff der Kirmesleute

Bei so viel Kirche wundert man sich über die enge Verbundenheit des Städtchens zum fahrenden Volk. Dafür steht auch die **Gauklerstatue** von Alice Buchhave am alten Markt. Eine der drei Figuren stellt einen der in Dänemark typischen Leierkastenmänner mit Zylinder und Frack dar. Neben ihm steht Anders Bork Hansen, der ›Schaustellerpfarrer‹, der Anfang der 1960er-Jahre die Tradition der Gauklergottesdienste zum Auftakt des **Kloster Mærken** begründete. Dieses Volksfest – ursprünglich Sct. Bartholomæus Markt – rund um einen traditionellen Pferdemarkt ist für Dänemarks Schaustellerzunft eine Art Familientreffen: drei bunte Tage und Nächte im August mit Floh-, Vieh- und Jahrmarkt und einem großen Feuerwerk am letzten Abend (immer am Wochenende vor dem dritten Di im Aug.).

Übernachten

Christlich – **Løgumkloster Refugium:** Refugievej 1, 6240 Løgumkloster, Tel. 74 74 33 01, www.loegumkloster-refugium.dk. Ein von den Grundsätzen der evangelisch-lutherischen Volkskirche Dänemarks geprägter Ort für Menschen, die abschalten wollen; Halbpension je nach Zimmerstandard 890–990 DKK/Pers.

Aktiv

Kanutouren auf der Brede Å – **Løgumkloster Kanoudlejning:** Tel. 70 25 22 12, www.tohytt.dk (dän.). Auf ca. 35 km Länge kann die Brede Å vom Lemmosevej (ca. 8 km nördl. der Stadt) bis zur Ballum Sluse (s. S. 98) mit Kanus befahren werden, den Kanuverleih organisieren örtliche Pfadfinder ehrenamtlich! Bei Westwind ist das Teilstück Bredebro–Ballum Sluse nur erfahrenen Kanufahrern zu empfehlen! Verleih 225 DKK/Tag plus eventuelle Reinigung und Transport (100–250 DKK je nach Start-/Zielpunkt).

Gallehus ▸ D 14

Verlässt man Tønder nach Westen über die Straße [419], liegt bald rechter Hand die Bauernschaft Gallehus. Dort stolperte am 20. Juli 1639 die junge Kristine Svendsdatter, die Klöppelarbeiten nach Tønder bringen sollte, über einen glänzenden Metallgegenstand, der aus der Erde ragte: Das größere der beiden Goldhörner von Gallehus war gefunden. 95 Jahre später kam wieder durch Zufall ein zweites, etwas kleineres Goldhorn ans Tageslicht. Die mit Tierdarstellungen überzogenen Kultgegenstände zeugten von einem eigenständigen, hoch entwickelten Kunsthandwerk schon zur germanischen Eisenzeit im Norden Europas.

Dafür zeigte 1802 der zwielichtige Juwelier Niels Heidenreich wenig Sinn: Er klaute die Goldhörner aus der Königlichen Kunstkammer in Kopenhagen, einer Vorläuferin des Nationalmuseums, schmolz sie ein und machte daraus Schmuck und Falschmünzen. Alle Exemplare der Goldhörner, die heute in historischen Museen Dänemarks gezeigt werden, sind Rekonstruktionen nach Zeichnungen. An die Fundstellen bei Gallehus erinnern Gedenksteine (Guldhornsvej 9, 6270 Tønder).

Møgeltønder! ▸ D 14

Schloss Schackenborg

Schackenborg 2, 6270 Tønder. Aktuelle Termine für Besichtigungen von Schloss und Park sowie eventueller Kultur-Events auf dem Schloss kennt das i-Büro Tønder (s. S. 90)

Am Ortseingang von Møgeltønder versteckt sich hinter viel Grün das Barockschloss Schackenborg. Reichsfeldherr Hans Schack ließ es in den frühen 1660ern bauen, nachdem er zuvor die Ländereien zum Dank für Verdienste

Slotsgade in Møgeltønder: Dänemarks schönste Dorfstraße von Linden gesäumt

in Kriegen gegen Schweden von Frederik III. als Lehen bekommen hatte. Das Gut entwickelte sich prächtig und galt zeitweilig als eines der reichsten im Königreich. Schackenborg besaß das verbriefte Recht auf Ausbeutung der begehrten Austernbestände im dänischen Wattenmeer, das damals mit kleinen Unterbrechungen von Nordstrand bei Husum bis Fanø reichte – eine Lizenz zum Gelddrucken nennt man so etwas heute. Die Delikatesse Sylter Royal, die immer noch vor Sylt in Aquakulturen gezogen wird, erinnert an diese königlichen Austern. Zehnmal wurde der Besitz in der Familie vererbt, immer von einem Hans auf einen Otto Didrik und umgekehrt, dann blieb der elfte Lehnsgraf Hans Schack kinderlos. Er verwaltete bis 1993 das Gut, hatte es aber schon 1978 Prinz Joachim vermacht, damals gerade neun Jahre alt und noch die Nr. 2 unter Dänemarks Thronanwärtern.

Prinz Agronom

Graf Schack folgte damit den Prinzipien mittelalterlichen Lehnsrechts: Das Lehen fiel mangels direktem Erben an die Krone zurück. Prinz Joachim wurde auf seine Rolle als Gutsherr gut vorbereitet: Er ist studierter Agronom und führte ab Mitte der 1990er den Betrieb, aber nicht ohne Probleme. Im Juli 2014 postete die Königsfamilie auf ihrer Homepage, dass Joachim und Familie Møgeltønder verlassen und nach Kopenhagen umziehen. Schloss Schackenborg wurde an eine Stiftung verkauft, an der neben Mäzenen aus der Wirtschaft auch der Prinz beteiligt ist und zusammen mit seiner Frau Marie die Schirmherrschaft innehat. Nach dänischen Presseberichten waren Besitzerwechsel und Umzug wohl eine ökonomische Notbremse, das Gut galt als verschuldet: So wurde Joachim wirtschaftliche Probleme los, behielt sogar noch einiges Land und bekam für den Rest mitsamt Schloss einen beachtlichen Kaufpreis.

Neue Zeiten

Der Hof postete ferner, Prinz Joachim und Familie werden zukünftig regelmäßig Zeit auf Schackenborg verbringen, so wie die dänische Königsfamilie traditionell auch auf anderen Schlössern in der Provinz immer wieder Flagge zeigt.

Ohne Zweifel machte der königliche Glamour Møgeltønder bekannt: Von einer Ausbildungsstation in Asien brachte Joachim seine erste Prinzessin mit: 1995 heiratete er Alexandra Manley, Marketingspezialistin mit britisch-chinesisch-österreichischem Background. Zur Hochzeit 1995 wurden für das bei royalen Ereignissen dieser Art übliche Volksgeschenk im ganzen Land 13 Mio. Kronen gesammelt, mit dem die barocken Parkanlagen von Schackenborg rekonstruiert und das Schloss renoviert wurden. Exakt diesen Betrag brachte Prinz Joachim übrigens 19 Jahre später als seinen Beitrag in die neue Schloss-Stiftung ein.

Eine ganz normale Familie

Nachdem Joachim mit Alexandra 1999 und 2002 zwei Söhne bekommen hatte, war der Gutsherr von Schackenborg bei den Dänen zeitweilig populärer als sein Bruder Kronprinz Frederik, der da noch mit schnellen Autos – Spitzname ›Chromprinz‹ – und schnellen Beziehungen keine sehr königliche Figur machte. Aber nach dessen Märchenhochzeit mit der Australierin Mary Donaldson 2004 wurde Frederik ›seriös‹, während es der ›dröge‹ Joachim in der Kopenhagener Party-Szene krachen ließ. Seine Ehe mit Alexandra wurde 2005 geschieden, sie verließ Møgeltønder und wurde zur Gräfin ›degradiert‹, als sie wieder heiratete. Die Prinzen aus der Ehe mit Joachim leben mit ihr und ihrem neuen Partner, mit dem Ex teilt sie das Sorgerecht – eine ganz normale dänische Familie.

Neues Glück für Møgeltønder

Im Mai 2008 heiratete der inzwischen durch die Kinder seines Bruders auf Platz 6 der Thronfolge zurückgefallene Joachim die Französin Marie Cavallier und bekam mit ihr 2009 einen Sohn, 2012 folgte eine Prinzessin. Møgeltønder bekam viele positive Schlagzeilen, denn die Hochzeit und beide Taufen fanden in der Ortskirche statt. Zwischen der und dem Schloss verläuft Dänemarks schönste Dorfstraße, die **Slotsgade,** eine romantische Lindenallee mit holprigem Kopfsteinpflaster und gesäumt von reetgedeckten Erkerhäusern in friesischem Stil. Direkter Nachbar des Schlosses ist der **Schackenborg Slotskro** (s. S. 95), dessen Restaurant weit über Südjütland hinaus bekannt ist.

Møgeltønder Kirke

Sønderbyvej 24, Tel. 74 73 81 89,
www.moegeltoender-kirke.dk,
tgl. 8–16 Uhr außer bei kirchlichen Handlungen

Die Kirche, in der Dänemarks älteste spielbereite Orgel den Ton angibt, war zu katholischer Zeit dem Heiligen der Seefahrer, Skt. Nikolaj geweiht. Im Kern romanisch und in der Gotik erweitert, bekam sie Anfang des 16. Jh. einen wuchtigen Westturm, der über lange Zeit auch Seezeichen war.

Bis 1970 gehörte die Kirche zum Schloss und somit den Grafen Schack. Die sorgten über die Jahrhunderte für eine üppige Ausstattung. Ältestes Stück im Inneren ist ein Taufstein aus dem 12. Jh., über dem vollbusige Meerjungfrauen zusammen mit den Evangelisten einen Renaissancehimmel zieren, der rund ein halbes Jahrtausend jünger ist. Ansonsten überzieht ein Bildermeer aus verschiedenen Epochen Wände, Decken und Gewölbe der Kirche und erzählt heilige Geschichten wie von der Schöpfung, von Jesu Leidensweg und dem Jüngsten Tag.

Die Kalkmalereien im Chor stammen aus dem 16. Jh., erlebten aber im späten 19. Jh. das Schicksal vieler

Mein Tipp

Hochprozentiges vom Prinzen

Die Idee stammt von Prinz Joachim: ›Egesnaps‹, der Kornbrand von ›De 5 Gaarde‹, soll bei jedem Schluck das reife Korn und die Sonne des dänischen Sommers herausschmecken lassen. Ein Stab aus Eichenholz in der Flasche gibt ihm Farb- und Geschmacksnuancen, die sich andere Spirituosen aus dem Holz der Fässer holen, in denen sie gelagert werden. Und auf jeder Flasche stehen GPS-Koordinaten, wo in Schloss Schackenborgs Wäldern der Baum wuchs, aus dem der Eichenstab stammt.

Inzwischen werden auch Wodka, Gin und ein Bitter unter dem Markennamen Schackenborg gebrannt – alle »Nach einer Anregung Seiner Königlichen Hoheit Prinz Joachim«. Die Zutaten wuchsen auf den Äckern von fünf Gütern, die gemeinsam als ›De 5 Gaarde‹ Qualitätslebensmittel vertreiben von Mehl über Grillhähnchen bis zu Designer-Bieren. Im Dänischen lässt sich ihr Konzept auf die griffige Formel ›fra jord til bord‹ – vom Acker auf den Tisch – bringen: Alle Rohwaren stammen von den fünf beteiligten Gütern, darunter Schackenborg, und sie kontrollieren den Herstellungsprozess nach den Prämissen: hochwertig und möglichst schonend. Produkte von ›De 5 Gaarde‹ gibt es in vielen dänischen Supermärkten, die Schnäpse in ausgesuchten Weinhandlungen und der gehobenen Gastronomie.

Fresken im Lande: Sie wurden ohne sonderliche Rücksicht auf das Alte restauriert. Der Kunstmaler und Restaurator August Wilckens malte sich gleich selbst ins Bild, auf einer Blume im Rankenwerk sitzend. Eine weitere Restaurierung nach 1970 führte die Kirche soweit möglich auf den Zustand Mitte des 18. Jh. zurück.

Radtour im Grenzland

Länge/Dauer: 5 Tage/ca. 200 km. Start/Ziel: Bahnhof Niebüll/Bahnhof Westerland (Sylt), beide mit Zügen der Deutschen Bahn, die eine Fahrradmitnahme erlauben, leicht zu erreichen. Kurzversion: Ribe (Tag 3; Bahnanreise mit Fahrradtransport via Niebüll s. S. 84) – Westerland. Terrain: weitgehend flach. Fährüberfahrt Rømø–Sylt Fahrrad inkl. Fahrer ca. 10 €, Infos www.syltfaehre.de

1. Tag: Niebüll – Nolde Museum – Rudbøl/Grenze – Højer – Møgeltønder – Tønder (ca. 50 km): Nach einem Besuch im Nolde Museum (s. S. 96) noch auf deutscher Seite erreicht man Dänemark im Grenzdorf Rudbøl, dann geht's via Vidå Schlusen und durch das idyllische Højer (s. S. 97) mit seinem Marschmuseum nach Møgeltønder (s. S. 91) mit Prinzenschloss und Dänemarks schönster Dorfstraße. Übernachtung dort romantisch im Schackenborg Slotskro oder in der nahen Barockstadt Tønder (s. S. 85).

2. Tag: Tønder – Løgumkloster – Ribe (ca. 56 km): Durch Dänemarks einzigen ›Urwald‹ Draved Skov, der sich seit der letzten Eiszeit kaum verändert hat, und über die Klosterstadt Løgumkloster (s. S. 90) erreicht man am Ribe VikingeCenter vorbei Dänemarks älteste Stadt Ribe (s. S. 115). Sie bietet genug, um hier auch extra Sightseeing-Tage einzuschieben.

3. Tag: Ribe – Vester Vedsted – Brøns – Ballum/Skærbæk (ca. 45 km): Aus Ribe fährt man direkt zu den Deichen im Westen, wo die Rundfahrt auf Dänemarks ›National Cykelrute 1‹ (s. S. 24) trifft und ihr nach Süden folgt. In Vester Vedsted (s. S. 110) warten das Wattenmeer-Zentrum, aber auch ein Weingut und in Brøns Dänemarks zweitgrößte Dorfkirche mit Kalkmalereien aus dem 16. Jh. auf Besucher. Die Tagesetappe endet an der Ballum Sluse (s. S. 100), wo man direkt nebenan im Slusekro übernachten könnte, oder in der nahen Ortschaft Skærbæk. Alternativ fährt man noch über den 10 km langen Rømø-Damm, um am nächsten Tag mehr Zeit auf der Wattinsel zu haben.

4. Tag: Skærbæk/Ballum – Toftum – Rømø Havneby (ca. 30 km): Fahrt über den Rømø-Damm, dann zum Nationalmuseets Kommandørgården im Norden der Insel Rømø (s. S. 103), später südwärts nach Havneby über Inselradwege oder alternativ mit grober Bereifung und später sorgfältigem Putzen (Salzwasser!) über die Piste auf dem Rømø Strand.

5. Tag: Fähre Havneby – List (Sylt, 45 Min.) – Bahnhof Westerland (ca. 17 km).

Radtour im Grenzland

Übernachten, Essen

Gasthaus des Schlosses – **Schackenborg Slotskro:** Slotsgaden 42, 6270 Møgeltønder, Tel. 74 73 83 83, www.slotskro.dk, tgl. ab 12 Uhr. Nostalgisch knarrende und nicht immer königlich-komfortable Zimmer und Suiten im Haupthaus und Nachbarhäusern an der Slotsgade (ca. 1360–2000 DKK). Die Gourmet-Küche serviert mittags Frokost-Klassiker ab ca. 130 DKK, abends werden gern Menüs genossen, ab ca. 420 DKK bei drei Gängen, günstiger ist das volkstümlichere Sonntagsmenü.

Einkaufen

Möbel, Antiquitäten & viel mehr – **Butik Slotsgaden:** Slotsgaden 14, Tel. 22 14 02 76. Eine Scheune voller, voller … ja was eigentlich? Landhausmöbel, Antiquitäten, Trödel, Krimskrams, dänischen Souvenirs, Kerzen. Und ein gemütliches Café gibt's auch noch.

Aktiv

Naturexkursionen – **Sort Safari:** Slotsgaden 19, Tel. 73 72 64 00, www.sortsafari.dk. Hauptbüro des größten Anbieters von Naturexkursionen wie die zu den berühmten Vogeltänzen auf und über den Marschwiesen (s. S. 64): Sort Sol (Schwarze Sonne = Stare), Hvid Sol (Weiße Sonne = Schwäne) und Grå Sol (Graue Sonne = Gänse); auch Seehundsafaris und Helgolandfahrten.

Von der Grenze bis nach Højer ▸ D 14

Altes Marschland mit typischen Warfthöfen sieht man beim Schlenker von Møgeltønder über Rudbøl nach Højer.

Rudbøl

In Rudbøl teilt die deutsch-dänische Grenze die Dorfstraße, auf der Ostseite gehören die Häuser zu Deutschland, auf der Westseite zu Dänemark. Und wenn gerade kein Auto kommt, können Sie sich sogar grenzüberschreitend aufstellen: Die Grenzsteine mit den Buchstaben D für Dänemark und DRP für Deutsches Reich Preußen, die seit 1920 diese Linie markieren, sind im Asphalt zu erkennen (s. S. 57).

Nolde Museum Seebüll

Seebüll 31, D-25927 Neukirchen, Tel. aus DK +49 4664 98 39 30, www.nolde-stiftung.de, März–Nov. tgl. 10–18 Uhr, 8 €

Kunstgenuss kennt keine Grenzen: Nur 3 km südlich von Rudbøl liegt auf der Warft Seebüll jenes Wohn- und Atelierhaus, das Emil Nolde als Alterssitz nach eigenen Entwürfen errichten ließ und das mit jährlich wechselnden Ausstellungen aus dem reichen Nachlass des Künstlers für die Allgemeinheit geöffnet ist. Nolde kommt am 7. August 1867 in der damals preußischen, ab 1920 dänischen Bauernschaft Nolde östlich von Tønder als Emil Hansen zur Welt, der Vater Friese, die Mutter dänischsprachig. Ab 1902 macht er den Namen seines Geburtsortes zum Künstlernamen und wird zu einem der bedeutendsten europäischen Expressionisten. Als 1920 durch die Rückgabe Nordschleswigs an Dänemark sein Hof Utenwarf zwischen Møgeltønder und Rudbøl nördlich der neuen Grenze liegt, nimmt Emil Nolde die dänische Staatsbürgerschaft an und behält sie bis zu seinem Tod. Jedoch zieht er 1926 aus Frust über die Entwässerung der Vidå-Auen mit seiner dänischen Frau Ada auf die deutsche Seite der Grenze und bleibt dort sogar, als er während der Nazizeit zum ›entarteten Künstler‹ abgestempelt Berufsverbot hat.

Vidå-Sperrwerke

Die Straße folgt dann von Rudbøl nach Højer der Vidå auf den ältesten Deichen, die hier Mitte des 16. Jh. entstanden. Westlich von Højer, wo der Fluss durch Sperrwerke kontrolliert in die Nordsee mündet, kann man ihre Nachfolger sehen. Neue Deiche wurden 1861 fertig, die ältere **Højer Sluse** regelt den Durchfluss der Vidå und wenige Schritte landeinwärts dokumentiert am Ufer des Flusses das frei zugängliche Freilichtmuseum **Bådfolk ved Vidåen** Lebens- und Arbeitsbedingungen der Fischer, die auf den Flüssen und Seen des Marschlandes ihr Auskommen hatten (Slusevej 25, 6280 Højer).

Vor der Højer Sluse liest man von einer Sturmflutsäule die höchsten Wasserstände ab, die hier gemessen wurden. Noch 1976 trieb ein Hochwasser mit Pegelstand von 4,92 m über Normal Null 20 000 Menschen aus der Tønder-Marsch auf die etwas höhere gelegene Geestinsel im Norden. Das gab den Anstoß für den Bau des jüngsten Deichsystems mit einer Deichkrone von 7,45 m über Normal Null. Dabei entstand hinter den neuen Deichen im Margrethe Kog ein 260 ha großer, künstlicher Salzwassersee als Naturschutzgebiet, der im Rhythmus der Tiden voll läuft und sich wieder leert. So behielten Küstenvögel den Lebensraum, den sie bei Deichbauten sonst oft verlieren.

Gleich neben der **Vidå Sluse** bietet **Tøndermarskens Naturcenter** mit einer kleinen, unbemannten Schautafel- und Dioramen-Ausstellung Einblicke in das Ökosystem auf beiden Seiten der Deiche (Slusevej 2, Højer, April–Okt. tgl. 10–17 Uhr, gratis). Übrigens entspricht das Dänische ›sluse‹ im Deutschen zwar auch einer Schleuse, meint an der Vidå aber ein Sperrwerk – Schiffe werden hier nicht durchgeschleust. Aufgabe des Sperrwerks ist es, unter normalen Bedingungen die Vidå ungehindert ins Watt strömen zu lassen, aber bei Gefahr dicht zu machen und das Mündungsloch im Deich zu schließen.

Højer ▸ D 14

Die Kleinstadt Højer zeigt mit ihren Friesenhäusern und -höfen viel ländliche Idylle, sogar das alte **Rathaus** ist reetgedeckt und als romantischer Trauungsort begehrt (Kirkegade 1–3, zu ›Heiraten‹ s. S. 90). Ansehnlich auch **Hindrichsens Gaard,** ein dreigeschossiger Kaufmannshof im Haubarg-Stil aus dem 18. Jh. mit wuchtigem Reetdach in der Nørregade, und nicht weit entfernt die Højer Mühle, 1857 im holländischen Stil gebaut und mit 25 m Höhe die größte ihrer Art in Nordeuropa. Bis 1970 wurde hier professionell Korn gemahlen, inzwischen beherbergt die Mühle das **Højer Mølle & Marsk Museum** zum Leben in der Tønder-Marsch, zu den Deichen und den Sturmfluten (April–Okt. Di–So, Juli–Sept. auch Mo 11–17 Uhr, 30 DKK/ab 18 Jahre).

Übernachten

Beim Marschbauern – **Marskens Bondegårdsferie:** Hohenwarte, Siltoftvej 2, 6280 Højer, Tel. 74 78 93 83, www.hohenwarte.dk. Im Stil einer Familienherberge, 31 Zimmer vom Einzel- bis zum 6-Bett-Zimmer, die meisten mit eigenem Bad/WC und als Bonus noch etwas Bauernhof-Feeling. DZ mit Frühstück ca. 620 DKK ohne Bad, ca. 670 DKK mit Bad; Mittag-, Abendessen und Lunchpakete optional, Reit- und Pferdewagentouren möglich.

Einkaufen

Deftiges – **Slagterbutik Højer Pølser:** Søndergade 1, Tel. 74 78 22 31, Mo–Fr 9–17, Sa 9–12 Uhr. Fabrikverkauf der Wurstfabrik aus den Marschen, deren Produkte in ganz Dänemark verkauft werden.

Wolle veredelt – **Hanne i Højer:** A. R. Kjærbysvej 8, Tel. 74 78 20 78, www.hanne-i-hojer.dk, Di–So 9–17 Uhr, jedes letzte Wochenende im Monat geschl. Die Textildesignerin Hanne Sönnichsen veredelt Wolle der Marschschafe zu Textilien auf der Grenze zwischen Kunst und Kleidung; in ihrer Galerie verkauft sie auch anderes, hochwertiges Kunsthandwerk von Kollegen anderer Sparten.

Termine

Højer Internationale Træskulptur Symposium: Juni. Jedes Jahr in Woche 24 werden gut ein Dutzend Künstler eingeladen, um jeder einen Eichenstamm zu bearbeiten; am letzten Tag werden die Objekte versteigert, Details: www.symposium.dk.

Fåremarked: Am 2. Wochenende im Sept. findet der Schafmarkt statt, ein traditionsreiches Volksfest rund um einen Viehmarkt.

Von Højer zum Rømø-Damm ▸ C/D 13/14

Nördlich von Højer hebt sich eine Geestinsel aus dem flachen Einerlei, eine kaum merkliche Anhöhe aus Sand und Kies, die schon während der letzten Eiszeit als Insel zwischen den Schmelzwasserströmen hervorlugte,

Lieblingsort

Entschleunigung an der Ballum Sluse ▶ C 13
Eine echte Entschleunigung des Alltags erlebe ich an lichten Sommerabenden auf dem Deich neben dem alten Schleusenhaus von Ballum, wenn die Sonne langsam über Rømø ins Meer sinkt und die Vögel kreischend ihre letzten Runden drehen. Ich sitze nur wenige Meter über der Halbwelt aus Meer und Land, aber hier reicht das für Gipfelgefühle. Vor mir das Wattenmeer, landeinwärts die Marschen und hinter mir der Ballum Slusekro mit seiner ›hyggeligen‹ Krostue (s. S. 101). Aber Hallo! Hier ist nicht das Ende der Welt. Wenn ich Freunden sage, wann ich hier bin, kann ich ihnen sogar per Webcam zuwinken: www.ballumby.net/turisme/webcam.

aber mit Höhen von über 20 m hier fast schon ›alpin‹ wirkt. Folgt man der Margeriten-Route (s. S. 22) über die Küstenstraße [419] nach Norden, bietet sich neben der romanischen **Kirche von Hjerpsted** ein großartiger Ausblick auf das Wattenmeer und Dänemarks einzige, langsam verschwindende Hallig **Jordsand.**

Schlossruine Trøjborg

▶ D 14

Trøjborgvej 23, 6261 Sønder Vollum (ca. 3,5 km östlich der Margeriten-Route)
Eine alternative Route verläuft weiter landeinwärts und macht einen Schlenker zur Schlossruine Trøjborg aus dem 14. Jh. Das Anwesen, umrahmt von historischen Wallgräben, gehörte zeitweilig einer der mächtigsten Frauen der europäischen Geschichte, Margrete I., die damit die Macht der Krone in Südjütland festigen wollte. Ein späterer Neubau im Stil der Renaissance erlebte noch eine Renovierung zur Blütezeit des Barock, aber 1854 wurde das Schloss aufgegeben und der Abriss eingeleitet. Der endete abrupt und ließ die malerische Ruine zurück, als eine für den Abtransport der Steine notwendige Brücke über den Wallgraben einbrach.

Wander- und Radtour in der Ballum Marsch ▶ D 13

Start/Ziel: Ballum Sluse, 6261 Bredebro. Länge je nach Variante: 7,6–11 km Gelände: flach
Vom Sperrwerk **Ballum Sluse** (s. Lieblingsort S. 98) aus, wo es Parkmöglichkeiten gibt, erschließen Wege zum Wandern oder Radfahren die **Ballum Enge.** Diese typischste aller Marschen im Südwesten Dänemarks ist fast 600 ha groß, absolut flach und seit Jahrhunderten begehrtes Weideland, durchschlängelt von der in den 1980er-Jahren renaturierten Brede Å. Die findet an der Ballum Sluse ihren Weg durch die Deiche ins Wattenmeer. Ein paar Schritte entfernt bietet der **Ballum Slusekro** Stärkung in friesischem Ambiente.

Vom Kro folgt man ein kurzes Stück der Straße nordwärts, dann stehen rechts zwei windbetriebene Förderpumpen: **Møllekilen** versorgte früher ein Grabensystem zum Tränken des Viehs mit Süßwasser aus dem **›døde arm‹,** einem Seitenarm der Brede Å. Nebenan informiert im alten Møllehuset eine Miniausstellung über Natur und Geschichte der Marsch. Und dann ist da die Sturmflutsäule. Auf deren Spitze überrollt eine Monsterwelle ein Haus: Der Untergang des Dorfes Misthusum bei der großen Mandränke – beängstigend hoch auch der Ring der Sturmflut 1999. Eine schmale Fußgängerbrücke quert den ›toten Arm‹ zu den Wegen weiter östlich.

Die Marsch ist hier nicht absolut flach: Friesen schütteten im Mittelalter acht Warften auf und gründeten das Dorf **Misthusum.** In der ›Großen Manntränke‹ 1634 kamen fast alle Bewohner um. Von dieser Katastrophe erholte sich die Siedlung nie, wurde aber erst 1814 ganz aufgegeben. Aus Steinen alter Häuser entstand das **Markmandens Hus** auf einer der Warften. Es diente früher dem Markmand als Unterkunft, der im Sommer für Bauern aus Ballum Vieh auf den Marschweiden hütete.

Über **›Den Svorne Vej‹** geht oder radelt man auf Skærbæk zu und erreicht den Ort am **Hjemsted Oldtidspark** (s. S. 101). Um den ›Schwur-Weg‹ rankt sich eine düstere Sage: Einst schworen hier elf Männer bei Gott, ein Wegerecht zu haben, weil sie auf ›eigenem Boden‹ stünden. Dabei hatten alle nur Erde vom eigenen Acker in die Schuhe gepackt. Alle elf kamen bei der Mandränke ums Leben und wurden ruhelose Wiedergänger. Ein Mann begegnete den Untoten und berichtete, sie hätten laut geschrien: ›Zwölfe waren wir und Elfe schwuren, alle zusammen wir zur Hölle fuhren‹. Erst eine junge Frau gab ihnen die ewige Ruhe, indem sie elf potenzielle Selbstmörder von ihrem Plan abbrachte.

Der ruhigste Weg vom Wendepunkt am Oldtidspark führt zurück über denselben Weg, alternativ nimmt man den wenig befahrenen Hjemstedvej Richtung **Rømø-Damm** und benutzt dann je nach Windstärke den Weg auf oder hinter dem Deich zurück zur **Ballum Sluse.** Den ganzen Rundweg kann man abkürzen, nutzt man kurz nach dem Markmændens Hus den Wanderweg ›Æ' Markmandssti‹ geradewegs zum Hjemstedvej – inklusive Rückweg über den Deich ist diese Runde ca. 7,6 km lang.

Wander- und Radtour in der Ballum Enge

Übernachten, Essen

Das einzige Haus weit und breit – **Ballum Slusekro:** Ballum Sluse 1, 6261 Bredebro, Tel. 74 75 11 79, www.ballum slusekro.dk. Der klassische Kro serviert deftige, dänische Kost, gern mit Sahne gekocht, hat aber auch eine Prise Lateinamerika auf der Karte (Hauptgerichte ca. 120–190 DKK). Die fünf Zimmer sind gemütlich, teilen sich aber Bad/WC. Sie sind begehrt von Ornithologen, die sich hier wahrlich mitten in einem Paradies fühlen (DZ ca. 600–800 DKK; s. a. Lieblingsort S. 98).

Skærbæk ▸ D 13

Skærbæk ist der Festlands-Einkaufsort für die Ferieninsel Rømø, hier gibt es mehr Geschäfte und drei Supermärkte. Außerdem lockt bei schlechtem Wetter das **Skærbæk Fritidscenter,** ein großes Kultur-, Sport- und Freizeitzentrum mit Hallenbad, Bowlinganlage und ordentlicher Familien-Gastronomie (Storegade 46, www.kursus-fritids center.dk).

Hjemsted Oldtidspark

Hjemstedvej 60, Tel. 74 75 08 00, Mai–Okt. mind. Di–Sa 10.30–16, Sommer und Woche 42 länger und tgl.; aktuelle Zeiten auf www.hjemsted.dk, Erwachsene je nach Saison 60–90 DKK, 40–50 DKK/3–13 Jahre

Am Rande Richtung Ballum Enge erlaubt der Hjemsted Oldtidspark Zeitreisen in die Eisenzeit. Ein unterirdisches Museum präsentiert Funde, die man hier in den 1970er-Jahren gemacht, aber weitgehend unter Glasböden in der Erde belassen hat. Rundherum lebt mit vielen Aktivitäten für Kinder in einem Eisenzeitdorf die Epoche wieder auf, in der die Römer Europa beherrschten. Damals lebten die Menschen hier abseits des historischen und kulturellen Rampenlichts, aber nicht kulturlos. Jedes Jahr in der zweiten Julihälfte gibt es ein gro-

0
2
4 k
Juvre Sand
Militärisches Sperrgebiet
JUVRE ENGE
JUVRE
Vestervej
Thadesvej
Toftum Gamle Skole
Nørreland
BOLILMARK
TOFTUM
Juvrevej
Areal Wind- und Kitesurfer
Tvismark Plantage
NØRRE TVISMARK
Rømødæmningen
175
Vesterhavsvej
Havnebyvej
LAKOLK
TVISMARK
Lakolk Sø
Prilen
Råbjergvej
Småfolksvej
KONGSMARK
Vadehavet
Kirkeby Plantage
Esbjerg Sø
Spidsbjerg
Walfängergräber
Kromosevej
Sønderland
KIRKEBY
175
siehe Detailkarte
Autofreie Zone
Grammarksvej
Vråby Plantage
Stagebjerg
Stagebjergvej
Havsand Lå
ØSTERBY
Start/Ziel
Langdalsvej
Nørre Frankel
Sønderbyvej
Engvej
HAVNEBY
Vestergade
Rimmevej
Dyssebjergvej
Havsand
Kite-Buggy-Areal
MØLBY
Sønderstrandvej
419
Strandsegler Areal
Sønderstrand
DÄNEMARK
DEUTSCHLAND
Sylt
0
400
800
Vadehavet
ØSTERBY
Nørre Frankel
Engvej
Sønderbyvej
SØNDERBY
Rømø Turistbureau
Vestergade
Nordre Havnevej
Skansen
HAVNEBY
Anlege Syltfähr

Rømø

Sehenswert
1 Rømødæmningen
2 Lakolk
3 Sønderstrandvej
4 Nationalmuseets Kommandørgård
5 Hvalbenshegn
6 Naturcenter Tønnisgård
7 Kirchhof von Kirkeby
8 Skansen

Übernachten
1 enjoy resorts Rømø
2 Hotel Lakolk
3 Hos Else og Keld
4 Rim Rømø
5 Feriepartner Rømø
6 Rømø Holidays
7 Lakolk Strand Camping

Essen
1 Holms
2 Otto & Ani's Fisk

Einkaufen
1 Rømø Slagteren
2 Lakolk Butikscenter

Aktiv
1 Rømø Golf Links
2 Rømø Lege- & Hesteland
3 Rømø Lege- & Labyrint-park
4 Rømø Cykler
5 Windriders.dk
6 Kommandørgårdens Islændercenter

Wanderung durch die Vråby und die Kirkeby Plantage, s. S. 104

ßes **Römerfestival** auf dem Gelände, aber damit keine Missverständnisse aufkommen: Die Römer, die dort die Klingen schwingen, haben mit den Bewohnern der nahen Insel Rømø – deutscher Name: Röm – nichts zu tun, sie heißen Rømser.

Rømø ▸ C 13/14

Rømø ist seit Ende der 1940er-Jahre über den gut 9 km langen Rømø-Damm mit dem Festland verbunden und damit als einzige Insel im europäischen Wattenmeer jederzeit mit dem Auto erreichbar. Dies lockt an schönen Sommertagen bis zu 100 000 Tagesbesucher aus weitem Umkreis, die sich zu den Gästen gesellen, die auf der Insel Quartier haben – etwa 1,2 Mio. Übernachtungen pro Jahr weist die Statistik aus. Platz haben trotzdem alle auf fast 130 km², im Westen von einem der breitesten Strände der Welt gesäumt – über 2 km Sand erstrecken sich an einigen Stellen zwischen Dünen und Meer.

Rømø hat nur wenig mehr als 600 feste Einwohner, die verstreut über die ganze Insel leben. Ein nennenswerter Ort hat sich erst in jüngster Zeit im Süden entwickelt: Havneby. Auf jeden Fall sind die Rømser praktisch rund ums Jahr gegenüber ihren Gästen in der Minderzahl. Auf dem größten Campingplatz ihrer Insel könnte jeder Einzelne einen eigenen Stellplatz belegen, und es wären immer noch weit über hundert frei.

Rømødæmningen 1

Das Erlebnis Rømø beginnt bereits bei der Fahrt über den Rømø-Damm. Bei Hochwasser schwappen rechts und links Wellen ans Fundament, bei Niedrigwasser werden Bemühungen sichtbar, mit Lahnungen dem Watt noch mehr Land abzuringen. Während der Vogelzüge im Frühjahr und Herbst ist der Damm ein populärer Platz zur Beobachtung der gefiederten Invasoren. Und passen Sie dann auf: Sollte der Fahrer des Wagens vor Ihnen Ornithologe sein, müssen Sie jederzeit mit abrupten Bremsmanövern rechnen!

Rømø Strand !

Überquert man vom Damm kommend die Insel nach Westen, fährt man bei **Lakolk** 2 auf den Strand. Wer mit dem Auto direkt ans Wasser will, biegt nach Norden ab. Richtung Süden sind autofreie Areale mit Holzpflöcken markiert. Nur eine teilweise durchs Wasser

Kraken, Krabben, Kriechtiere: buntes Getümmel am Himmel beim Rømø Dragefestival

führende und längst nicht bei jedem Tidenstand sichere Piste führt fast 10 km am Rande der Dünen entlang, bis sie auf die Strandzufahrt vom **Sønderstrandvej** 3 trifft. Davor sind auf dem flachen Sandwatt, das bei hohen Wasserständen jedoch volllaufen kann (!), Areale für Kite-Buggy-Fahren, Strandsegeln und Blokart-Fahren markiert. Bei passendem Wetter bieten mobile Verleihstationen (s. S. 110) notwendige Sportgeräte inkl. Einführungen.

Von der Zufahrt quert eine Fahrspur den mehrere Kilometer breiten Strand bis ans offene Meer zu einem Badeabschnitt, an dem oft alle Hüllen fallen. Vorsicht aber: Je näher man dem Wasser kommt, desto weicher ist der Sand – hier fuhren sich schon viele fest! Zwischen den Zufahrten in Lakolk und am Sønderstrand sieht man, wie der Strand wächst und neue Dünenketten im Westen entstehen – dort findet man auch noch einsame Plätze.

Wanderungen durch das Hinterland

Länge: 3 bzw. 4 km, Parkplätze am Start/Ziel: s. Inselplan s. S. 103 (rot), detaillierte Infos mit Karte in Deutsch online beim Naturstyrelsen (s. S. 33, Printausgabe auch beim i-Büro)

Hinter dem Strand liegen an einigen Stellen bis zu drei Dünenketten hintereinander, dazwischen Strandsümpfe und kleine Seen. In diesen wertvollen Biotopen wachsen seltene Pflanzen, sogar Enziane, und brüten viele Vögel, vor allem Watvögel. Weiter östlich breitet sich Heide aus, spärlicher Wald, Marschland, und bald darauf ist die Insel überquert, das Watt beginnt. Im mittleren Teil von Rømø erschließen Wanderwege die archaische Landschaft.

Die Route im **Vråby Forst** (gelb markiert, 3 km) führt vom Parkplatz am Langdalsvej durch eine hügelige Dünenlandschaft, bepflanzt mit Bergkiefern, um Sandflug zu unterbinden.

Der 18 m hohe **Stagebjerg** am Ostrand des Wäldchens sorgt für den Überblick, auch Richtung Wattenmeer.

Etwas länger ist die Route im **Kirkeby Forst,** gut zu verbinden mit einem Besuch bei den **Walfängergräbern** von Kirkeby (s. S. 106). An diesem Rundweg verschafft der **Spidsbjerg** gute Aussichten, eine fast 20 m hohe Düne. Zwischen beiden Forsten liegt ein typisches Heidegebiet, durch das ein Weg beide Routen verknüpft.

Nationalmuseets Kommandørgård 4

Juvrevej 60, Toftum, Tel. 74 75 52 76, www.natmus.dk, Mai–Sept. Di–So 10–17, 14 Tage um Ostern u. Okt. Di–So 10–15 Uhr, Eintritt frei, Café mit Gartenplätzen

Sand weht mal mehr, mal weniger seit Jahrhunderten über Rømø. Im 16. und 17. Jh. war es besonders schlimm. Landwirtschaft, zuvor Lebensgrundlage, wurde unmöglich. Die Rømser wichen aufs Meer aus, fanden Gefallen daran und wurden begehrte Seeleute. Viele fuhren als Schiffsoffiziere und Kapitäne unter fremden Flaggen, bevorzugt unter der holländischen, auf Walfang im nördlichen Eismeer. Auch die Thadens aus Toftum waren Kapitäne und wurden reich damit. Ihr prächtiger Hof im Norden der Insel, den sie Mitte des 18. Jh. bauen ließen und bis 1950 kaum verändert im Familienbesitz behielten, steht unter den Fittichen des dänischen Nationalmuseums. Zum Hof gehört die wenige Schritte entfernte **Toftum Gamle Skole,** eine Zwergschule, in der von 1784 bis 1874, also bis in Rømøs preußische Zeit hinein, ehemalige Kapitäne Kinder der Umgebung unterrichteten – ob Seemannsgarn Hauptfach war?

Walknochen

In der Scheune des Kommandørgård kann man sich von der Beute der Walfänger ein Bild machen, dort hängt ein Pottwal-Skelett. Das Tier wurde aber nicht erlegt, es war Opfer einer Walstrandung auf dem Weststrand von Rømø, wo 1996 und 1997 insgesamt 27 Pottwale verendeten, einzelne bis zu 25 t schwer. Wale stranden immer wieder an den Küsten der Nordsee, in so großer Zahl aber seit mehr als 200 Jahren nicht. Liegen Pottwale auf Grund, werden sie bei Ebbe von ihrem eigenen Gewicht zu Tode gedrückt. Warum die jungen Walbullen in die für sie tödlich flachen Gewässer von Rømø schwammen, ist bis heute ungeklärt: Der fatale Irrtum kann ihnen im Nordmeer bei der Futtersuche passiert sein, dann schwammen sie einem Instinkt folgend konsequent nach Süden, aber auch Giftstoffeinleitungen oder die ›akustische Verschmutzung‹ der Nordsee können Ursachen sein. Die Walknochen, die man in Juvre knapp 1 km nördlich der Kommandørgården auf ungewöhnliche Art angeordnet sieht, sind indes wirklich alte aus der Walfängerzeit: Der **Hvalbenshegn** 5 ist ein Gartenzaun, 1772 aus Unterkieferknochen von Walen gebaut, weil damals Holz Mangelware war.

Naturcenter Tønnisgård 6

Havnebyvej 30, Tvismark, Tel. 74 75 52 57, www.tonnisgaard.dk, Mitte März–Okt. Mo–Fr 10–16, sonst Mo–Mi 10–15 Uhr, Dez./Jan. ausgewählte Tage s. Website; Ausstellung 22 DKK/Erw., 11 DKK/4–13 Jahre; Exkursionen und Arrangements nach Programm ab 75/30 DKK

Teile eines weiteren Pottwal-Skeletts der Strandungen in den 1990ern liegen vor dem Sekretariat des Nationalparks Wattenmeer in Tvismark, das sich das reetgedeckte Dach eines über 200 Jahre alten Kapitänshofes mit dem Naturcenter Tønnisgård teilt, dort wird neben Rømøs Natur auch

Kulturgeschichte vermittelt. Parallel zur permanenten Ausstellung veranstaltet Tønnisgård rund ums Jahr Exkursionen überall auf Rømø, viele mit deutschsprachigen Guides. Deutsche Gäste lieben offensichtlich das Martialische ebenso wie das Kulinarische: Bunkertouren sind der Hit, aber auch Wattwanderungen und Austernsuche, die meist nördlich des Hafens von Havneby stattfinden (s. Mein Tipp S. 107).

Kirchhof von Kirkeby 7

Havnebyvej 152, Kirkeby, Kirche
tgl. 8–16 Uhr, Friedhof immer
Weitere Erinnerungen an die Walfängerzeit zeigt der Friedhof von Kirkeby: An der Nordmauer erinnern reich verzierte Gedenksteine an verstorbene oder verschollene Kapitäne. Es war Usus, sich schon zu Lebzeiten einen solchen Kommandørsten im Ausland, gern in Holland, bei bekannten Steinmetzen schlagen zu lassen. Nur die Todesdaten blieben offen, was bei genauem Hinschauen auffällt, denn sie sind selten so sorgfältig gearbeitet wie der Rest. In der Sct. Clemens Kirke mitten zwischen den Gräbern hängen prächtige Votivschiffe, von Kapitänen in Seenot versprochen und dann gespendet, wenn sie es gerade noch einmal schafften, dass ihr Grabstein nicht aufgestellt werden musste.

Havneby

Die Hafenstadt Havneby hat erst in jüngster Zeit ein kleines Zentrum um den modernen Shopping- und Apartment-Komplex **Skansen** 8 bekommen, Lichtjahre von Fischerdorfromantik entfernt. Was Urlauber lockt sind Mode- und Outlet-Shops sowie das i-Büro der Insel. Außerdem sind Hafen und Deich-Promenade nah. Der sichere, aber wenig idyllische Hafen wurde in den 1960er-Jahren für die inzwischen stark zurückgegangene Fischerei angelegt und zu Beginn des 21. Jh. für die Versorgung von Off-Shore-Windenergieparks ausgebaut. Das brachte Arbeitsplätze, und viele auswärtige Mitarbeiter wohnen zeitweise in und um Havneby. So kommt rund ums Jahr Leben in den Ort und davon profitierten Urlauber, weil Lokale und Geschäfte jetzt auch im Winter häufiger öffnen. Und die Kaianlagen sind inzwischen so groß, dass gelegentlich kleinere Kreuzfahrtschiffe anlegen. Die Hauptstraße endet am **Anleger der Syltfähre,** die von hier nach List ablegt, direkt hinein in die dortige Livestyle-Meile von Gosch-Sylt.

Kommt man von Norden nach Havneby hinein, finden kleinere Kinder kurz vor dem Ortseingang im **Rømø Lege- & Hesteland** 2 alles, was sie lieben: Streichelzoo, Spaßbad, Wasserrutsche, Kletterburg, Hüpfkissen, Bötchen- und Kutschfahrten sowie Ponyreiten (Borrebjergvej 15, www.kommandoergaarden.dk; ganzjährig, aber nur Ende Juni–Ende Aug. tgl.; je nach Saison 10.30/11.30–16/20 Uhr, 65–115 DKK). Eine weitere Familienattraktion zwischen Havneby und dem Sydstrand vereint mehrere Open-air-Spiele und Aktivitäten, darunter ein Hindernis-Parcours-Spielplatz sowie Labyrinthe für Kinder und Erwachsene, in denen man ohne GPS den Weg finden muss: **Rømø Lege- & Labyrintpark** 3 (Engvej 5A, Mobil-Tel. 20 46 14 61, www.rlp.nu, Ostern bis Woche 42 Hochsaion und um Feiertage tgl., sonst ausgewählte Tage, 50/60 DKK, 225 DKK/Familien 2+2).

Übernachten

Rømø hat Tausende von Ferienhäusern, aber nur wenige Hotel-, Pensions- und B & B-Zimmer. Ungewöhnlich ist die Dichte an Ferienparks bzw.

Mein Tipp

Gourmet-Genuss für lau: Austern aus dem Watt
Es ist ein kalter Herbsttag Anfang November. Eisig der Wind, strahlend blau der Himmel, glasklar die Luft mit ungeheurem Weitblick über das Wattenmeer. Unsere kleine Wattwanderer-Gruppe mit der Deutsch sprechenden Mareike und der ›Austern‹-Spezialistin Helen vom Naturcenter Tønnisgård (s. S. 105) hat sich nur ein paar hundert Meter durch das schlammige Watt gearbeitet, da wird der vorher glatte Boden immer unruhiger. Genauer hingeschaut ist er übersät mit Austern aller Größen und Formen. Helen lässt uns suchen, möglichst kleine und einzelne Muscheln, nicht so sehr die großen Klumpen, zu denen einige Austern zusammengewachsen sind. Und dann holt sie ihr Messer heraus, eins von der ganz kräftigen Art, denn die Austern leisten Widerstand, ihre Schalen sind hart. Wer will, kann jetzt schlürfen: Zwar hat keiner Zitronen dabei, aber frischer gehts nicht. Helen zerstreut auch alle Bedenken: Die Austern, die hier massenhaft liegen, sind Migranten aus dem Pazifik, wahrscheinlich aus einem gescheiterten Zuchtversuch ungewollt ausgewildert. Biologen befürchten, dass sie sogar heimische Muschelarten bedrohen und so gilt: Je mehr gegessen werden, desto besser für die Natur des Wattenmeeres.
Wer Austern im Watt auf eigene Faust suchen will, sollte die Tidentabelle beachten, um nicht von der Flut überrascht zu werden. Außerdem sollte man die Faustregel befolgen: Austern von den Herbstferien bis Ende April genießen, den Rest des Jahres liegen lassen! Bei hohen Temperaturen können sie nämlich durch giftige Algen und Bakterien belastet sein. Austern, die im Sommer in Fischläden und Restaurants angeboten werden, stehen unter ständiger Kontrolle und sind daher unbedenklich.

Mein Tipp

Luxusferienpark mit Golf und Wellness

Beim ersten Besuch im **enjoy resorts Rømø** 1 habe ich gefremdelt: Für den optischen Gesamteindruck hätte ich den Architekten mit Blick auf sein Werk ein Jahr bei Wasser und Brot eingekerkert – von Ferne wirkt die Anlage mit ihren 200 reetgedeckten Reihenhäusern und deren wuchtigen Kaminen wie eine Fabrik. Für die Innenausstattung möchte ich aber einen Orden verleihen. Die ist von klassisch dänischem Design geprägt, mit hochwertigen Markenprodukten bestückt, und obwohl die Nachbarn in Partylaune waren, drang kein Lärm durch die Wände. Zudem bietet die Anlage im Zentralgebäude einen Delikatessenshop und ein Restaurant der gehobenen Klasse mit grandioser Aussicht auf einen der besten Links-Golfplätze Skandinaviens direkt vor der Tür: **Rømø Golf Links** 1 (18-Loch u. 9-Loch Pay & Play, Greenfee je nach Wochentag ca. 250–300 DKK). Das Ganze wird ergänzt durch Bowlingbahnen, Fitnessraum, Hallenbad und eine luxuriöse Wellnessanlage mit Dampf- und Hitzesaunen, Aroma-Dampfbädern und viel Platz in den Entspannungszonen. Und einen richtig guten Spiel- und Bolzplatz für Kids gibt es auch. Die Preise liegen je nach Saison von ca. 4000–11 000 DKK für maximal 4 Erw. u. 4 Kinder. Außerdem gibt es unzählige Angebote für Wellness-, Golf- oder Aktiv- und Miniferien. Großes Plus: Das ganze Jahr gelten flexible An-/Abreisetage (enjoy resorts Rømø, Vestergade 31, Havneby, Tel. 74 75 56 55, www.enjoyresorts.dk).

Ferienhaussiedlungen im Süden um Havneby. Die meisten Häuser dieser Anlagen gehören Privatpersonen und die können sie vermieten, über wen sie wollen. So passiert es, dass verschiedene Häuser eines Ferienparks jeweils exklusiv in Katalogen mehrerer Ferienhausvermittler auftauchen. Wichtig für Camper: Von 21–7 Uhr ist es außerhalb der Campingplätze auf Rømø verboten, in Fahrzeugen zu übernachten oder mit Wohnmobilen oder -wagen, die zur Übernachtung hergerichtet sind, zu parken.

Luxusferienpark – **enjoy resorts Rømø** 1: s. Mein Tipp.

Nur Hotel, Dünen, Strand – **Hotel Lakolk** 2: Lakolk 150, Lakolk, Tel. 74 75 5145, www.hotel-lakolk.dk. Die Architektur der 1960er-Jahre wirkt kantig, besonders in dieser archaischen Dünenwelt, ist aber schon Klassiker des modernen dänischen Funktionalismus, und die Lage ist unschlagbar: Nur ein kurzer Gang durch die Dünen und man steht an Europas breitestem Strand. Neben Hotelzimmern mit Frühstück (DZ je nach Saison ca. 700–800 DKK, Familienzimmer 2+2 ca. 1100–1200 DKK) gibt es auch Familienapartments (2+2 ca. 2000–3500 DKK/Woche plus Energie, Bettwäsche etc.).

Urgemütliche Pension – **Hos Else og Keld** 3: Havnebyvej 110, Kongsmark, Tel. 74 75 51 06, www.hoselseogkeld.dk. Auf dem Bauernhof werden schon seit fünf Generationen Gäste aufgenommen und bewirtet, die Zimmer sind einfach aber individuell, zum Teil mit eigenem Bad/WC; das Frühstück ist reichlich und es gibt eine Gästeküche. DZ je nach Standard 550–630 DKK, Rabatt ab dem 4. Tag; Unterstell- und Weidemöglichkeit für Pferde (Box 90, Weide 50 DKK/Tag).

Ferienpark – **Rim Rømø** 4: Vestergade 159, Havneby, Tel. 74 75 57 75, www.rim-romo.dk. Ferienpark mit Dorfcha-

rakter, Außen- und Innenpools, Minigolf und über 200 Häusern/Wohnungen, auch Kurzaufenthalte möglich.
Ferienhäuser – **Feriepartner Rømø** 5: Feriepartner Rømø, Nørre Frankel 1, Havneby, Tel. 74 75 51 30, www.feriepartner-roemoe.dk. Ferienhaus-Vermittlung des i-Büros. **Rømø Holidays** 6: Lakolk Butikscenter 20, Lakolk, Tel. 74 75 52 75, www.romo-holidays.dk. Beide lokalen Ferienhausvermittler haben sowohl freistehende Ferienhäuser als auch Häuser und Wohnungen in den Ferienparks der Insel im Angebot.
Camping groß und munter – **Lakolk Strand Camping** 7: Lakolk, Tel. 74 75 52 28, www.lakolkcamping.dk. Nah zum Strand und direkt neben dem Lakolk Butikscenter (s. u.) mit rund 800, relativ kleinen Stellplätzen – in der Saison sehr lebhaft.

Essen, Einkaufen

Fischgeschäft, Räucherei & Restaurant – **Holms** 1: Nordre Havnevej 1, Havneby, Tel. 74 75 50 66, www.holmsrogeri.dk, Restaurant Saison tgl. 11–21, Fischladen tgl. 10–18, Nebensaison kürzere Zeiten sowie Mo geschlossen, in einigen Perioden Mo u. Di geschlossen. Fischladen und Räucherei mit einer großen Auswahl lokaler wie exotischer Fische und Schalentiere. Das Restaurant bietet eine ambitionierte Fischküche, mittags aber auch Frokost-Klassiker und bis in den November hinein an 2–3 Tagen der Woche ein von Fisch dominiertes Frokostbuffet (145 DKK) sowie Fr und in der Saison auch So abends das beste Fischbuffet weit und breit (235 DKK; sonst HG ca. 130–210 DKK).
Fischgeschäft, Räucherei & Imbiss – **Otto & Ani's Fisk** 2: Havnepladsen (am Hafen), Havneby, Tel. 74 75 53 06, tgl. 10–17 Uhr. Große Auswahl, aber längst nicht alle Fische kommen aus der Region! Gebraten, gedämpft, geräuchert gibt es Fisch und Krabben mit einfachen Beilagen auch zum Sofortessen in- und outdoor vom Heringsbrötchen (35 DKK) bis zur Fisch- und Krabbenplatte für zwei (250 DKK).

Einkaufen

Hier gibt es Marschlamm – **Rømø Slagteren** 1: Prilen 2, Kongsmark, Tel. 29 90 75 16, ca. Ostern–Okt. u. Dez. je nach Saison 5–7 Tage die Woche. Ein Qualitätsschlachter mit Leib und Seele liefert Fleisch und Wurstwaren aus lokaler Produktion, u. a. wunderbares Marschlamm, das auf Salzwiesen am Rande des Watts und auf den Deichen graste.
Hier gibt es alles – **Lakolk Butikscenter** 2: Vesterhavsvej, Shops tgl. mindestens 10–17, Hochsaison teils bis 20 Uhr. Neben der Zufahrt zum Lakolk-Strand, angrenzend an den größten Campingplatz im dänischen Wattenmeer und mit gigantischem Parkplatz, bietet diese grell-bunte Mischung im amerikanischen Vorstadt-Stil günstige Outlet-Shops, Boutiquen, Lebensmittelläden, einen bestens sortierten Kite-Shop, Sommer-Discos, Cafés, Eisdielen, Restaurants und Imbiss-Lokale der Kategorie ›Menü-auf-Foto-über-Tresen‹, die eher niedere kulinarische Gelüste befriedigen. Äußerst populär an grauen Tagen ist **Rømø Lys** (romolys.dk), eine Kerzengießerei, in der man selbst Kerzen kreieren kann.

Aktiv

Baden – **Lebensretterstation:** Vor der Strandzufahrt **Lakolk** (s. S. 103). Unbewachter, aber populärer Badeplatz mit vielen Nacktbadern am Sønderstrand quer ab der dortigen **Zufahrt.** An vielen anderen Stellen ist Baden möglich, vermeiden Sie es jedoch, in explizit ausgewiesenen Wind- und Kitesurferarealen.
Golfen – 1 **Rømø Golf Links** s. S. 108

Kinder – **Rømø Lege- & Hesteland** 2 u. **Rømø Lege- & Labyrintpark** 3 s. S. 106
Fahrrad- und Tretmobilverleih – **Rømø Cykler** 4: Havnebyvej 60, Kongsmark, Mobil-Tel. 22 34 13 85, www.romocykler.dk. Tagespreise ab 60 DKK/Erwachsenenräder/ 45 DKK/Kinderräder plus Zubehör (Helme, Anhänger etc.), Tretmobile für 2–10 Pers. ab 75 DKK/Std.
Strandsport – **Windriders.dk** 5: www.windriders.dk, Tel. 22 34 13 85, ganzjährig wie **Rømø Cykler** (s. o.) Dort u. a. Vermietung Kiteboard 150 DKK/Tag, Kitebuggy 260 DKK/Tag (aber keine Kites!). Ab der mobilen Station 5 auf Sønderstrand Blokart-Fahren mit Einführung ca. 225 DKK/Std.
Reiten am Strand und im Watt – **Kommandørgårdens Islændercenter** 6: Havnebyvej 201, Østerby, Tel. 74 75 51 22, www.kommandoergaarden.dk. Reiterhof eines Hotel- und Ferienparks, der auch für fremde Gäste offensteht. Ausritte mit Islandpferden von 2–8 Std. Dauer auf Rømøs Strand und Heiden sowie nach Mandø und Koresand.
Seehunde beobachten – **Sæl Safari:** s. Sort Safari (S. 95). Kuttertouren zu Robbenbänken 2015 noch inkl. Fähre via List auf Sylt, ab 2016 voraussichtlich direkt mit dem Kutter ab Havneby, Mai–Sept. bis 4 x wöchentl., 225 DKK, 175 DKK/bis 13 Jahre.

Infos

Rømø Turistbureau: Nørre Frankel 1, Havneby, 6792 Rømø, Tel. 74 75 51 30, www.romo.dk.
Rømø Dragefestival/Kitefliers Meeting: Alljährlich ab dem ersten Fr im Sept., s. S. 78.
Anreise: s. Infobox S. 84
Syltfaehre.de: Fähre Havneby Hafen–List auf Sylt je nach Saison 5–9 Abfahrten tgl. in jede Richtung, 40 Min. Überfahrt, Tel. 73 75 53 03, www.syltfaehre.de; Sonderangebote für Tagesausflüge.

Nationalpark Wattenmeer !

▶ B/C 11–14

Das Wattenmeer ist mal wogende Wasserfläche, mal schlammiges Land. Motor dieses ständigen Wechsels sind die Gezeiten: 6 Std. 12 Min. nach dem niedrigsten ist der höchste Wasserstand erreicht, wieder 6 Std. 12 Min. später der niedrigste – und das Spiel beginnt von vorn. Das Wattenmeer prägt die Küste im äußersten Südwesten Dänemarks, ist seit 2010 von der deutsch-dänischen Grenze bis in den nördlichen Winkel der Ho Bugt größter Nationalpark des Landes und seit 2014 zusammen mit dem deutschen und niederländischen Watt UNESCO-Welterbe. Es ist Brutstätte, Kinderstube und Tischlein-Deck-Dich für einen großen Teil des maritimen Lebens unserer Breiten, und auch die Vogelwelt Europas und Nordafrikas würde ohne dieses Ökosystem so nicht existieren.

Man sieht das Wattenmeer vor den Deichen, man sieht es von meinem Lieblingsplatz an der Ballum Sluse (s. S. 98), man sieht es vom Rømø-Damm, man sieht es an der Ostküste von Fanø und von der Promenade in Hjerting, nirgendwo aber kommt man ihm als normaler Tourist so einfach nah, erlebt die Ursprünglichkeit der einzigartigen Landschaft in ihrer scheinbaren Unendlichkeit so überwältigend wie auf einer Fahrt bei Niedrigwasser über den Meeresboden oder über den rauen Låningsvej nach Mandø und noch intensiver bei einer Tour bei Niedrigwasser auf die riesigen Sandflächen um die kleine Insel herum (s. S. 112).

Vester Vedsted ▶ C 13

Das Dorf wenige Kilometer südlich des historischen Ribe ist ein wichtiges

Tor zum Nationalpark Wattenmeer. Hier widmet sich ein Wissens-Center diesem Thema, hier starten Trecker-Busse Richtung Mandø, und auch die ›Straßen‹ durchs Watt zu dieser ungewöhnlichen Insel beginnen hier. Etwas erwartet man jedoch hinter den Deichen in diesem windigen Westen Dänemarks kaum: Das **Vester Vedsted Vingård.** Das Weingut kuschelt sich im Windschatten eines Wäldchen und hat eine echte französische Note, seit die Tochter des Weinbauern einen jungen Franzosen auf den Hof brachte. Die gut 3500 Rebstöcke sind indes robuste, wenig bekannte Arten wie Rondo, Cabernet Cortis, Solaris und Muscaris – die meisten moderne Züchtungen des staatlichen Weinbauinstituts Freiburg. Im Frühjahr 2015 sind erste eigene Weine verkaufsfertig. Aber nicht nur die locken in das Öko-Café des Weinguts, auch der Hofladen mit Spezialitäten aus der Region, vieles selbstgemacht wie Kräuterschnäpse und Aufgesetzte (Vedsted Vej 64, Mobil-Tel. 31 24 65 87, ganzjährig an Wochenenden Fr 14–17, Sa/So 10–17 Uhr, im Sommer weitere Tage, sowie Führungen mit Weinprobe, Details: www.vvvingaard.dk).

Vadehavscentret ▸ C 13

Okholmvej 5, Vester Vedsted, 6760 Ribe, Tel. 75 44 61 61, www.vadehavscentret.dk, Mitte Feb.–Okt. tgl. 10–16, Mai–Sept. 10–17 Uhr, 70 DKK, 35 DKK/4–12 Jahre, Exkursionen 2–5 Std. ca. 65–260 DKK

Das Wattenmeer-Zentrum am Westrand des Dorfes liefert Informationen und Hintergründe, um die maritime Halbwelt aus Land und Meer vor den nahen Deichen zu verstehen. Mit modernen Konzepten lernen Kinder wie Erwachsene gleichermaßen das Watt kennen, welche Würmer, Schnecken, Muscheln, Fische und Vögel dort leben und welche Bedeutung es als Kinderstube und Esszimmer für die Meeresfauna der Nordsee hat. In einem Multimediaraum bricht eine Sturmflut über die Besucher herein – schauerlich. Naturführer des Zentrums bieten Watt- und Seehundexkursionen, suchen – sehr populär, früh buchen! – Austern (nicht für kleine Kinder, viel zu laufen!) oder beobachten die Schwarze Sonne (s. S. 64, eigener Transport nötig, pro Erw. 2 Kinder gratis).

Ebbevej und Låningsvej ▸ C 12/13

Vom Vadehavscentret ist es nur ein Katzensprung zu den Deichen, zum echten Wattenmeer und zu den tidenabhängigen Wegen zur Insel Mandø. Solange der Wasserstand es erlaubt, fahren Treckerbusse über den blanken Meeresboden hinüber – der **Ebbevej** wird durch hochaufragende Besen markiert.

Eine Alternative, die man mit dem eigenen Fahrzeug benutzen darf, ist der **Låningsvej,** eine aus grobem Schotter aufgeschüttete Piste, die bei Hochwasser ebenfalls bis über Dachhöhe eines Pkw unter Wasser steht. Wenn Sie die Tour Ihrem Wagen zumuten, ist es Pflicht, sich über sichere Fahrzeiten im Vadehavscentret, im Mandø Dagli'Brugs oder im i-Büro von Ribe (s. S. 126) zu informieren.

Immer wieder werden Fahrzeuge von der Flut überrascht, oft mit Totalschaden und Bergungskosten verbunden, für die meist keine Versicherung aufkommt. Windverhältnisse und Wasserstände (Nipptiden rund um Halbmond = hohes Niedrigwasser, Springtiden bei Voll- oder Neumond = Wasser kommt sehr schnell und sehr hohes Hochwasser) lassen keine festen Regeln zu! Auf sicherer Seite ist man in einem der erwähnten Treckerbusse, die ab Vester Vedsted zur Insel fahren. ▷ S. 114

Auf Entdeckungstour: Im Takt mit den Tiden – Insel Mandø und der Koresand

Wer die bewohnte Insel Mandø und ihr wüstenähnliches Anhängsel Koresand besuchen will, muss sich auf den Takt der Tiden einlassen – sie bestimmen das Wann. Wer jedoch hinausfährt, erlebt eine ungewöhnliche Inselgemeinschaft, kann Bernstein finden und Robben in ihrer Welt beobachten.

Reisekarte: ▶ C 12/13
Anreise: ab Vester Vedsted auf dem Festland am sichersten mit Treckerbussen (s. S. 115)
Planung & Info: Exkursionen ab/bis Festland mit Treckerbus ca. 4–5 Std. inkl. Aktivitäten auf Mandø oder im umliegenden Watt

Mandø ist nur über zwei archaische, tidenabhängige Wege, Ebbe- und Låningsvej, zu erreichen. Nur 31 Menschen leben aktuell noch auf der Insel im ewigen Takt von Ebbe und Flut. Die bestimmen, wann man zum Einkaufen nach Ribe kann, wann zum Arzt, wann zur Schule, wann die Post kommt und wann man sich von einem Rendezvous wieder aufmachen muss.

Zentrum des Insellebens ist der Inselladen **Mandø Brugs** (s. S. 115) – für Besucher Servicebüro und für Einheimische nonvirtueller Chatroom. Das Wattenmeer ist Thema der frei zugänglichen Ausstellung im **Klithus Mandø,** während das **Mandø Museum** im reetgedeckten Skipperhaus Mandø Huset neben dem Mandø Brugs seine volkskundliche Inselsammlung immer dann zeigt, wenn einer der ehrenamtlichen Museumswärter Zeit hat, aufzumachen.

Mandø liegt anders als Rømø und Fanø mitten im Watt. An den kleinen Inselstrand im Westen, wo in den Dünen eine Sturmflutsäule Katastrophenfluten anzeigt, lecken Wellen somit nur in einem kleinen Zeitfenster um Hochwasser, sonst breitet sich bis zum Horizont ein Schlick- und Sandwatt aus.

Austern und Seehunde

Das Watt endet im Norden am **Knudedyb,** einer tiefen Rinne zum Wasseraustausch des Wattenmeeres zwischen Fanø und Mandø. Durch dieses Tief strömen zweimal am Tag gigantische Wassermassen, darin Abertausende von Fischen. Für Seehunde ist das ein Schlaraffenland und so hat sich in jüngster Zeit eine große Kolonie der Meeressäuger hier etabliert. Die Tiere lassen sich bei Wattwanderungen gut beobachten, viele aalen sich auf dem Sand, hin und wieder schiebt sich ein Körper ins Wasser. Wer keine Angst vor der Kälte der Nordsee und neugierigen, ungewohnten und sehr nah kommenden Badegefährten hat, kann sogar mit ihnen schwimmen. Benny mit seinen Pferdewagen (s. S. 115) macht Touren in diesen Teil des Wattenmeeres, auch zum Suchen von Austern, die sich hier immer weiter ausbreiten. Auf keinen Fall aber sollten Ortsunkundige allein dieses Wattgebiet erkunden.

Wüste im Meer

Das gilt genauso für **Koresand.** Die gut 25 km² große Sandwüste südwestlich von Mandø wird nur bei extremen Hochwassern überspült. Das geschieht jedoch oft genug und so konnte sich auf dem Hochsand nie eine nennenswerte Flora festsetzen. Weil eine weitere Rinne zwischen Koresand und Mandø mindestens bei jedem Hochwasser, manchmal auch bei hohen Niedrigwassern überflutet wird, macht sich die Mini-Sahara regelmäßig selbstständig.

Die gängige Form, Koresand zu erleben, ist auf einem Leiterwagen hinter einem leistungsstarken Trecker. Fast 10 km kann der von Mandø aus auf Rømø zufahren. Faszinierend der Wechsel der Eindrücke: mal unendliche Sandwüste, dann wieder rauschendes Meer. Vom Fahrer angeleitet findet man bei fast jeder Fahrt Bernstein. Mitten im Nichts signalisieren dann Schilder »bis hier und nicht weiter«. Das schützt eine Seehundkolonie am Rande des **Juvre Dyb,** dem Tief zwischen Koresand und Rømø. Für die Passagiere heißt es aussteigen, Ferngläser raus und schauen. Immer wieder schwimmen Tiere am Ufer entlang bis auf Höhe der Zuschauer und tauschen gern die Rollen zwischen Beobachtern und Beobachteten.

Mandø ▶ C 13

Die erste ›Große Manntränke‹ 1362 machte Mandø als Insel von Fanø selbstständig und die zweite 1634 verschlang das alte Inseldorf, ein neues wurde an seinem heutigen Platz angelegt. Auch der ist nur relativ sicher: Die ersten Inseldeiche aus dem 19. Jh. brachen 1911 und 1923, ein neuer von 1937 riss 1981 gleich an mehreren Stellen auf.

Heute trotzen den Bedingungen mit einem Leben im Takt der Tiden ganzjährig nur noch wenige Menschen – als diese Zeilen geschrieben wurden, waren es exakt 31 und die Tendenz ist weiter fallend.

1994 wurde die Grundschule geschlossen. Kinder, die auf Mandø aufwachsen, müssen jeden Morgen mit dem Mandøbus nach Vester Vedsted zum Unterricht – aktuell sind es drei: Ist zum eigentlichen Schulbeginn gerade Hochwasser, sind sie entschuldigt, bis der Mandøbus durchkommt. Dabei gehen alle gern in die Schule, denn da hat man einmal andere Spielkameraden als die Vettern und Cousinen von der Insel – alle Kinder sind miteinander verwandt und auch der Fahrer des Mandø Bussen (s. auch Auf Entdeckungstour S. 112) gehört zu diesem Familienclan.

Übernachten, Essen

Gleich hinter den Dünen – **B & B Mandø:** Mandø Byvej 7, Tel. 75 44 64 34, www.bb-mandoe.dk. Äußerst geschmackvoll umgebauter alter Hof gleich hinter den Westdünen mit sechs Wohnungen für bis zu vier Gäste inkl. Kochgelegenheit, die ohne feste Wechseltage gemietet werden können. Je nach Personenzahl 600–850 DKK/Tag, Frühstück optional (50 DKK/Pers.).

Einfache Zimmer, traditionelle Küche – **Mandø Kro:** Mandø Byvej 26, Tel. 75 44 60 83, www.mandoekro.dk, Mai–Mitte Okt. Einfache Zimmer (ab 700 DKK, auch Halbpensionspakete). Das Restaurant serviert traditionelle Kro-Küche, die gern mal Wildkräuter der Insel verarbeitet. Mittags typische Frokost-Gerichte um 100 DKK, Hochsaison Buffet ca. 120 DKK; abends nur Hochsaison.

Wohnen, Wellness und etwas zu Essen – **Klithus Mandø:** Vestervej 1, Tel. 75 44 53 54, www.klithusmandoe.dk. Gleich mehrere Funktionen unter einem Dach: **HotelMandø** bietet ein Dutzend nordisch-funktionale DZ, alle mit Bad/WC, teils mit Terrasse direkt zu den Dünen, ab 600 DKK, Frühstück optional 50 DKK; ein kleiner Geniestreich ist die urige open-air Wellness-Abteilung mit Sauna und Whirlpool. **CafèMandø** bzw. **RestaurantMandø** servieren tagsüber preiswerte, deftige Kost (ca. 50–100 DKK) sowie Kaffee und selbstgemachten Kuchen.

Mädchen für alles – **Mandø Brugs:** (s. Infos) Der Genossenschaftsladen ist nicht nur der einzige Laden für alles auf Mandø, sondern vermittelt auch gut ein Dutzend Ferienhäuser auf der Insel und organisiert den einfachen 2-Sterne-Campingplatz, der auch einfache Hütten (450 DKK/Tag, ab ca. 1500 DKK/Woche) und Basic-Biwak-Plätze mit festem Dach anbietet (April–Woche 42).

Aktiv

Geführte Inseltouren – **Mandø Bussen:** (s. Infos) bietet in Kombination mit Überfahrten Touren auf Mandø für die ganze Familie optional mit Frokost im Restaurant Mandø (ab 120 DKK/ab 14 Jahre, 90 DKK/Kinder), auch Vermittlung von Übernachtungen.

Pferdewagentouren einfach bis dekadent – **Mandø Event:** Midtvej 7 (Tourenstart am Mandø Brugs), Mobil-Tel. 23 25 53 75, www.mandoevent.dk. Benny ist ein Original und bietet Pferdewagentouren über die Insel und in das nördlich gelegene Watt, abgestimmt auf Überfahrten des Mandø Bussen (s. Infos; Kombitickets). Optionen sind Vogel- oder Seehundbeobachtungen (200/100 DKK) – Mutige können gern mit den Seehunden schwimmen – und bei niedrigen Wassertemperaturen Austernsuche inkl. einem Gläschen Champagner für die Großen (250/200 DKK), außerdem darf jeder Gast einen Eimer Austern mit nach Hause nehmen. Verleih/Verkauf von Wattstiefeln, Austernmessern usw. Auch Reisepakete Inselübernachtung plus Touren.

Koresand-Touren ab Mandø – **Mandø Kro & Traktorbusser:** Tel. 61 66 56 75, www.mandoekro.dk. Mitte Mai–Mitte Okt., ca. 2 Std., 100 DKK/Erw., 50 DKK/Kinder; ab Mandø Kro.

Infos

Auf Mandø hat der Inselladen **Mandø Brugs** (Mandø Byvej 1, Mandø, 6760 Ribe, Tel. 75 44 51 02, www.mandoebrugs.dk) die Funktion eines i-Büros, Infos: www.mandoeturist.dk. Offizielles i-Büro ist das in Ribe (s. S. 126).

Nationalpark Wattenmeer: www.nationalparkvadehavet.dk

Mandø Bussen: Tel. 75 44 51 07, www.mandoebussen.dk, 60 DKK/Erw., 40 DKK/bis 11 Jahre. Der offizielle Inselbus (rot-blau) mit Haltestellen am Vadehavscentret und am Mandø Brugs fährt ganzjährig.

Mandø Traktorbus: Tel. 75 44 59 12, www.mandoekro.dk, 60 DKK/Erw., 40 DKK/bis 11 Jahre. Saison-Bus (grün) mit Haltestellen am Mandøvej 31 in Vester Vedsted und am Mandø Kro.

Ribe! ▶ D 12

Geschichte

Die Ursprünge dieser ältesten Stadt Dänemarks werden auf ca. 705 n. Chr. datiert. Ribe war Umschlagplatz am Kreuzungspunkt zweier Handelswege zwischen Nord und Südeuropa sowie von der Nord- zur Ostsee. Das machte die Stadt zum Gateway für Innovationen in den Norden: Mit neuen Moden, Techniken und Trends kam auch das Christentum. Ansgar, als Missionar des Nordens in die Geschichte eingegangen, baute hier in den 850er-Jahren seine erste bescheidene Holzkirche in der Welt von Thor und den anderen nordischen Göttern. Keine 100 Jahre später war Ribe Bischofssitz. Den ersten Purpurträger erschlugen die Anhänger des alten Glaubens noch, aber bald hatte sich der neue mit neun Klöstern und 13 Gotteshäusern in der Stadt etabliert und im Hochmittelalter waren vier der bedeutendsten katholischen Orden in der Stadt vertreten: Dominikaner, Franziskaner, Johanniter und Benediktinerinnen.

Auch die Krone war ab Mitte des 12. Jh. mit einem Königshof präsent und im frühen 14. Jh. entstand Burg Riberhus. Als die Glanzzeit der Stadt zu Geschichte wurde, gingen die Schlossmauern im 17. Jh. nach Stadtbränden und Sturmfluten in Ribes Häusern auf – die geschundenen Bürger nutzten sie als Steinbruch. Zurück blieben **Riberhus Slotsbanke** 1 – Wälle, Gräben und wenige Fundamente – sowie Erinnerungen an eine der beliebtesten Frauengestalten der dänischen Geschichte.

Dagmar, Königin der Herzen

Sie kam als Königstochter Dragomir aus Böhmen, heiratete 1205 in Ribe Dänenkönig Valdemar Sejr und wur-

de nach modernen Maßstäben eine Königin der Herzen. Nach der Hochzeitsnacht verlangte Dagmar, wie sie in Dänemark heißt, zur Morgengabe von ihrem Valdemar die Abschaffung der Kettenhaft im Lande. Und dieser Linie blieb sie treu, hatte immer ein Ohr für die Schwachen und Armen.

Diese Güte und Milde machten sie beim Volk beliebt wie keine andere Königin des Mittelalters, und bis heute ist das traurige Lied von ihrem frühen Tod 1212, »Dronning Dagmar ligger udi Ribe syg« (Königin Dagmar liegt krank in Ribe), ein oft gesungenes Volkslied. Es berichtet vom Nonstop-Ritt ihres Valdemar quer durch Jütland an ihr Totenbett und von dem Wunder, das dann geschah: Dagmar starb in den Armen einer Freundin, als der König gerade in die Stadt ritt. So wurde er mit der Nachricht empfangen, dass sie schon tot sei. Als Valdemar an ihren Leichnam trat, erwachte Dagmar aber noch einmal, richtete sich von der Bahre auf und sagte ihm ein letztes Lebewohl.

Jeden Tag um 12 und um 15 Uhr klingt das Dagmar-Lied als Glockenspiel vom Bürgerturm des Doms. Und auch sonst ist Dagmar präsent, etwa auf dem Sandsteinrelief aus dem frühen 13. Jh. über der Katzenkopftür des Gotteshauses. Jüngeren Datums ist die Skulptur auf den alten Wällen von Riberhus. Sie zeigt die junge

Ribe

Sehenswert
1 Riberhus Slotsbanke
2 Domplatz
3 Ribe Domkirke
4 Fiskergade
5 Skibbroen
6 Sturmflutsäule
7 Museet Ribes Vikinger
8 Ribe Kunstmuseum
9 Ausgrabungsgelände
10 Hans Tausens Hus
11 Tårnborg
12 Maren Spliids Hus
13 Det Gamle Rådhus
14 Sct. Catharinæ Kirke og Kloster
15 Quedens Gård
16 Ribe VikingeCenter

Übernachten
1 Hotel Dagmar
2 Den Gamle Arrest
3 Ribe Byferie
4 Danhostel Ribe Vandrerhjem

Essen & Trinken
1 Kolvig Café og Restaurant
2 Weis' Stue
3 Sælhunden
4 Café Quedens

Einkaufen
1 Fußgängerzone
2 Postgaarden – Butik & Café

Abends & Nachts
1 Stenbohuset
2 Strygejernet
3 Kulturhaus Brorsonsminde
4 Café Valdemar Sejr

Dagmar, wie sie, im Bug eines Schiffes stehend, in ihre neue Heimat kommt – eine Arbeit aus dem Jahr 1913 von Anne-Marie Carl Nielsen.

Schicksalsschläge

Die Reformation beendete die Aktivitäten der Kirche und der königliche Hof stellte seine Reisetätigkeit ein – ausgerechnet Kopenhagen, am anderen Ende des Reiches, wurde Haupt- und Residenzstadt. Sandflug nahm Ribe dann den direkten Zugang zum Meer. Alle Waren mussten von nun an vor der Küste umständlich von Hochseeschiffen auf Wattschuten umgeladen werden. Dazu kamen Sturmfluten, Stadtfeuer, Kriege: 1580 brannten 213 Häuser nieder, 1634 stand das Wasser meterhoch in der Stadt. Nach der Markierung auf der Sturmflutsäule am Hafen müssen es 6 m über Normal gewesen sein, im Dom zeigt eine Kerbe an der Säule hinter der Kanzel einen Stand von knapp 2,5 m über dem Boden. Nach dem verlorenen Krieg gegen Preußen 1864 fand sich das dänische Ribe dann plötzlich im letzten Winkel des Königreichs wieder, vom Meer an einer und von preußischem Gebiet an zwei Seiten umschlossen – in Rejsby, 10 km südlich von Ribe, steht neben der Straße [11] noch der preußisch-dänische Grenzstein.

Die Rivalin wächst heran

Und als wäre das alles nicht genug, wurde ab 1868 gerade einmal 25 km entfernt Esbjerg aus dem Dünenboden gestampft. Binnen weniger Jahre lief die junge Stadt am Meer der alten in den Marschen den Rang ab, hat heute gut zehnmal so viele Einwohner und zu allem Ärger der Ripenser machte die Gebietsreform 2007 das bis dato selbstständige Ribe zu einem Teil der Kommune Esbjerg. Etwas bewirkte die Stagnation: Neues konnte nicht bezahlt werden, so blieb das Stadtbild geschlossen bewahrt wie nirgendwo sonst in Dänemark und selbst auf europäischer Ebene kann Ribe sich mit anderen historischen Städten messen. Seit rund 100 Jahren wird aktiv Denkmalschutz betrieben, seit den 1960er-Jahren kann praktisch keine Fassade und kein Dach in der Altstadt mehr verändert werden – 110 Häuser sind geschützt.

Das alte Ribe

Domplatz 2

Wird im historischen Kern der Stadt doch einmal etwas verändert, versucht man alte Bausünden zu beseitigen, wie beim neu gestalteten **Domplatz** der Mitte 2013 fertig wurde. Straßen und hässliche Stützmauern, die die majestätische **Ribe Domkirke** 3 (s. Entdeckungstour S. 120) geradezu in einem Loch isolierten, sind verschwunden und der jetzt stufenlose, schalenförmige Platz betont die Kirche als Mittelpunkt der Stadt. Dazu ein genialer Kunstgriff: Die Pflasterung mit mehr als 100 000 Granitsteinen greift den Boden im Inneren des Doms auf. Hinter dem Chor strecken an dem kleinen, im Sommer von munteren Straßencafés belegten Seitenplatz zwei ehemalige Kaufmannshöfe schmucke Backsteinfassaden in die Höhe. Den einen, Porsborg, belegt das i-Büro, den anderen Dänemarks ältestes **Hotel Dagmar** 1. Beide gehören zu Ribes ›Neubauviertel‹ aus der Zeit direkt nach dem großen Stadtbrand 1580.

Auf der anderen Seite der hier beginnenden Fußgängerzone lockt ein Haus aus dem späten 16. Jh. zur Einkehr: das Restaurant **Weis' Stue** 2. Es wirkt mit seinem fein gegliederten Fachwerk zwar älter als sein Gegenüber, ist aber jünger. Ribes Nachtwächter sammelt auf dem Platz vor Weis' Stue und Dagmar im Sommer allabendlich die Gefolgschaft, die mit ihm einen Stadtrundgang macht (s. S. 126).

Fiskergade und Skibbroen

Von der Fußgängerzone biegt die **Fiskergade** 4, die ›Fischerstraße‹, in ein altes Wohnviertel einfacherer Leute ein. Zusammen mit den Querstraßen, deren Namen alle auf *slippe*, ›Gässchen‹, enden, erlebt man hier den fotogensten Teil Ribes.

Parallel zur Fiskergade verläuft am Ufer der Ribe Å **Skibbroen** 5, die ›Schiffbrücke‹, Ribes kleiner Binnenhafen. Das grobe Kopfsteinpflaster füllt sich von Mitte Mai bis Ende August jeden Mittwoch mit den Ständen eines bunten Blumen-, Obst- und Flohmarktes, und vor dem gemütlich-rustikalen Wirtshaus **Sælhunden** 3, dem ›Seehund‹, stehen Bänke und Tische für Gäste bereit. Am Kai liegt die **›Johanne Dan‹**, der Nachbau eines ›Ewer‹, eines ursprünglich aus Friesland stammenden Wattseglers mit extrem flachem Rumpf und großen Seitenschwertern.

Am Westende der Skibbroen schaudert man beim Anblick der **Sturmflutsäule** 6, wie hoch das Wasser schon in der Stadt stand: 1904 wurden nur die Füße nass, aber bei den oberen Markierungen war wirklich heftig Land unter, ganz besonders 1634.

Auf der Stadtseite von Skibbroen kann man die hier in drei Armen über Wehre hinabschießende Ribe Å nach Norden queren in das augenscheinlich jüngere Viertel der Stadt. Nur augenscheinlich jünger, denn etwa dort, wo die Sct. Nicolaj Gade verläuft, stand die Wiege der Stadt, eine Budengasse von Händlern der Wikingerzeit.

Museet Ribes Vikinger 7

Odins Plads, Tel. 76 16 39 60, www.ribesvikinger.dk, Juli/Aug. Do–Di 10–18, Mi 10–21, sonst tgl. 10–16 Uhr, Nov.–März Mo geschl., 70 DKK/ab 18 Jahre

Was die Spatenzunft aus der Erde holte, bildet den großen Fundus des Museums für Wikingerzeit und Mittelalter. Das präsentiert aber weniger Fundstücke in Vitrinen als eine modern konzipierte Erlebniswelt mit Nachbauten mittelalterlicher Alltagsszenen und virtueller Zeitreisen. Ein

Aktivitätsraum, in dem man anfassen, anziehen und ausprobieren darf, wendet sich nicht nur speziell an Kinder, sonder befasst sich auch mit deren Leben um etwa 1400. Kommt man dann erschöpft wieder in die Gegenwart, darf man sich im Museumscafé mit Blick auf die Altstadt erholen.

Ribe Kunstmuseum 8

Skt. Nicolai Gade 10, Tel. 75 42 03 62, www.ribekunstmuseum.dk, Di–So 11–16 Uhr, 70 DKK/ab 18 Jahre

Konservativeren Museumstraditionen folgt das 2010 umfangreich renovierte Kunstmuseum der Stadt. In klassizistischem Ambiente zeigt es eine herausragende Sammlung mit Malerei und Skulpturen des 19. und frühen 20. Jh. vom Goldenen Zeitalter über die Porträtmalerei und die Skagenmaler bis zu den klassischen Modernisten. Zudem präsentiert es Sonderausstellungen, die über den eigenen Schwerpunkt hinausgehen.

Ausgrabungen südlich des Doms 9

Der Brand eines alten Handwerksbetriebs gegenüber dem Südportal des Doms verschaffte Archäologen unerwartet Zugang zu Ribes Vergangenheit: 2008 bis 2012 wühlten sie sich Schicht für Schicht durch den Boden des Grundstücks – ein Glücksfall mitten in so einer historischen Stadt. Von Menschen geschaffene Kulturschichten summieren sich an dieser Stelle auf gut 3,5 m zwischen ursprünglicher und heutiger Bodenoberfläche.

Fünf Entwicklungsphasen von der Wikingerzeit bis 1738 lassen sich nachweisen, angefangen vom wohl ältesten christlichen Gräberfeld in Dänemark aus der Zeit um 850, eine Sensation, denn das wäre 100 Jahre vor der bisher angenommenen Christianisierung Dänemarks. Bis ins 11. Jh. fanden Beisetzungen in dieser ›Schicht‹ statt, belegt u. a. durch eine Münze, die in einem der Gräber entdeckte wurde und aus der Zeit stammt, in der Dänen Ostengland beherrschten, geprägt um 1030 in London. Aus dieser ersten Kulturphase stammt auch das Fragment eines reich verzierten Runensteins, des einzigen, den man bisher soweit im Westen Dänemarks gefunden hat – eine weitere Sensation. Der Stein ist inzwischen im Museet Ribes Vikinger (s. S. 118) ausgestellt.

Mitte des 11. Jh. entstand auf einem Teil des Grundstücks ein privates Holzhaus. Funde von Münzen, Glasbruch, Bernsteinperlen und Spielsteinen aus dieser Phase dokumentieren den kulturellen Wandel von der Wikingerzeit – in Dänemark Teil der Frühgeschichte – zum Mittelalter. Im 12. Jh. wurde auf dem Grundstück zum ersten Mal mit Ziegeln gemauert – eines der ältesten nachgewiesenen Ziegelsteinbauten im Norden überhaupt. In den folgenden Jahrhunderten entstanden sakrale Bauten, so ein Prozessionsgang für Mitglieder des Domkapitels um 1425. Vom 16. bis Mitte des 18. Jh. gab es auch wieder Bestattungen, teils im Innenhof, teils unter dem Boden des Prozessionsgangs; hier fanden vor allem hochgestellte Geistliche und wohlhabende Bürger ihre letzte Ruhe.

Die Ausgrabungen gelten als so bedeutend, dass vor Ort ein Museum entstehen soll, das die Funde möglichst authentisch präsentiert – wann ist noch ungewiss.

Die Gassen der Pfeffersäcke, Kuttenmänner und Purpurträger

In den Straßen und Gassen südlich von Dom und Fußgängerzone wie Søndersportsgade, Puggaardsgade und Bispegade war Ribes Upperclass zu Hause. Das **Hans Tausens Hus** 10 E, Ecke Domplatz/Skolegade, in dem ▷ S. 123

Auf Entdeckungstour: Alte Mauern, moderne Kunst – der Dom von Ribe

In der Romanik begonnen, in der Gotik vollendet: Ribes Dom 3 prägt die Stadt, weithin sichtbar sind seine so unterschiedlichen Türme. Die ersten Baumeister kamen aus dem Rheinland und aus Holland, orientierten sich an Bauten ihrer Heimat, aber übersahen den weichen Boden: Die Statik der Kathedrale krankte permanent. Innen beeindrucken Spuren aus neun Jahrhunderten Kulturgeschichte bis zur Moderne.

Cityplan: s. S. 117

Planung: Torvet, Tel. 75 42 06 19, www.ribe-domkirke.dk, tgl. min. 11–15, April u. Okt. 11–16, Mai–Sept. 10–17/17.30 Uhr, Turmbesteigung u. Dom-Museum: 20 DKK, 10 DKK/ Kinder

Dauer: Besichtigung u. Turmbesteigung 1–1,5 Std., Museum zzgl. ca. 30 Min.

Der neu gestaltete **Domplatz** 2 gleicht gut 2,5 m Gefälle vom Sockel der umliegenden Häuser zu den Domportalen hinunter aus: Die Ribe Domkirke steht in einer Senke, dabei wurde sie einst auf eine Warft gebaut, drei Meter über dem umliegenden Gelände. Während die Stadt von Kulturschicht zu Kulturschicht wuchs, sank der schwere Bau in den weichen Grund mit katastrophalen Folgen für die Statik: Türme und Teile des Querschiffs brachen ein. Der kantige Bürgerturm aus rotem Backstein ersetzte 1333 einen zuvor in die Christmette gekrachten Vorgängerbau, 1593 fiel seine Spitze ab. Das markante Flachdach von heute war Notlösung, weil Geld für den Wiederaufbau fehlte. Auch der perfekt romanische Marienturm auf der Südseite ist nur ein Nachbau aus dem frühen 20. Jh.

Die verschiedenen Dombauphasen zeigt eindrucksvoll ein interaktives Modell im neuen **Dom-Museum (1)** auf der Empore über dem südlichen Seitenschiff, ansonsten dokumentiert es in überschaubarem Rahmen die Geschichte des Doms und des frühen Christentums in Dänemark.

Hohe Kunst: Die Katzenkopftür

Das Querschiff entstand als erster Abschnitt über dem Chor der Vorgängerkirche, so ließ die sich länger nutzen. Über dem Türsturz des Südportals, der **›Katzenkopftür‹ (2),** zeugt das mit filigranen Details der Kreuzabnahme in den harten Granit gearbeitete Relief vom hohen Niveau romanischer Kirchenkunst in Jütland. Das dreieckige, figurenreiche Sandsteinrelief darüber zeigt Maria und Jesus im Mittelpunkt. Der Gekrönte, der Maria ein Kreuz reicht, ist König Valdemar Sejr, neben ihm seine zweite Frau Berengaria von Portugal und kleiner unter ihm die legendäre Dagmar (s. S. 115). Die Figur, die Jesus an der Hand hält, ist Valdemars Ältester aus der Ehe mit Dagmar, der 1231 bei einem Jagdunfall starb. Neben Berengaria ein weiterer Thronfolger mit Krone, der älteste der drei Söhne, die Valdemar mit ihr hatte und der als Erik Plogpennig Mitte des 13. Jh. wenige Jahre König war, ehe er einem Brudermord zum Opfer fiel. Ganz unten an diesem Portal stehen die beiden äußeren Säulen auf menschenfressenden Löwen, Symbol für den seelenverschlingenden Satan, der jetzt unter dem Druck der Kirche steht. Das große **Westportal (3)** schloss um 1225 die erste Dombauphase ab. Die wuchtigen Türen stammen indes aus dem frühen 20. Jh. und öffnen sich nur bei kirchlichen Anlässen, touristische Besucher müssen einen Eingang ins südliche Seitenschiff nehmen.

Stilmix

Im Inneren mischen sich Stile: Romanisch sind Arkaden und Triforium, darüber Fenster mit Spitzbögen der Frühgotik, die auch das Gewölbe prägt. Die Ausstattung wirkt bescheiden: Mit der Reformation ging viel altes Interieur verloren und mit einer Renovierung 1882 bis 1904, die sich am mittelalterlichen Aussehen orientierte, auch Details aus Renaissance und Barock.

An die schlimmste Sturmflut in den Marschen, die große Manntränke 1634, erinnert eine **Markierung (4)** an der vordersten Säulenreihe – gut zweieinhalb Meter hoch stand das Wasser im Kirchenschiff. Dieselbe Säule trägt zum Mittelschiff hin eine **Renaissance-Kanzel (5)** des fünischen Meisters Jens Asmussen. Hohe Schnitzkunst belegt auch das **Chorgestühl (6)** aus den letzten Jahren vor der Reformation.

Blasphemie in der Chorapsis?

Nun muss man in die Mitte des Doms treten, um den Mut zur Moderne wirken zu lassen. In den 1980er-Jahren durfte der CoBrA-Künstler Carl Henning Pedersen (s. S. 192) die **Chorapsis (7)** neu gestalten. Allein die Idee ließ konservative Geister aufschreien: ›Blasphemie!‹ Pedersen schuf sieben bunte Wandmosaike mit fabelartigen biblischen Motiven, brachte farbenfrohe Fabelwesen als Kalkmalerei ins Deckengewölbe und verpasste den Glasfenstern einen Farbenrausch. Noahs Arche segelt als Dreimaster im Wikingerdesign und ein blaues Einhorn stakst mit Krebsbeinen durch eines der Mosaike, ein anderes steht als Kalkmalerei zentral über dem Altar – im Mittelalter ist das Einhorn als Jesus-Symbol nicht unbekannt. Das Zetern der Kritiker ist längst verstummt und die Zukunft wird zeigen, ob moderne Kunst in so ehrwürdigem Rahmen dauerhaft Platz hat.

Das ganz Alte

Kontrast bietet ein **Nischengrab (8)** im nordöstlichen Winkel des Querschiffs mit Fragmenten frühester Kalkmalerei. Drei Bischöfe der ersten Stunde sind hier beigesetzt, darunter der 1043 gestorbene Odinkar: Ein Mann Gottes mit heidnischem Namen – was kann den Wechsel von den alten Göttern zu dem einen neuen besser symbolisieren?

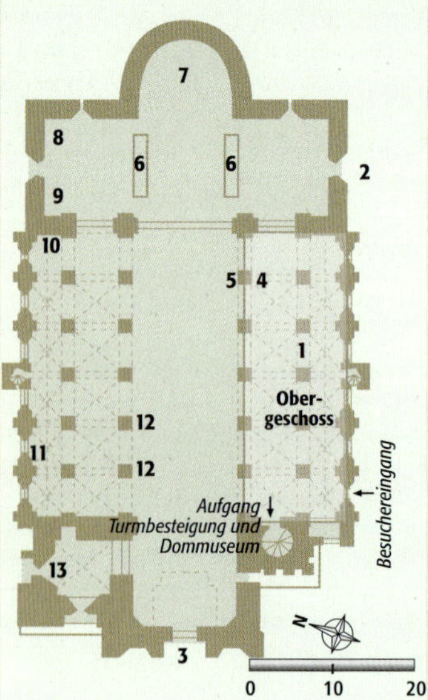

Eine **Grabplatte aus schwarzem Marmor (9)** und ein schlichter Sandsteinsarkophag weiter links stammen vom ältesten Königsgrab im Dom: Christoffer I., Sohn von Valdemar Sejr und Berengaria. Auf der anderen Seite der Wand zeigt eine große **Grabplatte** Ribes letzten katholischen **Bischoff Ivar Munk (10)** in Pracht und Protz – das war der Kirchenpomp, gegen den die Reformation rebellierte. Typisch für Grabplatten, mit denen sich reiche Ripenser im Dom verewigten, ist die für **Jørgen Hansen und seine Frau (11)** an der Nordwand – Ostindienfahrer Hansen ließ sich lässig auf einen Globus gestützt abbilden. Von den ehemals vielen Wandmalereien sind zwei aus dem frühen 16. Jh. auf blankem Stein an Säulen im Mittelschiff erhalten, eine **Madonna mit Kind** sowie **die Apostel Bartholomäus und Andreas (12).**

Marschblick aus 50 m Höhe

Der **Bürgerturm (13)** überragt den Rest des Doms. Hinauf geht es im Zick-Zack über Treppen, Gänge, Plattformen und eine Balustrade mit perfektem Blick ins Mittelschiff. 248 Stufen sind zu schaffen, ein paar in Tuchfühlung zu den Glocken – Pech für den, der vorbeikommt, wenn es gerade 12 Uhr schlägt. Die Belohnung: Ein Blick aus 50 m Höhe über Stadt und Marschen, und am Horizont zeigt sich das Meer. Den Überblick nutzten auch Ribes Wächter, die unter der Aussichtsplattform ein Kämmerlein hatten, um nach Feinden, Feuern und Fluten Ausschau zu halten. Und kamen Feinde bis in die Stadt, dann diente das Haus Gottes auch schon mal als Festung und der Bürgerturm als Artillerie-Stellung: 1645 bekamen schwedische Truppen, die sich in Riberhus (s. S. 115) verschanzt hatten, von dort die Kugeln um die Ohren.

der Lutherschüler und Reformator Dänemarks, Hans Tausen, Mitte des 16. Jh. ein Jahrzehnt lebte, die **Tårnborg** 11 (Puggaardsgade) von ca. 1550, die eher an einen ländlichen Herrensitz denn an ein Stadthaus erinnert, und der für die Straße namengebende **Puggaard** von ca. 1400, heute Teil einer Schule, sind Beispiele herrschaftlicher Bauten, die den Stadtbrand 1580 überstanden. Alle drei dienten im Laufe ihrer Geschichte immer wieder Kirchenoberen als Domizil.

Die Angst der damals Herrschenden vor der dunklen Seite der Macht belegt eine Gedenktafel am **Maren Spliids Hus** 12 an der Ecke Sønderportsgade/ Bispegade: »Hier wohnte Schneider Laurids Spliid, dessen bedauernswerte Frau Maren am 9. November 1641 auf dem Galgenhügel von Ribe wegen Hexerei verbrannt wurde.« Marens Fall erregte Aufsehen, weil die Beschuldigte – übrigens von einem Mitbewerber ihres Mannes denunziert – zum gehobenen Bürgertum der Stadt gehörte, sich das Verfahren über Jahre hinzog und sogar der abergläubische Christian IV. intervenierte – leider zu Marens Ungunsten.

Det Gamle Rådhus 13

Von Støckens Plads 6, Tel. 76 88 11 22, Mitte Mai–Mitte Sept. Mo–Fr, Juni–Aug. tgl. 13–15 Uhr, 15 DKK

Das alte Rathaus kam erst 1709 in Gemeindebesitz, hatte da aber schon mehr als 200 Jahre auf dem markanten Treppengiebel, den lange Zeit ein Storchenpaar als Heimstatt nutzte – eine Nistplattform wartet jedes Frühjahr auf neuen Bezug. Bis zur Kommunalreform 2007 galt das Gebäude als ältestes Rathaus Dänemarks, jetzt dient es noch für Empfänge und als romantischer Rahmen für Trauungen s. S. 38). Ob sich Brautleute vor dem Ja-Wort allerdings zur Vorbereitung auf spätere Rosenkriege den alten **Schuldkerker** ansehen, dürfte fraglich sein: Er dient als Minimuseum und zeigt neben mittelalterlichen Waffen vor allem Folterwerkzeug und Henkerutensilien.

Sct. Catharinæ Kirke og Kloster 14

Sct. Catharinæ Plads, Tel. 75 42 05 34, Mai–Sept. tgl. 10–17, sonst Di–So 10–16 Uhr, nicht während kirchlicher Handlungen

Außer dem Dom blieb nur wenig aus der Blütezeit des Katholizismus erhalten, ausgenommen die Sct. Catharinæ Kirke mit angeschlossenem Kloster. 1228 von Dominikanermönchen gebaut, stürzten die beiden ersten Klosterbauten an dieser Stelle über Bodensenkungen zusammen. Die jetzigen Gebäude mussten in den 1970er-Jahren aufwendig gestützt werden: Der ganze Komplex wurde mit überdimensionalen Wagenhebern, die man unter das freigelegte Fundament geschoben hatte, wieder gerade gerückt. Durch die Kirche gelangt man in den Innenhof mit dem alten Kreuzgang.

Quedens Gård 15

Die Dominikaner, wegen ihrer schwarzen Kutten Sortebrøderne, Schwarze Brüder, genannt, gaben auch der schmalen Gasse den Namen, auf der man von der Sct. Catharinæ Kirke direkt zurück zur Fußgängerzone gelangt. An ihrer Nordseite reicht der Quedens Gård tief in den Häuserblock hinein, imponierendes Beispiel eines großbürgerlichen Stadthofs der Renaissance. Die Fachwerkteile entlang der Sortebrødregade entstanden nach dem Stadtbrand 1580, das massive Vorderhaus, in dem inzwischen ein munteres Café und Kulturhaus, **das Café Quedens** 4 residiert, gut 200 Jahre später.

Der hintere Teil des Komplexes steht unter den Fittichen der Museen der Großkommune Esbjerg und wird fleißig für Schulprojekte zur Geschichte genutzt. Gern würde man die Räume auch wieder der allgemeinen Öffentlichkeit auf attraktive Weise zugänglich machen, nur fehlen die Millionen dafür – geplant sind u. a. ein Hexenmuseum und die museale Würdigung eines Sohnes der Stadt, auf den Ribe besonders stolz ist: Der 1849 hier in einfachsten Verhältnissen geborene Jacob August Riis avancierte als Emigrant in den USA zum Begründer der sozialdokumentarischen Fotografie, zum Vater der Reportagen im Wallraff-Stil und zu einem wichtigen Berater in sozialen Fragen des Präsidenten Theodor Roosevelt, mit dem er eng befreundet war. (Aktuelles zum Status des Quedens Gård auf www.sydvestjyskemuseer.dk oder beim i-Büro.)

Außerhalb der Stadt

Ribe VikingeCenter 16

Lustrupvej 4, Tel. 75 41 16 11, www.ribevikingecenter.dk, Ende April–Juni und Ende Aug.– 42. Woche Mo–Fr 10–15.30, Hochsaison tgl. 11–17 Uhr, Anfang Mai 8 Tage Wikingermarkt mit verlängerten Öffnungszeiten, 100 DKK/ab 14 Jahre, 50 DKK/Kinder

In der Tradition ›lebender Museen‹ steht 2 km südlich der Stadt dieser rekonstruierte Handelsplatz der Wikingerzeit, der zeigt, wie Ribe in seinen Anfängen war. Hier erlebt man Menschen dieser Epoche nicht als hörnerhelmtragende Rüpel, sondern als Handwerker, Händler und Hobbyjäger, als Bäcker, Bauern und Baumeister. Für Kinder wird Geschichte altersgerecht erlebbar. Sie können mit Pfeil und Bogen hölzerne Wildschweine oder Hirsche jagen, auf echten Islandpferden reiten oder Münzen schlagen. Ganz Mutige dürfen den Profis bei den Falknervorführungen zur Hand gehen, einen dicken Lederhandschuh überstreifen und eine der Vogelarten darauf landen lassen, mit denen schon die Nordleute vor 1000 Jahren zur Jagd gingen.

Übernachten

Dänemarks ältestes Hotel – **Hotel Dagmar 1**: Torvet 1, Tel. 75 42 00 33, www.hoteldagmar.dk. 50 individuelle, romantische Zimmer. DZ mit Frühstück ab 1095 DKK, auch Golf-, Gourmet- oder Miniferienpakete.

Alter Knast – **Den Gamle Arrest 2**: Torvet 11, Tel. 75 42 37 00, www.dengamlearrest.dk. Das Hotel war wirklich einmal Knast, die Zellen wurden geringfügig zu einfachen Zimmern (ab 740 DKK) umgestaltet, die ehemalige Direktorenwohnung zu besseren mit Bad.

Stadt in der Stadt – **Ribe Byferie 3**: Damvej 24, Tel. 79 88 79 88, www.ribebyferie.dk. Ferienpark im Stil einer kleinen Stadt mit gut ausgestatteten Wohneinheiten für 2–7 Pers. nur 5 Min. Fußweg vom Dom entfernt; kostenlose Schwimmbadnutzung und RibePass inkl. Wohnung ab 795 DKK/Tag ohne Mindestmietzeiten, ohne feste Wechseltage und mit Rabatt ab dem 3. Tag, auch Ferienpakete mit Frühstück und Abendessen in einem Restaurant der eigenen Wahl in der Stadt (z. B. zwei Tage für zwei Personen ab 1950 DKK).

4-Sterne-Herberge mit Ausblick – **Danhostel Ribe Vandrerhjem 4**: Sct. Pedersgade 16, Tel. 75 42 06 20, www.danhostel-ribe.dk. Modern, zentrumsnah und alle 40 Zimmer für bis zu 5 Pers. haben Bad/WC. Die Familienzimmer der jüngsten Generation bieten Hotelstandard und

Voller Nostalgie: das Restaurant Weis' Stue in der Fußgängerzone von Ribe

einen Fünf-Sterne-Blick auf die Altstadt, außerdem gibt es großzügige Gemeinschaftsräume. Bett im Mehrbettzimmer ab ca. 200 DKK, DZ ca. 425–720 DKK, Familienzimmer ca. 550–800 DKK; sehr gutes Frühstück mit selbstgebackenem Brot und vielen Bioprodukten.

Essen & Trinken

Ein Haus, drei Lokale – **Restaurant Dagmar/Vægterkælderen/Straßencafé:** Im Hotel Dagmar 1. Das Restaurant am Rande der Fußgängerzone segelt als kulinarisches Flagschiff des Hauses in Gourmetregionen (wechselnde Menüs ab ca. 385 DKK). Wer lieber deftig isst und dazu gern gut gezapftes Bier trinkt, steuert Vægterkælderen im Keller (Hauptgerichte ca. 100–225 DKK) an, leckere Kleinigkeiten gibt es im Sommer vor dem Hotel.

An der Ribe Å – **Kolvig Café og Restaurant 1:** Mellemdammen 13, Tel. 75 41 04 88, www.kolvig.dk, So nur Juli/Aug. Charmantes Café/Restaurant auf der ›Insel‹ in der Ribe Å gegenüber Skibbroen, mit Terrasse am Fluss und ambitionierter, modern-skandinavischer Küche. Hauptgerichte ab 235 DKK, 3-Gang-Menü ca. 350 DKK.

Urdänisch und urgemütlich – **Weis' Stue 2:** Torvet 2, Tel. 75 42 07 00, www.weis-stue.dk. Das 400 Jahre alte Fachwerkhaus steckt voller Nostalgie und serviert rustikale Kost zum Frokost (ca. 120–190 DKK) wie am Abend (Hauptgerichte ca. 155–250 DKK); auch ein paar hutzlige, unter der Last der Geschichte gekrümmte Zimmer (ab 500 DKK, kein Frühstück im Haus!).

Romantisch – **Sælhunden 3:** Skibbroen 13, Tel. 75 42 09 46, www.saelhunden.dk. Kleine Räume, tiefe Decken, draußen ein Biergarten auf dem holprigen Skibbroen; dänische Küche, deftige Portionen, moderate Preise (HG abends ab 150 DKK) – da würde jeder Seehund satt. Nachmittags auch Kaffee und Kuchen.

Mit Kunsthandwerk-Shop – **Café Quedens** 4: im Quedens Gaard, Tel. 75 41 10 50, www.quedensgaard.dk, tgl. 10–18, Do–Sa–21 Uhr. Man wähnt sich eher in einem Museum denn in einem Café. Serviert werden sorgfältig zubereitete Kaffeespezialitäten, ordentliche Frokostgerichte und tgl. bis 14 Uhr ein üppiger Brunch (ca. 150 DKK) nicht nur in den gemütlichen Innenräumen, sondern auch vor der Tür im Straßencafé und im geschützten Innenhof. Im Shop hochwertiges Kunsthandwerk.

Einkaufen

Kunsthandwerk und Souvenirs – Viele Läden zum Stöbern gibt es entlang der **Fußgängerzone** 1 Overdammen-Mellemdammen–Nederdammen, das i-Büro hält die Broschüre ›Ribe Kunst Rute‹ bereit, die Galerien und Kunsthandwerkerstudios zu einem Stadtspaziergang bündelt.

Mein Tipp

Eldorado für Genussmenschen

Nur shoppen oder kurz eine Kleinigkeit essen oder einfach nur einen gut zubereiteten Cappuccino genießen, das ist immer die Frage, wenn ich Ribes alten Posthof betrete: Im **Postgaarden** 2 sind die Regale voller exklusiver Brauhausbiere, hochwertiger Weine, exotischer Tees und bester Kaffeesorten und dazu allerlei Leckereien. Zum Laden gehört ganzjährig ein uriges Café, im Sommer ein kuscheliger Biergarten und man kann sogar in wenigen, romantischen B & B-Zimmern übernachten (DZ ab 600 DKK, Nederdammen 36, Tel. 75 41 01 12, www.postgaarden-ribe.dk).

Bauern- und Trödelmarkt – Mitte Mai–Aug. Mi Vormittag an Skibbroen 5.

Aktiv

Bummeln mit Guide – **Geführter Rundgang:** ab i-Büro, Altstadt und Dom Juli/Aug. u. 42. Woche Mo–Fr 11.30 Uhr, 75 DKK Erw. (dän./dt.), Kinder gratis.

Mit dem Nachtwächter unterwegs – **Nachtwächterrundgänge:** Treffpunkt Weis' Stue 2, Mitte April–Mitte Okt. tgl. 20, Juni–Aug. auch 22 Uhr, urig inszeniert mit Gesang und Geschichten (dän./engl.), gratis.

Grusel für Kinder – **Geistertouren:** ab Museet Ribes Vikinger 7, wo es auch die Tickets gibt (Juli /Aug. Mi 21 Uhr, 50 DKK ab 14 Jahre); mit Geschichten, nach denen Kinder garantiert nicht schlafen können.

Abends & Nachts

Kneipen – Zwischen Dom und Sct. Catharinæ Kirke liegen nette Kneipen wie das **Stenbohuset** 1 (Stenbogade 1, www.stenbohus.dk, oft mit Livemusik) und **Strygejernet** 2, das kleine ›Bügeleisen‹ (Dagmarsgade 1).

Livekonzerte von Klassik bis Pop – … organisiert **Café Quedens** 15 entweder in den eigenen Räumen oder mitten im Fischerviertel im **Kulturhaus Brorsonsminde** 3 (Fiskergade), Programm: www.quedensgaard.dk.

Unkonventionell – **Café Valdemar Sejr** 4: Sct. Nicolaj Gade 6, www.cafe valdemar.dk). ›Spillested‹ am Nordufer der Ribe Å mit großem Garten zum Fluss hinunter, in dem im Sommer Konzerte stattfinden u. a. vom Jazzin' Ribe (s. Termine).

Infos & Termine

Ribe Turistbureau: Torvet 3, 6760 Ribe, Tel. 75 42 15 00, www.visitribe.dk

RibePass: Der Pass zum Sparen ist bei den meisten Unterkünften in der Stadt im Übernachtungspreis enthalten, sonst kostet er, z. B. im i-Büro, 20 DKK und sorgt bei vielen Sehenswürdigkeiten, Stadtführungen, im Schwimmbad und auf dem Bus nach Mandø für 20 % Rabatt.
Wikingermarkt: erste Maiwoche. Wichtigster dänischer Zeitreisemarkt zur Wikingerzeit im Ribe VikingeCenter mit Höhepunkt am Sa/So.
Ribe Classic: Mai–Aug. Semioffizielles Get-Together von Oldtimer-Enthusiasten, die sich jeden Di ab ca. 18 Uhr auf der städtischen Festwiese Hovedengen treffen.
Jazzin'-Ribe-Konzerte: Frühjahr bis Herbst. Der engagierte Verein Jazzin' Ribe sorgt für Konzerte mit hochkarätigem modernem Jazz in verschiedenen Kneipen und Cafés der Stadt; das Ganze kulminiert im **Ribe Jazz Festival** Ende Juli; Programm www.ribejazz.dk.
Anreise: siehe Infobox S. 84.
Parkplätze gibt es in der historischen Altstadt kaum, man parkt besser auf Großparkplätzen am Stadtrand.

Esbjerg ▸ C 11/12

Keine 150 Jahre alt und mit rund 72 000 Einwohnern schon Dänemarks fünftgrößte Stadt: Esbjerg ist modern, wirtschaftsstark und selbstbewusst, sieht sich als ›Kulturhauptstadt im Westen‹, der Hafen nicht minder bescheiden als ›Gateway Scandinavia‹. Gleich nördlich beginnt wieder das Ferienland mit Stränden, Dünen und dem letzten Zipfel Wattenmeer.

1868 unterschrieb Christian IX. ein Gesetz über die Anlage eines Nordseehafens, den Dänemark für die stetig steigenden Exporte von Landwirtschaftsprodukten nach England brauchte. Vier Jahre zuvor hatte der verlorene Krieg gegen Preußen dem zollfreien Zugang zu den Häfen an der Westküste der Herzogtümer Schleswig und Holstein ein Ende bereitet. Sonst besaß das Land zu diesem Zeitpunkt keinen nennenswerten eigenen Hafen an der Nordsee. **Grådybet,** die Rinne im Wattenmeer, die sich um Fanøs Nordspitze windet und weit in den Sund hinter der Insel hineinreicht, gab den Ausschlag für die Wahl Esbjergs. Grådybet ist tief genug für Hochseeschiffe und kommt nah ans Festlandufer heran.

Als erstes Becken, heute dem Zentrum am nächsten, wurde 1874 Dokhavn fertig, später kamen Sønder- und Færgehavn hinzu, dann Becken im Norden und aktuell wird der Hafen nach Südosten erweitert. So entstand einer der größten Handelshäfen Skandinaviens und der wichtigste Versorgungshafen für die dänische Öl- und Gasförderung sowie die Windenergieparks in der Nordsee – rund 8000 Arbeitsplätze bietet ›Port of Esbjerg‹. Fast immer sieht man Container- und Versorgungsschiffe an den Kais, manchmal liegen große Plattformen im Hafen. Frachtlinien verkehren regelmäßig zu Häfen an der Nordsee und im Mittelmeer, vom norwegischen Trondheim bis ins ägyptische Alexandria, und rund um die Uhr pendeln Fähren zur vorgelagerten Insel Fanø.

Vom Fischerei- zum Jachthafen

Esbjerg, einst ein bedeutender europäischer Fischereihafen, hat Konsum- wie Industriefischerei praktisch aufgegeben. Aus dem pulsierenden und oft stinkenden Fischereihafen der Vergangenheit ist ein schmucker Jachthafen geworden, in dem die Fi-

Esbjerg

Sehenswert

1 Auktionshalle
2 Fyrskibet Horns Rev
3 Torvet
4 Esbjerg Vandtårn
5 Musikhuset Esbjerg/ Kunstmuseum Esbjerg
6 Sct. Nikolaj Kirke
7 Syddansk Musikkonservatorium
8 Esbjerg Museum
9 Fiskeri- og Søfartsmuseet/ Saltvandsakvariet
10 Skulptur »Mennesket ved Havet«
11 Fiskernes Mindelund
12 Hjerting

Übernachten

1 Hotel Britannia
2 Hjerting Badehotel
3 Scandic Olympic
4 Cabinn Hotel Esbjerg
5 Danhostel Esbjerg
6 Esbjerg Camping

Essen & Trinken

1 Sand's Restauration
2 Sydvesten
3 Dronningen Louise
4 Jensen's Bøfhus

Einkaufen

1 Kongensgade
2 Wochenmarkt

Aktiv

1 Anleger ›E.1 Claus Sørensen‹
2 Anleger M/S Sønderho von FanøFærgen
3 Svømmestadion Danmark
4 Hjerting Strand

Abends & Nachts

1 Tobakken

schereivergangenheit nur an wenigen Mittwochsterminen in der Hochsaison auflebt, wenn in der alten **Auktionshalle** 1 Fischauktionen für Touristen stattfinden (Auktionsgade 5, genaue Daten beim i-Büro). Die sind aber nicht nur für Besucher attraktiv, sondern auch bei ehemaligen Fischern beliebt, die Fische für Besucher filetieren und von alten Zeiten erzählen.

Ebenfalls Nostalgie: Vor der alten Auktionshalle startet der 1931 vom Stapel gelaufene Museumskutter **›E.1 Claus Sørensen‹** 1. Unter den Fittichen des Fischereimuseums (s. u.) unternimmt er mit Touristen regelmäßig Touren in Grådybet oder der Ho Bugt und demonstriert dort traditionelle Fangmethoden. **Sydvesten** 2, die alte Stammkneipe der Fischer und Hafenarbeiter, lockt inzwischen immer mehr Krawattenträger zum Frokost als Männer in Blaumann und Gummistiefeln.

Praktisch vor der Tür liegt als Museumsschiff **Fyrskibet Horns Rev** 2, der Welt größtes Feuerschiff aus Holz, 1912 in Dienst gestellt und in seiner aktiven Zeit über Blåvands Huk, einer der gefährlichsten Sandbänke der Nordsee, im Einsatz (www.horns-rev.dk, Mai–Aug. Mo, Di, So 10–14 Uhr, 25 DKK, 10 DKK/8–15 Jahre).

Stadtzentrum

Natürlich bekam der neue Hafen ab 1868 auch seine Stadt. Deren Straßen füllte bald ein faszinierender Querschnitt durch die europäische Architekturgeschichte, denn in der muntersten Bauphase blühte in Dänemark der Historismus.

Torvet 3

Vor allem am zentralen Torvet sieht es aus, als hätten Architekten einen Retro-Wettstreit ausgetragen: Wie eine mittelalterliche Burg wirkt das **Ting- og Arresthus,** das Gerichts- und Arresthaus von 1892. Die Formen der Gotik sind so streng umgesetzt, als hätte schon das Gebäude Respekt vor den Richtern hervorrufen sollen – heute informiert hier das i-Büro über die Stadt.

Das Eckhaus von 1906 schräg gegenüber bedient sich dänischer Backsteingotik, könnte ein Herrensitz irgendwo in Ostjütland oder auf Fünen sein, ist aber Postamt. Den Vogel schießt daneben ein **Bankhaus** mit verspielter Siena-Gotik ab, 1896 gebaut, während sich auf der anderen Seite des Platzes das **Café-Restaurant Dronningen Louise** 3 im Look der Neorenaissance zeigt. Zu diesem Ensemble passt dann ganz gut das **Reiterstandbild** mitten auf dem Platz: Christian IX., der zu Esbjergs Gründerzeit auf dem dänischen Thron saß. Rund um Weihnachten schaut Christian jedes Jahr auf das muntere Treiben der größten dänischen Open-Air-Eisbahn (ca. Ende Nov.–Ende Febr., bisher immer kostenlos, Ausrüstungsverleih).

Esbjerg Vandtårn 4

Havnegade 22, Tel. 76 16 39 39, April–Okt. Sa/So, Juni–Mitte Sept. und Woche 42 Di–So 10–16 Uhr, 20 DKK/ ab 18 Jahre

Auf einer Anhöhe zwischen City und Hafen ragt im Stadtpark Byparken der Wasserturm von 1897 auf. Mit seinen vier Seitentürmchen kopiert er das mittelalterliche Nassauer Haus in Nürnberg. Von seiner Spitze ist die Aussicht auf Stadt, Hafen, Watt und über die Insel Fanø bis zur Nordsee fantastisch.

Musikhuset und Kunstmuseum 5

Museum: Havnegade 20, Tel. 75 13 02 11, www.eskum.dk, tgl. 10–16 Uhr, 60 DKK/ab 18 Jahre

Der Blick vom Turm nach unten fällt auf Modernes: Dänemarks Architekturstar Jørn Utzon, der auch die weltberühmte Oper von Sydney plante, und sein Sohn Jan bauten hier 1997 das **Musikhuset Esbjerg.** Seine zwei Konzertsäle erleben Pop und Klassik und sind Heimstatt der angesehen Den Ny Opera, einem weit über Dänemarks Grenzen hinaus bekannten Opernensemble.

In den Neubau mussten die Utzons eine seit den 1960er-Jahren vorhandene Institution integrieren, das **Esbjerg Kunstmuseum.** Es ist für seine innovativen, manchmal provozierenden Ausstellungen bekannt und zeigt aus eigenem Fundus Kunst vom ›Modernen Durchbruch‹ der 1920er-Jahre bis heute. Einen Schwerpunkt bildet der Konstruktivismus. Sehr gut vertreten ist dessen wichtigster dänischer Vertreter, der durch seine Metallskulpturen international bekannte Robert Jacobsen (1912–93). Ungewöhnlich ist das offene Magazin: Was nicht in den großen Ausstellungsräumen hängt, ist jedem Besucher auf speziellen Ausziehwänden zugänglich, chronologisch aufgehängt nach dem Erwerbszeitpunkt. Das erlaubt einen ungewohnten Blick auf Entwicklungen in der dänischen und internationalen Kunst.

Sct. Nikolaj Kirke und Musikkonservatorium

Neben Jørn Utzon ist noch ein weiterer dänischer Architekt in Esbjerg vertreten, der einer Weltstadt seinen Stempel aufdrückte: Johan Otto von Speckelsen (1929–87) entwarf für Paris den 110 m hohen Triumphbogen der Menschheit – La Grande Arche – und für Esbjerg 1969 die katholische **Sct. Nikolaj Kirke** 6, ein spartanisch wirkender Kubus (Kirkegade 58).

Der Kirche gegenüber beherbergt ein ehemaliges E-Werk das **Syddansk Musikkonservatorium** 7. Außen paaren sich – Wiener Schick der Zeit stand Pate – griechisch inspirierter Klassizismus mit Jugendstil, innen entstand in der ehemaligen Turbinenhalle ein Konzertsaal mit außergewöhnlich guter Akustik (Kirkegade 61).

Esbjerg Museum 8

Torvegade 45, Tel. 76 16 39 39, www.esbjergmuseum.dk, Di–So 10–16 Uhr, 40 DKK/ab 18 Jahre, Mi gratis

Vom Konservatorium führt die H. C. Ørstedsgade auf das Esbjerg Museum zu. Das besitzt neben seiner kulturhistorischen Abteilung mit einer detailreichen ›Ladenzeile‹ auch eine große Bernsteinsammlung sowohl von Natur- als auch von Schmucksteinen – die ältesten sind gut 10 000 Jahre alt.

Fiskeri- og Søfartsmuseet/Saltvandsakvariet

Tarphagevej, Tel. 76 12 20 00, www.fimus.dk, Nov.–Jan. tgl. 10–16, Feb.–Juni und Sept.–Okt. 10–17, Juli/Aug. 10–18 Uhr, je nach Saison 110–130 DKK/ab 18 Jahre

Das mit Abstand meistbesuchte Museum der Stadt liegt 4 km nördlich des Zentrums. Der Name **›Fischerei- und Seefahrtmuseum/Salzwasseraquarium‹** 9 verrät schon, was man erwarten darf: Neben mehr als zwei Dutzend Aquarien mit Getier aus den dänischen Gewässern, einem Saal mit Szenen aus Fischerei und Seefahrt und einem sehr konventionellen Raum zur Schifffahrt gibt es ein weitläufiges Freigelände mit Schiffen, Wracks, Küstensiedlungen, einem kleinen Hafen, einer Rettungsstation und sogar einem Atlantikwallbunker. Besuchermagnet ist jedoch das Freiluftbecken der Robben, und dies besonders zur Fütterungszeit tgl. 11 und 14.30 Uhr.

Nur ein paar Schritte vom Museum entfernt hocken seit 1995 vier strahlend weiße Riesen am Ufer, den Blick starr aufs Meer gerichtet: **»Mennesket ved Havet«** 10, eine Großskulptur von Svend Wiig Hansen (1922–97) und längst Wahrzeichen der jungen Kulturstadt, die Esbjerg so gern sein möchte (s. Mein Lieblingsort, S. 132).

Etwas näher zur Stadt gemahnt im Dreieck zwischen Hjertingvej und Gravlundvej die Gedenkstätte **Fiskernes Mindelund** 11 daran, dass die Arbeit auf dem Meer ein harter, manchmal brutaler Broterwerb ist. Hinter jedem der Namen auf der Granitwand steht ein Fischer aus Esbjerg, der nach 1900 auf See umkam und auf den eine Frau oder eine Familie wartete, wie die Skulptur dort zeigt.

Hjerting 12

Verlässt man Esbjerg an den vier weißen Riesen vorbei nach Norden, erreicht man bald Esbjergs Badeort Hjerting, der deutlich älter ist als die Stadt. Unterwegs merkt man an den Häusern entlang der Straße, dass man in die besseren Wohnlagen kommt. In Hjerting bietet sich ein fast mediterranes Bild: Nur eine kleine Mauer trennt den schmalen Sandstrand, den Windsurfer gern nutzen, von der gepflegten, modernen Promenade, über die sich wunderbar flanieren oder mit dem Cabrio cruisen lässt.

Lieblingsort

»Mennesket ved Havet« 10 – Kräftige Kerle am Meer
Ich habe sie vom ersten Tag an gemocht, die vier kräftigen Kerle am Sædding-Strand. Jeder der Riesen ist 9 m hoch und mehrere Tonnen schwer, moderne Brüder der Steinskulpturen auf den Osterinseln. Klar ist das Kunst, die provoziert, spaltet, über die man streitet. Zu groß seien sie, zu eintönig ihr Ausdruck. Aber schauen Sie genau hin: Auf den ersten Blick einander zum Verwechseln ähnlich, gibt es Details, die amüsieren – achten Sie nur auf die Zehen … Die vier starren auf Grådybet hinaus, die Fahrrinne zwischen Nordsee und Esbjergs Hafen, als wären sie ein Begrüßungskomitee. Und das genau mache ich ihnen gern nach, setze mich auf einen der Sockel und schaue aufs Meer und auf die Schiffe und lasse meine Gedanken reisen, wohin immer sie wollen (s. S. 131).

Dort, wo die Hauptstraße das Meer schon ein paar hundert Meter hinter sich gelassen hat, fällt die **Hjerting-Kirche** durch ihre moderne Architektur ins Auge, Attraktion wird sie dank ihrer künstlerischen Ausgestaltung (Hjerting Byvej 13). Fenster, Altarleuchter und die Figurengruppe an der Altarwand aus vergoldetem Eisen und Schrott mit Szenen aus der Karfreitagsgeschichte schuf kein geringerer als Robert Jacobsen (s. S. 130) – das ist Kirchenkunst, die jedes Museum für Moderne Kunst gern an den Wänden hätte.

Ho Bugt ▸ B 11

Der **Marbæk Forst** gleich nördlich von Hjerting ist Esbjergs Naherholungsgebiet und ein Teil des Nationalparks Wattenmeer mit Wanderwegen, kleinen Seen, prähistorischen Fundstätten und einer abwechslungsreichen Küste. Von deren Anhöhen lässt sich die Ho Bugt perfekt überblicken, der nördlichste Zipfel des europäischen Wattenmeers und im Frühjahr und Herbst Rastplatz für Zugvögel. Mittendrin die Insel Langli, die aus Naturschutzgründen nur eingeschränkt, am besten auf geführten Naturwanderungen, zugänglich ist (Details bei umliegenden i-Büros). Die Ho Bugt wird zum offenen Meer von der Halbinsel Skallingen begrenzt, die von Norden über Oksbøl und Blåvand zu erreichen ist, dort wo Dänemarks Haffküste beginnt (s. S. 159).

Übernachten

Modern und zentral – **Hotel Britannia** 1: Torvegade 24, Tel. 75 13 01 11, www.britannia.dk. Modernes Businesshotel, in dem das DZ regulär ab 1400 DKK kostet, aber wer bezahlt das schon gern? Dafür gibt es viele Sommer- und Wochenendrabatte sowie Wellness- oder Golfpakete.

Strandnah, aber businessorientiert – **Hjerting Badehotel** 2: Tel. 75 11 70 00, www.hjertingbadehotel.dk. Traditionsreiches Haus an Hjertings Promenade ca. 8 km nördlich der Stadt, das auch Geschäftsleute anspricht und entsprechende Preise verlangt. DZ bzw. Suiten ca. 1400–2000 DKK, Sommerangebote online. Auch Apartments in separaten Strandhäusern, je nach Saison ca. 1000–1600 DKK/Tag, Rabatte ab dem 3. Tag.

Unspektakulär – **Scandic Olympic** 3: Strandbygade 3, Tel. 75 18 11 88, www.scandichotels.com. Gesichtsloses, aber solides Businesshotel nahe dem Nordende der Fußgängerzone. Die Preise variieren: Das selbe Zimmer kann an einem Ferienwochenende um 850 DKK kosten, Mitte der Woche 1250 DKK.

Traditionshotel mit Discount-Konzept – **Cabinn Hotel Esbjerg** 4: Skolegade 14, Tel. 75 18 16 00, www.cabinn.com. Genormte Zimmer im Stil von Schiffskabinen – klein und funktional. DZ ab 675 DKK, Frühstück 70 DKK/Pers. extra, Wochenend- und Sommerangebote.

Besser als viele Hotels – **Danhostel Esbjerg** 5: Gl. Vardevej 80, Tel. 75 12 42 58, www.esbjerg-danhostel.dk. Das Öko-Frühstück mit viel Selbstgemachtem stünde jedem Gourmet-Hotel gut zu Gesicht (plus 72 DKK/Pers). Einzelbett 230 DKK, Basic-Zimmer im alten Teil ab 560 DKK, im neuen Flügel zum Garten hin Luxus-Zimmer in Hotelqualität (DZ 720 DKK, 4-Bett-Zimmer 890 DKK), Angebote an Wochenenden und in dänischen Ferienzeiten auf Anfrage.

3-Sterne-Stadtcamping – **Esbjerg Camping** 6: Gudenåvej 20, Tel. 75 15 88 22, www.esbjergcamping.dk, ganzjährig. Für 3 Sterne sehr gut ausgestatteter Campingplatz mit viel Raum und Spielgeräten für Kinder, im Sommer großer Pool; über ein Dutzend Hütten.

Essen & Trinken

Gourmet-Klasse – **Strandpavillionen:** im Hotel Hjerting 2: Hohe Ansprüche und Preise (Hauptgerichte ab ca. 250 DKK, drei Gänge ca. 430 DKK); deftiger, maritimer und günstiger isst man unter gleichem Dach im **Ship Inn** (z. B. klassischer Frokost-Teller ca. 180 DKK).

Junge Küche mit dänischen Wurzeln – **Brasserie B:** im Hotel Britannia 1: Alles wirkt zeitlos modern und doch kombiniert die Küche gern internationale Trends mit lokalen Spezialitäten, wie bei den Tapas mit Leckereien aus der Region, oder serviert Klassiker wie den Stjeneskud, auf zwei Arten zubereitetes Schollenfilet mit Krabben. Zum Sonntagsbruch ab 11.30 Uhr kommen auch Einheimische gern (ca. 140 DKK).

Ein Muss für Dänemarkliebhaber – **Sand's Restauration** 1: Skolegade 60, Tel. 75 12 02 07, Mo–Sa ab 11.30 Uhr. Viel Atmosphäre, dänische Küche; mittags berühmt für Frokost-Gerichte mit Hering, Smørrebrød, *Leverpastej og det hele* … (ab ca. 60 DKK); hier gibt es natürlich die lokale Spezialität *Bak-skuld* (gesalzene, getrocknete und dann in Butter gebratene Rotzunge); im Sommer auch Gartenlokal.

Local spirit am alten Fischereihafen – **Sydvesten** 2: Fiskerihavnsgade 6, Tel. 75 12 82 88, www.sydvesten.dk, Mo–Fr 7–16, Sa 7–13, Sommer Do–Fr 7–21 Uhr. Hier kommen Einheimische gern zum Frühstück oder Frokost (Hauptgerichte ab ca. 90 DKK); immer auch ein preiswertes Tagesgericht (ca. 60 DKK).

Mit Straßencafé auf Torvet – **Dronningen Louise** 3: Torvet 19, Tel. 75 13 13 44. Café-Restaurant mit günstigen

Mein Tipp

Spezialitäten aus der Bio-Käserei

Der Mann weiß, was er da tut: Henrik Walther-Larsen hat ein halbes Leben für große Molkereien gearbeitet und sich dann einen Lebenstraum erfüllt: eine eigene Käserei für Biokäse. In der **Enghavegård Osteri** dürfen wir neben einem typisch dänischen Käse wie dem Danbo, der hier aber deutlich gereifter und authentischer schmeckt als plastikverschweißte Supermarktware, auch allerlei Experimentelles probieren und kaufen, so den mit Porter-Bier gereiften Langli-Käse oder den mit Gagelschnaps behandelten Rotschmiere-Käse Ho Porse (Ho Bugt Vej 17, 6852 Billum, nahe der Straße [11] von Esbjerg nach Norden, ca. 2 km nördlich der Varde-Å-Brücke, Tel. 75 25 85 33, www.enghavegaard-osteri.dk, Do/Fr 14–17.30, Sa 10–14, in Ferienzeiten und um Fei tgl.).

Frokostgerichten zum Mittag, abends Hauptgerichte um 200 DKK; im Sommer samstagmittags oft Livejazz.

Kompromiss aus Eltern- und Kinderwunsch – **Jensen's Bøfhus** 4: Torvegade 10, Tel. 75 18 18 70, tgl. ab 11–22, Fr/Sa bis 23 Uhr. Ja liebe Eltern, es gibt auch in Esbjerg das Restaurant mit dem großen M, aber Jensen's Bøfhus wäre die Alternative: Kids bekommen gleich ein paar Geschenke in die Hand und irgendwie sitzt man doch gemütlicher und gepflegter. Gourmetküche gibt es auch hier nicht und gegrilltes dominiert die Karte, aber die Salatbar zu den Hauptgerichten ist super und Kinder lieben das Soft-Ice-Buffet mit diversen Streuseln/Saucen (49 DKK).

Einkaufen

Fußgängerzone – **Kongensgade** 1: Von billigen ›Ramschläden‹ am Süd- bis zu besseren Boutiquen und Shops am Nordende.
Wochenmarkt – **Rådhuspladsen** 2: Mi u. Sa vormittags (Rathausplatz)
Flohmarkt – Mitte Juni–Anfang Sept. Mo ca. 9–16 Uhr zu Füßen des Reiterstandbildes von Christian IX. auf dem Torvet 3.

Aktiv

Nostalgie Kutter – **›E.1 Claus Sørensen‹** 1: Pier 1, Fiskerihavn, ca. 2 Std., 85 DKK. Termine und Tickets beim Fiskeri- og Søfartsmuseet (s. S. 131).
Hafen- und Seehundexkursionen – **›M/S Sønderho‹ von FanøFærgen** 2: Dokvej 5, Tel. 70 23 15 15, www.faergen.dk. Durch den Hafen und bei gutem Wetter zu Seehundbänken in der Ho Bugt, Juli/Aug. je 2,5 Std., 130 DKK, 70 DKK/bis 15 und ab 65 Jahre, 2+2-Familientickets 330 DKK; Tickets beim i-büro oder an Bord.
Schwimmen und Wellness – **Svømmestadion Danmark** 3: Gl. Vardevej 60, www.svdk.dk, Mo–Do 6–21, Fr 6–18, Sa/So 9–18 Uhr. Dänemarks größtes Spaß- und Sportbad mit Wellnessbereich.
Windsurfen – **Hjerting Strand** 4: Der schmale, aber lebhafte Strand an Hjertings Promenade ist populärer Einstieg zum Wind- und Kitesurfen in der Ho Bugt. Dort müssen aber Naturschutzregeln des Nationalparks Wattenmeer beachtet werden.

Abends & Nachts

Esbjerg besitzt drei ausgezeichnete Spielstätten für Theater und Musik, die ein weites Kulturspektrum abdecken:

Von Oper bis Pop – **Musikhuset Esbjerg** 5: Havnegade 18, Tickets Tel. 76 10 90 10, www.mhe.dk, Mainstream von Klassik bis Pop mit eigenem Opernensemble (s. S. 130).
Kulturhaus – **Tobakken** 1: Gasværksgade 2, Tickets Tel. 75 18 00 00, www.tobakken.dk. Konzerte und kleine Festivals von Folk über Jazz bis Rock.
Konzerte und Lesungen – **Syddansk Musikkonservatorium** 7: Kirkegade 61, Tel. 76 10 43 00, www.smks.dk. Konzertsaal und **Café Ørsted;** traditionelle Konzerttermine Do 20 Uhr und Fr 12.10 (!) in der Kantine Café Ørsted (nicht jede Woche).
Hier zappelt Esbjerg – **Dronningen Louise Bar & Natklub:** im gleichnamigen Café-Restaurant 3. Gepflegtes Trinken in der Bar (Mo–Mi bis 1, Do bis 3, Fr bis 4, Sa bis 5, So bis 0 Uhr), Clubbing im Nachtclub im 1. Stock mit DJ oder Live Act am Wochenende.

Infos

Esbjerg Turistkontor: Skolegade 33, 6700 Esbjerg, Tel. 75 12 55 99, www.visitesbjerg.dk
Esbjerg Festuge: Neun Tage Mitte Aug. mit breitem Programm: www.esbjergfestuge.dk
Esbjerg International Chamber Musik Festival: 2. Aug.-Hälfte. Anspruchsvolles Kammermusikfestival im Syddansk Musikkonservatorium (s. S. 131), www.eicmf.dk
Anreise: siehe Infobox S. 84
Fähren: nach Fanø (Details s. S. 145)

Fanø ▸ C 12

Fanø ist mit 55 km² kaum mehr als halb so groß wie Rømø, hat aber gut fünfmal so viele Einwohner. Es ist Dänemarks kleinste selbstständige Kommune. Von knapp über 3200 Insulanern leben gut 80 % in Nordby im Norden der Insel, das sind die Fanniker, sorgfältig zu unterscheiden von noch etwa 275 Sønderhoninger aus dem malerischen Sønderho im Süden. Fanø ist dank der obligatorischen Fährfahrt, die Tagestouristen weitgehend fernhält, exklusiver als Rømø, und das nicht erst heute.

Als Mitte des 19. Jh. die ersten Urlauber auf die Insel kamen, orientierten sie sich nach Osten an die Wattküste. Bald jedoch wurde der raue Charme der Westküste entdeckt und diese immer »stärker besucht von Leuten, die sich mit den brackigen, kleinen Wellen des Sundes nicht mehr begnügen, sondern den Anprall der salzreichen Brandung der Nordsee selbst gegen ihren Rücken fühlen wollen«, wie der dänische Literaturnobelpreisträger Henrik Pontoppidan 1890 bemerkte.

Fanø Bad

Um die Jahrhundertwende blühte Fanø Vesterhavsbad – heute kurz **Fanø Bad** 1 – so richtig auf, weil ein blau-blütiger Promi-Gast das Geschäft belebte: Dänenkönig Christian IX., bekannt als Europas Schwiegervater – ein Sohn auf dem griechischen, ein Enkel auf dem norwegischen Thron, die älteste Tochter verheiratet mit Englands Edward VII., die zweite mit Zar Alexander III. –, machte hier gern mit Teilen seiner Familie Ferien. Von der einst mondänen Eleganz des Vesterhavsbad zeugen noch eine paar kleinere Villen und Pensionen hinter den Dünen, sonst prägen eher moderne Apartmentanlagen das Bild, weit entfernt von romantischer Nostalgie.

Autostrände

Als der Rausch der Geschwindigkeit in den 1920er-Jahren die Autowelt erfasste, konkurrierte Fanøs Strand mit den Salzseen von Utah. So fuhr der Engländer Malcolm Campbell auf der Insel seine ersten Rekorde, in den USA schaffte er später als erster Mensch mehr als 400 km/h. Als ein Kind unter den Zuschauern bei einem Unfall getötet wurde, hatte die Raserei ein Ende. Bis heute sind die Strände in großen Teilen für Autos freigegeben und über **drei Zufahrten** erreichbar – es gilt aber eine Höchstgeschwindigkeit von 30 km/h. Und keine Sorge: Fanøs Strände sind groß und breit genug, um sich dem Autoverkehr zu entziehen, und nördlich der Zufahrt Fanø Bad sowie südlich der Zufahrt Sønderho Strandvej sind ausdrücklich autofreie Zonen markiert.

Pas På! – Achtung Lebensgefahr

Søren Jessen Strand 2, Fanøs etwa 5 km langer Nordwestarm, ist von Süden zugänglich und wird nur bei Sturmfluten überspült. Je weiter man nach Norden wandert, desto weiter entfernt sich die Sandbank von der Insel, getrennt durch **Hamborgerdybet,** einen langsam versandenden Priel, der aber immer noch bei hohen Hochwassern überflutet. Eigentlich ist das ungefährlich, es sei denn, man wird von Nebel überrascht, verliert die Orientierung und geht in die falsche Richtung.

Tückischer ist **Galgerev** 3 vor der Südwestspitze: Bei Niedrigwasser lockt die Sandbank zu Spaziergängen, wird bei Flut aber 1,5 m hoch überspült. Dabei läuft das Wasser zuerst zwischen das ›Galgenriff‹ und den Hauptstrand. Der Tidenhub um Fanø beträgt durchschnittlich 160 cm.

Nordby

Fanøs größter Ort Nordby steht als Standort einer Seefahrtsschule und als Heimat vieler aktiver Seeleute ganz

0
1
2 km
Grønningen
ESBJERG
Hamborgerdybet
Kikkebjerg Plantage
siehe Detailkarte 1
NORDBY
Skrånberg
Næs Søjord
Postvejen
autofreie Zone
Strandvejen
FANØ BAD
Strandzufahrt
Halen
RINDBY
Fodgens Eng
Skideneng
Kirkevejen
Rindby Strand
Strandzufahrt
Klingbjerg
Nordsee
Strandsport, Windsurfer, Kiteboarder Zone
Sandflot Hede
Kæret
Detailkarte 1
0
50
100 m
Færgev.
Fähranleger
Skovløber-bolig
Fanø Klitplantage
Albue Bug
Hovedgaden
Kroslippe
Lodsvej
Sønderho Hede
Strandsport Zone
Silke-bjerg
Sprøjtehus-plads
Langlinie
Assistent-bolig
Gammelende
NORDBY
Hovedgaden
Havnevej
Skolesti
Fanø Rådhuset
Skolevej
Svenskervej
Gammeltoft Bjerge
Havside Bjerge
Skifterne
Landevejen
Detailkarte 2
Digevej
SØNDERHO
Sønderho Strandvej
Digevej
Gl. Byvej
Nord-land
Landevejen
Sønderho Strandvej
Strandzufahrt
autofreie Zone
Søndertoft
Øster Land
Kro-pladsen
Bjerrevej
Sønder Land
Kåvervej
0
100
200
siehe Detailkarte 2

Fanø

Sehenswert
1 Fanø Bad
2 Søren Jessen Strand
3 Galgerev
4 Fanø Skibsfarts- og Dragtsamling
5 Fanø Museum
6 Hundesäule
7 Pælebjerg
8 Skovlegeplads
9 Albue Fuglekøje
10 Sønderho Gamle Fuglekøje
11 Sturmflutsäule
12 Sønderho Rettungsstation
13 Sønderho Kirke
14 Hannes Hus
15 Fanø Kunstmuseum

Übernachten
1 Sønderho Kro
2 Fanø Krogaard
3 Danibo – Fanø Sommerhusudlejning
4 FanøHus Feriehusudlejning
5 Feldberg Strand Camping

Essen & Trinken
1 Café Restaurant Ambassaden
2 Café Nana's Stue

Einkaufen
1 Glaspusteriet Fanø
2 Fanø Fisk
3 Fanø Bryghus

Aktiv
1 Bootstouren (Anleger)
2 Fanø Fun Activity Centre

in der seefahrerischen Tradition der Insel. Die Kleinstadt besitzt auch romantische Winkel mit reetgedeckten Häusern, aber längst nicht in der Geschlossenheit wie in Sønderho (s. u.).

Fanø Skibsfarts- og Dragtsamling 4

Hovedgade 28, Tel. 75 16 22 72, www.fanoskibs-dragt.dk, Mo–Sa Ostern–Sept. 11–17, Okt. 11–15 Uhr, 25 DKK, 5 DKK/Kinder

Die Seefahrt der Männer und wie ihre Frauen unterdessen das Familienleben auf der Insel organisierten, sind Themen im Schifffahrtsmuseum, in dem Schiffsmodelle, historische Fotos und die auf Fanø bis heute populären Trachten gezeigt werden. Die in der Regel schwarzen, nur die Augen freilassenden Gesichtsmasken der Alltagstrachten der Frauen haben übrigens weder etwas mit Burka noch mit dem autonomen Block zu tun, sondern dienten bei der Feldarbeit auf den sandigen Äckern als Schutz vor Sand und Sonne.

Fanø Museum und Hundesäule

Unscheinbar wirkt das geduckte, 300 Jahre alte Reetdach-Häuschen, in dem das volkskundliche **Fanø Museum** 5 über das Inselleben vergangener Tage erzählt und auch ein paar ›Souvenirs‹ zeigt, die Fanøs Seeleute aus aller Welt mitgebracht haben (Skolevej 2, Tel. 75 16 61 37, Juli/Aug. Mo–Fr 11–16, Juni, 1. Häfte Sept. u. 42. Woche Mo–Sa 11–14 Uhr, 25 DKK/Erw., 5 DKK/Kinder).

Ein spezielles Souvenir bekam sogar ein Denkmal: Die **Hundesäule ›De To Hunde‹** 6 von Poul Isbak gegenüber dem Fähranleger von Nordby. Hundefiguren aus feinstem Porzellan, von Chinafahrern mitgebracht, waren ursprünglich Statussymbole, die man gern ins Fenster stellte. Bald bekamen sie eine symbolische Aufgabe: ›Sie schauten nach ihrem Herrn‹. Blickten sie also aus dem Fenster, war der Mann unterwegs, blickten sie ins Zimmer, war er daheim – wen immer das interessieren mochte. Diese Symbolik diente bald Prostituierten als Zeichen, ob sie frei oder besetzt waren, und da die Frauen offiziell keinen Lohn für ihre Liebesdienste nehmen durften, verkauften sie die Hunde, die inzwischen nicht mehr Unikate aus chinesischen Manufakturen waren, sondern

Lieblingsort

Luxus und Idylle unterm Reetdach ▶ C 12

Der **Sønderho Kro** 1, der seit 1772 Gäste bewirtet, hat sich längst vom einfachen Dorfkrug zum edlen Gourmetlokal gewandelt: 14 individuelle Zimmer und eine Küche, die in der kulinarischen Oberklasse spielt. Frisches aus der Region, am besten direkt von der Insel, hat erste Priorität, die Kräuter werden eh im eigenen Garten gezogen. Zugegeben, ich kann mir das volle Programm nur selten leisten, aber zu einem Frokost oder zu Kaffee und Kuchen, nur um die Stimmung unterm Reetdach zu erleben, reicht es eigentlich immer – sonst fehlt mir an Fanø etwas (s. S. 143).

billige Massenware aus englischen Fabriken, zu überhöhten Preisen an ihre Freier. Aus illegalen Gunst- wurden legale Kunstgewerblerinnen, und ›De To Hunde‹-Skulptur dürfte weltweit das einzige Denkmal für Hurenlohn sein.

Das Zwischenland ▸ C 12

Um Sandflug zu bremsen, wurde ab 1892 zwischen Nordby und Sønderho die **Fanø Klitplantage** angepflanzt, längst ein stattlicher Forst mit vielen markierten Wegen, gut von Parkplätzen aus zu erkunden. Den Blick über Wald und Dünen verschafft der Aufstieg auf den 21 m hohen **Pælebjerg** 7. Ein paar hundert Meter südlich wartet der Waldspielplatz **Skovlegeplads** 8 auf aktive Kinder – die meisten Spielgeräte sind von Künstlern aus Naturmaterialien gestaltet: Land Art zum Beklettern.

Auf der Wattseite im Osten der Insel am Ufer der Albue-Bucht sind zwei von einst sechs auf Fanø betriebenen ›Vogelkojen‹ zugänglich. Hier wurden Wildenten für den Topf gejagt, aber keine Sorge: Seit 1931 helfen die Vogelreusen nur noch Ornithologen dabei, Vögel zu beringen. Die **Albue Fuglekøje** 9 wird in der Saison wie ein kleines Museum betrieben (Albuevej 41, Juli/Aug und 42. Woche Di–Do 13.30–17 Uhr, 15 DKK/Erw., 10 DKK/Kinder), die etwas abgelegenere **Sønderho Gamle Fuglekøje** 10 ist frei zugänglich, Schautafeln erklären die Funktion.

Sønderho ▸ C 12

Erst im 18. Jh. erhielten die Bewohner von Fanø lange entbehrte Privilegien, die die Wirtschaft ihrer Insel aufblühen ließen, vor allem Schiffsbau und Handel: Aus armen Landpächtern wurden stolze Schiffsbauer, Reeder und Kaufleute. Bis zum Niedergang der Segelschifffahrt und dem Bau des Hafens in Esbjerg Ende des 19. Jh. verließen über 1000 Segler die Werften der Insel, und die auf Fanø registrierte Handelsflotte war die zweitgrößte Dänemarks, nur von der Kopenhagens übertroffen.

Zu Beginn der goldenen Jahre liefen die Geschäfte in Sønderho besser, später übernahm Nordby die Führungsrolle. Die wirtschaftliche Stagnation war für Sønderho ein Denkmalschutzprogramm, seit 1928 kümmert sich sogar ein Verein darum – so ist Sønderho heute reetgedeckte Idylle, die Straßen eng und winkelig. Im Sturz vieler Haustüren und -fenster taucht ein Fries in den Farben Grün, Weiß, Schwarz auf: Geburt, Leben und Tod – eine Art Inselwahrzeichen. Blickfang im Torbogen des Hauses Landevejen 27 ist die Galionsfigur eines Mannes. Sie wurde 1851 bei Sønderho an Land gespült und stammt von der ›Lord Palmerstone‹. Die sank zwei Jahre zuvor, aber nicht vor Fanø, sondern im Mittelmeer!

Hinter dem Deich, fast im Südzipfel der Insel, duckt sich der **Sønderho Kro** 1 (s. Mein Lieblingsort S. 141). Früher lagen davor die Segler dicht an dicht auf Reede. Ein paar Meter östlich kann man an einer **Sturmflutsäule** 11 ablesen, wann einem das Wasser bis zum Halse oder sogar etwas höher gestanden hätte.

Sønderho Rettungsstation 12

Ostern–Sept. unbemannt geöffnet, Eintritt (20 DKK, 5 DKK/Kinder) kann in Geldbox eingeworfen werden

Damit die Gewässer rund um die eigene Insel sicherer wurden, gab es ab 1889 die Sønderho Rettungsstation am Rande des Dorfes am Weg zum Weststrand. Das für die dänische Küste typische Walmdachhaus mit dem großen grünen Tor und den beiden überkreuzt aufgemalten Spitzflaggen beherbergt eine Ausstellung über die gefährliche Arbeit der Rettungsmänner und natürlich das alte Rettungsboot.

Sønderho Kirke 13

Sønderho Strandvej, Mo–Sa 8–16, So 12–16 Uhr

Solange alles gut ging, brachte die Seefahrt den Familien Wohlstand, aber es ging nicht immer gut: In der Sønderho Kirke am Rande des Dorfes zeugen zwar 14 Votivschiffe von wundersamen Rettungen aus höchster Not, aber oft endete das Wirtschaftswunder auch in blanker Not: Allein in einem Katastrophenwinter 1825 verloren 40 Frauen des Dorfes ihre Männer und mehr als 100 Kinder ihre Väter. Das reiche Sønderho galt in weitem Umkreis nur als ›Stadt der Witwen und Waisen‹.

Hannes Hus 14

Øster Land 7, Tel. 51 50 18 50, Juni, Sept. Mi, Sa, Juli/Aug. tgl. 15–17 Uhr, 30 DKK

Auch der Mann von Hanne Sørensen kam von einer Fahrt nach Island nicht zurück, als sie gerade 34 Jahre alt war. Hanne trauerte und ließ das gemeinsame Heim in Sønderho erstarren. Auch ihre Tochter Karen, die bis 1965 darin lebte, änderte fast nichts. So kann heute ein Museum zeigen, wie die Skipper von Fanø im 19. Jh. lebten.

Fanø Kunstmuseum und Fanø Fliesesamling

Dass die Seefahrerei nicht alles im Leben ist, auch nicht in Sønderho, zeigt das **Fanø Kunstmuseum** 15 im Kromanns Hus mit Werken jener Maler, die ab Mitte des 19. Jh. regelmäßig zum Arbeiten auf die Insel kamen. Kromanns Hus war früher Dorfladen (Nord Land 5, Tel. 75 16 40 44, Ostern–Okt. Di–So 14–17, Juli/Aug. Di–Sa 13–17, So 11–17 Uhr, 40 DKK/Erw., 20 DKK/Kinder).

Das ist nicht die einzige ›Umnutzung‹ in Sønderho: Aus der ehemaligen Molkerei wurde **Café Nana's Stue** 2, und dort kann man bei Bier oder Kaffee und Kuchen niederländische und friesische Fliesenkunst bestaunen – das populäre Lokal beherbergt die **Fanø Fliesesamling.**

Übernachten

Zwischen Luxus und Idylle – **Sønderho Kro** 1: Kropladsen 11, Sønderho, Tel. 75 16 40 09, www.sonderhokro.dk, DZ inkl. Gourmetfrühstück ca. 1325–1825 DKK, diverse Gourmet-Pakete. Siehe Lieblingsort S. 141.

Kro-Tradition nahe Fähre – **Fanø Krogaard** 2: Langelinie 11, Nordby, Tel. 75 16 20 52, www.fanoekrogaard.dk. Kro mit über drei Jahrhunderten Geschichte auf dem Dach und viel Atmosphäre darunter nicht weit vom Fähranleger. DZ ab 895 DKK, auch Familiensuite, Angebote für Mini-Ferien.

Ferienhäuser – Rund 2500 Ferienhäuser sowie Häuser und Apartments in den Ferienparks von Fanø Bad werden teils über große Vermittler angeboten (s. S. 26), Hunderte aber auch von lokalen Anbietern: **Danibo – Fanø Sommerhusudlejning** 3: Langelinie 9 B, Nordby, Tel. 75 16 36 99, www.danibo.dk. Ca. 650 Häuser. **FanøHus Feriehusudlejning** 4: Hovedgaden 12, Nordby, Tel. 75 16 26 00, www.fanohus.de. Ca. 200 Häuser.

Next Stop Weststrand – **Feldberg Strand Camping** 5: Kirkevejen 37, Rindby Strand, Tel. 75 16 24 90, www.feldbergstrandcamping.dk. So nah am Weststrand wie kein anderer Campingplatz; Basic-Hütten je nach Saison und Mietdauer 290–570 DKK/Tag, Juni–Aug. gerne Wochenmiete.

Herbstliche Strandwanderung am Rande des dänischen Wattenmeers

Nur legal campen! Es gibt auf Fanø sieben Campingplätze mit Platz für über 4000 Gäste, einen Wohnmobil-Stellplatz und einen Staatsforst, in dem frei gezeltet werden darf (s. S. 28), ansonsten wird illegales Campen – vor allem mit Wohnmobilen – konsequent verfolgt.

Essen & Trinken

Ambitioniert – **Café Restaurant Ambassaden** **1**: Hovedgade 57, Nordby, Tel. 75 16 22 11. Gute Küche, die dänische Traditionen achtet, aber über den nationalen Tellerrand schaut; im Sommer Open-Air-Plätze, abends Menüs, z. B. drei Gänge ca. 350 DKK.
Deftig dänisch – **Fanø Krogaard** **2**: Die Küche bietet Deftiges und Inseltypisches, dazu gute Biere, am Nachmittag aber auch Kaffee und Kuchen, im Sommer sitzt man auf der Terrasse mit Blick über den Sund Richtung Esbjerg.
Alte Fliesen ansehen – **Café Nana's Stue** **2**: Sønder Land 1, Sønderho, Tel. 75 17 40 25. Moderne skandinavische Küche vom Frokost über Kaffee und Kuchen bis zum Abendessen (Hauptgerichte ab ca. 200 DKK), oft Livemusik – und an den Wänden hängt Fanøs Fliesesamling.

Einkaufen

Glasdesign – **Glaspusteriet Fanø** **1**: Hovedgaden 47, Nordby, Tel. 75 16 48 00, www.fanoeglaspusteri.dk, Mitte Feb.–42. Woche Mo–Fr 11–16, Sa 11–14 Uhr. Glaskünstlerin Charlotte La Cour lässt sich bei der Arbeit über die Schulter schauen und verkauft Arbeiten in der angeschlossenen Galerie.
Ganz frisch – **Fanø Fisk** **2**: Havnevej 4, Nordby, Tel. 75 16 25 10. Fischladen für frischen und geräucherten Fisch.
Designerbier – **Fanø Bryghus** **3**: Strandvejen 5, Nordby, Tel. 76 66 01 12. Zur Auswahl stehen ständig fünf Spezialbiere sowie das ein oder andere Saisonbier der Mikro-Brauerei – echte Handarbeit engagierter Braumeister. Ganz exotisch schmeckt ein süßliches Stout mit Nuancen von Milchschokolade: Fanø Stormflod – die schönste Sturmflut, seit Schokolade und Bier

ein Paar sein dürfen. Bier von Fanø Bryghus gibt es außer in der Brauerei – auch Ausschank – in den meisten Geschäften und Restaurants der Insel.

Aktiv

Natur- und Kulturexkursionen – Das i-Büro (s. u.) organisiert ganzjährig auch auf Deutsch geführte Touren zu Themen wie Watt, Heide, Vögel, Befestigungen des Atlantikwalls usw.
Hafen- und Seehundexkursionen – FanøFærgen (s. Verkehr) mit Barkasse Sønderho ab **Nordby Hafen** 1 zu Seehundbänken und durch den Hafen von Esbjerg, Juli/Aug. je 2,5 Std., 130 DKK, 70 DKK/bis 15 und ab 65 Jahre, 2+2-Familientickets 330 DKK; Tickets beim i-Büro oder an Bord.
Fun und Sport an Rindby Strand – **Fanø Fun Activity Centre** 2: www.fanoefun.com, Juli/Aug. mobil am Rindby Strand oder Factory Outlet Butik, Kirkevejen 37a, Rindby Strand, Tel. 75 16 43 68, mit Strandsegelschule und Vermietung von Blokarts, Kite-Buggies und anderen Trendsportgeräten.
Baden – **Lebensretterstation** vor der Strandzufahrt Rindby Strand, sonst fast 15 km unbewachter Strand. Schwimmen Sie nicht in explizit ausgewiesenen Wind- und Kitesurferarealen.

Infos

Fanø Turistbureau: Skolevej 5–7, 6720 Nordby, Tel. 70 26 42 00, www.visitfanoe.dk
Fanø Sommerkoncerter: oft aber nicht zwingend Di Mai–Aug. Konzertreihe in der Kirche von Nordby (Hovedgaden 105 A) mit renommiertem Klassikprogramm, www.fanokoncerter.dk.
International Kitefliers Meeting Fanø: Mitte Juni. Drachenfestival, s. S. 78
Volksfeste: Fannikerdage in Nordby am 2. Juli-Wochenende und **Sønderhodag** am 3. So im Juli rund um die alte Mühle von Sønderho sind Brauchtumsfeste mit viel Musik, Tanz und Trachten.
Sønderho Guitarfestival: Do im Juli/Aug. Konzertreihe in der Sønderho Kirke, Tickets (ca. 110 DKK/ab 12 Jahre, ermäßigt 60 DKK) ca. 1 Std. vor Konzertbeginn an der Abendkasse.
Godtfolk Festival: Ein Wochenende in der zweiten Sept.-Hälfte. Publikumsnahe Konzerte traditioneller Folk- und Straßenmusik in Nordby und Sønderho – Fanø fiddelt und fiedelt.
Fähre ab Esbjerg: FanøFærgen, www.faergen.dk (Fahrpläne und Preise online, keine Reservierung!); tgl. ca. 5–0.30, Sa/So bis 2.30 Uhr, je nach Tageszeit und Saison alle 20, 40 oder 60 Min., Überfahrt 12 Min.; Pkw und Camper bis 6 m inkl. Insassen je nach Saison und Reisetag ca. 300–415 DKK. Camper/Gespanne über 6 m sind Sa besonders teuer! Für Exkursionen von der Insel aufs Festland billige Tagestickets – Rückfahrt nicht vor 16 Uhr – u. a. beim i-Büro.
Bus auf der Insel: Mehrmals tgl. Nordby–Sønderho, teils via Fanø Bad und den Strand bis Rindby.

Auf Entdeckungstour: Kolding – Geschichte trifft Moderne in Ostjütland

Ribe, die alte Kulturstadt im Westen, lag über die Jahrhunderte gesehen doch etwas zu weit abseits der großen Entwicklungen des dänischen Königreichs. Da sieht es im Osten Jütlands anders aus: In Kolding demonstrierte die Krone mit einer mächtigen Königsburg Macht gegen die Deutschsinnigen in den Herzogtümern Schleswig und Holstein.

Reisekarte: ►E/F 11/12

Planung: Schloss Koldinghus: Markdannersgade 11, Tel. 76 33 81 00, www.koldinghus.dk, tgl. 10–17 Uhr, 80 DKK/ab 18 Jahre;
Kunstmuseum Trapholt: Æblehaven 23, Tel. 76 30 05 30, www.trapholt.dk, Di–So 10–17, Mi bis 20 Uhr, 80 DKK/ab 18 Jahre; Sommerhaus: Führungen tgl. 13 u. 15, Sa/So auch 11 Uhr
Anreise: Bahn: Esbjerg–Kolding, ca. 40 Min. Auto: ab Rømø-Damm 80 km, ab Esbjerg 73 km

Kolding, mit knapp über 58 000 Einwohnern Dänemarks siebtgrößte Stadt, schmiegt sich ans Ende eines malerischen Fjords. Ein kreatives Element, das bis ins Shopping-Angebot durchschlägt, ist Designskolen Kolding, eine Designschule, aus der viele international erfolgreiche dänische Modedesigner hervorgegangen sind.

Faszinierende Architektur

Schon 1268 ließ König Erik V. Klipping am Ufer der Kolding Å eine Burg anlegen. Aus der wurde Mitte des 16. Jh. ein Königsschloss, das der damalige Reisehof gern nutzte und in dem Anfang des 18. Jh. noch einmal König und Hof Zuflucht suchten, als in Kopenhagen die Pest wütete. Markant ist der wuchtige Kæmpetårn, der Heldenturm, auf dem ursprünglich vier große Helden der griechischen Mythologie als Skulpturen standen.

In den napoleonischen Kriegen lagerten spanische Hilfstruppen im **Schloss Koldingshus.** Um im kalten dänischen März heimatliche Temperaturen zu schaffen, feuerten die fröstelnden Südländer die Kamine so maßlos an, dass Feuer ausbrach und die ganze Herrlichkeit 1808 niederbrannte. Ab 1890 wurde peu à peu restauriert, aber erst nach 1972 gelang der Große Wurf und so war Anfang der 1990er-Jahre eines der faszinierendsten Gebäude Europas fertiggestellt – mit internationalen Architektur- und Denkmalschutzpreisen überhäuft: hier praktisch unbehandelte Ruinengemäuer, dort ein leicht wirkender Innenausbau aus Holz und Stahl im Ruinensaal und der alten Kapelle. Die neuen Teile inklusive Dach ruhen auf mächtigen, über drei Stockwerke aufragenden Holzstützen und ließen sich problemlos entfernen, sollte ein neuer architektonischer Zeitgeist es fordern.

Das kulturhistorische **Museum på Koldinghus** zeigt in den Räumen eigene Sammlungen von Kircheninventar, Gold und Silber von der Renaissance bis zur Gegenwart sowie Interieurs ab Ende des Mittelalters, aber auch immer wieder aufsehenerregende Sonderausstellungen. Eine Abteilung widmet sich den Schleswigschen Kriegen, der Teilung und der Wiedervereinigung.

Gegenwartskunst auf internationalem Niveau

Trapholt über dem Nordufer des Kolding Fjord versteht sich als Museum für Kunst, Design und Kunsthandwerk – ein junges Museum, das vor allem Werke aus dem 20. und 21. Jh. besitzt. Stark vertreten ist Richard Mortensen, ein Exponent abstrakter Malerei. Im Park vor dem Museum findet man Skulpturen und Installationen der Moderne wie den »Diamond Runner« des nicht mehr ganz so ›jungen Wilden‹ Ingvar Cronhammer, der in seiner elektronischen Anzeige eifrig Sekunden zählt – bis 10 Milliarden, das soll in etwa 300 Jahren erreicht sein.

Trapholt ist darüber hinaus Schwerpunktmuseum für dänisches Möbeldesign – kein Wunder also, dass man im Museumscafé auf Stuhlklassikern von Arne Jacobsen sitzt. Dieser Großmeister des Dansk Design entwarf 1970 ein Typen-Sommerhaus aus frei kombinierbaren Elementen: **Arne Jacobsens Kubeflex sommerhus.** Für seine Zeit wohl zu radikal ging es nie in Serie, das Musterhaus nutzte die Familie Jacobsen jedoch bis vor wenigen Jahren in Südseeland. Dort wurde es abgebaut und steht, eingerichtet mit Jacobsen-Möbeln, permanent im Park des Museum Trapholt über dem Fjord und kann auf Führungen besichtigt werden.

Das Beste auf einen Blick

Von Blåvand bis Vedersø

Highlight!

Holmsland Klit: Die 35 km lange Nehrung trennt Nordsee und Ringkøbing Fjord an den schmalsten Stellen mit ein paar Hundert Metern Sand und Dünen, mehr als 3 km Land werden es nie. Das breite Strandband nach Westen und die hohe Dünenkette dahinter sind nur einmal am quirligen Hafen von Hvide Sande unterbrochen. Den ultimativen Überblick über die schlanke Welt verschafft der imposante Leuchtturm Nørre Lyngvig Fyr. S. 177

Auf Entdeckungstour

LEGOLAND Park: Mit Kindern ist der Ausflug nach Billund, wo der LEGO-Stein erfunden wurde, Pflicht. Und die Welt aus Noppensteinen begeistert nicht nur Kinder. S. 172

Ringkøbing-Skjern Museum: 14 Museen und Attraktionen rund um den Ringkøbing Fjord vermitteln ein Bild vergangener Tage im Westen Jütlands. S. 184

Birk Centerpark: Extravagante Landschaftsgestaltung und Architektur, exzellente Museen und die Mega-Skulptur Elia – und dies mitten in der Provinz Westjütlands. S. 192

Kultur & Sehenswertes

Giacometti in Holstebro: Wo man geht und steht, trifft man in Holstebro auf Kunst: Fabelwesen, ein Metallschwein oder eine Gruppe genmanipulierter Bürger – nichts jedoch übertrifft ›Maren å æ woun‹, die magersüchtige Frau auf dem Wagen von Alberto Giacometti, eine 100 Mio.-Kronen-Skulptur im öffentlichen Raum. S. 189

Zu Fuß & mit dem Rad

Rundweg für die Gesundheit: ›Hjertestier‹, Herzwege, sollen überall im Land die Dänen bewegen, sich zu bewegen. Einer führt in gut einer Stunde rund um den Karlsgårde Sø bei Varde. S. 152

Natur ›reloaded‹: Nahe Henne Strand ist der Filsø in einem großen Renaturierungsprojekt wieder erstanden, bestens präparierte Wander- und Radwege gehören zum Konzept. S. 164

Genießen & Atmosphäre

Henne Kirkeby Kro: Das erwartet man in einem unscheinbaren Kirchdorf im Wilden Westen Dänemarks kaum: ein Restaurant der internationalen Gourmetklasse, schon zum besten Dänemarks und auch zum besten Nordeuropas gewählt. S. 167

Abends & Nachts

Søndervig: Der munterste Touristenort am Ringkøbing Fjord zeigt sich modern, manchmal schrill, vielleicht nicht gerade Ballermann, aber auch keine feinsinnige Kultur, ausreichend jedoch, partyinteressierte Urlauber zufrieden zu stellen – besonders im Juli und August pulsiert das Leben. S. 179, 182

Strände ohne Ende

Blåvand, Vejers, Grærup, Børsmose, Henne, Ho, Jegum, Houstrup, Lønne, Nymindegab, Bjerregård, Haurvig, Årgab, Lyngvig, Klegod, Søndervig, Houvig, Husby, Vedersø Klit – viele Urlauber registrieren kaum die Namen der Siedlungen und Dörfer ganz im Westen Dänemarks und doch machen Zehntausende Jahr für Jahr hier Urlaub in unzähligen Ferienhäusern, die in den Dünen oder Heidegebieten hinter der Küste stehen.

Die scheinbar endlosen Strände von der Südspitze der Halbinsel Skallingen um den westlichsten Punkt Dänemarks, Blåvands Huk, herum und weiter über die Nehrung Holmsland Klit nordwärts bis Vedersø Klit und sogar noch weiter nördlich hinaus sind das wichtigste Kapital der Region.

Service, Kultur und dänische Lebensart steuern Kleinstädte im Hinterland bei, allen voran Varde und Ringkøbing.

Infobox

Internet

www.visitwestdenmark.com: Für die Großkommune Varde von Blåvand bis Nymindegab

www.hvidesande.dk/de: Für die Großkommune Ringkøbing-Skjern rund um den Ringkøbing Fjord

Sammeltickets für Museen

Ein gemeinsames Ticket für die **kommunalen Museen der Gemeinde Varde,** darunter in Varde das Museum, das Artillerimuseum und die Ministadt (s. S. 151), Ravmuseet i Oksbøl (s. S. 155), Tirpitz-stillingen (s. S. 160) und Nymindegab Museum (s. S. 169), kostet 100 DKK/ab 18 Jahre, ist in allen beteiligten Museen erhältlich und zehn Tage gültig.

Für die **Ringkøbing-Skjern-Museen** (s. Entdeckungstour S. 184) rund um den Ringkøbing Fjord gibt es Wochen- (Ugekort 150 DKK) und Jahreskarten (Årskort 250 DKK) bei allen beteiligten Besuchsstätten, und wer unter 18 Jahre ist, zahlt auch sonst nichts.

Anreise und Weiterkommen

Auto: A 7/E 45 bis Kreuz Kolding Vest/Abfahrt 64 und weiter über die E 20. Zu den südlichen Küstenabschnitten (Blåvand bis Kærgård Strand): ab Abfahrt 75 über Straße [463] bis Billum westlich Varde und dann an die Küste. Zum mittleren Abschnitt (Henne Strand bis Holmsland Klit): ab Abfahrt 73 über Straße [11] bis Varde, weiter auf der [181] in die Küstenorte.
Zum nördlichen Abschnitt (Søndervig bis Vedersø Klit): ab Abfahrt 73 über die Straßen [11], [28], [15] via Skjern und Ringkøbing zur Küste.

Bus/Bahn: Wichtigste Bahnhöfe der Region sind Varde – ab dort Lokalbahn via Oksbøl nach Nørre Nebel – sowie Ringkøbing und Ulfborg, alle mit Busanschlüssen in die Küstenorte. Die drei Stationen sind am besten via Esbjerg erreichbar, ab Hamburg in 5–7 Std.

Flugzeug: Die nächsten Flughäfen mit Verbindungen ab deutschsprachigen Ländern sind Billund und Karup.

Varde ▸ C 11

Varde ist Stadt im Hintergrund, Sitz der Verwaltung der gleichnamigen Kommune. Diese Kommune, zu der auch der Küstenabschnitt von der Halbinsel Skallingen bei Blåvand bis Nymindegab am Südzipfel des Ringkøbing Fjord gehört, hat knapp über 50 000 Einwohner, das eigentliche Städtchen Varde aber nur wenig mehr als 13 000. Doch bietet es bei Shopping und Kultur weit mehr, als man von Orten dieser Größe in Mitteleuropa erwarten würde. Von den Ferienhäusern im äußersten Westen Dänemarks ist es mit dem Auto meist nur etwa eine halbe Stunde bis in die Stadt.

Vardes Wurzeln liegen im frühen Mittelalter, als über die Varde Å das Wattenmeer praktisch bis vor die Stadt reichte und um eine Furt im Fluss die erste Siedlung entstand. Warwik hieß Varde damals, ein Name, den heute eine der beiden lokalen Mikro-Brauereien mit ihren exquisiten Bierspezialitäten nutzt. Nimmt man das von Historikern benutzte Bild auf, das Wattenmeer sei früher eine Art Autobahn für Nordwesteuropa gewesen, dann war die Varde Å die nördlichste Autobahnzufahrt. Bis kurz vor die Tore der Stadt sind der Fluss und seine Auen Teil des Nationalpark Wattenmeer und bereits großflächig renaturiert u. a. im Rahmen des Snæbel- Projekts (s. S. 63). Weiter landeinwärts schlängelt sich der Fluss durch einen Grüngürtel am Südrand des Zentrums von Varde vorbei.

Torvet und Kirkepladsen

Ungewöhnlich häufig saß der rote Hahn auf Vardes Dächern, 1789 und 1821 gingen insgesamt 131 Häuser in Flammen auf. Außer der ansehnlichen **Sct. Jacobi Kirke,** einer Kreuzkirche mit ältesten Teilen aus der Romanik, überlebten kaum Bauten aus der Zeit vor diesen Stadtbränden. Doch ansehnliche ›Neubauten‹ aus den Wiederaufbauphasen im späten 18. Jh. und in den 1820er-Jahren sorgen für ein charmantes Stadtbild vor allem um den zentralen Marktplatz **Torvet,** der sich im Sommer mit Straßencafés, Livemusik und Flohmärkten besonders lebendig zeigt.

Auf seiner Westseite stehen einträchtig nebeneinander die Sct.-Jacobi-Kirche und das **Rathaus** von 1872 mit seinem markanten Treppengiebel – ein typischer Bau des Historismus, der sich hier aus der Gotik bediente. Daneben das älteste und schnuckeligste Häuschen am Platze, die ehemalige Marktkneipe **Sillasens Hus** von 1795, aktuell ein Bagel-Shop. Geht man zwischen Kirche und Rathaus zum kleineren **Kirkepladsen** hindurch, steht man vor dem Museum der Stadt und ein paar Meter weiter vor dem i-Büro. Beide Gebäude sind in ein ehrgeiziges Stadtsanierungsprojekt einbezogen, mit dem das Viertel hinter der Kirche erneuert wurde.

Die Museen in Varde

Das **Varde Museum** beleuchtet Vardes engen Bezug zum Wattenmeer, zeigt viel Mittelalter, aber auch Artefakte aus einer breiten kunst- und kulturhistorischen Sammlung von prähistorischen Funden über Design, Möbel, Keramik und Silber bis zu moderner Kunst. Sehr präsent ist der Fantasy-Maler, Comiczeichner und Lokalmatador Otto Frello, ein Postsurrealist mit geradezu mystisch wirkenden Malereien, aber auch publikumswirksamen Comics. Frello wurde 1924 nahe Varde auf einem Bauernhof geboren und hat im Osten Deutschlands unter den Fans der »Olsen Bande« (s. S. 19) als Zeichner des einzigen Comics über diese ewig scheiternden Gauner einen

Kultstatus (Kirkepladsen 1, Tel. 75 22 08 78, www.vardemuseum.dk, Juli–Aug. tgl. 10–17, sonst Di–So 10–16 Uhr, 50 DKK/ab 18 Jahre, Museums-Sammelticket s. Infobox S. 150).

Die Rückseite des Varde Museum stößt an den neu geschaffenen **Otto Frello Plads,** an dem zwei Gebäude liegen, die großflächig mit Frello-Motiven überzogen sind.

Über den Platz und die Straße Vestervold – Westwall – erreicht man nach wenigen Hundert Metern **Varde Artillerimuseet.** Das geht auf Vardes lange Tradition als Garnisonsstadt zurück und zeigt Artilleriewaffen und ihre Geschosse von mittelalterlichen Kanonen bis zu ferngesteuerten Lenkwaffen der Gegenwart, Tableaus mit Schlachtszenen, Uniformen und Ausrüstungen dänischer Artilleristen (Vestervold 11, Tel. 75 22 15 94, Feb.–Juni Di–So 10–14, Juli–Okt. tgl. 10–16 Uhr, 30 DKK/ab 18 Jahre, Museums-Sammelticket s. Infobox S. 150).

Minibyen i Varde

Enghavevej 23, Tel. 75 21 12 90, Mitte Mai–Woche 42. je nach Saison 10–16/17/18 Uhr, 40 DKK, 12 DKK/ 3–11 Jahre, Museums-Sammelticket s. Infobox S. 150

Tambours Have und Rundweg um den Karlsgårde Sø

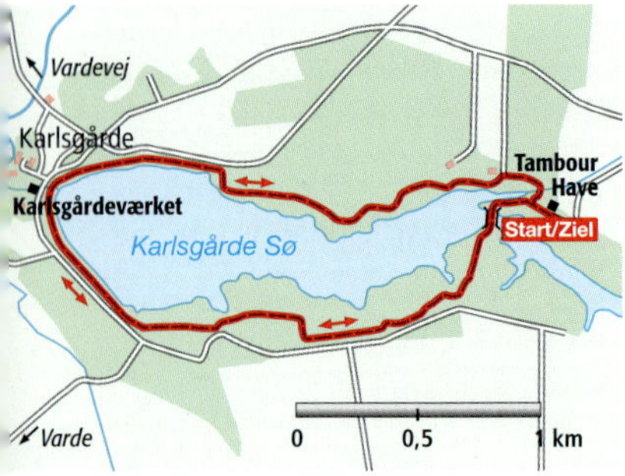

Bummelt man vom Torvet in die entgegengesetzte Richtung durch die Fußgängerstraße Kræmergade nach Osten, erreicht man bald Vardes grüne Lunge **Arnbjerganlægget** mit einer großen Freilichtbühne (s. Termine). Im Osten des Parks fühlt man sich plötzlich als Gulliver: Die **Miniaturstadt Varde** präsentiert ein von pensionierten Handwerkern liebevoll und detailgenau rekonstruiertes Varde aus der Zeit um 1866 im Maßstab 1:10. Fast 300 Gebäude säumen schon die Gassen, und jedes Jahr kommen neue hinzu.

Rundweg: Tambours Have und Karlsgårde Sø

Tambours Have: Bredmosevej 21 (ca. 12,5 km östl. via Straße [12]), Tel. 75 29 83 24, www.tambour.vardekommune.dk, Mai–Sept. tgl. 10–17 Uhr, 40 DKK/ ab 18 Jahre. Rundweg: ca. 6 km, zu Fuß etwa 1.10 Std., weitgehend flaches Terrain, rollstuhlgerecht

Der romantische Garten **Tambours Have** setzt das Lebenswerk des gelernten Schneiders und autodidaktischen Gärtners Gerhard Tambour fort, der am Ufer des Karlsgårde Sø zwischen 1942 und 1975 aus einem funktionalen Gemüse-Kleingarten einen verspielten botanischen Garten schuf, mit Pflanzen aus aller Welt. Nach Tambours Tod 1978 verwildert, wurde die Grünanlage ab den 1990ern unter kommunaler Regie rekonstruiert und wieder gepflegt. Dem angrenzenden, etwa 100 ha großen See merkt man kaum an, dass er eigentlich ein Stausee aus den 1920ern ist, gefüllt mit Wasser, das ein Kanalnetz aus Flüssen der Umgebung zuführt.

Am Westende des Sees, Tambours Have gegenüber, entstand das inzwischen als Industriedenkmal geschützte Wasserkraftwerk **Karlsgårdevær-**

ket, durch dessen Turbine der See in die Varde Å entwässert. Im Rahmen der Renaturierung der Varde Å und des ambitionierten Snäpel-Projektes (s. S. 63), wird das Kraftwerk in naher Zukunft vom Netz genommen und das Kanalnetz zurückgebildet, der See bleibt jedoch mit reduziertem Zufluss als Naturgebiet erhalten.

Tambour Have ebenso wie Karlsgårdeværket können Start/Ziel eines gut ausgeschilderten Spazier- und Radweges rund um dem **Karlsgårde Sø** sein, einer von fast 170 ›Hjertestier‹ (Herzwege) in Dänemark, angelegt, um die Dänen zu bewegen.

Übernachten, Essen

Mitten im Grünen, mitten in der Stadt – **Hotel Arnbjerg:** Arnbjerg Allé 2, Tel. 75 21 11 00, www.arnbjerg.dk. Traditionshotel mit nostalgischem Ambiente (Small Danish Hotels s. S. 25), aber modernen Zimmern im Park Arnbjerganlægget. Diverse Familien-, Wochenend-, Sommer- oder Eventangebote, auch Anglerwochenenden mit Halbpension und Angelschein für die Varde Å. DZ Normalpreis ca. 1100 DKK. Auch bodenständiges Restaurant **Brasseriet** mit viel dänischer Kost innovativ interpretiert, z. B. Smørrebrød zum Frokost ab 40 DKK, abends HG ca. 130–250 DKK oder Menüs ab 300 DKK. Gute Idee angesichts des umgebenden Parks mit seinen Picknickplätzen: Viele kleine Gerichte, auch typisch dänisches Smørrebrød, gibt's als Takeaway (bestellen unter Tel. 75 21 11 00).

Einkaufen

Shoppen mit Genuss – Am Torvet und entlang der von dort ausgehenden Fußgängerstraßen Vestergade und Kræmergade findet man eine Vielfalt kleiner Läden und Boutiquen; **Inspiration** (Torvet 6) ist darunter die gut sortierte Filiale einer Haushaltswarenkette mit großer Auswahl an praktischem ›Danish Design‹.

Für den Wocheneinkauf – **Kvickly** (Østervold 5) und **Føtex** (Ringkøbingvej 1) sind die führenden SB-Warenhäuser der Region und liegen nur wenige Meter voneinander entfernt am Ostrand des Zentrums, beide mit großen Lebensmittelabteilungen und täglichen Öffnungszeiten.

Infos & Termine

Varde Turistbureau: Otto Frello Plads 1, 6800 Varde, Tel. 75 22 32 22, www.visitwestdenmark.com (nur Hochsaison mit Personal, sonst Broschüren und Online-Terminal).

Musiktheater: Der rührige Theaterverein **7-kanten** inszeniert in der ersten Juli-Hälfte auf der Freilichtbühne in Arnbjerganlægget große Musiktheater-Events mit Blockbustern vom Kaliber »My Fair Lady« (2012) oder Shrek – The Musical (2015) und begeistert Zehntausende (www.7-kanten.dk, Tickets 190–250 DKK).

Dänemarks Westend ▸ A/B 11/12

Ganz im Westen Dänemarks ist die Zahl der Ferienhäuser extrem hoch, die der Einwohner extrem niedrig. Die bis 2007 unabhängige Gemeinde Blåvands Huk mit den Ferienhausmetropolen Blåvand und Vejers verzeichnet traditionell die höchsten Übernachtungszahlen ausländischer Touristen in Dänemark nach der Hauptstadt Kopenhagen – und das bei nur 4000 festen Einwohnern, von denen Dreiviertel im Städtchen Oksbøl leben.

Oksbøl ▶ B 11

Oksbøl ist Zentrum des Küstenabschnitts mit Supermärkten, Museen und einem Spaßbad. Außerdem ist Oksbøl seit Ende des 19. Jh. Garnisonsstadt. Von hier wird ein großer **Truppenübungsplatz** verwaltet, der sich hinter der Küste von Blåvand bis auf Höhe des Kærgård Strand durch Dünen und Wälder zieht. Das will eigentlich nicht in eine Ferienregion passen, aber man arrangiert sich: Die Soldaten halten sich in der Hauptreisezeit zurück und stören dann den Tourismus kaum. Ganz im Gegenteil, wie Besucherzahlen bei Tagen der offenen Tür in den Kasernen von Oksbøl bestätigen. Zudem ist das Gelände ein Refugium vieler bedrohter Pflanzen und Tierarten, das, abgesehen vom Schießplatz in der Kallesmærsk Hede zwischen Blåvand und Vejers, für jedermann zugänglich ist, solange keine Manöver stattfinden. Sperrungen werden deutlich angezeigt, Schilder warnen auch in deutscher Sprache (www.forsvaret.dk/oksbl/skydninger, aktuelle Daten auch auf Deutsch ca. zwei Monate vorher).

Oksbøl selbst wirkt dörflich und nicht alt, doch zeugt die romanische **Ål Kirke** am Nordrand des Ortes von früher Bedeutung: Der Kern des Gotteshauses entstand im 12. Jh. aus rheinischem Tuffstein, eine deutliche Erweiterung im 13. Jh. belegt das schnelle Wachstum der Gemeinde. Berühmt ist die Kirche für Fragmente ihres 900 Jahre alten Frieses mit Szenen eines in der dänischen Kirchenkunst einzigartigen Ritterkampfes an der Nordwand (Præstegårdsvej 23, tgl. 9–16 Uhr).

Ehemaliges Flüchtlingslager

Ein paar hundert Meter nordwestlich der Kirche liegt am Rande des Præstegårdsvej in einem schattigen Wald der **Friedhof** des Flüchtlingslagers Oksbøl, auf dem über 1600 deutsche Flüchtlinge und über hundert deutsche Soldaten bestattet wurden. Die meisten der Verstorbenen waren von der Flucht geschwächte Kleinkinder und Alte. Es ist ein wenig bekanntes Kapitel deutsch-dänischer Geschichte, dass sich bei Ende des Zweiten Weltkriegs fast eine halbe Million deutsche Flüchtlinge auf dänischem Boden befanden. Die kamen über die Ostsee aus russisch besetzten Gebieten. Eigentlich sollten sie nach Kriegsende zusammen mit den geschlagenen Besatzungstruppen sofort das Land verlassen. Um die Lage in Deutschland aber nicht weiter zu destabilisieren, forderten die Alliierten Dänemark auf, Flüchtlinge vorläufig zu behalten und zu versorgen und so blieben rund 200 000 Deutsche in Lagern, die letzten bis 1949.

In dem 400 ha großen Durchgangslager von Oksbøl machten mehr als 100 000 Menschen Station, in einigen Phasen bis zu 36 000 gleichzeitig – dann war das kleine Kaff in den Dünen Dänemarks siebtgrößte Stadt und die größte in Westjütland allemal. Vornehmlich waren es Frauen und Kinder sowie ältere, aber praktisch keine jüngeren Männer. Wie dieses Ungleichgewicht ausgeglichen wurde, dokumentieren mehr als 600 Fraternisierungsfälle und fast 70 deutsch-dänische Kinder.

Das Lager stand unter weitgehender Selbstverwaltung der Insassen, es gab sogar Gemeinderatswahlen. Und waren bei kleinen Vergehen keine Dänen beteiligt, ermittelten und urteilten sogar deutsche Polizisten und Richter. Nur Versorgung und Bewachung war dänische Angelegenheit. Die letzten Flüchtlinge verließen um den Jahreswechsel 1948/49 Oksbøl. Nur wenige Bauten des Lagers haben die Zeiten überstanden wie das **ehemalige Laza-**

rett, in dem irgendwann einmal ein Museum über das Lager entstehen soll.

Bevor Deutsche zwangsweise in das Lager einziehen mussten, betrieb die Wehrmacht während der Besatzungszeit die 1929 vom dänischen Militär aufgebaute Kaserne Oksbøllejren als ›Truppenübungsplatz Oxsböl‹ zur Ausbildung von Ostfrontsoldaten.

Museen in Oksbøl

Das zentral im Ort gelegene **Ravmuseet** ist eines der besten Spezialmuseen zum Thema Bernstein in Europa und keine verkappte Verkaufsausstellung, als die sich sonst viele ›Bernsteinmuseen‹ in Dänemark entpuppen. Es informiert über das berühmteste aller Bernsteinzimmer sowie über Wissenswertes und Mystisches rund um den Stein, der genaugenommen fest gewordenes Harz ist (s. S. 68). Dabei beschränkt man sich nicht auf sein Vorkommen in Jütland, sondern schaut global. Erklärt wird auch, wie man Bernstein am Strand findet und wie man ihn von normalen bräunlichen Steinen unterscheiden kann (Vestergade 25, Tel. 75 27 07 03, www.vardemuseum.dk, Juli/Aug. tgl. 10–17, sonst Di–So 10–16 Uhr, 50 DKK/ab 18 Jahre, Museums-Sammelticket s. Infobox S. 150, der angeschlossene Kunstsaal mit Wechselausstellungen meist lokaler Künstler ist kostenlos zugänglich).

Ein Test ist sicher, aber final: Bernstein – der Name kommt vom altdeutschen Wort für Brennstein – brennt. Da passt es gut, dass am Stadtrand im **Museet Danmarks Brandbiler** gut 100 echte Feuerwehrfahrzeuge und etwa 2500 im Spielzeugformat bereit stehen – laut Guinness Buch der Rekorde die größte Sammlung dieser Art weltweit. In Ferienzeiten gibt es mittwochs regelmäßig Löschvorführungen. In einer Halle sind die Fahrzeuge in Tarnfarben statt in Feuerwehr-Rot bemalt: Die im Ort stationierte Kampfschule des dänischen Heeres zeigt ihre Sammlung von Panzern und Mannschaftswagen (Industrivej 18, Tel. 76 54 20 00, www.danmarksbrandbiler.dk, ca. Ostern–Okt. So–Fr 10–15, Juli/Aug. So–Fr 10–17 Uhr, 60 DKK/Erw., 25 DKK/3–12 Jahre).

Blåvand und Oksby

▶ B 11

Der Ort Blåvand ist Ferienhausmetropole, besitzt aber auch einen Campingplatz, der regelmäßig zu den besten Europas gewählt wird; Blåvand ist längst mit dem Nachbarort Oksby zu einem touristischen Zentrum zusammengewachsen, lebendig rund ums Jahr. Eine Einkaufsstraße lockt vor allem dann, wenn kein richtiges Strandwetter ist, in Mode- und Outlet-Shops.

In der alten reetgedeckten Schule von Oksby vermittelt das **Blåvand Museum** Lokalkolorit von gestern. Es verwahrt außerdem den Schlüssel, den Interessierte gegen ein Pfand ausleihen können, um das **Blåvand Redningsbådsmuseum** zu besichtigen. Es ist in einer alten, 1851 eingerichteten Rettungsstation im Fyrvej 25 untergebracht, die bis 1975 benutzt wurde (Blåvandsvej 30, Tel. 75 22 08 77, www.vardemuseum.dk, Juli/Aug. tgl. 14–17 Uhr, 25 DKK/ab 18 Jahre, Museums-Sammelticket s. Infobox S. 150).

Blåvands Huk und sein Leuchtturm

Leuchtturm mit Windenergiecenter und Blåvandshuk Fyr Turistinformation (s. S. 162), Fyrvej 106, Dez./Jan. Do–So 10–15, Feb./März, Nov. tgl. 10–15, April–Okt tgl. 10–17 Uhr. Leuchtturm 30 DKK/Erw., 20 DKK/Kinder. Zugang zum Leuchtturm witterungsabhängig

Lieblingsort

Leuchtzeichen für des Teufels Horn ▶ B 11
Ich liebe das Meer, seine Winde, seine Wellen und seine Leuchttürme wie **Blåvandshuk Fyr,** die Menschen auf dem Wasser das Leben etwas sicherer machen. Früher, als es noch kein GPS gab, war ihre Bedeutung natürlich viel existenzieller als heute. Blåvandshuk Fyr blinzelt auf jeden Fall nach wie vor zuverlässig alle 20 Sekunden dreimal kurz in die Nächte hinaus. »Hallo! Du bist am Meer«, signalisiert der Turm mir – und denen, die draußen vorbeifahren: »Passt auf! Ihr kommt dem Horn des Teufels zu nah.«

Mein Tipp

Café, Weinbar und Gourmetboutique: Hr. Skov

Da gehört schon Mut dazu, an einem solch windverwehten Flecken eine Gourmetboutique mit Café und Weinbar zu eröffnen und Genüsse der Region wie der Welt in die Regale zu holen. Claus Skov und Henny Dahl haben bewiesen, dass es geht. Gleich gegenüber dem Blåvand Museum gibt es delikaten Käse, Fisch und Wildspezialitäten so frisch wie möglich, 100- oder 10 000-Kronen-Weine, Belugakaviar oder Trüffel, außerdem Marmelade und Schnaps nach eigenen Rezepten mit selbst gesuchten Zutaten, selbst produziert unter dem Label mit dem Baum, an dem ein roter Apfel hängt – das Markenzeichen des Shops von ›Hr. Skov‹. Vor Ort kann man sich einen Champagnerbrunch, eine Käseplatte zum Roten oder auch nur einen perfekten Espresso servieren lassen (Hr. Skov: Blåvandvej 37, Tel. 75 27 85 00, www.hrskov.dk, Mi–So 10–17/18 Uhr, Saison auch Mo u. Di).

Holländische Seefahrer gaben Dänemarks westlichstem Landpunkt auf 8° 5′ Ost den **Namen Blåvands Huk.** ›Huk‹ war für sie eine Ecke. Hier wechselt der Strand Richtung und Charakter: nach Norden dem offenen Meer und seiner kräftigen Brandung ausgesetzt, nach Südosten schmaler und von sanfteren Wellen gestreichelt. Hier fehlen gefährliche Strömungen, sodass der Strand für Kinder besser geeignet ist.

Was des einen Freud, ist des anderen Leid: Dieser Strandabschnitt wird durch eine der gefährlichsten Untiefen der Nordsee geschützt, dem **Horns Rev.** Die Holländer sprachen lieber vom ›Duyvels Horn‹, dem Teufels Horn. Die Sandbank streckt sich vor Blåvands Huk 40 km ins Meer. Etwa so weit reicht in klaren Nächten das Licht des **Blåvandshuk Fyr.** 1900 gebaut und 39 m hoch, ragt der Leuchtturm für Dänemarks Küsten ungewohnt viereckig aus den Dünen und überrascht deshalb schon beim 170-Stufen-Aufsteig mit geradezu grafischen Ansichten im ›kernlosen‹ Treppenhaus. Oben auf der meist windumtosten Plattform, die etwa 55 m über dem Meeresspiegel die Linse umrahmt, bietet er imponierende Aussichten auf Strände, Heide, Ferienhäuser und Richtung England bis zum Horizont auf die Gischt der Wellen, die sich über Horns Rev brechen.

Und man erfasst von oben so gut wie nirgendwo sonst die ganze Ausdehnung der **Offshore-Windenergieparks** über der einst so menschenmordenden Sandbank. Seit 2002 produzieren im Abstand von 14 bis 30 km vor der Küste rund 170 Windkraftanlagen in den beiden Windparks Horns Rev 1 – 2002 eingeweiht – und Horns Rev 2 – 2009 eingeweiht – Strom für gut rund 350 000 Haushalte (s. S. 71). Im alten Leuchtturmwärterhaus am Blåvandshuk Fyr, in dem auch das i-Büro für die Region residiert, informiert das **Horns Rev Wind Farm Visitor's Center** über die Windparks, die dort aufgestellten Windkraftanlagen und darüber, wie der Strom an Land kommt.

Drehkreuz der Vogelzüge

Tierschützer kritisieren die Windräder im Meer als lebensgefährlich für Vögel, ganz besonders, weil die Umgebung von Blåvands Huk als nördliches Tor zum Wattenmeer ein bedeutendes Drehkreuz der Vogelzüge zwischen arktischen Gebieten und südlichen Gefilden ist. Dafür sind im Frühjahr und Herbst die Strände um die Landspitze und die vielen Feuchtgebiete hinter den Dünen ideale Beobachtungsplätze. Nicht weit vom Leuchtturm neben der Straße zum Dorf bringt das **Blåvand Naturcenter** dieses Naturphänomen mit einer kleinen Schautafel-Ausstellung und regelmäßigen Naturführungen auch Laien näher (Fyrvej 81, Ausstellung gratis; Touren-Themen aktuell im i-Büro).

Friedensskulptur am Strand

Auf verfremdete Zeugnisse eines älteren Großbauprojekts stößt man bei einer Strandwanderung vom Leuchtturm nach Süden. 1995 setzte der britische Maler und Bildhauer Bill Woodrow am Strand von Blåvand Bunkern des Atlantikwalls stählerne Köpfe und Schwänze von Mulis auf (Abb. s. S. 160). Was will er uns damit wohl sagen? Tragen die genügsamen Tiere die unkaputtbaren Betonkörper ins Meer? Sollen Bunker sich Maulesel gleich nicht vermehren können? Sind Bunker einfach das Produkt, wenn sich die sprichwörtliche Dummheit eines Esels und der übertriebene Stolz eines Hengstes paaren? Woodrows Kunstwerk **»Bunker/Mule«** war 1995 Teil einer spektakulären Friedensskulptur, die sich an der kompletten dänischen Nordseeküste über mehr als 500 km entlangzog mit 57, durch Laserstrahlen miteinander verbundenen Werken von 22 Künstlern: Keines ist so gut erhalten wie die Bunker Mulies.

Geht man Richtung Landspitze Blåvands Huk vor, dort wo unterhalb des Leuchtturms Warnschilder vor dem militärischen Schießplatz der Gegenwart warnen, findet man am nächstliegenden Bunker vor den Dünen ein weiteres Objekt der Friedensskulptur von 1995: Der **»Affe als Künstler«** ist eine Arbeit des 2007 verstorbenen Malers und Aktionskünstlers Jörg Immendorff. Zwischenzeitlich schien dieses Werk eines der bedeutendsten deutschen Künstler der Gegenwart in Vergessenheit geraten, es war fast gänzlich von wilden Graffitis überdeckt. Zum Saisonbeginn 2015 soll der ›rote Affe‹ restauriert und gegen neuerlichen Vandalismus präpariert in neuem Glanz erscheinen.

Skallingen und Ho ▸ B 11/12

Ein wild-romantisches und geradezu unfertig wirkendes Stück Dänemark trennt südlich von Blåvand die Ho Bugt von der Nordsee: die Halbinsel **Skallingen.** Die große Sturmflut 1634 veränderte hier die Landkarte radikal: Die heute unter strengem Schutz stehende Insel **Langli** war bis 1634 Spitze einer Landzunge. Noch im Mittelalter schwenkte die Küste bei Blåvands Huk scharf nach Osten und verlief geradewegs auf Hjerting (s. S. 131) zu. Am Ufer lag Sønderside, damals der größte Fischereihafen an Jütlands Küste und ein wahres Sodom und Gomorrha. Da passte es einigen Puritanern gut in die Propaganda, dass sich das Meer bei der ›Großen Manntränke‹ den ganzen Ort holte. An die damit verschwundene Seefahrertradition erinnert in der romanischen Ho Kirke Dänemarks ältestes Votivschiff aus dem frühen 17. Jh. Erst lange nach der Katastrophenflut wuchs Skallingen heran, war um 1900 ein Hochsand, von dem im Laufe des folgenden Jahrhunderts Pflanzen Besitz ergriffen. Heute sind die Wattseite der Halbinsel und die Ho Bugt Teil des Nationalpark Wattenmeer.

Skallingens Weststrand ist von markierten Parkplätzen zugänglich, die Zufahrt erfolgt von **Ho** über einen schmalen holprigen Weg auf der Wattseite, der bei hohen Hochwassern überfluten kann. Skallingen trug lange an einer Altlast des Zweiten Weltkriegs: Die deutsche Wehrmacht legte auf der Halbinsel noch 1944 fast 72 000 Minen

Die ›Bunker Mulies‹ des Briten Bill Woodrow entstanden 1995 als Friedensskulptur zum 50. Jahrestag des Endes des Zweiten Weltkrieges

aus. 2006 bis 2012 wurde wieder aufwendig geräumt. Pioniere gruben in einigen Abschnitten Strand und Dünen metertief auf, durchsuchten den Sand und rekonstruierten das Gelände anschließend wieder. Nach dieser Aktion wurde Dänemark im Juli 2012 offiziell minenfrei erklärt.

Tirpitz-stillingen

Tane Hedevej, Blåvand, Tel. 75 27 84 27, www.vardemuseum.dk, wegen Baumaßnahmen (s. u.) Einschränkungen, aktuelle Öffnungszeiten auf der Website, 30 DKK/ab 18 Jahre, Museums-Sammelticket s. Infobox S. 150

Ein andere Hinterlassenschaft aus dem Zweiten Weltkrieg in den Dünen zwischen Blåvand und Ho wird derweil gern besucht: die Reste einer deutschen Bunkeranlage, die mit vier 38-cm-Kanonen, jede gut 20 m lang und 110 t schwer, die Zufahrt nach Esbjerg sichern sollte. Das Dritte Reich war indes schneller am Ende als die Stellung fertig: Die Kanonen blieben in der Etappe hängen, weil die Tragfähigkeit einer kleinen Eisenbahnbrücke über die Varde Å die Anlieferung verhinderte. Versuche, den Koloss zu sprengen, scheiterten. Ende der 1980er-Jahre entstand dann in der martialischen Betonruine ein Museum, Initialzündung für den Boom der Bunkermuseen entlang der dänischen Nordseeküste. Jetzt kommt der nächste Schritt: Bald wird dieser Bunker Teil eines architektonisch spektakulären und thematisch von Kunst- bis Kriegsgeschichte breit aufgestellten Museumzentrums, das hier in die Dünen eingebettet wird – der erste Spatenstich erfolgte im Dezember 2014, die Eröffnung ist Anfang 2017 geplant.

Übernachten

Modern, aber unpersönlich – **Danhostel Blåvandshuk:** Strandvejen, 6840 Oksbøl, Tel. 70 22 16 53. Etwas verwirrend der Name: Die 4-Sterne-Herberge liegt kombiniert mit einem Sport-

und Tagungszentrum im Zentrum von Oksbøl, die namensgebende, geografische Landspitze Blåvandshuk ist ca. 18 km entfernt, der nächste Strand in Vejers ca. 12 km. DZ (mehrheitlich mit Bad/WC) 375–475 DKK, 3-Bett-Zimmer 575 DKK.

Luxus-Camping – **Hvidbjerg Strand Camping:** Hvidbjerg Strandvej 27, Blåvand, Tel. 75 27 90 40, www.hvidbjergstrand.de. Gleich hinter Strand und Dünen liegt der auch bei internationalen Vergleichen immer ganz oben rangierende 5-Sterne-Platz mit Spaß- und Erlebnisbad, Indoor-Spielland, Reitcenter, Put & Take-See sowie einem Kurbad und Wellnesscenter (s. Aktiv). Rund 700 Stellplätze jeden Standards, die größten bis 280 m² inkl. TV-Anschluss, eigenem WLAN und eigenem Badehäuschen. Außerdem gibt es Hütten vom urigen Westernstil bis zu Angler-Hütten mit Veranda über dem Put & Take-See. Die Preise reichen beim Camping je nach Saison und Größe von 95 bis 830 DKK/Stellplatz u. Personengebühr 82 DKK/Erw., 62 DKK/Kind, ähnlich breit gefächert sind die Hüttenpreise.

Rund 250 Objekte um Blåvand – **Feriepartner Blåvand:** Horns Bjerge 4 (im Blåvand Kro), Blåvand, Tel. 75 27 50 70 oder aus Deutschland Tel. 0800 183 39 66, www.feriepartner.dk/blaavand. Im Ort verwurzelter Familienbetrieb, um dessen Firmensitz im Blåvands Kro sich eine Anlage mit komfortabel ausgestatteten Apartments für 2–8 Personen im Reihenhausstil unter Reetdächern gruppiert (ca. 1200 DKK/2 Tage Nebensaison im kleinsten Apartment bis ca. 7100 DKK/Woche Hauptsaison im größten bei freien Wechseltagen).

Essen & Trinken

Slow Food mit lokalen Produkten – **Chhat Food & Wine Bar:** Blåvandvej 35b, Blåvand, Tel. 21 33 53 33, www.chhat.dk, Saisonal unterschiedliche Öffnungszeiten, Hochsaison auch mittags, sonst nur Di–Sa abends. Slow Food mit Blick auf lokale Produkte und gepflegte Atmosphäre. Und mit dem Nachbarn, Café, Weinbar und Gourmetboutique Hr. Skov (s. Mein Tipp S. 158), konkurriert man nicht, sondern Claus Skov ist einer der ambitionierten Gastronomen hinter diesem Projekt und liefert neben Weinen auch etliche Leckereien für die Chhat-Küche. Die macht gern Thementage wie Gourmetdinner für Kinder, Kochen wie bei Oma oder setzt den Focus auf eine Regionalküche dieser Welt mit passenden Weinen. In der Regel Kindergerichte um 65, kleine Hungerstiller unter 100, HG um 150 und 3-Gänge-Menü 350 DKK – da passen Preis und Qualität bestens zueinander.

Fisch frisch – **Blåvand Fiskerestaurant:** Kallesmærskvej 2, Blåvand, Tel. 75 27 85 10, www.blaavandfisk.dk. Fischrestaurant und -laden, Feb.–Okt. tgl. 11.30–21 Uhr, in der Saison abends reservieren! Ostern–Woche 42 (jedoch nicht Juli/Aug.) jeden Sa vielfältiges Heringsbuffet (ca. 100 DKK) und So großes Fischbuffet (ca. 170 DKK), sonst Hauptgerichte mittags ab ca. 100 DKK, abends ab ca. 160 DKK.

Einkaufen

Outlet- und andere Shops – Am **Blåvandvej** in Blåvand gibt es rund ums Jahr an 7 Tagen der Woche geöffnete Läden mit Kunsthandwerk, Kinderspielzeug, Kite-Zubehör und viel, viel Kleidung, darunter Markenware aus älteren Kollektionen oder aus zweiter Wahl zu Schnäppchenpreisen (u. a. Factory Outlet Blåvand, Blåvandvej 18).

Casual Look – **WestWind:** Blåvandvej 28c und Blåvandsvej 21, Blåvand, Tel. 75 27 96 23, www.west-wind.dk, tgl. mindestens 10–17.30 Uhr. Riesige Auswahl an Freizeitmode wie Jacken, Fleece, T-Shirts, Trekkinghosen dänischer, deutscher und globaler Marken).

Aktiv & Kreativ

Spaßbad und Fitnesscenter – **SportSpektrum&Fitness/AquaSpektrum:** Strandvejen 2, Oksbøl, Tel. 75 27 16 53, www.blaavandshuk.com, Sport- und Schwimmcenter. Bad: tgl. wechselnde Öffnungzeiten ganzjährig Di–So, dän. Ferien auch Mo, 70 DKK, 40 DKK/3–14 Jahre, für Gäste vieler Ferienhausanbieter und Campingplätze in der Miete enthalten; Fitnesscenter tgl. 6–23 Uhr, 70 DKK/Tag, 200 DKK/Woche.

Wellness in Luxusambiente – **Blåvand Kurbad & Wellness:** s. Hvidbjerg Strand Camping, www.blaavandkurbad.dk, Mitte März–42. Woche tgl. So–Mi 10–18, Do–Sa 10–20 Uhr, in der Regel nur Personen ab 16 Jahre; Familien-Wellness tgl. 10–12 Uhr; an einigen Terminen Damensauna 18–22 Uhr, 3 Std. 200 DKK. Für Gäste des Hvidbjerg Camping je nach Wochentag und Unterkunft-Klasse Rabatt oder gratis. Es passt doch zusammen: Luxus und Camping! Licht-, Feuer- und Finnensauna, Kräuterdampfbäder, verschieden Whirlpools, Meerwassertauchbecken – alles da, auch Massagen und Ruheraum, das jedem Luxushotel gut zu Gesicht stünde und aus dessen Panorama-Sauna der Blick über die Dünen zum Meer schweifen kann.

Kerzen ziehen – **Blåvand Lys:** Blåvandvej 3, Blåvand, Tel. 75 27 94 94, www.blaavandlys.dk, ganzjährig tgl. 10–17, Juli/Aug. bis 19 Uhr. Selbst Kerzen ziehen oder den Profis bei der Arbeit zusehen.

Infos & Termine

Blåvand Turistinformation: Blåvandvej 25 (in der Shell Tankstelle), 6857 Blåvand, Tel. 75 27 18 00, ganzjährig Mo–Fr 10–16, So, So 10–14 Uhr, Hochsaison verlängerte Öffnungszeiten, www.visitwestdenmark.com. Filiale am Leuchtturm (s. S. 155): **Blåvandshuk Fyr Turistinformation:** Fyrvej 106, 6857 Blåvand, Tel. 75 27 54 11.

Ho Fåremarked: Am letzten Aug.-Wochenende in Ho mit großem Vieh-, Floh- und Jahrmarkt und Zehntausenden von Besuchern.

Vom Vejers zum Kærgård Strand ▸ B 11

Vejers Strand

Vejers Strand geht zwar auf ein altes, armseliges Fischerlager zurück, zeigt sich heute aber als junger Retortenort und eine der attraktivsten Ferienhaussiedlungen im Südwesten Dänemarks. Vejers ist kleiner und übersichtlicher als Blåvand, aber entlang der Straße zum Meer mit allem gesegnet, was das Touristenherz begehrt. Magnet für Leckermäuler jeden Alters ist **Vejers Dropskogeri** (Vejers Havvej 68 A), in der man beim Bonbonmachen zusehen kann. Der Sand am Strand von Vejers, an dem im Sommer einer der markanten Rettungsschwimmer-Türme (s. S. 31) steht, wird nicht zu Unrecht als ›mehlfein‹ beschrieben – einfach drauflegen und genießen und die Kinder darin buddeln lassen. Er ist auch nur südlich der einzigen Zufahrt für Autos freigegeben, nördlich sind die tabu.

Grærup Strand, Børsmose Strand und Kærgård Strand

Grærup Strand besteht fast nur aus Ferienhäusern und einem Campingplatz (Grærup Havvej, 6840 Oksbøl). Am **Børsmose Strand** dürfen in einem kleinen Abschnitt nördlich der Strandzufahrt wieder Autos bis ans Wasser; südlich liegt in den Dünen ein großartiger Natur Campingplatz (s. u.). Den einsamen **Kærgård Strand** erreicht man nur mit einem Gang durch die Dünen, dort wo der beste Zugang ist, ragt eine der elf verbliebenen originalen Baken, hölzerne Seezeichen aus den 1880er-Jahren, in den Himmel.

Übernachten

Charmante Nostalgie – **Klithjem Badehotel:** Nordvej 1, 6853 Vejers Strand, Tel. 75 27 70 42, www.klithjembadehotel.dk, Mai–Ende Sept. In den Dünen von Vejers so nah am Meer, dass man es immer rauschen hört. Geschmackvoll und gemütlich im hellen, luftigen dänischen Badehotelstil eingerichtet. DZ mit Frühstück 800–1400 DKK, auch Familienzimmer 2+2; für Hausgäste auch Abendessen.

Naturplatz in den Dünen – **Børsmose Strand Camping:** Børsmosevej 3, 6840 Børsmose, Tel. 75 27 70 70, www.borsmose.dk, Ostern–Mitte Sept. 3-Sterne-Campingplatz mitten in den Dünen mit Tuchfühlung zu einem autofreien Strand, der seit Jahren mit der Blauen Flagge für gute Wasserqualität ausgezeichnet ist. 4–6-Personen-Hütten ab 380 DKK/Tag.

Über 300 Ferienäuser – **Die ›hyggelige‹ Dänen Vejers:** Vejers Havvej 12, 6853 Vejers Strand, Tel. 75 27 71 83, aus Deutschland Tel. 0800 181 41 24, www.vejers.com. Der Familienbetrieb setzt seit Jahrzehnten Standards unter den unabhängigen Vermietern! Sehr ambitionierter Katalog mit Ferienhäusern von ›basic‹ bis ›Luxus‹ und dazu ein engagierter Service mit vielen Inklusiv-Leistungen.

Essen & Trinken

Hier wird nicht nur geräuchert – **Knudedyb Restaurant & Røgeri:** Vejers Havvej 70, 6853 Vejers Strand, Tel. 21 66 79 76, www.knudedyb.dk, Feb.–42. Woche (außerhalb der Hauptsaison nicht tgl.). Restaurant für die ganze Familie mit eigener Räucherei und Fischladen, oft Buffet. Maritim gestaltete Außengastronomie mit Biergartenatmosphäre und großem Spielplatz in Sichtweite.

Blåbjerg ▸ B 10

Die Ferienhaussiedlungen der Kommune Varde setzen sich nach Norden auf dem Gebiet der ehemaligen Gemeinde Blåbjerg fort. Sie hat ihren Namen von keinem Ort, sondern von Dänemarks höchster Düne, dem 64 m hohen **Blåbjerg,** entlehnt und reicht von Henne Strand, Henneby, Henne Kirkeby, Hennebjerg und Henne Stationsby bis nach Nymindegab am Südende des Ringkøbing Fjord.

Henne und Houstrup

Schon im 12. Jh. wird ein Gutshof Hennegård in einer Urkunde erwähnt, aus der Zeit stammen auch die ältesten Teile der Kirche in **Henne Kirkeby.** Weitaus bekannter ist jedoch der Gourmettempel nebenan, der Henne Kirkeby Kro (s. Mein Tipp S. 167). Erst mit der Fertigstellung der Vestbanen von Varde nach Nørre Nebel 1903 kam richtig Leben in die Region. **Henne Stationsby** entwickelte sich und von dort pendelten Kutschwagen und später Automobile zur Küste, wo sich ein weiteres Henne zum populären Touristenziel mauserte: **Henne Strand.** Es ist heute der einzige Badeort in diesem Küstenabschnitt direkt am Meer und eine der größten und bekanntesten Ferienhaussiedlungen an der dänischen Nordsee überhaupt. Eine weitere ist **Houstrup,** gelegentlich in alter

Schreibweise Hovstrup, etwas nördlich, aber im Hinterland – die meisten Häuser stehen hier etwa 2,5 bis 5 km vom Strand entfernt.

Wander- und Radtouren rund um den Filsø ▸ B 10/11

Wandertour Kærgård Klitplantage (rot): Rundweg ca. 4,5 km, welliges Gelände ca. 1 Std. – Wandertour Filsø (grün): ca. 8 km je Richtung, flach ca. 1.20 Std. – Radtour Filsø–Blåbjerg (orange): 20,5 km, weitgehend flach, ca. 4 km am Blåbjerg hügelig mit 40 m Höhenunterschied; teils Schotter, teils Asphalt auf Nebenstraßen; als Panoramaroute 406 markiert. Start/Ziel für Wandertouren: Parkplatz Kærgårdvej 10, 6840 Oksbøl; für Radtour: Filsø Avlsgård, Kærgårdvej 12, 6854 Henne, Tel. 40 16 53 24, www.filsoegaard.dk (dort auch Fahrradverleih und Zimmervermietung)

Kærgård Klitplantage – die verschütteten Eichen

Hinter dem Strand verhindern angepflanzte Dünenforste, Klitplantagen, den gefürchteten Sandflug. Dazu gehört die **Kærgård Klitplantage.** In ihrem nördlichen Teil wurden einst stolze Eichen von einer Wanderdüne überrollt, aber nicht bezwungen: Die Kronen stoßen als Eichengestrüpp aus dem Sand, und aus knorrigen Ästen sprießt jedes Jahr neues Grün – das erklärt den Namen der Düne, an dem dieses Phänomen zu beobachten ist: **Store Løvklit,** ›Große Laubdüne‹. Im Frühjahr kann man am Fortschritt einzelner Büsche und Bäumchen beim Knospen erkennen, welche zum selben Stamm gehören. Ein markierter Wanderweg führt vom Parkplatz Nørreenge am Kærgårdvej an Store Løvklit vorbei bis zum **Gråmule Bjerg,** einer knapp 30 m hohen Aussichtsdüne fast am Meer (Karte s. S. 165, rot).

Filsø – der auferstandene See

Der Parkplatz bietet auch Zugang zum ehrgeizigsten Renaturierungsprojekt der letzte Jahre in Dänemark, zum wiedererschaffenen **Filsø.** Einst mit 2000 ha Dänemarks zweitgrößter See, wurde er wie viele Wasserflächen im Westen Jütlands ab Mitte des 19. Jh. Zug um Zug trocken gelegt und kultiviert, zuerst zu fettem Weideland, später zu Ackerland. Noch 1979 gab es Drainagearbeiten, zuletzt blieben nur etwa 70 ha See übrig. Auf dem so gewonnenen Boden entwickelte sich eines der größten und modernsten Landgüter Skandinaviens – Landwirtschaft im LPG-Maßstab.

Mitten im ehemaligen See entstand in den 1950ern die größte Kornsilo- und Kartoffellageranlage Nordeuropas und in den 1990ern kam noch eine Schweinezucht hinzu. Das alles reduzierte sich radikal, als ein Naturfonds, der sich auf die Fahnen schrieb, ›die Vielfalt der Natur zu bewahren und die Augen der Bevölkerung für diese Natur zu öffnen‹, das Gut mit 2300 ha Land bis zum Meer übernahm. Der Fonds, gestiftet in den 1970ern von einem erfolgreichen Bauunternehmer, ließ binnen eines Jahres Gebäude, Deiche und Pumpenstationen entfernen und das Wasser zurückkommen – Ende 2012 war der mit 915 ha sechstgrößte See Dänemarks wieder gefüllt. Bewusst blieben Brachflächen am Ufer für Rotwild und Gänse, sowie kleine Inseln im See als sichere Brutareale.

Schon als noch intensiv Landwirtschaft getrieben wurde, machten zehntausende Grau- und Kurzschnabelgänse hier bei ihren Vogelzügen Rast. Viele Watvögel sind heimisch geworden, sogar Seeadler und Falken sieht man regelmäßig – eine jüngste Vogelzählung erfasste rund 230 Vogelarten und bei einigen Zugvögeln wurden Rekordzahlen an Individuen registriert. Ganz im Sinne des Fonds-Mottos, den Menschen die Augen für die Natur zu öffnen, sind der Filsø und sein gefiedertes Leben leicht einsehbar, von mehreren Beobachtungstürmen und dem Damm mitten durch den See sowie von dem knapp 8 m langen Wanderweg (in Karte, grün), der weitgehend seinem Westufer folgt.

Vom Filsø zum Blåbjerg – in ungeahnte Höhen

Vom Gutshof Filsøgård führt ein Dammweg durch den wiedererschaffenen See vom West- zum Ostufer, Start für eine Radrundfahrt (in Karte oben, orange), die gut ausgeschildert nach Norden schwenkt und über Nebenstraßen in einen der größten Dünenforste der dänischen Westküste eintaucht. Verglichen mit dem flachen Land um den Filsø wirkt die **Blåbjerg** Klitplantage fast gebirgig. Gipfel ist mit 64 m eine heute dicht bewaldete Düne, die von See gesehen oft blau schimmert – daher der Name Blåbjerg. Die letzten Meter Aufstieg zur Aussichtsplattform auf der Spitze erleichtert eine Treppe.

Die Blåbjerg-Düne wäre irgendwann vom Sandflug verblasen worden, hätte nicht Thyge de Thygeson 1861 bis 1899 den umgebenden Dünenwald pflanzen lassen. Ihm zu Ehren steht ein Findling auf dem Gipfel. Durch den Wald geht die Radtour wieder ›bergab‹ und erreicht an Golfclub und Campingplatz von Henneby vorbei bald den Ausgangspunkt der Rundfahrt am Filsøgård.

Ein Abstecher (Schotter) folgt dem Südufer der Henne Mølle Å durch eine archaische Dünenlandschaft zum Meer, kurz bevor das erreicht wird, liegt ein Kleinod dänischen Designs am Weg, das **Henne Mølleå Badehotel**.

Wander- und Radtouren rund um den Filsø

Übernachten, Essen

Gastronomie der Spitzenklasse – **Henne Kirkeby Kro:** s. Mein Tipp S. 167

Design der klassischen Moderne – **Henne Mølleå Badehotel:** Hennemølleåvej 6, Henne Strand, Tel. 76 52 40 00, www.hennemoelleaa.dk, nur März–Sept. Ruhig gelegenes Hotel mit kleinem Restaurant, in den 1930er-Jahren vom Stararchitekten, Designer und Gesellschaftskritiker Poul Henningsen für zwei Schwestern aus der Kopenhagener Kulturszene entworfen, die das Hotel dann lange führten. Bis heute prägt bestes nordisches Design das Haus und überall geben Henningsens weltberühmte Lampen – zeitlose Klassiker mit Wurzeln in den 1920ern – ihr sanftes Licht. DZ 800–1090 DKK, Pakete für Kurzurlaube, Halbpension optional. Die Küche passt zum Haus, klassische dänische Kost von ihrer besten Seite, abends Menüs ab ca. 300 DKK, mittags Frokost-Klassiker ca. 60–140 DKK und den Nachmittag über Kleinigkeiten zu reichlich Kaffee.

Nackt campen – **FKK-Camping Lyngboparken:** Strandfogedvej 15, Henneby, Tel. 75 25 50 92, www.lyngbo.dk. Viele Stammkunden. Auch einfache Hütten ab 265 DKK/Tag.

Ferienhäuser in Henne, Houstrup und Umgebung – Einige Häuser können bis 15 Straßenkilometer weit im Hinterland liegen – dort sind die Mieten indes günstiger. Bei vielen Ferienhäusern ist die kostenlose Nutzung von Schwimmbädern der Region im Mietpreis enthalten. Lokale Vermittler: **Købmand Hansen's Feriehusudlejning:** Strandvejen 430, Henne Strand, Tel. 76 52 43 11, Fax 76 52 43 22, www.hennestrand.de, mit mehr als 600 Häusern, Schwerpunkt Henne Strand und Henneby, im Katalog. **Schultz Feriehuse:** Houstrupvej 24, Houstrup, Tel. 75 28 84 55, www.schultz-houstrup.dk, mit fast 600 Häusern im Angebot und drei weiteren Servicebüros, u. a. in Henne Strand.

Einkaufen

Bernstein – In Henne Strand und Hinterland findet man viele Souvenir-Shops und Kunsthandwerkergalerien, darunter viele Bernsteinschleifer wie **Ravsliber Kristiane Nielsen** (Strandvejen 437, Henne Strand), **Rav Mads' Hus,** wo der Bernstein fast schon Nebensache neben anderem Kunsthandwerk, Mode und einer Wellness-Praxis geworden ist (Hennebysvej 7, Henneby) oder **Ravhuset Hennebjerg** mit viel Designerschmuck (Vesterskærvej 20, Hennebjerg).

Aktiv

Baden – **Lebensretterstation** am Henne Strand. Unbewachte Abschnitte gibt es auch an anderen Strandzugängen. Südlich des Zugangs **Houstrup Strand** ist ein ca. 1000 m langer Abschnitt nebst Dünen offizielles FKK-Gelände.

EU-Mittel, die Kindern Spaß machen – **Lepus Park:** Nymindegabvej 200, Straße [181], Outrup, Tel. 76 76 71 82, www.lepuspark.dk, April–Okt. tgl. 10–20 Uhr. 30 000 m² Outdoor-Spielplatz mit Fußballgolf, Segway-Fahren (50 DKK extra), Frisbeegolf, Minigolf, Maislabyrinth, Hüpfkissen usw. – sogar Brüssel fand das Konzept gut und hat Geld dazu gegeben! Trotzdem kostet es Eintritt: 75 DKK, 40 DKK/4–12 Jahre, Familienticket 2+2.

Reittouren auf Islandpferden – **Islandheste Houstrup:** Houstrupvej 10, Houstrup, Tel. 75 28 70 38, www.strandritt.de. Reiterhof mit deutschem Besitzer bietet Wald- und Strandritte, Touren ab 90 Min./225 DKK.

Noch mehr Islandpferde – **Stutteri Vestkysten:** Hennebysvej 62, Henne, Tel. 75 25 58 53, www.stutterivestkysten.dk. Ausritte in umliegende Wälder, über die Heide oder über den Strand. Knirpse, die das erste Mal auf ein Pferd dürfen, kommen auf sanftmütige Shetland Ponys, erfahrene Reiterinnen und Reiter dürfen indes robuste Islandpferde satteln (1–4 Std. ca. 150–500 DKK).

Jagd auf Bernstein – **Naturguide Gert Ravn:** Tel. 75 27 19 15, www.naturguiden.info, www.bernsteinjagd.dk. Zum Programm dieses ambitionierten Naturführers gehören Naturbeobachtungen im Gebiet des Filsø sowie regelmäßige ›Bernsteinjagden‹ an verschiedenen Stränden der Region (ab 50 DKK).

Infos

Henne Strand Turistinformation: Strandvejen 415 A, 6854 Henne Strand, Tel. 75 28 86 70, www.visitwestdenmark.de, Juli–Aug. So–Fr 10–17, Ostern–Okt. Mo–Fr, Okt. auch So, Nov.–Ostern Mo–Mi jeweils 10–15 Uhr.

Mein Tipp

Sternereif in Henne Kirkeby

Der Kro gilt schon lange als Gourmetadresse und Maß aller kulinarischen Dinge an der dänischen Nordseeküste. Gäbe es außerhalb Kopenhagens Michelin-Sterne in Dänemark, hätte man hier einen. Gastronomisch orientiert sich der Kro an der europäischen Top-Gastronomie in London, Paris, Kopenhagen oder Cala Montjoi. Seit 2012 schwingt der Brite Paul Cunningham in der Küche das Zepter, zuvor hatte er mehrere Jahre einen der Michelin-Sterne der dänischen Hauptstadt gehalten. Cunningham gilt als bodenständiger Gourmetkoch, der die klassische wie die experimentelle Küche beherrscht, aber gern deftige Klassiker kulinarisch aufwertet. Er richtet die Küche des Henne Kirkeby Kro an den Rohwaren der Region aus, mit Fisch aus dem nahen Meer, Lamm von benachbarten Weiden, Wildkräutern und dem nach ökologischen Grundsätzen selbst gezogenen Gemüse aus dem großen Kro-Garten. Das gibt es nicht umsonst, für ein 3–8-Gänge-Menü mit passenden Weinen sollte man gut 2000 DKK pro Person kalkulieren. Trotz der kulinarischen Klasse ist die Atmosphäre zwanglos, geprägt von Sonne, Strand und Urlaubsgefühlen. Auch ambitioniert, aber noch mehr *casual* und schonender für die Durchschnittsreisekasse ist das Frokost – in der Hochsaison in der Brasserie im Nebenhaus serviert –, bei dem Cunningham seine Interpretationen des klassischen dänischen Lunch auf den Tisch bringt oder auch mal Fish & Chips auf edel – Reminiszenz an seine Heimat (Kleinigkeiten ab ca. 150 DKK, 3 Gänge ca. 400 DKK). Der Kro besitzt im Haupthaus sowie in zwei Nachbargebäuden zwölf luxuriös ausgestattete Designer-Zimmer, die mit viel Kunst an den Wänden daran erinnern, dass hier vor über einem Jahrhundert einer der damals bekanntesten Maler Dänemarks, Johannes Larsen, Stammgast war (je nach Wochentag und Standard 1475–4500 DKK inkl. Gourmetfrühstück; Henne Kirkeby Kro, Strandvejen 234, Tel. 75 25 50 30, www.hennekirkebykro.dk, Restaurant Ostern bis Vorweihnachtszeit Frokost Do–Sa, abends Mi–Sa, ab Nov. nur Do–Sa).

Nørre Nebel ▸ B 10

Die 1350-Einwohner-Stadt Nørre Nebel ist wichtiger Einkaufsort für einen großen Einzugsbereich von Henne Strand bis weit auf Holmsland Klit – wer sich im Ferienhaus selbst versorgt, wird die Discounter zu schätzen wissen. Über die nicht mehr genutzte Bahnstrecke zwischen Nørre Nebel und Nymindegab darf man im Sommer mit Fahrraddraisinen strampeln. Nutzt man Straße [181], passiert man den für Dänemark Maßstäbe setzenden Ferienpark **SeaWest Nymindegab** mit seiner ›transparenten Düne‹ als Zentralgebäude, in dem das große Spaßbad auch Gästen offen steht, die nicht in der Anlage wohnen.

Nymindegab ▸ B 10

Das Dorf Nymindegab liegt auf einer Anhöhe, die nach Westen abrupt abbricht. Über der ›Kante‹ thront

Ein Nostalgiekutter am Ufer des ehemaligen Nymindegab

der **Nymindegab Kro** (s. S. 170) – fantastisch von hier der Blick Richtung Nordsee über das Vorland mit seinen Dünen und den von Schilf gesäumten Rest der alten Verbindung zwischen Ringkøbing Fjord und offenem Meer. Die hieß schon Nymindegab, lange bevor das Dorf über ihrem Ufer Gestalt annahm. Eine Karte von 1650 zeigt den ›Schlund‹ – so das deutsche Wort für *gab* – gut 10 km weiter nördlich. Ein Zusammenspiel von Sandablagerung durch Meeresströmungen und Dünenbildung durch Sandflug ließ in den folgenden zweieinhalb Jahrhunderten die nördliche Nehrung, das heutige Holmsland Klit (s. S. 177), nach Süden wachsen, bis sie sich vor ihr südliches Pendant Tippeland schob, aus dem die Halbinsel Værnengene og Tipperne wurde (s. S. 170).

Damit wanderte auch der Nymindegab: Um 1800 lag er vor dem heutigen Dorf. Zur Fangsaison kamen Nebenerwerbsfischer mit Helfern aus dem Hinterland. *Esehuserne,* ›Köderhütten‹, dienten ihnen als Basislager. Junge Frauen saßen dort den ganzen Tag und bestückten Fangleinen mit Ködern. Unterhalb der Hauptstraße, die auf einem Damm den alten Durchfluss kreuzt, sind die typischen reetgedeckten Hütten nachgebaut und bilden

zusammen mit einem Oldtimerkutter ein Fischerlager wie in alten Zeiten.

Der versandete Gezeitenstrom Nymindestrømmen

Doch der Nymindegab wanderte weiter, bis 1850 noch einmal 6 km nach Süden bis zum Houstrup Strand. Aus dem kurzen, gut schiffbaren Durchfluss wurde der Gezeitenstrom Nymindestrømmen, der sich träge durch die Dünenlandschaft schlängelte. Über die Zufahrt zum Parkplatz am Nymindegab Strand gelangt man auf einen einspurigen Fahrweg. Der folgt dem Westufer des alten, von einem Schilfgürtel gesäumten Stroms durch eine raue Dünenlandschaft und schwenkt auf Höhe des **Gammelgab Strand** landeinwärts – wunderschön für eine Radtour. Je länger der Strom sich streckte, desto häufiger versandete er. Die Passage zwischen Fjord und Meer wurde zum Vabanquespiel. Nach dem Bau des ersten Hvide-Sande-Kanals 1910 (s. S. 178) versandete der Strom in kürzester Zeit, die Dünenkette schloss sich.

Um den Schiffsverkehr zwischen Fjord und Meer sicherer zu machen, gab es ab Mitte des 19. Jh. hoch über dem Nymindegab eine Rettungsstation. 1892 bekam sie ein typisches Backsteinhaus mit Walmdach, das jetzt als **Nymindegab Redningsbådsmuseum** dient. Mit Dänemarks ältestem Rettungsboot ist es eingerichtet, als könne jeden Augenblick ein Einsatz beginnen (Redningsvejen, Schlüssel im Nymindegab Museum).

Nymindegab Museum

Vesterhavsvej 294, Tel. 75 25 55 44, www.vardemuseum.dk, dän. Winterferien Woche 7 u. 8 und Mitte März–Okt. Di–So 10–16, Juli, Aug. tgl. 10–17 Uhr, 50 DKK/ab 18 Jahre, Museums-Sammelticket s. Infobox S. 150

Den gewaltigen, 12 m langen und 25 t schweren Pottwal, der 1990 vor Nymindegab strandete, konnte niemand retten. Stattdessen bekam sein Skelett ein eigenes Glashaus, Hvalhuset, das jetzt Teil des Nymindegab Museum ist. Das zählt zu den besten kulturhistorischen Lokalmuseen Dänemarks, weil es eine kleine, aber hochkarätige Kunstsammlung besitzt. Dazu gehören Werke mehrerer Künstler aus der ›Vergessenen Malerschule Nymindegab‹, die hier um die Wende vom 19. zum 20. Jh. häufig malten, so etwa Laurits Tuxen, besser als Skagenmaler (s. S. 280) bekannt, oder Johannes

Larsen, der wichtigste Vertreter der Fünenmaler.

Værnengene og Tipperne
Nördlich Nymindegab schiebt sich Værnengene og Tipperne in den Ringkøbing Fjord: flache Marschwiesen gesprenkelt mit kleinen Seen und am Ufer ausgefranst mit Buchten, Inselchen und Sandbänken. Seit Ende des 19. Jh. stehen hier Vögel unter besonderem Schutz, 1928 bekamen sie im Nordteil der Halbinsel ein Reservat in bis heute bestehenden Grenzen und seit dem selben Jahr werden ihre Bestände systematisch erfasst – in guten Jahren bis zu 180 verschiedene Arten. Das eigentliche **Tipperne Reservat** um das Tipperhuset kann von März bis Okt. nur wenige Stunden pro Woche betreten werden, frei zugänglich ist hingegen ein Beobachtungsturm im Süden der Halbinsel und eine kleine Naturausstellung in der Scheune ›Nordladen‹ an der Zufahrt (Tippervej 4, 6830 Nørre Nebel).

Übernachten

Über den Dünen – **Nymindegab Kro:** Vesterhavsvej 327, 6830 Nymindegab, Tel. 75 28 92 11, www.nymindegabkro.dk (Small Danish Hotels, s. S. 25). Traditions-Kro über dem alten Steilufer am Nymindegab. DZ ab 895 DKK, auch Ferienwohnungen.
Alles auf dem Gelände – **Dayz SeaWest Nymindegab:** Vesterhavsvej 81, 6830 Nørre Nebel, Tel. 76 52 30 00, www.dayz.dk. Fast 300 Wohneinheiten für 4–8 Pers., alle mit extrem effizienter Raumnutzung teils im Reihenhausstil, teils als freistehende Ferienhäuser. Das extravagante Zentralgebäude ›Gläserne Düne‹ bietet Supermarkt, drei Restaurants, Wellnesscenter, Indoor-Minigolf, Hoppe-loppeland für Kinder, Badminton-Plätze und ein großzügiges Spaßbad inkl. zwei der längsten Rutschen im Lande. Preise ab ca. 5500 DKK/Woche, auch Miniferien, Wellnesspakete bei freien Wechseltagen.
Familienplatz – **Nymindegab Familie Camping:** Lyngtoften 12, 6830 Nymindegab, Tel. 75 28 91 83, www.nymindegab.dk-camp.dk. Kinder jubeln über den großen Spielplatz und das gewärmte Badeland mit coolen Rutschen! Hütten von 2-Pers.-Schlafkabinen (ab 200 DKK/Tag) bis zu 6-Pers.-Mini-Villen inkl. Bad/WC (bis 6300 DKK/Woche in der Hochsaison).

Essen & Trinken

Essen mit Traumblick – **Nymindegab Kro** (s. o.): Die Aussicht vom Restaurant ist unbezahlbar und zum Sonnenuntergang traumhaft, dafür wird die moderne dänische Küche noch zu relativ moderaten Preisen serviert. Frokost ab ca. 70 DKK, abends Hauptgerichte um 250 DKK, auch Menüs und Gourmetpakete mit 2–9 Gängen.

Aktiv

Fahrraddraisinen – **Nørre Nebel Minimarked:** Bredgade 56, Tel. 75 28 87 33, www.skinnecykler.dk, Mai–Okt., ca. 110 DKK/4 Std. für ein Gefährt mit Platz für zwei Erwachsene und ein Kind; auf halber Strecke überdachte Grillhütte.

Ringkøbing Fjord

▶ B 9/10

Wie alle Fjorde im Westen Jütlands ist der Ringkøbing Fjord genaugenommen kein Fjord, denn er wurde nie von Eiszeitgletschern ausgeschabt, wie es sich für einen echten gehört, sondern er ist, was man im Deutschen ein Haff nennt: Das entwickelte sich aus dem

Delta eines gewaltigen Schmelzwasserstroms der letzten Eiszeit, vor das Meeresströmungen, die die Küste entlangstreichen, eine Nehrung schoben, die bis zu 30 m hohe Dünenkette **Holmsland Klit** (s. S. 177). Der Fjord selbst ist halb See, halb Meer, sein Wasser brackig – Salzwasser strömt bei jeder Flut durch den Hvide Sande Kanal von Westen hinein, und in den Südostteil mündet mit der Skjern Å einer der größten dänischen Flüsse.

Bis ins 19. Jh. hatte der Fjord eine natürliche, schiffbare Öffnung zur Nordsee, dann begann die Versandung. Ab 1844 sollten künstliche Verbindungen eine Durchfahrt garantieren. Erste Versuche verliefen im wahrsten Sinne des Wortes im Sande, während 1910 ein unregulierter Kanal ins andere Extrem verfiel: Die Fahrrinne wurde 25 m breit ausgehoben, riss aber binnen zwei Jahren auf fast 300 m auf. Sturmfluten brandeten ungebremst an die Ufer des inneren Fjords. 1914/15 musste das Loch mühsam geschlossen werden. 1931 wurde an gleicher Stelle der regulierte **Hvide Sande Kanal** fertiggestellt, gesichert durch ein Sperrwerk im direkten Verlauf des Kanals und ein paar Meter südlich mit einer Schleuse für die Schifffahrt versehen. Die wurde 1987 so erweitert, dass Schiffe bis zu einer Breite von 16 m und einer Länge von etwa 100 m zwischen Fjord und Meer verkehren können. Dafür muss dann die Hauptstraße hochgeklappt werden – Anlass für lange Staus.

Paradies für Surfer

Der Ringkøbing Fjord ist 40 km lang und bis zu 10 km breit und gilt als eine der besten Adressen Europas für Wind-, Kite- und Stand-up-Paddling-Surfer. Hier blasen Winde der Nordsee selbst in den windschwachen Monaten Juli und August immer noch mit durchschnittlich 6,5 m/sek., Wellen und Strömungen bleiben indes außen vor. Vor allem Anfänger mögen, dass sie überall bis zu 300 m, an einigen Stellen sogar über 1000 m vom Ufer entfernt noch Boden unter den Füßen haben – auf mehr als der Hälfte der Fläche ist der Fjord weniger als einen Meter tief. Beliebte Strände zum Einstieg sind Hvide Sande Nord, Hvide Sande Süd/Årgab, Bork Havn und Skaven Strand. Die Naturschutzgebiete Tipperne (s. S. 170) und Klægebanke sollte man aber tunlichst nicht ansteuern: Über die Grenzen muss man sich selbst informieren, in Dänemark schützt Unwissenheit nicht vor Strafe.

Auf die Nordsee wagen sich eher die Könner, dann meist vor Hvide Sande Sydstrand, wo auch ein bekannter Wavespot liegt. Den Wind, den die Surfer lieben, verfluchen Radfahrer, vor allem, wenn er von vorn kommt. Trotzdem gibt es eine 105 km lange markierte Fahrradroute weitgehend über Nebenstraßen oder separate Radwege rund um den Fjord (Pläne in den i-Büros).

Übernachten

Ferienhäuser – Es gibt sie zu Tausenden rund um den Ringkøbing Fjord. Vor allem über Holmsland Klit reihen sich Ferienhaussiedlungen wie Perlen auf einer Schnur, meist mit kurzen unbebauten Abschnitten dazwischen, außer im Norden, dort wuchs auf fast 12 km Länge von Klegod bis Houvig Strand eine Megasiedlung mit dem Zentrum Søndervig zusammen. Mit wenigen Ausnahmen stehen die Ferienhäuser zwischen Hauptstraße und Dünen. Der Weg zum Strand führt somit über Wege, die von Autos kaum befahrenen sind. Lokale Anbieter:

Esmarch Feriehusudlejning: Søndre Klitvej 195, Bjerregård, Tel. 97 31 50 40, www.esmarch.dk ▷ S. 175

Auf Entdeckungstour: Billund und der Noppenstein – Besuch im LEGOLAND Park

Gibt es in unseren Breiten Kinder, die nie mit Spielzeug aus Billund in Berührung kommen? Kaum! In der Kleinstadt entstand aus einer Schreinerwerkstatt, die Holzspielzeug für den Haustürverkauf fertigte, der aktuell größte Spielzeughersteller der Welt. 1934 führte Firmengründer Ole Kirk Christiansen ein Kunstwort für seine Produkte ein: LEGO, aus ›leg godt‹, ›spiele gut‹.

Reisekarte: ▶ E 10/11
Anreise: s. Karte S. 174
Planung: Visit Billund (i-Büro), Billund Centret, Hans Jensensvej 6, 7190 Billund, Tel. 79 72 72 99, www.visitbillund.de. **LEGOLAND Park:** Nordmarksvej 9, Tel. 75 33 13 33, www.legoland.dk; Ostern–Anf. Nov. mind. Fr–Mo, Mai–Aug., dän. Ferien tgl. 10–18, Spitzentage bis 20/21 Uhr; ein Tag 329 DKK/ 13–64 Jahre, 299 DKK/3–12 u. über 65 J.; Rabatt online u. für 2-Tage- o. Saison-Tickets.

Beim Rundgang durch den LEGOLAND Park sind Noppensteine allgegenwärtig. Der Sohn des Firmengründers entwickelte sie in den 1950er-Jahren aus Plastiksteinen, die die Firma schon im Programm hatte. Ohne Noppen fehlte ihnen der Zusammenhalt, mit war der LEGO-Stein geboren, später zum ›Spielzeug des 20. Jahrhunderts‹ gekürt. Mehr als 60 000 000 davon sind im LEGOLAND Park verbaut, etwa ein Drittel im Miniland, mit dem alles anfing.

Im Miniland

Diese kleine Welt im Maßstab 1 : 20 ist das, was LEGOLAND einzigartig macht. Wer selbst je mit LEGO-Steinen gebaut hat, spaziert fasziniert am Kopenhagener Nyhavn entlang oder schaut im Schloss Amalienborg durch die Fenster, ob er Königin Margrethe oder Prinzessin Mary sieht, wandert an norwegischen Fjorden und schwedischen Schleusenanlagen entlang, erkundet die Mini-Kopie des Flughafen Billund, dessen realer Fluglärm manchmal über den Park schallt, oder betrachtet einen amerikanischen Wolkenkratzer auf Augenhöhe.

Kinder folgen mit großen Augen den Zügen des Nahverkehrs durch dänische und holländische Landschaften – fast 120 000 km legen die in jeder Saison zurück. Derweil wartet im **Kennedy Space Center** ein Shuttle auf seinen Start, während die Nachkommen der Astronauten im **LEGO Star Wars Miniland** den ewigen Kampf zwischen der guten und der dunklen Seite der Macht ausfechten.

Hauptzielgruppe des Parks sind 2- bis 12-Jährige und ihre Familien, aber wenn man junge Männer – viele augenscheinlich aus Asien und den USA – beobachtet, die sich zu Clone-Trooper- und Battle-Droid-Armeen herabbeugen, Planeten, Raumstationen und Nabu Fighter mit ihren 1000-Dollar-Objektiven heranzoomen und nach Meister Yoda Ausschau halten, der sich in verschiedenen Szenarien materialisiert hat, dann weiß man, dass die Welt der LEGO-Steine längst alle Altersgrenzen gesprengt hat.

Die LEGO-Dimensionen

Dabei begann das neue Jahrtausend mit einer Krise: Der LEGO-Konzern schien den Anschluss an neue Spielgewohnheiten verpasst zu haben. Doch dann wurden LEGO-Figuren Helden jener Konsolenspiele, die als Totengräber des Noppensteins galten. Mit dem virtuellen Erfolg kam ein Comeback der realen Steine. Kinder und Erwachsene des 21. Jh. setzen komplexe Technikprodukte oder weltberühmte Gebäude zusammen und tauchen in Film-Welten ein, wie »Harry Potter«, »Star Wars«, »Herr der Ringe« oder »Die Hobbits«. Andererseits entstehen seit den 1980ern ›Brickfilms‹ mit LEGO-Steinen und Figuren. Anfangs belächelte Hobbyproduktionen, wurden sie mit dem Aufkommen digitaler Techniken ab der Jahrtausendwende immer professioneller und You Tube gab die Plattform für die globale Verbreitung.

Längst nutzt der LEGO-Konzern die Werbewirksamkeit und produziert in Kooperation mit bekannten Filmstudios eigene Brickfilms, oft angelehnt an LEGO-Konsolenspiele und aktuelle Baukasten-Serien.

2014 die nächste Dimension: Der erste Kinofilm »The LEGO Movie« wurde global ein Kassenschlager und von Kritikern durchaus positiv bewertet. Letztlich aber war es 100 Minuten Power-Werbung für LEGO-Produkte: Viele Filmszenarien kamen als Bausätze in den Handel. Dieser crossmediale Erfolg machte den Klötzchen-Konzern aus Billund 2014 zum weltgrößten Spielzeugproduzenten vor dem Barbie-Hersteller Mattel.

Schon sind weitere Kinofilme für 2015 und 2017 in Arbeit. Kjeld Kirk Kristiansen, Enkel des Firmengründers, der in der Krise das operative Geschäft erstmals seit Firmengründung in die Hände eines familienfremden Managers legte, ist als größter Anteilseigner am LEGO-Konzern laut Forbes-Liste der Milliardäre der reichste Däne und 2014 fast 10 Mrd. US-Dollar schwer.

In Billund verwurzelt

Das Hauptquartier des LEGO-Konzern blieb trotz aller Globalisierung in Billund. Als dort immer häufiger nach Fabrikbesichtigungen gefragt wurde, schuf man sich einen überdimensionalen Showroom: 1968 öffnete LEGOLAND Billund. Statt erhoffter 300 000 Besucher kamen im ersten Jahr über 600 000. Im Rahmen seiner Konsolidierung verkaufte der LEGO-Konzern 2005 die Parks, sie gehören heute zu einem britischen Unternehmen, das weltweit Freizeitanlagen wie Sea Life Aquarien, Dungeon Gruselwelten und das London Eye betreibt. Dafür hält die Holding der Familie Kristiansen über ein Drittel an diesem Global Player. Aktuell gibt es sechs LEGOLAND Parks auf drei Kontinenten, 2016 soll der siebte in Dubai öffnen. Ähnlich expansiv sind die kleinen Brüder, die LEGOLAND Discovery Centre in aktuell elf Großstädten Nordamerikas, Europas und Asiens.

Achterbahnen und Pinguine

Nach Billund kommen rund 1,7 Mio. Besucher pro Jahr und die wollen mehr als nur süße Landschaften aus kleinen Steinchen im Miniland und so warten auf sie schnelle Achterbahnen, wilde Karussells und viel Spaß, bei dem Wasser im Spiel ist. Sie kreischen im **X-treme Racer,** was ihre Stimmbänder hergeben, rasen auf einem Drachen durch eine verwunschene Königsburg, kommen klitschnass aus dem **Viking River Splash** und erst recht aus dem Seegefecht in der **Piraten Lagoon.** Im **Temple,** in dem ein Konsolenspiel auf Lebensgröße gezoomt wurde, fahren sie mit ihren Eltern um die Wette ballernd durch eine Indiana-Jones-Kulisse und rasen im **Polarland** mit der schrillen Polar-X-plorer-Achterbahn durch eine Kulisse, in der die Eisbären aus LEGO-Steinen, die Pinguine aber echt sind.

Ganze Familien waschen in der Westernstadt **LEGOREDO Town** Gold oder backen mit Indianern am Lagerfeuer Stockbrot, die Kleinsten strahlen auf den Karussells oder Mini-Bahnen im **DUPLO Land** und die Älteren machen in der Kinderfahrschule ihren ersten Führerschein. Und jedes Jahr, das fordern die Markt-Gesetze, muss eine Neuerung her: 2014 war das **Ghost,** moderne Variante einer Geisterbahn, und 2015 landet in Billund ein mit rekordverdächtigen 5,3 Mio. LEGO-Steinen gebauter **X-wing Starfighter** aus dem Star Wars Universum, 13 m lang, 3 m hoch und umringt von allerlei Figuren aus der legendären Filmserie, die – wie passend – 2015 im Kino fortgesetzt wird.

Etwa 700 Tophäuser rund um den Fjord mit Schwerpunkt Holmsland Klit. Guter Service, ausgesprochen unkomplizierte Abwicklung und zweites Servicebüro in Søndervig (Lodbergsvej 18, Tel. 97 31 55 40).

Feriepartner Hvide Sande: Nørregade 2 B, Hvide Sande, Tel. 96 59 35 93, www.feriepartner-hvidesande.dk. Ferienhausvermittlung des i-Büros mit über 400 Objekten auf Holmsland Klit inkl. Hausbooten im Hafen von Hvide Sande.

Feriepartner Bork Havn: Kirkehøjvej 17, Bork Havn, Tel. 75 28 03 44, www.feriepartner-borkhavn.dk. Häuser vor allem am südlichen Fjordufer in Bork Havn, Hemmet Strand und Skaven. Originell sind schwimmende Hausboot-Ferienhäuser, die fest vertäut im Bork Havn liegen.

Hotels, Jugendherbergen, Campingplätze – s. Ortsbeschreibungen

Infos

Hvide Sande Turistservicekontor: Nørregade 2B, 6960 Hvide Sande, Tel. 70 22 70 01, www.hvidesande.dk, Mo–Fr 9–17, Sa, So 10–14 Uhr. Hauptbüro, Webportal, Hotline für die ganze Region Ringkøbing Fjord bis Vedersø Klit im Norden. Von über 30 ›Filialen‹ ist nur die in Ringkøbing Ostern–Okt. bemannt, sonst findet man interaktive Bildschirme und Broschüren-Ständer in Büros von Ferienhausvermittlern, Lebensmittelläden der Ferienhaussiedlungen, Unterkünften oder auf Campingplätzen. Beratung erfolgt dort per Videokontakt (Adressen s. Ortsbeschreibungen).

Bork Havn, Hemmet Strand, Skaven ▸ B/C 10

Mittelpunkt des Tourismus am südlichen Ufer des Ringkøbing Fjord ist der kleine Hafen von Bork, der von vielen Freizeitskippern und noch wenigen Nebenerwerbsfischern genutzt wird. Alle müssen aufpassen, dass ihnen in den Gewässern vor dem Hafen, vor allem nach Westen hin, nicht ungeübte Surfneulinge in die Quere kommen: Der hier sehr flache Fjord ist ein beliebtes Übungsrevier für Wind- und Kitesurf-Anfänger. Allein in Bork Havn gibt es über 1000 Ferienhäuser und -wohnungen – Zielgruppe vor allem Surfer. Weitere Ferienhaussiedlungen mit weniger Infrastruktur sind Hemmet Strand und Skaven weiter östlich.

Bork Vikingehavn und Fahl Kro

Fjordvej 2B, Søndre Bork, Tel. 75 28 05 97, www.levendehistorie.dk, Ostern–Okt. mind. So–Fr 11–16, Juli/Aug. und 41–43. Woche tgl. 11–17 Uhr, je nach Aktivitäten 50–90 DKK/ab 18 Jahre inkl. Eintritt Fahl Kro; Zuschlag bei Wikingermarkt; Ringkøbing-Museumskort *s. Infobox s. S. 150*

In die Bucht zwischen Bork Havn und dem Ostufer der Halbinsel Tipperne mit seinem Vorgelreservat mündet ein kleiner Bach, an dessen Ufer Boote aus einer ganz anderen Zeit liegen, aus der der Wikinger. Es sind keine martialischen Drachenboote wie man sie aus Hollywoodfilmen kennt, eher Alltagsschiffe der Zeit, Lastkähne und Handelsschiffe: Bork Vikingehavn, ein ständig wachsendes Erlebniszentrum zeigt die seefahrerische Seite der Epoche, besitzt neben dem Hafen einen Marktplatz, eine frühchristliche Kirche und zeittypische Langhäuser. ›Wikinger‹ – überraschend viele sprechen fließend Deutsch – demonstrieren alte Handwerkskünste, schmieden Schwerter und Pfeilspitzen, schlagen Münzen oder handeln, wie es damals üblich war, mit Fellen oder Schmuck. Andere verrichten Alltagsarbeit in den Häusern und es gibt noch einen heidnischen Opferplatz, an dem man oft Reste tierischer Opfergaben sieht – für Zartbesaitete schwer erträglich. Besonders lebendig wird das Center zum **Wikingermarkt** Anfang August, dann wird zusätzlich eine Zelt- und Budenstadt aufgebaut.

Borg Vikingehavn ist die populärste Abteilung des Ringkøbing-Skjern Museum (s. S. 184), eine zweite gleich auf der anderen Seite des Parkplatzes ist der Fahl Kro, ein typisches Gasthaus aus der Mitte des 19. Jh. Ein Brand zerstörte ihn 2013 bis auf die Grundmauern, er wird wieder aufgebaut und dann idealtypischer sein als das Original. Er dient für Wechselausstellungen und bewirtet Gäste, nachmittags gern mit einem Kuchenbuffet, aber am besten kommt man an einem jener Abende – meist donnerstags – im Juli/August, an denen hier Jütlands Traditionsküche gepflegt wird (reservieren unter Tel. 75 28 01 43).

Übernachten

Ferienpark – **Bork Havn Feriecenter:** Kirkehøjvej 34, Bork Havn, Tel. 75 28 05 87, Buchungen www.danland.de oder andere Ferienhausvermittler. Moderne Anlage nahe zum kinder- und surferfreundlichen Strand; flexible Mietzeiten, auch Miniferien ab zwei Tagen.

Weitere Ferienhäuser – s. S. 171

Essen & Trinken

Fisch gut bürgerlich – **Restaurant Skavenhus:** Skavenvej 34, Skaven, Tel. 97 37 40 24, www.skavenhus.dk. Fisch aus der Region dominiert die konservativ-dänisch orientierte Küche; wer einen robusten Magen hat, nimmt Aal zur Flatrate von knapp 250 DKK – diverse Magenaufräumer, die man dann braucht, kosten jeweils ca. 30 DKK. Hauptgerichte mittags ab ca. 90, abends ab ca. 120 DKK.

Nachbauten typischer Langhäuser der Wikingerzeit im Bork Vikingehavn

Deutsche Betreiber – **Star Café og Restaurant:** Kirkehøjvej 19, Bork Havn. Auf der Karte verbrüdern sich die deutsche Currywurst mit dem dänischen *Stjerneskud* – Schollenfilet mit Krabben auf Toast –, und süße Pfannkuchen oder große Fischteller findet man auch. Frokost-Kleinigkeiten ab 25 DKK, abends Hauptgerichte ca. 100–185 DKK.

Aktiv & Kreativ

Kerzen selbst gießen – **Lysstøberi Bork Havn:** Kirkehøjvej 19, Bork Havn, Tel. 75 28 04 77, www.borkhavnlys.dk, Mo–Sa 10–18, So bis 17 Uhr. Hier werden Kerzen ausnahmsweise einmal gegossen, und das in allen denkbaren und undenkbaren Gussformen – vom Osterhasen bis zum Weihnachtbaum – die Farben bestimmt man selbst, Preise beginnen bei 50 DKK. Kinder sind begeistert. Ebenso Menschen mit kognitiven oder motorischen Einschränkungen, die große Erfolgserlebnisse haben, weil sie leicht schöne Dinge gestalten können – die Kerzengießerei ist komplett rollstuhlgerecht und die Betreiber kommen aus Deutschland – Sprachprobleme gibt es also nicht.

Surfschule und Verleih – **WestWind Bork Havn:** Bryggen 10–12, Bork Havn, Tel. 75 28 01 80, http://bork.westwind.dk. Der größte Anbieter für Wind- und Kitesurfen am Fjord, Details siehe WestWind Hvide Sande (s. S. 182).

Angeltour mit Museumsjolle – **Laurids Fahl:** ab Bork Havn, Tickets Bork Vikingehavn oder unter Tel. 75 28 05 97, Di bis zu vier Abfahrten (je 1 Std., 75 DKK). Die offene Jolle des Ringkøbing-Skjern Museum ›Laurids Fahl‹ fährt ausgelegte Reusen ab, dazu gibt es Informationen über den Fang und Geschichten über die Fjordfischerei – spannend auch für Kinder.

Infos & Termine

Interaktive i-Büros (s. S. 175): **Bork Havn Turistinfo**, Bryggen 9, Bork Havn, 6893 Hemmet sowie im Danland Bork und im Büro von Feriepartner Bork Havn (beide s. o. Übernachten)

Bork Havn Musikfestival: Mi–Sa in Woche 31 (37. Auflage 2015: 29.07.–1.8.). Aus einem kleinen Hafenfest entstandenes viertägiges Rock- und Folk-Spektakel für alle Altersgruppen u. a. mit Kinderkonzerten und Kirmes. Auf der Hauptbühne sieht man die Crème der dänischen Musikszene. Je früher man Tickets kauft, desto billiger (Tag ab 400 DKK, nur Fr–So ab 650 DKK, Mi–So ab 1050 DKK). Bewusst spricht man auch ältere Besucher an u. a. mit VIP-Tickets für Komfortzonen inkl. Buffet, oder De-Lux Camping in speziell ausgestatteten Arealen: aktuelle Preise und Programm www.borkhavnmusikfestival.dk.

Holmsland Klit ! ▸ B 9/10

Die 35 km lange Dünennehrung Holmsland Klit zwischen Nymindegab und Søndervig trennt den Ringkøbing Fjord von der Nordsee. An schmalsten Stellen wie südlich von Hvide Sande ist sie nur wenige hundert Meter breit, mehr als 3 km werden es nie. Auf diesem schmalen Streifen haben Menschen mit Land- und Viehwirtschaft auf der Fjordseite sowie mit etwas Strandfischerei und dem Verwerten von Strandgut auf der Nordseeseite lange ein Auskommen gefunden.

Heute dominiert der Tourismus das Bild. Viele Ganzjahresarbeitsplätze gibt es aber auch rund um den Hafen von Hvide Sande, u. a. beim Fischumschlag und in der Werftindustrie. Die überlebte durch Spezialschiffbau von

Retro-Raddampfern bis zu Ferienhausbooten. Derweil stagniert die Landwirtschaft, auffällig sind jedoch viele **Nerzfarmen,** erkennbar durch lange, flache Käfigbauten – Naturschützern sind sie ein Dorn im Auge. Immer häufiger sieht man ausgebüxte Nerze in freier Wildbahn, das sind stets amerikanische ›Mink‹-Nerze, die nur entfernt mit europäischen Nerzen verwandt sind und sich auch nicht mit ihnen paaren können.

Zwei Verkehrsstränge ziehen sich auf ganzer Länge über Holmsland Klit: Dänemarks Nordseeküstenstraße [181], die praktisch ohne Spurwechsel aus dem alten Kutschenweg auf der Grenze zwischen Dünen und Marschland hervorgegangen ist, und die ›National Cykelrute 1‹ (s. S. 24), die meist näher an den Dünen verläuft, oft durch Heidegebiete und mitten durch Ferienhaussiedlungen.

Abelines Gaard ▶ B 9

Mai–Okt., So–Fr 11–17, 50 DKK/ab 18 Jahre, Ringkøbing-Museumskort s. Infobox S. 150; nettes Café Juli/ Aug. tgl. ab 13 Uhr

Beiderseits der Hauptstraße sieht man immer wieder die tief geduckten, traditionellen Vierkanthöfe, eine Bauweise, die im Innenhof Schutz vor dem Wind bietet. Einige dienen noch als Bauernhöfe, andere sind zu Ferienwohnungen umgebaut.

Abelines Gaard zwischen Nørre Haurvig und Årgab wurde zum viel besuchten kulturhistorischen Museum, das schon den angesehenen Europa-Nostra-Denkmalschutzpreis einheimste. Der Hof wurde 1854 bis 71 für den Strandvogt der Region gebaut, später aber nach Abeline Christensen benannt, die 1890 einheiratete und bis 1954 hier wohnte. Abeline wuchs als eines von 18 Kindern auf einem Nachbarhof auf, mit 34 hatte sie selbst fünf Kinder und war Witwe. Den Rest ihres Lebens, noch 53 Jahre, bewirtschaftete sie den Hof mit ihren Kindern weiter und übte auch etliche Jahre das Amt des Strandvogtes aus. Abelines Gaard ist ein Juwel, romantisch und voller Nostalgie, vielleicht ein Hauch zu schön, um echtes Leben in dieser rauen Umwelt zu zeigen. In der Hochsaison erlebt man oft Demonstrationen von altem Kunsthandwerk wie Klöppeln, Weben, Bernsteinschleifen.

Hvide Sande ▶ B 9

Kaum war 1931 der Hvide Sande Kanal mit Sperrwerk und Schleusen fertig, schoss an seinen Ufern der gleichnamige Ort aus dem Sandboden, heute quirlige Hafenstadt mit guten, langen Sandstränden vor allem südlich des Hafens. Der wurde jüngst erweitert und erhielt zur Freude von Anglern und Surfern sowohl eine verlängerte Nordmole als auch eine komplett neue, 700 m in die Nordsee ragende Südmole. Beide zusammen machen die Einfahrt vom offenen Meer her künftig sicherer, ansonsten besitzt Hvide Sande noch einen Fjordhafen östlich von Sperrwerk und Schleuse. Trotz Rückgangs der eigenen Fischereiflotte – es sind noch etwa 80 Trawler und größere Kutter registriert, wovon es früher hunderte gab – wird reichlich Fisch umgeschlagen, weil der Hafen traditionell von Fischern aus anderen dänischen Häfen sowie aus dem Ausland angelaufen wird, die hier ihre Quoten-Fänge anlanden und verkaufen.

Konsumfisch kommt ab 7 Uhr morgens in einer der modernsten Internetauktionen Europas unter den virtuellen Hammer, zusammen mit Fisch, der in Thyborøn und Thorsminde angeboten wird (aktuelle Preise auf www.danskefiskeauktioner.dk).

Die munteren Auktionen, die früher immer auch Touristenattraktion waren, sind jedoch Vergangenheit, dafür gibt es in der Hochsaison extra inszenierte Event-Auktionen (s. Termine).

Über Hvide Sande, die Seenotrettung, die Fischerei und die Fische der Nordsee – hier lebendig in Aquarien – kann man sich im **Haus der Fischer** und seinem angeschlossenen **Aquarium** informieren (Fiskeriets Hus/Vestkyst Akvariet, Nørregade 2B, Tel. 97 31 26 10, www.fiskerietshus.dk, tgl. 10–16/17 Uhr, 95 DKK, 30 DKK/4–12 Jahre; Cafeteria mit Aussicht auf den Kanal; auch i-Büro).

Mit dem alten Rettungsboot, das vor dem Fiskeriets Hus steht, kenterten 1951 fünf Männer aus Hvide Sande bei einem Rettungsversuch und starben. Inzwischen sind aus den vielen kleinen Rettungsstationen mit offenen Booten wenige Standorte mit unsinkbaren Rettungskreuzern geworden, wie der ›Emile Robin‹. Die liegt ständig einsatzbereit unterhalb des **Blauen Turms,** wie das Schleusenhaus am Hafen genannt wird.

Nördlich von Hvide Sande ▶ B 9

Die neue Art, mit dem Meer Geld zu verdienen, zeigt am Fjord im Norden von Hvide Sande die **Aqua Sports Zone** mit einer Windsurfschule und einem Wasserski- und Wakeboard-Kabelpark – man saust, von einem Schlepplift gezogen, übers Wasser. Weil gestürzt wird ohne Ende, ist das coole Café neben der Anlage ständig voll mit Spannern – Pleiten, Pech und Pannen einmal live gesehen!

Ein paar Kilometer weiter nördlich strahlt der Leuchtturm **Nørre Lyngvig Fyr** seit 1906 jede Nacht gut 40 km weit über Nordsee und Fjord. Er ist 38 m hoch, steht aber so auf einer Düne, dass seine Lichtkanzel 53 m über den Meeresspiegel aufragt. Der 148-Stufen-Aufstieg – plus 70 Stufen die Düne hinauf! – verschafft einen großartigen Rundumblick, man erfasst von hier oben so gut wie nirgendwo sonst den Aufbau des schmalen Landstreifens: breiter Strand im Westen bis an die jungen ›weißen Dünen‹, dahinter die älteren, von anspruchslosen Pflanzen überzogenen ›grauen Dünen‹, dann ein breiter Streifen Heide – meist als Baugrund für Ferienhäuser genutzt – und im Osten grüne Marschwiesen und etwas Ackerland bis ans Fjordufer (Holmsland Klitvej 109, April–Okt. tgl. 11–17 Uhr, witterungsabhängig; 40 DKK/ab 18 Jahre, Ringkøbing-Museumskort s. Infobox S. 150).

Søndervig ▶ B 9

Bereits Ende des 19. Jh. wurden in Søndervig ein Badehotel und erste Ferienhäuser gebaut. Kurz zuvor hatten Brücken über Wasserläufe, die den Stadil Fjord mit dem Ringkøbing Fjord verbanden, überhaupt erst eine Reise auf dem Landweg von Ringkøbing nach Søndervig möglich gemacht. Heute ist Søndervig der munterste Touristenort am Fjord, rund ums Jahr lebendig – vielleicht nicht eben Ballermann, aber feinsinnige Kultur ist etwas anderes. Auf jeden Fall sind lebenslustige, partyinteressierte Urlauber hier zufrieden und treffen Gleichgesinnte aus allen skandinavischen Ländern – vor allem im Juli und August ist es tagsüber geradezu quirlig und das Nachtleben pulsiert bis zum Grauen des Morgens.

Übernachten

Personal sieht man selten – **Hvide Sande Hotel:** Bredgade 5, Hvide Sande, Tel. 97 31 10 33, www.hssh.dk. 1932 als Seemannsheim gegründet, nächtigen hier heute Touristen und Geschäftsleute. Das Haus wird weitgehend automatisiert betrieben, zum Frühstück werden Gäste an umliegenden Cafés und Bäckereien verwiesen. Die günstigsten Preise online (DZ ab ca. 745 DKK, Familienzimmer 2+2 ab ca. 1100 DK).

3-Sterne mit familiärem Service – **Danhostel Hvide Sande Vandrerhjem:** Numitvej 5, Hvide Sande, Tel. 97 31 21 05, www.danhostel-hvidesande.dk. Die Herberge – von einem deutsch-dänischen Paar betrieben – liegt neben dem örtlichen Sport- und Schwimmcenter (vergünstigter Eintritt) zwar nördlich des Kanals, aber nah zum i-Büro und netten Lokalen; Einzelbett 205 DKK, DZ 395–480 DKK, Familienzimmer ab 475 DKK, Frühstücksbuffet üppig und preiswert – eine Herberge zum Wohlfühlen.

Camping in den Dünen – Holmsland Klit ist eine populäre Campingregion, viele Plätze haben direkten Zugang zum Meer (Empfehlungen von Süd nach Nord): **Bjerregaard Camping** (Tel. 97 31 50 44, www.bjerregaard-camping.dk, 3 Sterne, direkter Zugang zum Fjord, Hütten, Kanu- und SUP-Board-Verleih). **Nordsø Camping & Badeland** (Tel. 96 59 17 22, www.nordsoe-camping.dk, 3 Sterne, direkter Nordseezugang, viele Hütten, Badeland). **Holmsland Klit Camping** (Tel. 97 31 13 09, www.holmslandklit-camping.dk, 3 Sterne, direkter Nordseezugang, Hütten, etwas abseits der Hauptstraße, 4,5 km südl. Hvide Sande). **Hvide Sande Camping** (Tel. 97 31 12 18, www.hvidesandecamping.dk, längste Öffnungszeit aller Plätze auf Holmsland Klit, April–Woche 42, 3 Sterne, Nordseezugang durch die Dünen, Fjordzugang am Surfcenter Hvide Sande Syd (s. Aktiv) gleich über die Straße, 1700 m bis Stadtzentrum, Hütten, Quickstop Service in Kooperation mit drei Autocamper-Parkplätzen am Hafen von Hvide Sande). **Søndervig Camping** (Tel. 97 33 90 34, www.soendervigcamping.de, 750 m bis Søndervig Centrum, Nordseestrand durch Ferienhaussiedlung, Hütten und Apartments).

Ferienhäuser – s. S. 171

Essen & Trinken

Gastrotempel in kulinarischer Wüste – **Sandgaarden:** Badevej 12, Søndervig, Tel. 97 33 83 99, www.sandgaarden.dk, Saison tgl. ab 12 Uhr. Man hat in Søndervig viel Auswahl, um Essen zu gehen, will man aber richtig gut essen, landet man unweigerlich bei Tina und Lars Pinholt im Sandgaarden – falls man einen Platz bekommt! Dänische Frokost-Klassiker ab ca. 100 DKK, abends Hauptgerichte 200–325 DKK, 3-Gänge-Fisch-Menü ca. 400 DKK.

Der Fisch kommt auf kurzen Wegen – **Hvide Sande Røgeri, Fiskehandel og Spisested:** Troldbjergvej 4 (nördlich des Kanals), Hvide Sande, Tel. 97 31 18 99, www.hvidesanderogeri.dk. Das Fischrestaurant tischt in der Saison tgl. ein großes Fischbuffet auf (189 DKK, sonst Hauptgerichte um 160 DKK). Dazu gehören eine eigene Räucherei und ein großer Fischladen. Tipp: Picknickpaket im Laden zusammenstellen und ein romantisches Sonnenuntergangspicknick auf dem Aussichtsberg ›Troldebjerg‹ gleich neben dem Laden – oben gibt es Picknicktische – oder in den Dünen machen.

Discount-Restaurant – **Sandslottet:** Anker Eskildsens Vej 1, an der Straße [181], Nørre Lyngvig, www.hvidesande.dk/sandslottet, April–Okt. tgl., reißerische Preise, schnelle Abfertigung – da erwartet hoffentlich niemand kulinarische Offenbarungen. In der Hochsaison ist der Laden immer brechend voll, aber reservieren ist nicht möglich. Viele Hauptgerichte unter 100 DKK!

Einkaufen

Flohmärkte – **Bagagerumsmarked:** Parkplatz des Beach Bowl, Lodbergsvej 36, Søndervig, Wochen 26–34 Di ca. 12–17, Osterwoche und Woche 42 Di 10–15 Uhr. Beim ›Kofferraummarkt‹ leeren viele Amateurhändler ihre Keller und Dachböden. **Hvide Sande Kræmmermarked:** Troldbjergvej 4 (nördlich des Kanals), April–Okt. Fr–So 10–17 Uhr.

Glutfrische Fische – **Edgar Madsen:** Metheasvej 11, Hvide Sande, Tel. 97 31 14 33. Große Auswahl an frischer oder geräucherter Ware, immer skandinavischer schwarzer Hummer lebend vorrätig.

Outlets und Freizeitmode – Hvide Sandes Fußgängerzone **Stormgade** mitsamt Nebenstraßen, insbesondere die Strandgade, bieten eine Vielzahl an Outlet-Shops und Boutiquen. Eine Riesenauswahl an Freizeitmode nicht nur für Angler hat nördlich des Kanals **Lystfiskeren** (Nordhavnskaj 31). Weitere Outlet- und Mode-Shops gibt es im **Søndervig-Centret** (Badevej 1–3). Die meisten Läden haben rund ums Jahr tgl. geöffnet.

Alltagseinkäufe – Die Supermärkte auf Holmsland Klit haben tgl. außer 25. Dez. geöffnet, genaue Zeiten sind saisonabhängig, im Hochsommer aber oft von 8 bis 20 oder 21 Uhr.

Aktiv

Alles unter einem Dach – **Beach Bowl:** Lodbergsvej 36, Søndervig, Tel. 97 33 89 00, www.beachbowl.dk, ganzjährig tgl. Fitness ab 7, Bowling ab 10 mindestens bis 22 Uhr. Unterhaltungscenter mit Spielhalle, Bowling, Pub, LEGO-Spielzimmer, Internetcafé (leider oft defekte Geräte), aber auch Fitnesscenter, Segway-Verleih und Abenteuer-Minigolf. Bei einigen Ferienhäusern der Region ist eine Flatrate für einfache Beach-Bowl-Aktivitäten im Mietpreis enthalten oder günstig zuzubuchen, aber meist zahlt man doch etwas, z. B. die Schlägermiete beim Abenteuer-Golf (Key2activity-Programm).

Unter vollen Segeln – **Bramsejlskonnert af Hvide Sande:** Tel. 40 12 38 93, www.schoner.dk, 2-stündige Törns 200 DKK, 150 DKK/Kinder, Rabatt u. a. bei Onlinebuchung. Törns auf Nordsee oder Fjord ab Hvide Sande, Blauer Turm. Die ›Maja‹ segelte unter holländischer, deutscher und däni-

Mein Tipp

Sand als Genuss fürs Auge

Jedes Jahr formen Künstler aus aller Welt in Søndervig eine andere, fantastische Themenwelt aus Sand – 2015 sind bei der 13. Auflage des **International Sandskulpturfestival Søndervig** Dinosaurier das Thema. Spezialität ist eine durchgehende Sandskulptur entlang der Nordostflanke des Geländes, zuletzt weltrekordreife 200 m lang.

Dass die Skulpturen im Ort und nicht am Strand stehen, hat einen einfachen Grund: Rundkörniger Strandsand ist für haltbare Skulpturen ungeeignet. Stattdessen werden ein paar tausend Tonnen Sand aus speziellen Gruben herangekarrt und verarbeitet, dessen Körner geradezu miteinander verzahnt sind. Dann bleiben die Skulpturen ohne spezielle Imprägnierung eine ganze Saison unter freiem Himmel in Form, selbst bei heftigsten Regenschauern (Lodbergsvej 44, www.sandskulptur.dk, tgl. Juni–Aug. 10–19, Sept.–Okt. 10–17 Uhr, 50 DKK, 25 DKK/6–11 Jahre).

scher Flagge, war Heringsfänger und bis 1996 Lastenkahn, dann erfolgte die sorgfältige Restaurierung in einen 1930er-Jahre-Zustand für Ausflugsfahrten – also viel Nostalgie.

Bus-Tagestour in die Hauptstadt – **Højmark Turistfart:** Tel. 97 34 14 19, Buchung auch über i-Büro Hvide Sande (s. S. 175), Juli/Aug Mi, 495 DKK, 300 DKK/4–12 Jahre. Meerjungfrau, Tivoli, Schloss Amalienborg – 2 Std. Stadtrundfahrt mit deutschsprachigem Guide in Kopenhagen und 4 Std. Zeit zum Shoppen und Besichtigen auf eigene Faust.

Ausritte am Strand – **Ridecenter Vinterlejegård:** Vesterledvej 9, Sønder Haurvig, Tel. 97 31 51 63. Strandritte ab 200 DKK; während einige Familienmitglieder reiten, können sich andere mit Krolf bei Laune halten, einem Mix aus Crocket und Golf. Auch Mietboxen für eigene Pferde sowie Hütten und Ferienwohnungen für Reiter.

Angeln von Land – Die neuen, extralangen Molen und die Uferbefestigungen des Hvide Sande Kanal sind beliebte Standorte; Angelausrüstung und Köder verkaufen Läden in Hvide Sande, u. a. **Lystfiskeren** (Troldbjergvej 4) oder **Kott Fritid** (Sandormskiosken, Nørregade 2a, neben Fiskeriets Hus). Praktisch mit Fanggarantie angelt man in Put & Take-Seen, u. a. **Klegod Fiskesø** (Holmslandklitvej 100, Klegod) oder **Søndervig Put & Take** (Holmslandklitvej 126, Søndervig).

Angeln vom Kutter – **M/S Solea:** Tickets bei Kott Fritid (Shop s. o. oder online auf www.kottfritid.dk).

Rettungsschwimmer Stationen – **Hvide Sande Sydstrand** und **Søndervig Strand.**

Wasserski und Wakeboarding – **Kabelpark:** Gytjevej 15 (im Aqua Sports Zone), Hvide Sande, Tel. 96 59 20 77, www.kabelpark.dk, Mai–Mitte Sept. und Woche 42 tgl., Mitte Sept.–Mitte Okt. Do–So mind. 12–18, Hochsaison 11–21 Uhr, 1 Std. am Schleppseil ohne/mit Leihausrüstung ca. 150/ab 240 DKK, 1 Tag ca. 400/ab 670 DKK.

Wellensurfen – **Flynder Point:** Der Spot im Lee der Südmole war immer schon heiß bei Surfern, die nur mit dem Brett auf die ultimative Welle warten. Vom jüngst erfolgten Molenausbau erwartet die Szene einen noch besseren Surf. Zugang vom Parkplatz am Tungevej.

Wind- & Kitesurfen & SUP – **West Wind Hvide Sande Nord:** Gytjevej 15 (in Aqua Sports Zone), Tel. 97 31 25 99, http://nord.westwind.dk. **West Wind Hvide Sande Syd:** Søndre Klitvej 1, Tel. 97 31 28 99, http://syd.westwind.dk. Mai–Sept. Kurse inkl. Ausrüstung Windsurfen: Schnupperkurs ca. 400 DKK, 3-Tage-Anfängerkurs ca. 1000 DKK, Kite: Theorie- und Anfängerkurs 3 Tage ca. 2000 DKK, Stand-up-Paddle: ab 350 DKK, Wellensurfen auf Anfrage. Ausrüstungsverleih.

Abends & Nachts

Nachtleben in Søndervig – Der Badeort am Nordende des Ringkøbing Fjord ist nachts der munterste rund um den Ringkøbing Fjord, in der Hochsaison haben einige Bars bis 5 Uhr in der Früh auf. Seit Jahrzehnten Garant für traditionelles Kneipen-Entertainment ist **Æ Lamp/Lanternen** (Badevej 8) oft mit Livemusik in intimem Rahmen – urig! Vom Kreisverkehr am Badevej nordwärts Richtung Danland Feriencenter trinkt und feiert ein reiferes Publikum gern in **Bar 3** (Lodbergsvej 73) zur Musik der Beatles und frühen Stones-Zeiten, während jüngere Pub-Crawler nebenan auf einen Cocktail bei DJ-Music im **Café Verona** abhängen (Lodbergsvej 73–77, www.cafeverona.dk, Ostern bis Okt.).

Infos & Termine

Hvide Sande Turistservicekontor: (s. S. 175, im Fiskeriets Hus). **Interaktive Filialen/Terminals** u. a. in **Hvide Sande:** Nordsø Camping (Tingodden 3), Kabelpark (Gytjevej 15 B) und drei weitere Standorte. In **Søndervig:** Turistinfo (Badevej 17), SuperBest (Badevej 1), Søndervig Camping (Solvej 2) und vier weitere Standorten. In **Klegod:** Spar Supermarkt (Holmsland Klitvej 94). In **Bjerregård:** im Spar Supermarkt (Kirksvej 2).

Heringsfestival: Am letzten Wochenende im April rund um ein gut dotiertes Wettangeln (drei Altersklassen, Startgebühr!) am Hvide Sande Kanal: Es gilt, binnen einer Stunde vom Ufer aus so viele Heringe wie möglich an Land zu ziehen. Da sich die Silberlinge um diese Jahreszeit in Schwärmen zwischen Meer und Fjord bewegen, muss man für Siegchancen meist einige Kilo an Land ziehen, aber Natur ist unkalkulierbar: 2014 reichten 27 Heringe mit knapp 3,9 Kilo Gesamtgewicht zum Sieg, zwei Jahre zuvor musste man 126 mit 14,5 kg vorlegen und im Rekordjahr 1999 gar 313 mit 29,8 kg (www.sildefestival.dk).

Sport Events: In der zweiten Junihälfte wird in Hvide Sande der **NorthSea Tri** Triathlon über die olympische Distanz mit 1500 m Schwimmen im Hvide Sande Kanal, 40 km Radfahren, 10 km Laufen – davon ein Teil auf dem Strand – abgehalten (www.northsea tri.dk; 2015: 21.06.; Startgebühr ca. 395 DKK). Eine Woche später folgt mit dem **North Sea Beach Marathon** einer von zwei Marathon-Läufen weltweit, die ausschließlich am Strand gelaufen werden mit Start/Ziel am Hvide Sande Südstrand. Neben der klassischen Distanz werden auch Halb-, Fünftel- und Zehntelmarathon gelaufen (www.beach marathon.com; 2015: 28.06.; Startgebühr je nach Distanz und Anmeldetermin ca. 100–560 DKK).

Fischauktion für Touristen: einige So im Juli/Aug., 11 Uhr in der Hvide Sande Auktionshal, Rødspættevej 3. Fischauktion – fast – wie früher, nur kommen Fische und Krustentiere in ›Familienportionen‹ unter den Hammer, mal ein einzelner Fisch, mal eine Tüte Schollen, Krabben oder Jomfrue Hummer. Rund um die Auktion gibts Volksfeststimmung in der Halle und pensionierte Fischer ›putzen‹ und filetieren gegen eine kleine Spende fachgerecht das, was Landratten ersteigert haben.

Waterz: Anfang Sept. Elite trifft ambitionierte Amateure beim offenen Wassersport-Event auf allem, was Brett ist: Wellen-, Wind- und Kitesurfen, SUP, Wakeboarding (www.waterz.dk) – und reichlich ›Party‹ gibt es auch. Viele Waterz-Events finden in der Aqua Sports Zone inklusvie Cable Park statt.

Hvide Sande Masterclass: Eine Woche in der 2. Sept.-Hälfte. Junge Musiker aus aller Welt treffen international bekannte Meister ihrer Instrumente, um etwas zu lernen und täglich bei Kammermusik-Konzerten ihr Können zu zeigen (www.hvidesande-master class.dk).

Am Ostufer des Ringkøbing Fjord ▶ C 9/10

Skjern Enge ▶ C 10

Zwischen Skjern und Tarm fließt die Skjern Å träge Richtung Ringkøbing Fjord. 1999 bis 2003 wurden dem Fluss, der erst 1962 bis 68 für die Bedürfnisse der Landwirtschaft begradigt worden war, mit Dänemarks größtem und teuerstem Renaturierungsprojekt – gut eine Viertelmilliarde Kronen – die alten Freiheiten zurückgegeben. ▷ S. 186

Auf Entdeckungstour: Geschichte leben – das Ringkøbing-Skjern Museum

Besuche des Ringkøbing-Skjern Museum halten fit, denn am besten unternimmt man die per Fahrrad: 14 Abteilungen liegen über 100 km verteilt rund um den Ringkøbing Fjord. Zusammen vermitteln sie ein Bild der früheren Lebens- und Arbeitsumstände der Menschen im Westen Jütlands – und am Nørre Lyngvig Fyr gibt es eine tolle Aussicht als Bonus.

Reisekarte: ▶ B/C 9/10
Planung: Detaillierte Öffnungszeiten zu allen Museen: www.levendehistorie.dk, Tel. für alle: 97 36 23 43. Ringkøbing Museum ganzjährig, alle andere Abteilungen kürzere Perioden, manche nur wenige Tage; Museumskort für alle Abteilungen s. Infobox S. 150
Mit dem Rad unterwegs: Radfahrer radeln auf flachem Terrain, meist auf separaten Radwegen, teilweise über Schotter; Radwegekarte in i-Büros

Zentrale für alle Abteilungen des ›100-km-Museums‹ ist das **Ringkøbing Museum** (s. S. 188) in ›Westjütlands kleiner Hauptstadt‹, das zum Gesamtbild das Stadtleben beisteuert und mit seinen archäologischen Exponaten weit zurück in die Vorzeit geht. Die Archäologen müssen sich aber manchmal auch mit neuerer Geschichte befassen, deren Hinterlassenschaften bergen und präparieren wie 2008 das komplette Inventar eines deutschen **Mannschaftsbun-**

kers ca. 4 km nördlich von Søndervig, den das Meer bei einem Herbststurm freigespült hatte, oder Reste von Flugzeugen der Alliierten, die in der Region immer wieder gefunden werden.

Zeitreisen und Naturerlebnisse

Über den kleinen Industriestandort Lem erreicht man den ländlichen Osten der Fjordregion. Dänemarks letzte, voll intakte Wassermühle **Bundsbæk Mølle** mahlt noch das Öko-Mehl, aus dem für die urige Kaffestue im Haus des Müllers nebenan Brot und Kuchen gebacken wird. Im angeschlossenen **Bundsbæk Naturpark** kreierte der international bekannte italienische Land-Art-Künstler Alfio Bonanno 2011/12 vier eindrucksvolle Objekte: »Det Fire Øer«, die vier Inseln.

Nur wenige Schritte sind es von der Mühle zur rekonstruierten Steinzeitsiedlung **Dejbjerg Jernalder,** wo im Juli und August Familien in dieser Vorzeitepoche leben! Das Dorf entstand um eine bedeutende Fundstätte der Zeit.

Mit **Reberbanen** besitzt das Städtchen Skjern die noch für Spezialaufträge genutzte Reeperbahn einer Seilmacherwerkstadt, in der ganz traditionell Tauwerk für Schiffe geschlagen wird – heute meist für Museumsschiffe. Derweil dient die alte **Skjern Vindmølle** (Marupvej 25 A, 6900 Skjern) in letzter Zeit meist lokalen Künstlern für Ausstellungen und das Stadtmuseum begleitet als **Skjern Å Museum** (Bredgade 77, 6900 Skjern) die Entwicklung der Skjern Å von der natürlichen Flussmündung zum begradigten Strom und zurück zur renaturierten Naturlandschaft.

Das Bild des Lebens am Fjord wäre unvollständig ohne die Häuser der Tagelöhner und Landarbeiter **Hattemagerhuset** in Tarm (Foersumvej 1) oder **Gåsemandens Gård** in Nørre Bork (Galgebjergevej 20). Publikumsmagnet des 100-km-Museums ist das stetig wachsende Zeitreise-Center **Bork Vikingehavn,** in dem die maritime Seite der Wikingerzeit gelebt wird (s. S. 175). Wer sich jetzt stärken will, geht zum nahen **Fahl Kro** hinüber.

Höfe mit Geschichten und ein Leuchtturm mit Überblick

Auf Holmsland Klit zeigt **Abelines Gaard** (s. S. 178), der Hof der Strandvogt-Witwe Abeline Christensen, wie Privilegierte entlang der Küste lebten, ehe man sich nördlich von Hvide Sande auf dem Leuchtturm **Nørre Lyngvig Fyr** – formal auch eine Abteilung des Museums – (s. S. 179), einen exzellenten Überblick über die schmale Nehrung verschaffen kann. Im Norden liegen zwei Abteilungen abseits der eigentlichen Fahrt rund um den Fjord: Der **Strandgaarden** thematisiert in wechselnden Ausstellungen Natur und Leben an der Küste (s. S. 191) und **Kaj Munks Præstegård,** der Pfarrhof von Vedersø, erinnert an den 1944 als Widerständler ermordeten Dichterpriester Kaj Munk (s. S. 194).

Jetzt windet er sich wieder mehrarmig durch seine Auen und darf sie auch mal überfluten. Dieser Einsatz für die Natur wurde mit der Nominierung als Nationalpark-Kandidat gekrönt, doch lokalpolitisches Hickhack und Protest betroffener Landbesitzer ließen das Projekt im Frühjahr 2012 scheitern. Bleibt zu hoffen, dass die bereits geschaffene Infrastruktur trotz der jetzt spärlicher fließenden Mittel erhalten bleibt: Rad- und Wanderweg, Vogelbeobachtungstürme und zwei Naturcenter: **Skjern Enge** zur Vogelwelt (Gl. Botoftevej 4, Vostrup) und **Skjern Å** (Ånumvej 161, Skjern) zum Leben im Fluss.

Nahe der Mündung in den Fjord erlauben zwei **Seilzugfähren** Radfahrern und Wanderern, die beiden Flussarme der Skjern Å trockenen Fußes zu queren und bei einer Fjordumrundung viele Kilometer abzukürzen. Über Natur- und Vogelbeobachtungstouren sowie die reglementierten Möglichkeiten, außerhalb der Vogelbrutzeiten die Skjern Å mit Kanus zu befahren, informiert ein Faltblatt der Naturschutzbehörde ›Naturstyrelsen‹, das in i-Büros der Region erhältlich ist (Dänisch, aber mit gut verständlicher Karte).

Danmarks Flymuseum ▶ C 9

Lufthavnsvej 1, Stauning, Tel. 97 36 93 33, www.flymuseum.dk, Mitte März–Okt. tgl. 10–15/16/17 Uhr, 60 DKK, 20 DKK/7–14 Jahre

Über 50 Flugzeuge verschiedenen Alters inklusive Kampf- und Trainingsmaschinen der dänischen Luftwaffe stehen in den Hangars, darunter ein Replikat der Ellehammer-Maschine, des ersten Motorflugzeugs, das 1906 in Europa flog, und jeweils ein Exemplar aller elf je in Dänemark gebauten Flugzeugtypen der Firma Kramme og Zeuthen mit dem für deutsche Besucher irritierenden Typenkürzel KZ. Etwa 20 Oldtimer sind flugfähig, der älteste ist eine Hornet Moth von 1941. Im Sommer finden Flugabende statt, an denen einige dieser Oldtimer in die Lüfte steigen (Termine bei den regionalen i-Büros).

Essen & Trinken

Beschaulich mit Aussicht – **Restaurant Stauning Havn:** Strandvejen 31, Stauning, Tel. 97 36 92 60, www.stauninghavn.com, April–Aug. tgl. 11–22, sonst Mo–Do 17–22, Fr–So 11–21 Uhr. Als es noch nennenswerte Fjordfischerei gab, trafen sich am Rande des beschaulichen Hafens von Stauning Fischer nach der Arbeit auf ein Bier. Ihr alter Treff ist mit Bedacht für das Alte zu einem Restaurant mit Ambitionen geworden, das dänische Küche, kulinarisch aufgepeppt, vor einer perfekten Aussicht auf Hafen und Fjord serviert: Frokost-Klassiker ab 70 DKK, abends Hauptgerichte ab ca. 200 DKK.

Aktiv

Fahrraddraisinen – **Videbæk-Skjern Veteran- og Modeljernbane:** c/o Astrup Købmandshandel, Højevej 25, Astrup, Tel. 97 36 40 10, www.vsvmj.dk, 4–6 Std. 100–140 DKK, Verleih ganzjährig. 13 km einer 1981 stillgelegten Bahnlinie zwischen Videbæk und Skjern sind für Fahrten mit *Skinnecykler,* Schienenfahrrädern, freigegeben.

Infos

Interaktive i-Büro/Terminals (s. S. 175): Bredegade 44 (Skjern Centret), 6900 Skjern sowie Ranunkelvej 1 (Skjern Kulturcenter); in **Stauning:** Supermarkt Stauning Brugs, Kirkebyvej 46A.

Ringkøbing ▸ B 9

Ringkøbing ist stolz auf Stadt- und Handelsrechte aus dem 15. Jh. und mit nicht einmal 10 000 Einwohnern ist es dennoch der wichtigste Einkaufsort für ein großes Einzugsgebiet. So findet man ein Angebot an Geschäften, das in Deutschland allenfalls vier- bis fünfmal so große Städte haben würden.

Im Hafen

Lange profitierte Ringkøbing vom Pech anderer, dann hatte es selbst Pech: Die Versandung des Limfjord machte Ringkøbing vom Beginn des Mittelalters bis weit ins 19. Jh. hinein zum einzigen dänischen Nordseehafen nördlich des Wattenmeeres. Als Dänemark nach dem Krieg gegen Preußen 1864 auch noch die Häfen in Schleswig-Holstein verlor, hätte alles gut laufen können, wenn nicht der eigene Zugang zum Meer versandet wäre. So fielen die Würfel für den Bau des neuen Exporthafens Esbjerg, und als die Schleuse von Hvide Sande der Stadt am Fjord ab 1931 wieder einen sicheren Meereszugang garantierte, war der Zug, was die lukrativen Exporte von Fleisch, Getreide und Butter nach England anging, längst abgefahren. Seit dem Niedergang von Fischerei und Schiffbau ist Ringkøbings Hafen eher idyllisch denn geschäftig.

Von den Skulpturen, die überall Ringkøbings öffentlichen Räume zieren, hat eine, die jetzt am Hafen vor einem Bankgebäude steht, schon international bei einem EU-Sozialgipfel in Athen Aufsehen erregt, ebenso als zeitweilige Nachbarin der Meerjungfrau in Kopenhagen: **»Survival of the Fattest«** ist der offizielle Name des Werkes von Jens Galschiøt, der einem hageren, unterernährten afrikanischen Bauern eine stark adipöse Justitia auf die Schultern setzte. Im Volksmund ist die Skulptur als ›Den Fede Dame‹, die Fette Dame, bekannt und ohne Zweifel die meistfotografierte Frau rund um den Ringkøbing Fjord.

Torvet

Zwischen Hafen und dem großen Marktplatz Torvet breitet sich ein pittoreskes Viertel mit Kopfsteinpflaster und vielen Häusern aus dem 18. und 19. Jh. aus: roter Backstein, tief gezogene Dächer, kleine Fenster mit allerlei Nippes drin. Die **Vester Strandgade** ist die traditionelle Einkaufsstraße mit altmodischen Läden. Als für die Bewohner von Holmsland Klit das Boot noch das wichtigste Verkehrsmittel war, um zum Einkaufen in die Stadt zu fahren, führte sie der Weg zwischen Hafen und Marktplatz immer durch diese Gasse.

Der **Torvet** ist bis heute Zentrum und gute Stube von Ringkøbing. Im Sommer steht hier eine Bühne, mindestens samstags um die Mittagszeit gibt es Livemusik. Das **Hotel Ringkøbing,** das eine Seite des Torvet abschließt, ist das älteste weltliche Haus der Stadt, um 1600 gebaut. Die **Kirche,** die sich an einem Seitenarm des Platzes versteckt, hat noch ein paar Jahre mehr auf dem Dach. Schauen Sie sich einmal den Turm genauer an: Nein, er ist nicht schief, das täuscht, er ist nur oben breiter als unten.

Das Haus neben der Kirche ist der **Priorgaard,** 1913 nach Plänen des Architekten Ulrik Plesner (1861–1933, s. S. 274) gebaut, der aus der Nähe von Ringkøbing stammt und vor allem dem mondänen Skagen seinen Stempel aufdrückte. Seine Verbindung traditioneller Baustile aus Dänemark und England, die von Kollegen oft kopiert wurde, trägt viel zum beschaulichen Image Jütlands bei. Wenn Sie mehr davon entdecken wollen: Im i-Büro gibt es eine Broschüre mit dem Vorschlag für einen Stadtrundgang. Wollen Sie indes lieber in lustiger Gesellschaft die Stadt erkunden, warten Sie bis 20 Uhr (Juli/Aug.), dann macht sich vom Torvet aus der Nachtwächter des Ringkøbing Kjøbstads Vægterlaug auf seine Runde und erklärt zwischen seinen Gesängen dies und das zu den Häusern und ihrer Geschichte. An einigen Tagen enden die Touren in der Wächterklause des Hotel Ringkøbing, wo bis Mitternacht weiter gesungen wird.

Ringkøbing Museum

Kongevejen 1, Tel. 97 32 16 15, www. levendehistorie.dk, Mo–Fr 11–17, Sa 10–14/15 Uhr, Juli/Aug. auch So, 50 DKK/ab 18 Jahre, Ringkøbing-Museumskort s. Infobox s. S. 150

Das Ringkøbing Museum ist die Zentrale der Ringkøbing-Skjern-Museen (s. Auf Entdeckungstour S. 184) und besitzt wie jedes lokalhistorische Museum in Dänemark seine obligatorische Sammlung zur Stadtgeschichte mit einigen archäologischen Exponaten. Dazu gehören nicht nur uralte Dinge, sondern auch Funde aus dem Zweiten Weltkrieg, der durch die vielen Bunker an der Küste unübersehbarer Teil der hiesigen Geschichte ist. Eine zentrale Ausstellung zum Thema wird alle paar Jahre gewechselt. Standen lange die Bunker und das Leben darin im Fokus, wird es ab 2015 der Luftkrieg über Westjütland sein, dokumentiert u. a. durch Wrackfunde von rund 20 Alliierten Maschinen, die rund um den Ringkøbing Fjord abstürzten. Alliierte Flieger kamen oft über die Region, wenn sie Angriffe auf deutsche Besatzer in Dänemark, aber auch gegen Städte im Nordosten Deutschlands oder gegen Berlin flogen – »Flyvere i natten«, Flieger in der Nacht, heißt die Ausstellung.

Ungewöhnlich wird dieses Stadtmuseum aber auch durch seine exzellente Sammlung von Exponaten aus Grönland und aus dem Leben von Ludvig Mylius-Erichsen (1872–1907). Der Schriftsteller, Polarforscher und Förderer der Inuit-Kultur, der Anfang des 20. Jh. u. a. mit Dänemarks bekanntestem Polarforscher Knud Rasmussen zwei Grönland-Expeditionen durchführte und bei der zweiten dort umkam, wuchs in Ringkøbing auf. Auf dem Platz vor dem Museum erinnert eine Bronzestatue an ihn.

Zwei Kirchen im Umland

Etwa auf halbem Weg zwischen Ringkøbing und seinem Badeort Søndervig an der Nordsee liegt einsam am Nordufer des Fjords die **Gammelsogn Kirke** (▶ B 9, Gammel Sogn Kirkevej 7): Sie ist berühmt für Fragmente von Kalkmalereien aus dem späten 12. Jh., die zu den ältesten Beispielen dieser Kunst in Dänemark gehören.

Für eine Malerei aus ganz anderer Zeit ist die **Ølstrup Kirke** 13 km östlich von Ringkøbing (▶ C 9, Byvejen 22, Ølstrup) berühmt: Das Altarbild kostete 1904 nachweislich der Quittung 360,67 DKK inklusive Spesen, heute ist es ein Viel-Vielfaches wert. Das wussten wohl die dreisten Diebe, die es im März 2014 aus der Kirche klauten. Gemalt hatte es der junge, unbekannte Künstler Emil Hansen, der mit der Nichte des Probstes verheiratet war und später als Emil Nolde Weltruhm erlangte. Als Nolde seinen »Christus in Emmaus« malte, hatte er ein Gemälde im Sinn, das er selbst als eines seiner Favoriten bezeichnete, Rembrandts »Emmausmahl«, das er sich oft im Louvre angesehen hatte. Bis Redaktionsschluss dieser Ausgabe war das Bild noch nicht wieder aufgetaucht.

Übernachten

Modern mit Hallenbad – **Hotel Fjordgården:** Vesterkær 28, Tel. 97 32 14

00, www.hotelfjordgaarden.dk (Small Danish Hotels s. S. 25). Im Alltag dominieren Kurs- und Konferenzteilnehmer, in den Ferien und an Wochenenden Familien. DZ ab ca. 950 DKK, viele Pakete u. a. für Golf-, Wellness- oder Miniferien.
Tradition im Zentrum – **Hotel Ringkøbing:** Torvet 18, Tel. 97 32 00 11, www.hotelringkobing.dk. In historischen Mauern am Marktplatz. DZ mit Tagespreisen ab ca. 600 DKK (Wochenende, Ferien), sonst ab ca. 850 DKK.
Ferienhäuser – s. S. 171

Essen & Trinken

Gediegen bürgerlich – **The Watchmans Pub:** im Hotel Ringkøbing (s. o.). Die Nachtwächterklause ist ›very british‹ und besitzt eine große Außengastronomie auf dem Torvet, im Sommer oft Livemusik zum Frokost. Frokost-Hauptgerichte ab ca. 120 DKK, abends ab ca. 160 DKK.
VEB-Biergenuss – **Mylius-Erichsen Bryghus:** Nygade 26, Tel. 96 74 74 70, www.mylius-erichsen-bryghus.dk, So geschl. Deftige Küche und würzige Biere aus dem eigenen Braukeller, oft Livemusik. Das Brauhaus befindet sich zu einem großen Teil durch Volksaktien im Besitz örtlicher Trinker. Die bekommen Rabatt aufs Bier, wenn sie es im Brauhaus trinken, und jedes Jahr eine Hauptversammlung, auf der flüssige Dividende ausgeschenkt wird – na denn Prost!

Einkaufen

Fußgängerzone – **Nygade** (zweigt vom Marktplatz Torvet ab), eine recht kleine Fußgängerzone mit Mode, Küchendesign, Souvenirs usw.
Kerzenziehen und Souvenirs kaufen – **Kloster Design:** Klostervej 96, Kloster (5 km nordwestlich Ringkøbing), Tel. 97 33 70 85, Mo–Fr 10–17.30, Sa 9–13 Uhr. Kerzen selbst ziehen und Unmengen Krimskrams kaufen in der Mutter aller Kerzen-Shops; und für die, die weder Shoppen noch kreieren wollen, gibt's ein Café.

Infos

i-Büro/Interaktive Terminals (s. S. 175): Ringkøbing Turistinfo, Vestergade 2, 6950 Ringkøbing (Ostern–Okt. bemannt) sowie Schwimmhalle (Kongevejen 52), Hotel Fjordgården (Vester Kær 28) und zwei weitere Standorte.

Holstebro ▸ C 7/8

Holstebro, die Kongress-, Kultur- und Ausbildungsstadt im Hinterland, hat ihre Innenstadt weitgehend Fußgängern vorbehalten und Autos an den Rand verbannt. Das sorgt für ein gutes Ambiente beim Shopping. Wo man geht und steht, trifft man aber auch auf Kunst, die international keinen Vergleich scheuen muss. Auf jeden Fall sollte man sich im i-Büro jene Broschüre besorgen, die Standorte zeigt und Details zu einzelnen Werken erzählt. Dabei hat die Stadt keine Scheu, sich an weltbekannten Vorbildern wie dem Winterpalast in St. Petersburg zu orientieren: Künstler aus aller Welt schufen 36 große Bronzeskulpturen auf und um Holstebros Musiktheater sowie auf einem benachbarten Hotel: **›Tobaksarbejderens Drøm‹**, Traum des Tabakarbeiters, heißt das Gesamtkunstwerk.

Giacomettis »Frau auf der Karre«

Das bekannteste Einzel-Kunstwerk wirkt dagegen unscheinbar und geradezu zart: die »Frau auf der Karre«, eine der dürren, eisernen Models des Schweizers Alberto Giacometti (1901–1966) vor dem alten Rathaus in der Nørregade. Maren tauft der Volksmund die eigentlich Namenlose, ›Maren å æ woun‹ die Skulptur. Mitleidige Kunstfreunde legten ihr schon ein Stullenpaket vor die Füße – für jütische Schönheitsideale wirkt sie magersüchtig. Als zukunftsorientierte Stadtväter die Skulptur 1966 kauften, mussten sie 210 000 Kronen hinblättern – damals sehr viel Geld und so ging ein Aufschrei durchs Volk. Zu teuer! Heute kosten Sicherung und Versicherung jedes Jahr deutlich mehr, dafür wird der aktuelle Wert der kleinen Dame auf über 100 Mio. Kronen geschätzt. Zu ihrer eigenen Sicherheit wird sie jeden Abend um 21 Uhr im Boden versenkt und morgens um 9 Uhr wieder ans Tageslicht hochgefahren.

Bummelt man von der kleinen Maren durch die Fußgängerzone nach Norden Richtung Bahnhof, steht man an der Ecke Lærgårdvej/Struervej vor einer Großskulptur: Der immer provokante Däne Björn Nørgaard zeigt, was Genmanipulation aus Menschen machen kann. Dafür saßen ein Dutzend echte **»Bürger aus Holstebro«** – so der Titel in Anspielung an Rodins berühmte ›Bürger aus Calais‹ – Modell, aber nicht jeder von ihnen erkannte sich hinterher gern wieder.

Holstebro Kunstmuseum und Holstebro Museum

Museumsvej 2, www.holstebrokunstmuseum.dk, www.holstebro-museum.dk, Tel. 97 42 45 18, Juli/Aug. Di–So 11–17, sonst Di–Fr 12–16, Sa/So/Fei 11–17, Okt.–März Mi 19–21.30 Uhr, 75 DKK/ab 18 Jahre, Mi abends gratis
Das Kunstmuseum, dessen Kern eine alte Villa des Tabakfabrikanten und Kunstmäzens Søren Færch bildet, stellt moderne Malerei und Grafik ab den 1930er-Jahren in einen interessanten Kontrast zu einer Sammlung von Kunst außereuropäischer Kulturen. Das Kunstmuseum teilt sich das Dach mit einem kulturhistorischen Stadtmuseum.

Kulturhaus Musikteatret

Røde Plads 16, www.musikteatret.dk
Es ist nicht die bildende Kunst allein, mit der Holstebro überrascht, auch die darstellende hat hohes Niveau: Die Ballettschule des Königlichen Theaters aus Kopenhagen betreibt hier eine Dependance und die Stadt besitzt in ihrem Kulturhaus-Komplex Musikteatret neben Bühnen für Konzerte und aufwendige Musicalproduktionen auch das Black Box Theatre speziell für die Bedürfnisse des modernen Tanztheaters.

Übernachten

Badeland-Freikarte inklusive – **Best Western Hotel Schaumburg:** Nørregade 26, Tel. 97 42 31 11, www.hotel-schaumburg.dk. Geschmackvoll modernisiertes Hotel aus dem 19. Jh. DZ offiziell ab 1445 DKK, deutliche Wochenend- und Ferienrabatte auf gängigen Online-Portalen; jeder Gast erhält eine Freikarte für ein benachbartes Spaßbad.

Essen & Trinken

Kinderfavorit mit Metallschwein – **Jensen's Bøfhus:** Brotorvet 1, Tel. 97 41 40 88, www.jensens.com/holstebro, tgl. 11–22 Uhr. Die dänische Familienrestaurant-Kette mit fleischlastiger Küche kümmert sich rührig um Kinder, die gleich mit kleinen Geschenken bestochen werden. Ein gutes Lockmittel ist das Softeis-Büfett mit Flatrate für 49 DKK/Erw., 29 DKK/Kinder, sonst Hauptgerichte mittags ab 60 DKK, abends ca. 90–250 DKK. Das passende Kunstwerk steht vor der Tür des Steakhauses: eine Kopie des seit 1639 in Florenz stehenden Metallschweins »Il Porcellino« von Pietro Tacca.

Einkaufen

Breites Angebot – Holstebro gilt als beste Einkaufsstadt im mittleren Westen Dänemarks dank extrem großzügiger **Fußgängerzonen** mit Nørregade, Østergade, Grønsgade und Brotorvet – hier gibt es Mode von jung und billig bis edel und teuer; am Nordrand des Zentrums liegt das **Nørreport Centret,** eine Shopping Mall.

Abends & Nachts

Avantgardistisch – **Odin Teatret – Nordisk Teaterlaboratorium:** Særkærparken 144, www.odinteatret.dk. International bekannte, experimentelle Theatergruppe mit eigener Bühne – immer für eine Überraschung gut.

Infos

Holstebro Turistbureau: Jeppe Schous Gade 14 (im Foyer des Holstebro Badeland), 7500 Holstebro, Tel. 96 11 70 80, www.visitholstebro.dk

Vom Ringkøbing zum Nissum Fjord

Houvig und Husby Klit

▶ B 8/9

Houvig und Husby Klit sind wieder solche Namen, die oft in Ferienhauskatalogen auftauchen, aber Orte? Nichts dergleichen. Die große Ferienhaussiedlung um Søndervig setzt sich nach Norden erst noch etwas fort, dann wird die Bebauung langsam dünner und schließlich sorgt Naturschutz für eine gänzlich ferienhausfreie Zone. Von mehreren Parkplätzen führen Wege durch die Dünen zum Meer.

Die Strandidylle wird durch viele Bunker aus dem Zweiten Weltkrieg kontrastiert. Ursprünglich in die Dünen gebaut, liegen die Betonklötze, je nachdem, wie weit das Meer sich vorgearbeitet hat, heute frei auf dem Strand oder schon in der Brandungszone. Am Nordrand von Houvig sind sie besonders auffällig: Hier existierte eine große Radar- und Geschützstellung mit rund 100 verschiedenen Betonbauten. Das Museum Ringkøbing organisiert im Sommer Bunkertouren durch die Anlagen in Houvig auch mit deutschsprachigen Guides (s. S. 188, Termine auf www.levendehistorie.dk, 50 DKK/Erw.).

Die Fjorde von Stadil

Einen Überblick über das Hinterland bekommt man von der **Husby Klit Bake,** die seit 1884 auf Höhe des Vest Stadil Fjord hoch oben auf einer Düne steht. Der **Vest Stadil Fjord** und der nahe **Stadil Fjord** bildeten noch bis ins 19. Jh. hinein eine einzige Wasserfläche, die ab 1862 durch Absenken des Wasserspiegels in Ackerland umgewandelt werden sollte. Doch das Projekt wurde nie ganz vollendet und 1998/99 mit der Renaturierung großer Abschnitte am Seeufer endgültig zu Grabe getragen. Ein Radweg führt am Ostufer vorbei, Türme zur Vogelbeobachtung sind aufgestellt. Und das zu Recht: Die Weiden um die Seen sind wichtige Rastplätze für Gänse während der Vogelzüge im Frühjahr und Herbst. Ein sensationelles Schauspiel bieten Fressstopps Tausender von Kurzschnabelgänsen auf dem Weg von oder nach Spitzbergen – oft macht hier fast die ganze Weltpopulation dieser stattlichen Vögel Station.

Gleich nördlich der Husby Klit Bake liegt **Strandgaarden** an der Straße, ein weiterer typischer Vierkanthof und Dependance des Ringkø- ▷ S. 194

Auf Entdeckungstour: Kunst an der Donnerkuppel – Birk Centerpark

Herning besitzt im Vorort Birk eine ›Kunstmeile‹, die jeder Weltmetropole gut zu Gesicht stünde: Moderne Landschaftsgestaltung und Architektur, Museen, Ausbildungsstätten und Skulpturen namhafter Künstler – und dann scheint ein Raumschiff gelandet, aus dem könnten jeden Augenblick Clone-Trooper die Treppen heruntermarschieren, um die Erde zu unterwerfen: ELIA.

Reisekarte: ▶ D 9

Planung: Carl-Henning Pedersen & Else Alfelts Museum: Birk Centerpark 1, Tel. 98 28 86 50, www.chpeamuseum.dk, Di–So 10–16 Uhr, 40 DKK/Erw.
HEART: Birk Centerpark 8, Tel. 97 12 10 33, www.heartmus.dk, Di–So 10–17, Do bis 22 Uhr, 75 DKK/ab 18 Jahre

Anfänge: CoBrA-Kunst und Hemdenfabrik

Biegt man in den Birk Centerpark ein, liegt das **Carl-Henning Pedersen og Else Alfelts Museum** gleich an der Ecke. Es widmet sich dem Ehepaar Pedersen und Alfelt, das der von 1948 bis 1951 bestehenden, internationalen Künstlergruppe CoBrA zuzuordnen ist und die moderne Kunst Dänemarks nachhaltig prägte. Schon äußerlich auffällig sind der zentrale Rundbau, eine Art moderne Wasserburg, und die 1993 zur Erweiterung entstandene Pyramide – beide sind mit Keramikarbeiten von Carl-Henning Pedersen verkleidet. Der entwarf auch den 220 m langen und bis zu 5 m hohen **Keramikfries »Spiel der Fantasie um das Rad des Lebens«** für den frei zugänglichen Innenhof des **Angligården** gleich nebenan. Ursprünglich war der spiralförmige Bau eine Hemdenfabrik, dessen Besitzer überzeugt war, Kreatives könne man am besten in kreativer Umgebung schaffen. Heute gehört Angligården zu TEKO, einer Fachhochschule für Design und Ökonomie in Lifestyle-Branchen.

Zwischen dem Pedersen/Alfelt-Museum und Angligården marschieren 116 zu kantigen Betonstelen stilisierte Bewohner des Hafenstädtchens Hvide Sande über den Rasen: **»Allotment«** heißt diese Friedensskulptur des Briten Antony Gormly, 1995 zum 50. Jahrestag der Befreiung Dänemarks geschaffen. Hinter ihr zeigt ein kreisrunder **Skulpturenpark** Werke bekannter Künstler der Moderne. Schlägt man sich von dort ein paar Schritte südwärts durch ein Wäldchen, darf man in einem **geometrischen Heckenlabyrinth** Versteck spielen: Das Meisterwerk moderner Gartenbaukunst huldigt der Einfachheit der Komplexität.

Architektonisch wie künstlerisch ein Highlight: HEART

Künstlerischer Höhepunkt des Birk Centerpark ist das 2009 eröffnete Museum HEART – Herning Museum of Contemporary Art. Die auffällige, weit ins Gelände wirkende Architektur ist ein Werk des Amerikaners Steven Holls. HEART besitzt eine beachtenswerte Sammlung dänischer und internationaler Kunst ab den 1930er-Jahren, in der Arbeiten des italienischen Konzeptkünstlers Piero Manzoni viel Raum einnehmen. Die flexiblen Räume bieten häufiger den Rahmen für Ausstellungen, HEART ist zudem kunstformübergreifend Stammhaus des **Kammermusik Ensembles MidtVest,** dem hier ein Konzertsaal zur Verfügung steht (Programm: www.emv.dk). Nachbar ist das kleine, wegen seiner experimentellen Dachkonstruktion auffällige **Utzon Huset,** entworfen von Jørn Utzon, dem 2008 verstorbenen Architekten der Oper von Sydney. Es war Prototyp für Schul- und Internatsgebäude, die in Birk geplant, aber nie gebaut wurden.

Polarisierend: ELIA

Eine Arbeit sprengt jeden Rahmen, Skandinaviens größte Skulptur »ELIA«, die stählerne, schwarze Donnerkuppel des Schweden Ingvar Cronhammer. Streng symmetrisch. Martialisch. Düster. 60 m der Durchmesser am Boden. 30 m hoch von der Grasnarbe bis zu den Spitzen der vier in den Himmel ragenden Säulen. Die sind so angelegt, dass sie Blitze anziehen und dazwischen lodert in unregelmäßigen Abständen eine Gasflamme auf. Das ist Kunst, die polarisiert und Diskussionen auslöst. Das ultimative ELIA-Erlebnis hat man, wenn wirklich Blitze einschlagen – dann sollte man gehörig Abstand halten!

bing Museum für Ausstellungen zu Natur und Leben entlang der Küste (Husby Klitvej 5, 6990 Ulfborg; s. a. Entdeckungstour S. 184).

In der **Stadil Kirke,** die aus den Wiesen nördlich des Stadil Fjord aufragt, zählt der romanische Goldaltar – genaugenommen ist es ein Relief aus vergoldeten Kupferplatten, das in einen jüngeren Altaraufsatz eingearbeitet ist – zu den bedeutendsten Werken einer eigenständigen Kirchenkunst in Jütland, gefertigt um 1200 (Stadilvej 31, Stadil Kirkeby, 6980 Tim).

Vedersø und Vedersø Klit ▸ B 8

Wahrzeichen der küstennahen Ferienhaussiedlungen **Vedersø Klit** und **Vester Husby** ist wieder eine der weithin sichtbaren Baken von 1884, die aus den Dünen herausragt. Die vielbefahrene Küstenstraße [181] macht hier einen Schlenker ins Landesinnere, sodass der alte Kern dieses Urlaubsgebiets mit kurzen Wegen zum Strand vom Durchgangsverkehr verschont ist. Schon früh sorgte in diesem Abschnitt der Küste eine Bauverordnung für ein einheitliches Bild der Ferienhäuser mit reetgedeckten Walmdächern und großen Grundstücken. Dass in jüngster Zeit neue Urlaubsdomizile sogar landeinwärts in den Heidegebieten östlich der Hauptstraße entstehen, spricht für die Popularität der Region.

Etwa 6 km landeinwärts findet man das eigentliche Dorf **Vedersø,** das der Küstensiedlung den Namen gab. Die **Vedersø Kirke** besitzt Details aus romanischer Zeit, ein Tympanon über dem Nordportal, das sowohl eine Christusfigur als auch ein heidnisches Fruchtbarkeitssymbol zeigt – Zeichen einer Glaubenskoexistenz in den frühen Tagen der Christianisierung? Die Kirche ist in Dänemark aber weitaus bekannter durch ihren ehemaligen Gemeindepfarrer und erfolgreichen Dramatiker Kaj Munk (1898–1944), der neben dem Chor begraben ist (Vesterhavsvej 70, 6990 Ulfborg).

Kaj Munks Præstegården

Vesterhavsvej 7 (ca. 2 km westlich der Kirche), Vedersø, Tel. 97 36 23 43, www.kajmunkspræstegård.dk, 11–16 Uhr April–Sept. Di, Do, So, Juli/Aug. auch Mo, Mi und tgl. in Woche 42, 50 DKK/ab 18 Jahre, Ringkøbing-Skjærn-Museumskort s. Infobox S. 150

2011 konnte das Ringkøbing-Skjern Museum jenen Pfarrhof – ursprünglich ein kleiner Gutshof aus dem 17. Jh. – zum Museum machen, in dem Kaj Munk mit seiner Familie zwei Jahrzehnte lebte und wo ihn Gestapo-Schergen am Abend des 4. Januar 1944 abholten, um ihn noch in derselben Nacht zu liquidieren. Das Museum setzt weniger auf Artefakte in Vitrinen als auf sein Wort. Zitate an den Wänden der spärlich möblierten Räume lassen ihn sprechen – sie sollten inzwischen auch in deutscher Übersetzung vorliegen – und stellen den Menschen Kaj Munk in den Mittelpunkt. Da ist der Naturliebhaber, der sich sogar einen Stichkanal graben lässt, damit er mit dem Boot aus dem eigenen Park auf den nahen Nørresø hinausrudern kann, und der begeisterte Jäger ebenso wie der dogmatische Gegner einer Schnapslizenz für das Vedersø Klit Badehotel – und der furchtlose Mann des Wortes, der den Nazis die Stirn bietet und dafür sterben muss.

Munk wird 1924 in dem Nest Gemeindepfarrer und heiratet bald eine Einheimische, Lise Jørgensen, mit der er fünf Kinder bekommt. Neben seiner kirchlichen Arbeit macht Munk sich als Dramatiker einen Namen. Die Welt der Westküste und ihre Menschen beschreibt er bisweilen drastisch: »Westjüten sind daran gewöhnt, Lasten zu tragen, und der trägt am besten, welcher schweigend trägt.« Wie nicht wenige Intellektuelle im Norden sieht er im aufkommenden Faschismus Ordnungselemente und im Führerprinzip ein Modell für Skandinavien – Demokratie ist nicht seine Sache, aber Menschlichkeit. Munk wandelt sich umgehend und wird lange bevor Deutsche Truppen in seiner Heimat stehen, zum vehementen Gegner dieser Ideologie, als sie ihr menschenverachtendes Gesicht zeigt.

Durch unmissverständliche Predigten wie durch seine Werke als Dramatiker wird er schnell zur intellektuellen Ikone des dänischen Widerstands. Bald kann er nur noch im Untergrund oder im Ausland publizieren, so auch das 1942 verbotene Drama über den Tyrannenmörder »Niels Ebbesen«, der mit seiner Tat 1340 Jütland von einem despotischen deutschen Grafen befreit – ein klarer Aufruf zum Widerstand.

Als die mehrfach erwähnten Bunker mithilfe einheimischer Unternehmer und Arbeiter gebaut werden, macht Munk in seiner Kirche keinen Hehl daraus, was er von dieser Kollaboration hält. Legendär seine Bußpredigt in der Neujahrsmesse 1944 mitten aus der Gemeinde heraus nur in Alltagskluft und mit seinem geliebten roten Schal um den Hals: Er prangert die Unsitte an, »sich dem Unrecht zur Verfügung zu stellen« und schickt die Gemeinde ohne Gottesdienst nach Hause. Schon in den Adventstagen zuvor provoziert Munk die deutschen Besatzer. Obwohl in Kopenhagen zur unerwünschten Person erklärt und praktisch mit Predigtverbot belegt, geißelt er am 2. Advent 1943 als Gastprediger im Dom von Kopenhagen die Judenverfolgung. Offen ruft er von der Kanzel, dass dies Anlass sei, »mit Gottes Hilfe das Volk zum Aufruhr zu bringen«. Man kann darüber spekulieren, ob Munk bewusst seine Ermordung provozierte, um Märtyrer zu werden – richtiger ist wohl, dass er, der Leben, Frau und Kinder liebte, furchtlos war und den Tod als Risiko einkalkulierte. Unter großer Anteilnahme der Bevölkerung wurde Munk auf dem Friedhof seiner Kirche beigesetzt – bis heute liegen oft frische Blumen auf seinem Grab.

Übernachten

Ferienhäuser – **Feriehus Udlejning I/S:** Havvej 6–10, Vedersø Klit, Tel. 96 11 91 00, www.ulfborg.com. Starker lokaler Vermittler mit rund 500 Häusern im Angebot von Husby bis Thorminde im Norden. **Klitferie:** Havvej 4, Vedersø Klit, 97 49 51 95, www.klitferie.com. Kleiner Anbieter mit etwa 180 Objekten zwischen Søndervig und Vedersø Klit.

3-Sterne-Camping – **Vedersø Klit Camping:** Øhusevej 23, Vedersø Klit, Tel. 97 49 52 00, www.klitcamping.dk. Kompakt, viele Hütten von einfachen 2-Pers.-Schlafkabinen (ab 250 DKK/Tag) bis 7-Pers.-Komforthütten mit Bad/WC (bis 900 DKK/Tag); großer, windgeschützter Pool, rund 700 m über ruhige Wege durch die Dünen zum Meer; auch Quick Stop (s. S. 28).

Aktiv

Strandritte im Stundentakt – **Vedersø Ridecenter:** Vesterhavsvej 5, Vedersø Klit, Tel. 97 33 15 10, www.vedersoeridecenter.dk, tgl. außer Sa. Strandritte auf Islandpferden (ca. 250 DKK/Std.).

Infos

Interaktives i-Büro (s. S. 175): In Feriehus Udlejning I/S, Havvej 6–10, Vedersø Klit, 6990 Ulfborg

Das Beste auf einen Blick

Vom Nissum Fjord zum Bulbjerg

Highlights!

Thyborøn und Thyborøn Kanal: Der Thyborøn Kanal wurde erst 1862 bei einer Sturmflut gerissen, bald künstlich vertieft und fixiert. Die Schiffspassage durch den Kanal wird schon bei kleineren Sturmwellen zu einem spektakulären Kutterritt. S. 202

Klitmøller: Das Dorf mit dem Kosenamen ›Klitte‹ ist das Herz jenes ›Cold Hawaii‹, als das sich Thy mit seinen Surf-Spots vermarktet. In der Bucht nördlich des Dorfes baut sich bei West- oder Westnordwest-Winden eine hohe, steile Brandungswelle auf, die für wilde Sprünge ideal ist. S. 219

Auf Entdeckungstour

Festung Hanstholm: Mit deutscher Gründlichkeit wurde Buch geführt: Rund 600 Einzelbunker und Geschützstellungen ließen deutsche Truppen in und um Hanstholm in die Dünen setzen, 190 000 m³ Beton wurden verbaut – nirgendwo an der dänischen Nordsee kann man den Größenwahn des Atlantikwall-Projekts eindeutiger erleben. S. 224

Kultur & Sehenswertes

Drei Attraktionen: Östlich von Struer lassen sie sich leicht zu einem Tagesausflug verknüpfen – die romanische **Kirche von Sahl** mit ihrem Goldaltar, das **Freilichtmuseum Hjerl Hede** mit seinen inszenierten Zeitreisen und Dänemarks besterhaltene **Mittelalterburg Spøttrup.** S. 208

Aktiv unterwegs

Nationalpark Thy: Hier trennen sich Fahrrad- und Wanderroute des Westküstenweges. Wanderer nutzen den alten Rettungsweg durch die Dünen, auf dem bei Schiffshavarien vor der Küste alles Hilfsmaterial mit Pferdewagen transportiert werden konnte. S. 217

Ein Paradies für Surfer: Wer irgendwie auf einem Brett stehen kann, das auf dem Wasser liegt, muss in Klitmøller surfen. Alles ist hier möglich, auch klassisches Wellenreiten: Mensch – Bord – Welle. S. 219

Genießen & Atmosphäre

Nørre Vosborg: Hier lobte schon H. C. Andersen die Diskretion des Hausgespenstes. Im heutigen Schlosshotel kann man sich nicht nur als Gast verwöhnen lassen, sondern auch immer wieder hochkarätige Kultur genießen. S. 201

Kirsten Kjærs Museum: Es gibt an der dänischen Westküste keine andere Attraktion, die eine so entschleunigte, von jedem Alltagsstress weit entfernte Atmosphäre bietet, wie dieses Kunstmuseum im Grünen. Präsentiert wird das Lebenswerk der namensgebenden Portätmalerin und Bohemienne. S. 227

Abends & Nachts

Dampmøllen: In der ›Großraum-Dorfdisse‹ von Thisted feiert die ganze Region ab, die ›Hausherren‹ denken sowohl an die Teens als auch an die, bei denen die ersten Haare grau werden. S. 231

Raue Nordseeküsten, sanfte Limfjordufer und die Insel Mors

Dänemarks Nordwesten vom Nissum Fjord über die Limfjordmündung hinweg durch die Landschaft Thy bis zum markanten Klippenberg Bulbjerg lockt Angler und Individualisten, Surfer auf Brettern mit oder ohne Segel und Menschen, die auch ohne Sensationen und Superlative im Urlaub zufrieden sind. Je weiter man nach Norden kommt, desto dünner ist das Land besiedelt, die Landschaft wirkt immer rauer und unfertiger.

Mit dem Thyborøn Kanal besitzt das Küstenband einen Durchlass für den Limfjord. Dieses Binnenmeer, eher Sund denn Fjord, zieht sich quer

Infobox

Internet

www.visitthy.de: Region Thy nördlich des Limfjords. **www.enjoy-limfjorden.de:** Thyborøn, Lemvig, Struer, Halbinsel Salling, Løgstør südlich und Thy sowie die Insel Mors nördlich des Limfjords, im Osten schließt **www.visitaalborg.de** an und **www.visitnordvestjylland.dk** fokussiert auf den Westen der Limfjordregion mit Thyborøn, Lemvig und Struer. **www.visitnordjylland.de/de/erlebnisse/aktiv/radwege:** Perfekte Seite auf Deutsch mit Links zu allen wichtigen markierten Radrouten in Nordjütland (nördl. Limfjord) inklusive Landesinnere und Ostseeküste und zu allen Fahrradverleihern der Region.

Anreise und Weiterkommen

Auto: Zum Küstenabschnitt Thorsminde bis Fjaltring über E 45 bis Kreuz Kolding Vest (Abfahrt 64) und weiter über E 20 bis Abfahrt 73; von dort über Straßen [11], [28], [15] via Varde/Ringkøbing zur Küste und auf Straße [181] ins Zielgebiet. In Orte weiter nördlich über E 45 bis Abfahrt 63, dann über Straßen [441]/[18] via Give/Herning bis Holstebro. Dort trennen sich die Wege: Ferring bis Thyborøn via [521] und Agger bis Klitmøller via [11], [527], [181]. Schon in Herning biegt man auf Straße [34], später [26] Richtung Insel Mors und Thisted sowie zu Zielen um Hanstholm; Fahrzeiten ab Grenze 3–3,5 Std. Die **Kleinfähre** Thyborøn–Agger Tange (s. S. 205) ist weniger für An-/Abreise als für Rundfahrten in der Region zu empfehlen.

Bahn/Bus: Bahnhöfe mit Busanbindung zur Küste sind Ulfborg und Vemb (ca. 6,5–7 Std. ab Hamburg) für Ziele südlich der Limfjord-Mündung sowie Hurup und Thisted (ca. 7–10 Std.) für die Region Thy – ab Deutschland alle nur mit mehrfachem Umsteigen erreichbar; ab Vemb Lokalbahn (www.mjba.dk) nach Lemvig und Thyborøn durch die Ferienhausregionen auf Harboøre Tange. Ziele auf Mors erreicht man mit Bahn/Bus via Aarhus und Viborg oder Skive (ca. 7–9 Std. ab Hamburg).

Flugzeug: Flughäfen mit internationalen Verbindungen via Kopenhagen sind Karup (südlicher Abschnitt) und Aalborg (mittlerer und nördlicher Abschnitt).

durch Jütland bis zur Ostsee und führt zu kleinen Städtchen, Hinterlassenschaften vergangener Größe und auf eine Insel mitten im Land: Mors.

Um den Nissum Fjord ▸ B 6–8

Der Nissum Fjord, dessen extrem flacher Nordteil als **Bøvling Fjord** mit eigenem Namen daherkommt, steht touristisch im Schatten des großen Bruders Ringkøbing Fjord. Er ist etwas mehr Naturparadies und steht weitgehend unter Naturschutz. Seine großflächigen Schilfgürtel sind extrem wichtig für Brut und Rast von Gänsen, Enten und alle Arten von Watvögeln, und so fällt der Nissum Fjord als bedeutendes Feuchtgebiet unter die internationale Ramsar-Konvention zum Schutz dieser speziellen Biotope. Das hat zur Folge, dass zum Beispiel Surfen zeitlich und räumlich stark eingeschränkt ist.

Auch der Nissum Fjord ist ein Haff. Die 14 km lange Nehrung **Bøvling Klit,** die ihn von der Nordsee trennt, ist noch schmaler als Holmsland Klit und muss an vielen Stellen mit Buhnen und Deichen verstärkt werden. Auch hier war der Durchfluss zwischen Fjord und Meer unstet und verschob sich immer wieder, sodass schon 1868 ein erstes Sperrwerk entstand, um ihn zu fixieren und den Wasserstand im Fjord zu regulieren. Zuvor waren Versuche, das selten mehr als 2 m tiefe Gewässer trockenzulegen und zu Ackerland zu machen, kläglich gescheitert. Lediglich im Südostzipfel gelang es 1870/71, den **Felsted Kog** abzudeichen, heute ein renaturiertes Flachwasser mit dichtem Schilfbestand und damit ein ideales Vogelrevier – von Osten her ist ein Beobachtungsturm am Ufer erreichbar.

Thorsminde ▸ B 7

Der Kanal zwischen Nordsee und Fjord wurde 1931 erweitert und 1967 um einen Nordseehafen ergänzt. Erst mit diesen Ausbauten entwickelte sich die Siedlung Thorsminde – Fischerdorfidylle darf man von dem jungen, 400-Einwohner-Ort also nicht erwarten. Originell ist jedoch die **Thorsminde Kirke** (Kirkevej 3), die 1939 in der nicht mehr benutzten Rettungsbootstation eingerichtet wurde. Der **Kanal** selbst ist ein populärer Angelplatz, Ufer und Molen sind immer gut belegt. Klappt es mit dem Petri-Glück nicht, bleibt an einigen Samstagsterminen im Hochsommer die Fischauktion für Touristen in der Auktionshalle. Was jedoch professionell versteigert wird, geht über die gemeinsame Internetauktion zusammen mit Fisch aus Hvide Sande und Thyborøn in den Handel.

Strandingsmuseum ›St. George‹
Vesterhavsgade 1E, Tel. 96 11 50 20, www.strandingsmuseet.dk, Mitte April–Okt. tgl. 10–17, Jan.–Mitte April tgl. 11–16, Nov. und 27.–30. Dez. tgl. 11–15 Uhr, 55 DKK/ab 18 Jahre; gutes Café/Restaurant
Am nördlichen Ufer des Kanals thematisiert ein außergewöhnliches wie erschütterndes Museum die unzähligen Schiffsstrandungen vor Jütlands Küste. Dort ist der Meeresgrund einer der größten Schiffsfriedhöfe der Welt. Das Strandungsmuseum ist auch marinearchäologisches Zentrum für weite Teile der dänischen Nordseeküste und besitzt unzählige Funde, die Taucher aus dem Meer holen. Den Grundstock bilden Objekte von einem britischen Linienschiff, das in 10 m Tiefe knapp 1 km vor Thorsminde liegt. Die ›HMS St. George‹ und die mit ihr zusammen am Weihnachtstag 1811 vor Thorsminde zerschellte ›HMS

Defence‹ waren während der Napoleonischen Kriege zur Durchsetzung der Kontinentalsperre in der Ostsee eingesetzt und sollten mit einem Konvoi aus über 100 Kriegs- und Handelsschiffen von Schweden nach England segeln. Zum Verband gehörte auch die legendäre ›HMS Victory‹, Nelsons Flaggschiff in der Seeschlacht von Trafalgar. Aber während die ›Victory‹ schwer angeschlagen England erreichte, wurde der Konvoi von einer Reihe schwerer Stürme auseinandergerissen, mehrere Schiffe sanken, etliche brachen die Reise ab. Eine kleine Gruppe wurde von einem Orkan gegen die dänische Westküste gedrückt, wo sie von der tosenden Brandung wenige hundert Meter vom Ufer entfernt zerschlagen wurde.

853 Seeleute – die meisten eher Kinder und Jugendliche denn Erwachsene – von der ›St. George‹ und 538 von der ›Defence‹ ertranken, lediglich 18 erreichten lebend den Strand. Die Küstenbewohner konnten nur die Leichen, die tagelang an die Strände gespült wurden, begraben, meist an Ort und Stelle in den Dünen. Die südlich von Thorsminde heißen seitdem Dødemandsbjergerne, ›Berge der toten Männer‹. Eine schlichte Gedenkstätte erinnert dort an die Opfer der Katastrophe. Die letzten wurden übrigens erst im Oktober 2000 beigesetzt. Ihre sterblichen Überreste waren 1997 aus dem Wrack der ›St. George‹ geborgen worden, ein Skelett kam zunächst in die Ausstellung des Museums. Das führte zu scharfen Protesten aus Großbritannien und schließlich zur Bestattung mit allen militärischen Ehren.

Durch die Tragödie vor Thorsminde und weitere Verluste bei der Reise summierten sich die Opferzahlen dieses Katastrophen-Konvois für die britische Marine auf über 2000 Seeleute, mehr als während der Napoleonischen Kriege durch Kriegshandlungen starben.

Übernachten

Bei Anglern und Surfern beliebt – **Thorsminde Camping:** Klitrosevej 4, 6990 Thorsminde, Tel. 97 49 70 56, www.thorsmindecamping.dk. Direkt am Fjord, verschiedene Hütten je nach Standard ab 300–695 DKK/Tag. Hallenbad (Mitte April–Sept.) und Fitnesscenter sind gratis für Platzgäste.

Einkaufen

Seit 1935 alles aus Horn – **Hornvarefabrikken:** Åbrinkvej 2, 7650 Bøvlingbjerg, Tel. 97 88 50 79, www.hornvare fabrikken.dk, Mo–Fr 11–17, Sa 11–15, April–Dez. auch So 11–15 Uhr. Hier wird altes Handwerk gepflegt. Gut sortierter Fabrikverkauf; werktags darf man zusehen, wie aus imposanten Hörnern afrikanischer Kühe Löffel, Trinkgefäße, Haarspangen und modisch bis extravaganter Schmuck werden.

Infos & Termine

i-Büro: s. Vedersø Klits. S. 195
Store Silde Dag (Großer Heringstag): Ein Sa Mitte April mit Wettangeln auf Hering im Kanal
Fiskeauktion i Thorsminde: Auktionshalle am alten Hafen, Ende Juni–Mitte Aug. Sa 10–13 Uhr
Nørre Vosborg Kammermusikfestival: Um den Monatswechsel Juni/Juli herum vier stimmungsvolle Tage mit hochkarätiger klassischer Musik unter den Fittichen des Ensemble MidtVest aus Herning.

Bovbjerg und Ferring

▶ B 7

Am Nordende des Nissum Fjord müssen noch Deiche das Land schützen, 5 km weiter ragt eine Steilküste mehr als 40 m über den Strand. Die Lehmklippe **Bovbjerg Klint** ist praktisch der Anschnitt der Moränenkette, bis zu der Jütland während der letzten Eiszeit unter Gletschern lag. Weil das Meer hier immer wieder große Mengen Land fraß, sollte sein Vordringen durch Buhnen gebändigt (s. S. 53) werden: Vor Bovbjerg entstand 1875 die erste im Lande.

Bovbjerg Fyr

Fyrvej 27, www.bovbjergfyr.dk, Turm tgl. ›helle Stunden‹, 20 DKK/Erw., 10 DKK/Kinder, Café/Ausstellung Di–So Feb./März/Nov. 13–16 und April–Okt. 14–17, tgl. Juli–Aug. 11–17 Uhr

Oben auf den Klippen thront seit 1877 der 26 m hohe Leuchtturm Bovbjerg Fyr. Vom Meeresspiegel aus gemessen blinkt sein Licht in 62 m Höhe und ist rund 30 km weit sichtbar. Der Turm ist in einem für dänische Leuchttürme ungewöhnlichen Rubinrot gestrichen, denn schon lange bevor er gebaut wurde, dienten über den Klippen von Bovbjerg die weiß getünchten Kirchtürme von Trans und Ferring den Skippern auf See zur Orientierung. Um Verwechslungen auszuschließen, durfte Bovbjerg Fyr nicht auch weiß sein.

Im alten Leuchtturmwärterhaus betreibt ein rühriger Verein ein **Kultur- und Ausstellungszentrum** mit gemütlichem Café. Der Hügel direkt vor dem Leuchtturm belegt, dass schon in der Bronzezeit Menschen die Besonderheit dieses Platzes würdigten und hier eine wichtige Person ihres Stammes bestatteten. Der **Obelisk** am Rande des alten Grabhügels erinnert indes an Besuche des populären Frederik VII. 1826 und 1830 – ganz im Stil moderner Politiker besuchte der König, der Dänemark später eine bürgerliche Verfassung gewährte, hier ein Katastrophengebiet, denn als solche sah sich die Region nach dem Durchbruch

Mein Tipp

Kunst und Kulinaria unter der Obhut einer weißen Dame

Nørre Vosborg (► C 8) ist einer der wenigen Herrensitze im Westen Jütlands, entstanden in immer neuen Bauphasen mit immer neuen Stilen in vier Jahrhunderten zwischen 1552 und 1839. Prunkraum ist der Rittersaal im Ostflügel aus dem 16. Jh., strahlendes Wahrzeichen der Torturm von 1790. Der Märchendichter H. C. Andersen war hier 1859 Gast und notierte in seinem Tagebuch: »Eine weiße Dame zeigt sich gewöhnlich an dieser Stelle, aber sie hat mich nicht besucht; sie weiß sicher, dass ich Späße mag, aber keine Spukerei.«
Anfang des 21. Jh. waren dann einige Jahre die weißen Damen im Schloss Malerinnen oder andere Handwerkerinnen: Nørre Vosborg wurde mit aller kulturhistorischen Sorgfalt restauriert. Inzwischen genießt man in diesem beeindruckend historischen Ambiente, zu dem mehrere romantische Hotelzimmer gehören, ein engagiertes Programm, das Kultur und Kulinaria verbindet. Im Restaurant – untergebracht im ältesten Teil des Schlosses – wird eine moderne skandinavische Küche gepflegt, die saisonale Produkte der Region verwendet (Nørre Vosborg: Vembvej 35, 7570 Vemb, Tel. 97 48 48 97, www.nrvosborg.dk, Hochsaison tgl., sonst Café Mi–So 14–16 Uhr, Restaurant Mi–Sa abends, So ab 11.30 Uhr Brunch ca. 180 DKK; So 13.30 Uhr Schlossführung optional mit Brunch und/oder Kaffee & Kuchen; DZ ab 795 DKK; viele Jahreszeitliche Events wie Wildbuffet im Herbst, auch Genießer-Pakete Schlafen u. Schlemmen usw.).

Weil weiße Kirchtürme in der Nachbarschaft bereits Seezeichen waren, wurde Bovbjerg Fyr rot gestrichen

der Agger Tange infolge einer Sturmflut im Februar 1825.

Jens Søndergaards Museum

Transvej 4, Tel. 97 89 52 54, www.jenssoendergaard.dk, Ostern–Mitte Okt. Di–Fr 11–17, Juni–Aug. u. Woche 42 auch Mo, sonst Sa/So 13–16 Uhr, 25 DKK (ab 18 Jahre)

Um die Kirche von **Ferring** gruppieren sich ein paar Häuser und ein Laden. Bei einem Haus hoch über den Klippen denkt man neidisch: ›Das Ferienhaus liegt ja toll‹. Das hat wohl auch der Maler Jens Søndergaard (1895–1957) gedacht, der in der ersten Hälfte des 20. Jh. zu einer Gruppe junger Künstler und Autoren gehörte, die sich jeden Sommer in der Bovbjerg-Region trafen. Aber keiner von ihnen stellte die Welt der Westküste so in den Mittelpunkt seiner Arbeit wie Søndergaard, der das Haus auf den Klippen zusammen mit einigen Werken der Gemeinde vermachte; sie bertreibt es heute als Museum.

›Vikinggate‹ Ferring Sø

Weiter nach Norden wird das Land wieder flach. Der idyllische Ferring Sø ist das letzte Überbleibsel eines ›Vikinggate‹, eines Tores, durch das sich vor gut einem Jahrtausend immer wieder Drachenboote mit Wikingern auf den Weg machten, um England, Irland und den Küsten des Frankenreichs Besuche abzustatten. Die Versandung dieser Passage im 11. Jh. brachte die ganze Region ins Abseits. Bis 1825 bestand eine schmale, durchgängige Nehrung von Bovbjerg bis Lodbjerg bei Agger.

Thyborøn ! ▸ B 6

Der heutige **Thyborøn Kanal** wurde 1862 bei einer Sturmflut gerissen, bald darauf künstlich vertieft und mit Molen und Buhnen fixiert – die längste ragt am Nordufer von der Agger Tange aus 800 m weit ins Meer. Die

Wellen treiben natürlich auch heute noch Sand durch den Kanal. Der lagert sich auf der Leeseite von Harboøre und Agger Tange ab, formt dort Sandbänke und jeder schwere Sturm verändert die Fahrrinnen in den Inneren Limfjord. Folge dieser neuen Biotope: wachsende Seehundbestände in der Region. Die Fahrrinnen in den geschäftigen Hafen von **Thyborøn** werden indes gewissenhaft freigehalten. Die Passage von Schiffen durch den eigentlichen Kanal ist bei Weststürmen geradezu schauerlich. Bis zu zehn Meter hoch können sich Wasserberge hier auftürmen. Ein Kutterritt ist aber auch bei kleineren Sturmwellen immer ein spektakuläres Schauspiel.

Am Rand des Kanals hat sich zwischen den Buhnen schöner Sandstrand gebildet, direkt neben dem ältesten Teil des Hafens. Der wurde 1915 angelegt, als auch die letzten Zweifler kein Versanden der Westpassage mehr befürchteten. Erst danach entstand Thyborøn, das zur 2300-Einwohner-Stadt von heute heranwuchs. Fischerei ist der wichtigste Erwerbszweig. Im unromantischen Industriehafen produziert TripleNine ›999‹, einer der weltweit größten Hersteller von Fischprotein, Grundstoff für Tierfutter und Nahrungsergänzungsmittel für Sportler. Die dafür betriebene Industriefischerei auf kleine, für den Konsum sonst uninteressante Fische, wird von Umweltorganisationen kritisiert, weil sie eine wichtige Ressource in der Nahrungskette des Meeres bedroht, lebensnotwendig für Seevögel und größere Fischarten. Konsumfisch kommt derweil zusammen mit Fisch aus Thorsminde und Hvide Sande unter einen virtuellen Internethammer – kein Aufkäufer muss noch persönlich in der alten **Auktionshalle** am Hafen erscheinen, besser als ›Den Røde Hal‹ bekannt. Dort gibt es aber im Sommer Auktionen mit Nostalgiefaktor für Touristen (s. u.).

JyllandsAkvariet und Kystcentret Thyborøn

Akvariet: Vesterhavsgade 16, Tel. 97 83 28 08, www.jyllandsakvariet.dk, Jan.–Nov. u. 25.–30. Dez. tgl. min. 10–16, Juli/Aug. 10–18 Uhr, 65 DKK, 55 DKK/3–12 Jahre. Kystcentret: Kystcentervej 3, Tel. 96 90 02 00, www.kystcentret.dk, Feb.–Okt., tgl. je nach Saison 10–16/17/18 Uhr, 98/75 DKK. Für beide Attraktionen gilt der Eintritt für jeweils eine Woche!

Jyllands-Akvariet, ein klassisches Aquarium, präsentiert in Schau- und Berührungsbecken vor allem Fische aus Nordsee und Limfjord. Kinder dürfen heimischen Haien die Flossen kraulen und stellen fest, dass die meisten Arten dieser Raubfische mit dem üblen Ruf ganz liebe Kerle sind, oder sie lernen Krebse so zu fassen, dass die nicht zwicken. Einige Exoten wie Piranhas oder Zitteraale, die Stromschläge austeilen, gibt's auch und wer sich gern an den Füßen knabbern lässt, hält sie in Becken mit Doktorfischen *(Garra Rufa)* – das gilt bei einigen Hautkrankheiten sogar als Therapie. Das Aquarium organisiert zudem Naturtouren, u. a. zur Bernsteinsuche am Strand sowie jahreszeitlich bedingt zum Austern- oder Sanddornsammeln (Details unter ›Aktuelles‹ auf der Webseite).

Gleich um die Ecke präsentiert **Kystcentret Thyborøn** Phänomene der Sandküste Jütlands nach dem Prinzip: spielen, ausprobieren, lernen. Im Küstenterrarium erlebt man die selten sichtbaren Tiere der Strandküste, wie Kreuzottern, Blindschleichen oder Kröten, aber auch die längst aus freier Wildbahn verschwundene Äskulapnatter, die die längste Schlange ist, die sich je durch Dänemark schlängelte. Ansonsten darf man Wellen schlagen, in Treibsand wühlen, Trawler manövrieren oder auf einem Küstenspielplatz über das große Freigelände toben.

Dort steht auch ein alter Mannschaftsbunker, in dem eine Ausstellung an den ›Schildkrötenspion‹ Poul Morell erinnert: Der Architekt aus Lemvig entwarf Bunker für die Deutschen und lieferte alle Pläne gleich als Kopie nach London. Eine weitere Abteilung des Kystcentret dokumentiert einen berühmten Rettungseinsatz: Die ›Alexander Newskij‹, seinerzeit Stolz der russischen Marine, strandete 1868 südlich Thyborøn. Bis auf fünf Mann wurde die 737-köpfige Besatzung gerettet, darunter ein Sohn des Zaren. Der 1958 geborgene, 5 t schwere Anker der ›Alexander Newskij‹ ziert eine Verkehrsinsel an der Zufahrt zum Hafen.

Sneglehuset

Klitvej 9, Tel. 97 83 11 67, www.sneglehuset.dk, April–Woche 42 tgl. 11–14.30, Juli/Aug. 10–16, Winter Di, teils auch Mi 11–14.15 Uhr, 20 DKK/Erw., 5 DKK/Kinder

Wie ein krasser Kontrast zum modernen, wissenschaftlich fundierten Kystcentret wirkt eine verspielt-verschnörkelte, aber ebenso populäre Attraktion, das ›Schneckenhaus‹: Alfred Chr. Pedersen, Fischer und Original, versprach seiner Frau 1949 ein besonderes Haus und baute ihr dann in 25 Jahren seine Version eines Märchenschlosses, verziert mit Muscheln, Schnecken und jenen Glasbällen, die Fischer vor dem Plastikzeitalter als Schwimmer an ihren Netzen hatten – das Ganze hat etwas von seiner naiven Unschuld verloren durch exzessiven Souvenirverkauf mit exotischen Muscheln und anderem Prüddel.

Thyborønfæstningen

Dass die Welt nicht nur aus romantischen Liebesschlössern besteht, zeigt der Blick vor dem Schneckenhaus über den Deich Richtung Meer: Hier sind in den Dünen und auf dem Vorstrand viele Bunker der Festung Thyborøn erhalten. Der Ort wurde im Zuge des Atlantikwall-Baus im Zweiten Weltkrieg mit 106 Bunkern und Geschützstellungen hochgerüstet, um die Zufahrt in den Limfjord zu sichern und den Luftweg Richtung Aalborg. Ein Bunkerpfad führt von Betonkoloss zu Betonkoloss, an einigen ahnt man noch die Tarnung als Ferienhäuser, die der ›Schildkrötenspion‹ (s. o. Kystcentret) entwarf.

Übernachten

Sportlich, funktional, familiengerecht – **Thyborøn Camping Hotel & Hytteby:** Idrætsvej 3, Tel 97 83 12 77, www.thyboroncamping.dk. Idylle ist etwas anderes, Funktionalität alles. Camping und Hütten für 2–7 Pers. (je nach Größe und Saison 400–750 DKK), DZ im Hostel-Stil 500 DKK; günstige Quick-Stopp-Stellplätze (s. S. 28).

Gut 400 Häuser in der Region – **SJ Feriehusudlejning:** Strandvejen 86, 7673 Vrist, Tel. 97 83 47 60, www.nordseeurlaub.dk. Viele Objekte am Ferring Sø, in Vejlby Klit und Vrist, einige auch nahe Bovbjerg, in Fjaltring und Thyborøn.

Essen & Trinken

Fisch dominiert – **Restaurant La Mar:** Havnegade 64, Tel. 97 83 22 44, www.restaurantlamar.dk, März–Dez. Do–So, Juli auch Mi 18–22 Uhr. Traditionell-dänische Küche. Es gibt auch Fleisch, aber bekannt ist das La Mar für den Fisch, der Tag für Tag nur ein paar Hundert Meter entfernt angelandet wird – der große Fischteller mit drei Sorten Fisch auf drei Arten zubereitet ist geradezu legendär (ca. 280 DKK, HG sonst ab ca. 200 DKK).

Genuss unterm Kutterrumpf – **Mallemukken/De Røde Barakker:** Kystcentervej 1, Tel. 96 90 00 01, www.malle

mukken.dk, Di–Do/So 10–16, Fr/Sa 10–21 Uhr. Der Kutter ›L299 Mallemukken‹ ging über 30 Jahre von Thyborøn aus auf Fischfang, jetzt kann man unter dem umgedrehten Rumpf guten Fisch essen (Frokost ab 70 DKK, abends HG ca. 140–200 DKK, an ausgewählten Tagen in der Saison großes »Skipperbuffet« ca. 200 DKK). Mallemukken gehört zum Komplex ›De Røde Barakker‹ mit einer Bonbonkocherei und einer Boutique mit hochwertigen Souvenirs.

Einkaufen

Naive Kunst auf Treibholz – **Hanne Mock:** Vesterhavsgade 20 (am Parkplatz des JyllandsAkvariet), Tel. 97 83 23 19, www.havmalerier.dk. Hanne bezeichnet sich als ›Drivtømmermaler‹, Treibholzmalerin, und malt auf dem, was das Meer an die Strände von Thyborøn anspült – sehr maritim und sehr individuell.

Aktiv

Hochseeangeln vom Kutter – **Emma-Line Grey:** Havnegade 22 (Shop), Tel. 97 83 27 66, www.emma-line.dk. Hier kann man Kutter (siehe www.ms-bodil.dk und www.ms-muddi.dk) für bis zu 12 Angler komplett chartern (ca. 1800 €/Tag) oder an ausgewählten Tagen an ›offenen‹ Angeltouren teilnehmen (ab 4 Std. ca. 300 DKK; Ganz- oder Mehrtagestouren ab 1400 DKK/Tag), u. a. Hai-Touren an der Dogger Bank (min. 3 Tage). Die Buchungszentrale ist auch bestens sortierter Angler-Shop.

Infos & Termine

Thyborøn Turistbureau: Havnegade 5, 7680 Thyborøn, Tel. 97 83 12 88, www.visitlemvig.dk, nur Mai–Sept mit kurzen Öffnungszeiten, sonst i-Büro Lemvig (s. S. 207).

Fiskedag: Sa Anfang Aug. Jährlicher Event mit dem Fisch und den Fischern im Mittelpunkt rund um den Hafen, mit viel Fisch zum Probieren.

Fischauktion für Touristen: Thyborøn Fiskeauktionscenter, Thyborøn Havn, Port 7, Juli/Aug. u. Woche 42 Mi 11 Uhr.

Fähre Thyborøn–Agger Tange: Tel. 98 90 80 00, 10 Min., tagsüber 1 x stdl. ab Thyborøn zur vollen Stunde, ab Agger 20 Min. später, bei starkem Verkehr Pendelfahrt.

Limfjord und Insel Mors ▸ B–D 5/6

Der Limfjord ist ein exzellentes Surf- und Segelrevier, sanfter als das offene Meer, aber mit dessen frischen Winden. Städte wie Lemvig oder Struer sowie Sehenswürdigkeiten wie Burg Spøttrup oder das Freilichtmuseum Hjerl Hede bieten Abwechslung, und mitten drin liegt die Insel Mors, ein Dänemark im Kleinformat, in dem sogar Hamlet eine Rolle spielte.

Lemvig ▸ B/C 7

Das Städtchen schmiegt sich um das Ende eines Fjords, der wie nach dem Lehrbuch von einem subglazialen Schmelzwasserstrom während der letzten Eiszeit geschaffen wurde. Sogar der typische See in der Verlängerung des Fjords ist vorhanden. Nur im Land der vielen falschen Fjorde heißt dieser ausnahmsweise echte Lem Vig, ›Kleine Bucht‹. Der eigentlich perfekte Naturhafen lag nach der Versandung der Durchfahrt zwischen Limfjord und Nordsee das ganze Mittelalter hindurch am Ende einer maritimen Sackgasse. Lemvig blieb klein, bis im 19. Jh. der Weg nach Westen wieder

Mein Tipp

Kaviar à la Lemvig

Am Hafen von Lemvig entstand aus der Idee eines kulinarischen Daniel Düsentrieb eine wirtschaftliche Erfolgstory, und seine Erfindung wird längst nicht nur in Lemvigs Supermärkten verkauft, sondern in ganz Dänemark und darüber hinaus: Cavi-Art® ist ein Kaviar-Ersatz aus Seetang, ist also vegetarisch, kommt in puncto Konsistenz und Geschmack Fisch-Kaviar aber sehr nahe, ist jedoch preiswerter als der von Stör, Lachs oder Steinbeißer. Vor allem aber ist er robuster in der Handhabung, ist sogar erhitzbar und geöffnet lange haltbar. Cavi-Art® wird in vielen Varianten angeboten, exotisch mit Ingwer, scharf mit Wasabi oder Chili und in lila mit Balsamico – längst nutzt auch die gehobene Gastronomie den Kunst-Kaviar aus Lemvig, vor allem als Deko-Tüpfelchen auf kleinen Leckereien. Die Idee zu Cavi-Art® entstand, als Firmengründer Jens Møller mit seinen Kindern ein Bio-Experiment mit Seetang-Enzymen machte. Das lief nicht wie geplant, eher war es, wie er selbst sagt, »ein Unglück«: Aber es entstanden jene Seetang-Kügelchen, die Kaviar zum Verwechseln ähnlich sind. Inzwischen liefert das Unternehmen mit den Wurzeln in Lemvig seinen Kaviar in die ganze Welt. Weitere Infos und Rezepte auch auf Englisch, unter www.cavi-art.dk.

frei wurde und die Eisenbahn kam – entsprechend jung wirkt der Ort. 2012 machte Lemvig als bis dato nördlichster angefahrener Ort des Radklassikers Giro d'Italia Furore: Am Østerbjerg am Ostrand von Lemvig, wo die Straße eine Steigung von 8 % schafft, gab es sogar eine Bergwertung bei 47 m über dem Meeresspiegel!

Lemvig Museum und Planetstien

Vestergade 44, Tel. 97 82 00 25, www.lemvigmuseum.dk, Juni–Sept. Di–So 13–17, März–Mai u. Okt. So u. Fei sowie tgl. während aller dän. Ferien 13–16 Uhr, 25 DKK/ab 18 Jahre; Skulpturen- und Planetenpfade immer und frei zugänglich

Stadtgeschichte ist Thema im **Lemvig Museum.** Dies ist Startpunkt zweier Pfade: Ein kurzer, aber steiler **Skulpturenpfad** verbindet 54 Arbeiten des heimischen Bildhauers Torvald Westergaard und verschafft nebenbei Aussichten auf Stadt und Bucht. An deren Westufer führt Lemvigs **Planetstien** in die Tiefen des Weltraums bis zur 12 km entfernten Halbinsel Gjellerodde. Wer dort die entfernteste Position des Pluto entdecken will, sollte sich die detaillierte Broschüre über den Planetenweg besorgen. Wer nur einmal Weltraumluft schnuppern möchte, schlendert durch eine kleine Grünanlage unterhalb des Museums: Von der Sonne sind es 58 m bis zum Merkur, 108 m zur Venus, 150 m zur Erde und 208 m zum Mars. Erwarten Sie jedoch nicht zu viel: Alle Planeten sind wie die Entfernungen im Maßstab 1:1 Mrd. eingedampft, da bleibt bei vielen kaum mehr als ein Bronzekügelchen auf einem Granitklotz.

Museet for Religiøs Kunst

Strandvejen 13, Tel. 97 81 03 71, www.mfrk.dk, Öffnungszeiten abhängig von Ausstellungen: Kernzei-

ten Di–So 13–16, Sommerhalbjahr 12–17 Uhr, 75 DKK/ab 18 Jahre
Wandelt man auf dem Planetenweg durch den Himmel, kann man gleich hinter dem Mars das Museum für Religiöse Kunst besuchen. Im Zentrum seiner eigenen Sammlung stehen Originalillustrationen einer dänischen Bilderbibel aus den 1990ern, regelmäßige Sonderausstellungen zeigen meist moderne, nicht immer auf den ersten Blick religiöse Kunst.

Übernachten

Zwischen Green und Fjord – **Hotel Nørre Vinkel:** Søgårdevejen 6, Tel. 97 82 22 11, www.norrevinkel.dk (Small Danish Hotels s. S. 25). In diesem Golfhotel am Ufer des Limfjord kann man fast aus dem Bett heraus einputten, während der Indoor-Pool mitreisende Kinder begeistert; DZ ab 995 DKK, Paketangebote u. a. Übernachten plus Greenfee.
Ferienpark mit Strand und Marina – **Lemvig Feriecenter:** Vinkelhagevej 8, Tel. 97 82 27 22, Verleih der meisten Objekte durch www.danland.de. Anlage mit Dorfcharakter inkl. Hafenkneipe ca. 1,5 km außerhalb der Stadt am Limfjord: Die individuell eingerichteten Wohnungen liegen in Reihenhäusern. Mindestmietzeit zwei Tage, je nach Saison ab ca. 1500–2850 DKK, außerhalb der dän. Ferienzeiten zahlreiche Rabatte wie 3 Tage zum 2-Tage-Preis usw.

Infos

Lemvig Thyborøn Turistinformation: Havnegade 14, 7620 Lemvig, Tel. 97 82 00 77, www.visitnordvestjylland.dk

Struer ▸ C 7

Struer war bis Ende des 19 Jh. kaum mehr als der Hafen von Holstebro (s. S. 189), doch inzwischen boomt das Städtchen als Hightech-Zentrum in der Provinz und in der Fabrik von Bang & Olufsen entstehen weltweit begehrte Lifestyle-Produkte. Peter Bang und Svend Olufsen gründeten ihre Radiofabrik 1925 auf einem Bauernhof. Vier Jahre später setzten sie Design gleichberechtigt neben der Technik ein. Inzwischen stehen B&O-Geräte in vielen Museen, in denen innovative Formgebung präsent ist; das Museum of Modern Art in New York widmete Bang & Olufsen schon eine Sonderausstellung.

Mit innovativem Design außen und hochwertiger Technik innen entstehen Kultobjekte, die das Überleben des Unternehmens trotz der hohen Lohnkosten in Dänemark sichern, während die gesamte nationale Konkurrenz und viele größere europäische Mitbewerber seit den 1960er-Jahren vor billiger Konkurrenz aus Fernost die Segel streichen mussten. Eine wichtige Kundin ist übrigens Dänemarks Königin. Sie nimmt bei Staatsbesuchen gern Geräte von Bang & Olufsen als Gastgeschenke mit, und so weist das Unternehmen nicht ohne Stolz darauf hin, dass viele gekrönte und gewählte Staatsoberhäupter weltweit Geräte aus Struer im Haus haben. Das kulturhistorische **Struer Museum** präsentiert das Kult-Unternehmen in einer eigenen, großen Abteilung und zeigt viele B&O Geräte, vom legendären Femlamperen aus dem Jahr 1929 bis zu aktuellen Produktlinien (Søndergade 23, Tel. 97 85 13 11, www.struermuseum.dk, Di–So und Feiertage 11/12–16/17 Uhr, 60 DKK/ab 18 Jahre).

Wer nicht nur an großem Klang, sondern auch an kleinen Dingen Freude hat, sollte am Nordrand von Struer zum **Anleger Kleppen** abbiegen. Von dort verkehrt Dänemarks kürzeste Fährlinie in gut zwei Minuten zur **In-**

sel Venø. Deren Kirche aus dem 16. Jh. gilt als kleinste im Land und ist begehrt für romantische Hochzeiten in kleinem Kreis. Will man die Insel erkunden, liefert der Fahrradverleih aus dem Inseldorf Räder zum Fähranleger (Tel. 97 86 81 00, 50 DKK/Tag).

Infos

Struer Turistbureau: Smedegade 7, 7600 Struer, Tel. 96 84 85 01, www.visitnordvestjylland.dk

Halbinsel Salling ▶ D/E 6/7

Drei Attraktionen östlich von Struer versprechen interessante Zeitsprünge: die romanische Kirche von Sahl, das Freilichtmuseum Hjerl Hede und die Mittelalterburg Spøttrup.

Goldaltar in der Sahl Kirke ▶ D 7

Stokholmvej 2, Vinderup, Mo–Sa 8–16 Uhr, Mai–Sept. auch So, außer bei kirchlichen Handlungen

Die romanische Kirche von Sahl – etwa 1150 gebaut und kaum verändert – besitzt einen figurenreichen Goldaltar aus dem frühen 13. Jh., der zu den wichtigsten Werken eigenständiger Kirchenkunst in Jütland zählt und wahrscheinlich von einem Meister aus Ribe gefertigt wurde. Dem Namen zum Trotz besteht der Goldaltar aber nur aus vergoldetem Kupferblech und ist mit Bergkristallen verziert. Er wird heute übereinander stehend präsentiert, war ursprünglich aber zweigeteilt als Fronttafel eines Altartisches und als dessen Aufsatz.

Frilandsmuseet Hjerl Hede ▶ D 7

Hjerl Hedevej 14, Vinderup, Tel. 97 44 80 60, www.hjerlhede.dk, April u. Okt. Sa, So sowie dän. Ferientage, Mai–Sept. tgl. 11–16, dän. Sommerferien tgl. sowie ausgewählte Adventswochenenden 10–17 Uhr, je nach Grad der Aktivitäten im Museum 70–150 DKK/ab 18 Jahre; Familien-Restaurant zu allen Museums-Öffnungszeiten

Die Zeit vom 16. bis zum 19. Jh. bekommt im Freilichtmuseum Hjerl Hede Leben eingehaucht. Ein Dorf mit annähernd 50 Gebäuden aus allen ländlichen Regionen Jütlands bildet die Kulisse für kleine Alltagsszenen, die in der Hochsaison und an mehreren Adventswochenenden von einer Laienschar in zeittypischem Outfit mit viel Enthusiasmus aufgeführt werden. Außerdem sind in Werkstätten wie der Schmiede oder der Böttcherei Handwerker aktiv, und im Dorfladen kann man einkaufen wie zu Uromas Zeiten. Eine Abteilung fällt indes aus dem Zeitgefüge: In einer Steinzeitsiedlung leben und arbeiten ganze Familien über Wochen ausschließlich mit Hilfsmitteln wie vor rund 5000 Jahren.

Middelalderborgen Spøttrup ▶ D 6

Borgen 6 A, Spøttrup, Tel. 97 56 16 06, www.spottrupborg.dk, ab Ostern ausgewählte Tage 11–17, Mai–Sept. tgl. 10–17, Juni, Juli 10–18, Okt. Di–So 11–16 Uhr, 75 DKK/ab 18 Jahre; Woche 30 großer Mittelaltermarkt ›Bispen Marked‹ mit Schaukämpfen

Folgt man von Hjerl Hede der Margeriten Route (s. S. 22) nach Norden, springt man ins Mittelalter: Spøttrup ist Dänemarks besterhaltene Burg jener Zeit. Sie wurde durch einen äußeren und einen inneren Wassergraben geschützt, zwischen denen ein 9 m hoher Wall Kugeln der kurz zuvor entwickelten Kanonen abhalten sollte. Als die Anlage entstand, erlebte Dänemark gerade einen chaotischen Bürgerkrieg um Krone, Macht und Glauben. In diesen wirren Tagen muss

Beim Kaufmann in Hjerl Hede: Ob es früher im Laden auch so voll war?

es pressiert haben, die Burg fertigzustellen, denn sie bekam statt eines geplanten vierten Flügels im Westen nur eine Sperrmauer und einen wuchtigen Tor-Turm, durch den der einzige Weg in den Burghof führt. Eine Ausstellung dokumentiert mittelalterliches Leben, aber die Burg strahlt selbst so viel Mittelalter aus, dass man hinter jeder Ecke ein Burgfräulein oder einen Ritter erwartet – und bei vielen Veranstaltungen während des Sommers wird das sogar oft wahr. Außerhalb der Wälle ist der **Kräuter- und Rosengarten** von Spøttrup eine weitere Attraktion; 300 verschiedene Heilkräuter zählten kundige Kräuterhexen schon.

Insel Mors ▸ C/D 5/6

Die Insel Mors, deren eigentlicher Name Morsø nur als regionaler ›Genitiv‹ im Namen von Firmen und Institutionen auftaucht, ist mit 363 km² Fläche Dänemarks siebtgrößte Insel und mit 21 500 Einwohnern – davon fast 9500 in der Hafen-, Verwaltungs- und Einkaufsstadt Nykøbing – sogar relativ dicht besiedelt. Die 1730 m lange Brücke nach Süden über den Salling Sund und die nostalgische Klappbrücke aus den 1930er-Jahren nach Norden über den Vilsund verwischen jedoch für Reisende, die auf der Hauptstraße [26] zwischen Mitteljütland und Thy unterwegs sind, jedes Inselfeeling. Da fragt man sich, was sich Gott wohl gedacht hat, Mors so in den Limfjord zu quetschen. Er formte nach der lokalen Version der Schöpfung die Insel nämlich als Probe für Jütland, und weil sie ihm so gut gefiel … man weiß, wie Geschichten dieser Art ausgehen. In einem Punkt stimmt sie: Mors ist ein Jütland im Taschenformat mit gut 150 km Küsten, mal steil, mal mit kleinen Stränden, mal mit Buchten und Fjorden. Davor exzellente Reviere für Surfer und Segler, dazwischen reiches Bauernland mit vielen Dörfern und immerhin 32 mittelalterlichen Kirchen.

Mit der Landwirtschaft vergangener Tage befassen sich der **Museumshof Skarregaard** in Sejerslev im Norden der Insel (Feggesundvej 53, Tel. 97 75 16 09, www.museummors.dk, Mai–42. Woche Di–So min. 12–16, Hochsaison tgl. 10–17 Uhr, 70 DKK/ab 18 Jahre, Museums-Spartipp s. S. 212) sowie eine private ›technische Sammlung‹ mit Landmaschinen und Traktoren: das **Morsø Traktormuseum** in Ovtrup (Kjeldgaardsvej 49, www.traktormuseum.net, Sommer und 42. Woche tgl. 10–17 Uhr, sonst ›auf gut Glück‹, 60 DKK/ab 12 Jahre, 25 DKK/5–11 Jahre).

Hanklit und Móler Museet ▶ D 5

Berühmt ist Mors für die geologisch außergewöhnlichen Klippen aus Molererde, besonders ausgeprägt am 60 m hohen **Hanklit** im Norden der Insel und als dänische Kandidaten für die Liste des UNESCO-Welterbe vorgeschlagen. Molererde – im Fachjargon auch Diatomeenschlamm – besteht im Wesentlichen aus abgestorbenen Kieselalgen und entstand vor rund 55 Mio. Jahren auf dem Grund eines Urmeeres. Neben den Kieselalgen sind auch andere Urtiere nach ihrem Tod auf den Grund versunken und im Laufe der Jahrmillionen versteinert; sie machen die Klippen von Mors auch für Laien zu ausgezeichneten Fossilien- Fundstellen. Beachten Sie aber bei der Fossiliensuche eventuelle Sicherheitshinweise vor allem in und unter Steilhängen, in flachem Gelände ist das Suchen indes gefahrlos (Hanklitvej 23).

Das **Móler Museet** kurz vor Erreichen weiterer Molererde-Klippen am Feggeklit gibt Antworten auf alle Fragen rund um die Molererde und ihre Entstehung und zeigt eine große Sammlung schöner Fossilien, die darin gefunden wurden (Skarrehagevej 8, Hesselbjerg, Tel. 97 75 17 16, www.museummors.dk, Mai–Herbstferien Mo–Fr 10–16, Sa/So 12–16, Hochsaison tgl. 10–17 Uhr, 70 DKK/Erw., Spartipp s. S. 212).

Feggeklit ▶ D 5

Mit Feggeklit ist ein ›Fossil‹ der Weltliteratur eng verbunden: Hamlet. Die Figuren und die Story um seinen berühmten Dänenprinzen entlieh Shakespeare vom dänischen Historiker Saxo Grammaticus, der um das Jahr 1200 die »Gesta Danorum« verfasste, die »Taten der Dänen«. Darin bringt ein Prinz Amlet seinen Onkel und Stiefvater Fegge um, der zuvor den Vater des Prinzen getötet und dessen Mutter zur Frau genommen hatte ... die Geschichte dürfte bekannt sein. Da Saxo nicht zu sehr ins Detail geht, reklamieren heute drei Orte in Dänemark den Schauplatz des Dramas für sich. Eine Version platziert den Königshof, wo Amlet Rache nahm, auf Feggeklit, und seit den 1920er-Jahren markiert ein Findling auf einem Molererde-Hügel das vermeintliche Grab seines bösen Onkels Fegge (Feggesundvej 28).

Nykøbing Mors ▶ D 5/6

Dass mit dieser Bluttat die Geschichte von Mors noch lange nicht zu Ende war, zeigt das ›Nationalmuseum‹, wie die Morsingboer ihr kulturhistorisches **Regionalmuseum Dueholm Kloster** in Nykøbing gern titulieren. Das Kloster selbst wurde von Johannitermönchen im 14. Jh. gegründet, die wohl erkannt hatten, welch exzellenter Naturhafen der Klosterfjord abgab, an den sich Nykøbing schmiegt. Mit der Reformation fiel das Kloster an die Krone, seit 1909 ist es Museum (Dueholmgade 7, Tel. 97 72 34 21, www.dueholmkloster.dk, Di–Fr 10–16, Sa/So/Fei 12–16, Hochsaison tgl. 10–17 Uhr, 70 DKK/ab 18 Jahre, Spartipp s. S. 212.

Abgesehen vom mittelalterlichen Kloster ist die Stadt von der zweiten

Hälfte des 19. Jh. geprägt, als sie einen Boom durch die ansässige Eisenindustrie erlebte, deren bekanntestes Produkt gusseiserene Öfen waren. Das **Dansk Støberimuseum** zeigt Produkte und Arbeitsgeräte aus der Gießerei (Nørregade 13, Tel. 97 72 34 21, nur Hochsaison und Woche 42 tgl. 10–16 Uhr, 70 DKK/Erw., Spartipp s. S. 212).

Jesperhus Blomsterpark ▶ D 6

Legindvej 13, Tel. 96 70 14 00, www. jesperhus.dk. Mitte Mai–Sept., Woche 42, Eintritt, Öffnungstage und -zeiten saisonabhängig; an Öffnungstagen min. 10–16, in dän. Sommerferien 10–19 Uhr, ab 150 DKK, ab 120 DKK/3–11 Jahre, Rabatt ab 60 Jahre und für Familien; Pakete Camping bzw. Hüttenübernachtung, Parkeintritt u. Spaßbad

Das populärste Ausflugsziel auf Mors, eingebettet in die malerischen Legind Bjerge, liegt südlich von Nykøbing und ist Teil eines Ferienparks, in dem man auch campen oder Hütten und Ferienhäuer mieten kann. Der Jesperhus Blomsterpark ist eine Mischung aus Freizeit- und Vogelpark, Gartenshow, Regenwaldcenter und Terrarium inkl. ›Indoor‹-Junglezoo, 4-D-Kino, Kinder-Spielland und Spaßbad (extra Eintritt).

Højriis Slot ▶ D 6

Højriisvej 3, Tel. 97 76 61 65, www. hojriis.dk, Juni–Aug. und Woche 42 tgl. min. 11–17, Hochsaison 10–18 Uhr, 85 DKK/ab 13. Jahre, 45 DKK/4–12 Jahre. Hochsaison mit Krimi-Schauspiel 120/80 DKK

Højriis wird schon in uralten Sagen als Sitz eines Kleinkönigs genannt, später wechselten ständig die Besitzer – der Adel hatte einen schweren Stand auf Mors – und sorgten für einen wilden Stilmix am Gebäude bis hin zu Türmen und Treppengiebeln aus der Mitte des 19. Jh. Dann kam ab den 1940er-Jahren der schleichende Verfall, der heute zum Ambiente gehört. Hier besichtigt man aber nicht einen langsam zerfallenden Herrensitz, sondern man taucht in eine Krimiszenerie aus Agatha Christies Zeiten ein – jede Saison können Besucher einen neuen Fall lösen, das Personal macht in zeittypischem Outfit mit. Passend wurde der **Kräutergarten** von Højriis gestaltet: Er ist auf giftige und magische Pflanzen spezialisiert.

Übernachten, Essen

Romantisch und maritim – **Pakhuset:** Havnen, Nykøbing, Tel. 97 72 33 00, www.phr.dk. 18-Zimmer-Hotel (DZ ab 950 DKK) in einem Hafenspeicher aus dem 19. Jh. mit viel maritimer Atmosphäre und Restaurant mit dänischer Küche (HG ab ca. 120 DKK, Menüs ab ca. 215 DKK).

Fährgasthof neben der Brücke – **Sallingsund Færgekro:** Sallingsundvej 104, Nykøbing, Tel. 97 72 00 88, www.sfkro.dk (Small Danish Hotels s. S. 25). Seit Menschengedenken gab es am Fähranleger der längst von einer Brücke verdrängten Sallingsund-Fähre einen Kro, aus dem ein moderner Hotelbetrieb mit anspruchsvollem Restaurant geworden ist; neben Hotelzimmern (Flexi-Preise nach Auslastung online ab ca. 650 DKK) gibt es freistehende Hotelhütten für max. 6 Pers. direkt am Fjord (je nach Belegung und Saison ca. 800–1500 DKK jeweils mit allen Nebenkosten und Frühstück).

Vier-Sterne-Herberge am Fjordufer – **Danhostel Nykøbing Mors:** Øroddevej 15, Nykøbing, Tel. 97 72 06 17, www. danhostelmors.dk. Direkt am Østre Strand; alle Zimmer mit Bad/WC. Einzelbett 275 DKK; DZ 500–550 DKK, Familienzimmer (3–6 Pers). 550–700 DKK; gutes Frühstück 65 DKK/Pers.

Landschaft nahe der Klippe Hanklit auf Mors

Aktiv

Radwandern – **Solruten:** 170 km lange, gut markierte Radwanderroute rund um die Insel (Karte auf www.visitnordjylland.de/de/erlebnisse/aktiv/radwege) mit Anschlüssen nach Thy über Kleinfähren (s. u.). Das i-Büro vermietet Räder – auch E-Bikes! (ab 180 DKK/Tag) – und bietet Rundfahrt-Pakete für Mors und Nordjütland inkl. Unterkunft und Verpflegung.

Sea Kayaking – **Meertaugliche Kajaks und Kanus** für Touren rund um die Insel vermittelt das i-Büro, am Ufer gibt's Basic-Lagerplätze (s. S. 28).

Abends & Nachts

Kinokultur – **Bio Mors:** Kirkegade 3, Nykøbing, Tel. 97 72 02 64, www.biomors.dk. Schönes Programmkino eines Vereins begeisterter Cineasten – alle Filme laufen im Original mit dänischen Untertiteln.

Infos & Termine

Morsø Turistbureau: Havnen 4, 7900 Nykøbing Mors, Tel. 97 72 04 88, www.visitmors.dk.

Spartipp: Die meisten Museen auf Mors arbeiten in der Weise zusammen, dass man bei Vorlage eines voll bezahlten Eintrittsbillets in den anderen Häusern 50 % Rabatt bekommt.

›Skaldyrsfestival‹: Zum ›Schalentierfestival‹ an einem Wochenende Anfang Juni stehen am Hafen von Nykøbing Mors Fressstände mit Austern, Muscheln, Hummer, Krabben und Krebsen, dazu gibt's Musik und einen Volkslauf (5, 10, 15 oder 20 km), um morgens die Kalorien zu verbrennen, die man sich abends wieder anfuttert, vor allem beim großen Abendbuffet, für das die 700 Tickets üblicherweise Monate vorher ausverkauft sind (ca. 350 DKK, Bestellung ab Anfang April auf www.skaldyrsfestival.dk; Paketreisen Unterkunft u. Buffettickets schnürt das i-Büro).

I/S Mors–Thy Færgefart: Kleinfähren über **Næssund** (▶ C 6) und **Feggesund** (▶ D 5) Mo–Fr ca. 6–18, Sa/So/Fei 8–18, Juni–Aug. jeweils bis 22 Uhr, alle 20 Min., ca. 5 Min. Überfahrt, 10 DKK/ab 12 Jahre, Fahrrad 10 DKK, PKW 60 DKK; Limfjordsbillet für 2 wahlfreie Überfahrten 110 DKK/Pkw u.Insassen.

Limfjordsbussen: www.limfjordsbusser.dk: Sommer-Schiffslinie (Juli–Mitte Aug.) für Wanderer und Radfahrer mit tgl. wechselndem Fahrplan; Stopps: Nykøbing Mors, Glyngøre (Festland), Insel Fur (dort Besuch des landesweit bekannten Fur Bryghus empfehlenswert: Brauhaus mit Bierproben, Hausmannskost, Brauereiführung, Details mit dt. Zusammenfassung auf www.furbryghus.dk).

Thy ▶ B–D 4–6

Das Nordseegesicht von Thy wirkt rau, geradezu unfertig, aber auch so naturbelassen und einzigartig, dass die Region im Nordwesten Dänemarks 2008 erster Nationalpark wurde. In Orten wie der Surfhochburg Klitmøller und der Ferienmetropole Nørre Vorupør vibriert das Leben, abseits sind scheinbar unendliche Strände fast menschenleer. Anders das zweite Gesicht, das zum Limfjord: Felder bis ans Ufer, sittsame Dörfer und ein schmuckes Städtchen, auf dem Lande viele Gräber aus Stein- und Bronzezeit sowie eine kathedralgroße Dorfkirche als Zeugnis vergangener Größe ganz im Süden der Region. Thy ist heute politisch identisch mit der Großkommune Thisted, die sich von Agger Tange im Süden bis zum Bulbjerg im Norden auf ganzer Breite zwischen Nordsee- und Limfjord-Ufer erstreckt und knapp 45 000 Einwohner hat; der gleichnamige Hauptort trägt 13 000 dazu bei.

Sydthy ▶ B/C 6

Sydthy, der ›Süden von Thy‹, ist groß an Fläche, aber dünn besiedelt. **Hurup,** 1882 als Bahnstation gegründet, gibt mit knapp 2800 Einwohnern schon das Zentrum. Im Sommer bringen Markttage (Mo Juni–Mitte Aug.) mit Musik und Folklore Leben in den Ort, sonst wirkt Sydthy eher verschlafen. Im Laufe der Geschichte war das nicht immer so. Dass die Region wahre Boomzeiten erlebte, belegen archäologische Funde wie die vielen Kammer- und Hügelgräber aus Stein- und Bronzezeit, die manchmal geradezu das Landschaftsbild prägen.

Prähistorische Gräber von Lundehøj und Ydby Hede ▶ C 6

Um etwa 3000 v. Chr. tauchten in Dänemark Kammergräber (dän. *jættestue)* in sorgfältig konstruierten Grabhügeln auf. Im Vergleich zu älteren Dolmengräbern (dän. *dysse)* sind die Steine der Kammern mehr bearbeitet und Zwischenräume in den Seitenwänden mit einer Art Trockenmauer verschlossen. Ein seitlicher Zugang erlaubte zeitlich versetzte Bestattungen. Im Hügel ist dann eine zentrale Kammer üblich, es gibt aber auch Anlagen mit ein oder zwei Nebenkammern. Die Toten bekamen Waffen und Schmuck ins Grab gelegt, am Eingang standen Krüge mit Essen und Trinken bereit. In Hügeln der Bronzezeit fehlt die Kammer. Die Erde wird in dieser Epoche über einem Sarg, meist ein ausgehöhlter Eichenstamm, aufgeschichtet. In der Regel liegen darin Mitglieder bedeutender Familien, Ausgrabungen belegen spätere Bestattungen von Toten oder Urnen in oberen Schichten der Hügel.

Gut 5000 Jahre alt ist das Kammergrab **Lundehøj** auf Höhe von Ullerup an der Straße [11]. In dem

Grabhügel führt ein Gang zu einer Haupt- und einer Nebenkammer – wer sie erkunden möchte, bekommt auf dem Bauernhof an der Straße einen Schlüssel für das Tor und Kerzen, zur Sicherheit sollte man aber selbst eine Lampe mitbringen (Oddesundvej 211, 7760 Hurup Thy, 10 DKK/Erw., 5 DKK/Kinder).

Geradezu eine Nekropole mit 49 eng beieinander liegenden Grabstätten, die meisten Hügelgräber aus der Bronzezeit, prägt die Landschaft der **Ydby Hede** über dem schmalen Skibsted Fjord. Der erlebte seine geschäftigsten Tage später in der Wikingerzeit, als sich hier Schiffskonvois für die Fahrt nach Westen sammelten. Der Limfjord war damals Hauptverkehrsader eines nach Ostengland expandierenden Dänenreichs (Kammersgårdsvej 34B, 7760 Hurup Thy).

Thor-Stein von Hørdum ▸ C 5

Aus heidnischer Wikingerzeit stammt der Thor-Stein im Waffenhaus der Hørdum Kirke. Er zeigt das Fragment eines bekannten Motivs nordischer Mythologie, das man aber hier so detailliert nicht erkennt: Donnergott Thor fängt mit einem Stierkopf als Köder die Weltenschlange Midgardsormr, aber sein Begleiter, der feige Riese Hymir, bekommt es angesichts des grässlichen Ungeheuers mit der Angst zu tun und schlägt die Fangleine durch. Das Bild muss ein unbekannter Künstler irgendwann vor dem 11. Jh. in den Stein gehauen haben, denn dann wurden die Thyboer Christen und der Stein diente als Treppenstufe im Kirchturm. Dafür wurde er beschlagen, ein Teil des Bildes ging verloren (Thorsvej 25A, Koldby, 7752 Snedsted).

Mein Tipp

Limfjord unter Segeln

Im Sommer kreuzt eigentlich jedes Jahr ein Oldtimer-Schiff über den Limfjord zu Törns ab zwei Stunden Dauer, zum Teil mit Seehundbeobachtungen. Aktuell segelt ab Thisted und Struer die ›SAGA‹, ein 1935 in Finnland gebauter Zweimastschoner, der bei Flaute auch Motorkraft einsetzen kann. Aktuelle Fahrpläne auf www.sejlture.dk (dän./engl.) oder bei den i-Büros der Region, die verkaufen auch Tickets (ab 160 DKK, 120 DKK/1–12 Jahre).

Vestervig Kirke ▸ C 6

Klostergade 1, 7770 Vestervig, Tel. 97 94 11 12, www.vestervig-kirke.dk, Mo–Do 8–16, Fr 8–12, Hochsaison auch Fr 8–17, Sa, So 11–17 Uhr, 10 DKK/ab 16 Jahre

Von der Christianisierung profitierte Vestervig am meisten. 1060 entstanden hier Nordjütlands erster Bischofssitz und bald ein einflussreiches Augustinerkloster. Die Versandung der Limfjord-Mündung beendete jedoch den rasanten Aufstieg und der Bischof zog nach Børglum (s. S. 251), später verfiel das Kloster. Von vier Flügeln blieb nur die Kirche, in alten Schriften ›Thylands Dom‹. Dreischiffig und 60 m lang, ist es Nordeuropas größte Dorfkirche.

Kein Besucher verpasst die lange, flache Grabplatte auf dem Kirchhof neben dem Kirchenportal. Eine Inschrift ist nicht mehr zu entziffern, aber jeder weiß, es ist **Liden Kirstens Grab.** Um dieses rankt sich eine Legende voll romantischer Liebe, großer Leidenschaft und tiefer Tragik: Liden Kristen war Halbschwester des eigentlich hochgeachteten Königs Valdemar den Store. In Valdemars Ränkespiele um die Macht passte indes nicht ihre Beziehung mit Prinz Buris Henriksen, einem Bruder seiner Frau. Die Liaison von Liden und Buris hatte Folgen, und als das Kind zur Welt kam, reichte es Valdemar: Er ließ seine Halbschwester töten, angeblich musste sie sich zu Tode tanzen. Prinz Buris sollte hingegen auch im Leben noch leiden: Ihm wurden Augenlicht und Männlichkeit geraubt, anschließend kettete man ihn so an die Klosterpforte, dass er gerade noch zum Grab seiner Geliebten kriechen konnte. Elf lange Jahre ertrug er dies Tag für Tag, so besingt es ein altes Volkslied, dann wurden die beiden wieder vereint – in ihrem Grab. Darauf liegen auch nach neun Jahrhunderten noch oft frische Blumen, denn wer sich in der Vestervig Kirke trauen lässt, legt hier den Brautstrauß ab. Das soll Glück für die Ehe bringen.

Heltborg Museum ▶ C 6

Skårhøjvej 15, Heltborg, Tel. 97 95 20 77, April–Okt. Di–So 12–16, Juli/Aug. tgl. 10–16 Uhr, 30 DKK/ab 18 Jahre

Eine weitere vorgeschichtliche Epoche, die Eisenzeit, lebt auf dem Gelände des Heltborg Museum fort, das sich auch als Sydthy Kunst- og Kulturcenter versteht. Im Juli kann man auf einem nachgebauten Hof Handwerksdemonstrationen und einen historischen Markt in prähistorischem Ambiente live erleben. Sonst zeigt das Museum in seiner Kunstabteilung Arbeiten von Jens Søndergaard (s. S. 202) und anderen Künstlern, die der Region eng verbunden waren.

Limfjordscentret Doverodde Købmandsgård ▶ C 6

Fjordstræde 1, Doverodde, Tel. 97 95 92 66, www.limfjordscenter.dk, April–42. Woche Di–So 11–16, Hochsaison tgl. 10–17 Uhr, Ausstellungen und Turm 60 DKK, 20 DKK/6–16 Jahre

Als Zentrum für Kultur- und Naturvermittlung mit Konzerten, Kunst- und Kunsthandwerkskursen, Ausstellungen und Naturwanderungen sowie Aktivitäten von Meerkajakfahren bis zum Abseilen am 42 m hohen Ex-Getreidesilo der Anlage hat sich das Limfjordscentret Doverodde Købmandsgård positioniert. Kern ist der alte Kaufmannshof von Doverodde, 150 Jahre lang ein florierender Landhandel und heute ein Restaurant mit Frokost-Café und Abendrestaurant, das beste dänische Traditionsküche serviert.

Nordisk Folkecenter for Vedvarende Energie ▶ C 6

Kammersgaardsvej 16, Sønder Ydby, www.folkecenter.dk, tgl. freier Rundgang, 30 DKK/ab 12 Jahre, Mitte Juni–Aug. Führungen Mo und Do 11 Uhr, 50 DKK/ab 12 Jahre

Nicht nur beim grandiosen Rundumblick vom ›Aussichtssilo‹ in Doverodde fallen unzählige Windkraftanlagen auf. In Dänemark, das bei der Versorgung mit Strom aus Windenergie weltweit führend ist, belegt die Region Thy Platz 1 und ist damit wirklich Weltspitze. Längst wird sogar mehr Wind verstromt als vor Ort benötigt: Thy exportiert Energie. Das Nordisk Folkecenter for Vedvarende Energie bietet dazu Hintergrundwissen, dokumentiert Möglichkeiten, Energie aus regenerativen Quellen zu gewinnen und zeigt eine Sammlung früher Windkraftanlagen.

Agger Tange und Agger ▶ B 6

An der Westküste streckt Thy einen Finger nach Süden aus, die **Agger Tange.** Die schmale Halbinsel gab immer wieder dem Drängen der Nordsee nach. Obwohl so fragil, ließen sich hier Menschen nieder, denn Landwirtschaft und Fischerei waren gut möglich. Sturmfluten rissen jedoch mehrfach Dörfer weg und hinterließen zu Beginn des 19. Jh. sogar einen Durchbruch, der mehrere Jahrzehnte schiffbar war, ehe er wieder versandete. 1862 schlug das Meer dann zwei Breschen in die Landzunge, von denen sich die südliche zum Thyborøn Kanal (s. S. 202) entwickelte. Die verbliebene Agger Tange wurde Anfang des 20. Jh. mit zwei Deichen und unzähligen Buhnen stabilisiert – die längste, **›Høfde 72‹** (Aggervej 52, Agger) ragt über 800 m ins Meer. Vogelreservate sind von der Straße gut einzusehen, aber nur beschränkt zugänglich, liegen sie doch im Nationalpark Thy (s. S. 217; unbemannte Nationalpark-Information am Fähranleger Agger Tange).

Viele Ferienhäuser und Wohnungen in zwei Ferienparks machten aus dem früher windverblasenen Fischernest **Agger** einen im Sommer munteren Badeort, aber nur 350 Menschen leben hier ganzjährig. Eine Bausiedlung aus der Entstehungszeit der Deiche und Buhnen wurde in den 1990ern restauriert und ist als **›De Sorte Huse‹** Mittelpunkt eines rührigen Kulturlebens mit Lesungen, Konzerten von Chorsingen bis Heavy-Metal und Ausstellungen regionaler Künstler und Kunsthandwerker (Alumvej 32). An die unkalkulierbare Gewalt der Nordsee gemahnt am Ortseingang von Agger eine moderne Steinskulptur: Fünf Granitkeile bilden eine gewaltige Welle. Die Skulptur erinnert an den 21. November 1893. Allein aus Agger ertranken an diesem Tag in einem überraschend aufziehenden Unwetter 48 Männer. Die Katastrophe gab den Anstoß, die Häfen Thyborøn, Hanstholm und Hirtshals zu bauen.

Übernachten

Reihenbungalows im Containerstil – **Agger Tange Feriecenter:** Tangevej 1, Tel. 97 94 17 55, www.aggertangeferiecenter.dk. Offiziell für max. 5 Pers., gut geeignet aber nur für zwei Erw. eventuell mit Kleinkind(ern). Je nach Saison ca. 3000–5000 DKK, auch kürzere Mietzeiten möglich.

Zwei Meere in der Nähe – **Krig-Vig Camping:** Krigvej 112, Tel. 97 94 14 96, www.krikvigcamping.dk. Drei-Sterne-Anlage mit viel Platz und guten Wassersportangeboten auf der Limfjord-Seite von Agger.

Ferienhäuser – **Agger Feriehuse:** Ålumvej 28, Tel. 97 94 14 72, www.aggerferiehuse.dk. Kleiner lokaler Vermittler mit nur ca. 60 Objekten im Katalog.

Aktiv

Süß- oder Salzwasserangeln – **Flade Sø:** Klitvej 10, Agger. Nur ein Deich trennt nördlich von Agger den Süßwassersee, der als bester Angelplatz für Zander in Dänemark gilt, an seinem Westufer vom Meer, allerdings braucht man auf beiden Seiten dieses Deiches unterschiedliche Angelscheine, am Meer den für alle dänischen Küstengewässer (s. S. 31), am See einen lokalen, erhältlich u. a. im Angel-Shop **Krik Marine** in Agger (Havnevej 2, Tel. 97 94 15 43).

Kleines Spaßbad mit Wellnesscenter – **Sydthy Svømmebad/Kurbad:** Idrætsvej 5, 7760 Hurup, Tel. 99 17 31 60, www.sydthy-svbad.dk, Schwimmbad tgl. mit wechselnden Öffnungszeiten, jedoch während aller dänischen Ferien tgl. 10–17 Uhr, 38 DKK, 28 DKK/1–13 Jahre; Wellnessabteilung (ab 18 Jahre) Di–Fr 14–19, Sa 10–17, So 10–16 Uhr, 110 DKK, Massagen auf Anfrage.

Infos & Termine

www.visitagger.dk: nur online. Sonst: **Thy Turistbureau i Thisted** (s. S. 231). Postadressen in Agger fallen unter 7770 Vestervig.

Orgelkonzerte in der Vestervig Kirke: Die 52-Register-Orgel in ›Thylands Dom‹ zählt zu den besten Dänemarks und wird regelmäßig für Konzerte bespielt. Aktuelle Termine auf www.vestervig-kirke.dk, dort »Koncerter« anklicken.
Fähre Agger Tange–Thyborøn:
s. S. 205

Nationalpark Thy ▸ B/C 4/5

Wer an Thys' Küste eine Zeitmaschine besteigt, um in der Geschichte zurückzureisen, sollte ein Gummiboot mitnehmen. Das Land hob sich erst in den letzten 5000 Jahren aus dem Meer. Im Vergleich zu heute lag die Küste 5 bis 10 km landeinwärts. Die Wellen stießen dort an Kalkklippen, die an vielen Stellen noch im Land erkennbar sind.

Davor ragten Inseln aus dem Steinzeitmeer, heute Landmarken im Küstenverlauf wie der Bulbjerg oder das Plateau, auf dem Hanstholm thront. Sonst wandelt man an Thys' Küste auf altem Meeresgrund. Entsprechend flach ist das Gelände, abgesehen von Dünen, die der Wind aufgehäuft hat.

Zwischen Agger Tange und dem gut 50 km nördlich gelegenen Hanstholm bilden die Küste und das anschließende Dünen- und Heideland bis zu 12 km weit ins Landesinnere hinein Dänemarks ersten, 2008 eröffneten Nationalpark. Der vermarktet sich gern als Dänemarks größte Wildnis. Kleine Besucherzentren gibt es am Fähranleger Agger Tange (›Svaneholmhus‹, Aggervej 35, unbemannt) sowie am Stenbjerg Landingsplads (Stenbjerg Kirkevej 120, April–Okt tgl. 13–17 Uhr), ein großes soll zur Saison 2016 in Nørre Vorupør fertig werden.

Den intensivsten Zugang zum Nationalpark vermittelt der **Vestkyststien** zwischen Fähranleger Agger Tange und Torup Strand östlich des Bulbjerg. In diesem Abschnitt trennen sich Fahrrad- und Wanderroute des Westküstenweges fast auf ganzer Länge. Wanderer nutzen weitgehend den alten Rettungsweg durch die Dünen, der zum Radfahren nicht geeignet ist (ca. 80 km/4–5 Tage; Einschränkungen zur Vogelbrutzeit April–Mitte Juli). Er stammt aus der Zeit, als bei Schiffshavarien vor der Küste alles Hilfsmaterial mit Pferdewagen an den Unglücksort gebracht werden musste – dafür gab es überall entlang der Nordseeküste spezielle Wege, besonders notwendig waren sie aber in diesem extrem dünn besiedelten Abschnitt. Am einsamsten sind die gut 14 km vom Süßwassersee Flade Sø bei Agger über Lyngby nach Stenbjerg sowie weiter im Nordosten, noch hinter Hanstholm, auf gut 25 km entlang der Vigsø Bugt (s. S. 226). Unterwegs gibt es einfache Lagerplätze, eine zur Wanderhütte umfunktionierte Rettungsstation in Lyngby sowie mehrere ›normale‹ Campingplätze.

Das Faltblatt »Vestkyststien Agger–Bulbjerg« (Vandreture 31) des Naturstyrelsen gibt es – auch auf deutsch – in den i-Büros und in den Nationalpark-Informationen der Region.

Lodbjerg ▸ B 5

Hat man nördlich von Agger den **Flade Sø** passiert, wechselt die Szenerie: statt Buhnen und Deichen eine 5 km lange, raue Steilküste. Nur an wenigen Stellen kann man vom Strand auf das dahinter liegende Dünen-Heide-Plateau hinaufkraxeln. In den Hängen wird ein Schichtprofil sichtbar, deutlich erkennt man dunkle Streifen fruchtbarer Böden, vor langer Zeit begraben unter den oberen Lagen Flugsand. Oben wälzt sich die Wanderdüne **Lodbjerg Mile** langsam landeinwärts.

Knapp 1 km hinter dem Steilufer ragt **Lodbjerg Fyr** (Lodbjergvej 33,

Mit der Ästhetik einer Skulptur: das Innenleben des Leuchtturms Lodbjerg Fyr

7770 Vestervig) über das Land, 1883 aus schwedischem Granit gebaut und 35 m hoch. Der Leuchtturm kann bestiegen werden, es sei denn, der Wind bläst zu stark – zu diesem Thema haben Einheimische nur einen Kommentar: Bei uns weht der Wind 300 Tage im Jahr, sonst stürmt es! Vom Leuchtturm-Parkplatz starten Wege Richtung Steilufer und hier beginnt auch der schönste Abschnitt der Wanderstrecke des Vestkyststien über 14 km durch Heidelandschaft und Strandwälder nach Stenbjerg.

Lyngby und Stenbjerg ▸ C 5

Andere Stichstraßen weiter nördlich von der Küstenstraße [181] Richtung Meer kommen dem Strand näher. Daran liegen zwei Siedlungen, in denen bis in die 1960/70er-Jahre kommerziell Strandfischerei betrieben wurde. **Lyngby,** einst von Fischern aus Agger gegründet, als dort Ende des 19. Jh. mal wieder eine Sturmflut durchs Dorf geschwappt war, ist bis heute klein und unscheinbar geblieben, während sich **Stenbjerg** dem Tourismus öffnete. Der **Stenbjerg Landingsplads** mit seinen schneeweißen Geräteschuppen direkt an Meer wird von einem Verein mit Liebe gepflegt und vermittelt ein nostalgisches Bild wie kein anderer Ort an diesem Küstenabschnitt. In einem der Schuppen ist ein kleines **i-Büro der Nationalpark-Verwaltung** mit einer Schautafel-Ausstellung über den Nationalpark Thy eingerichtet (s. o.).

Einige Hundert Meter südlich des Landungsplatzes steht seit 1884 die denkmalgeschützte **Stenbjerg Båke** in den Dünen (Sømærkevej 97, 7752 Snedsted). Nur ein Jahr jünger ist das Pendant **Torup Båke** etwa 8 km weiter im Norden (Bøgsted Rende Vej, 7700 Thisted). Vergleicht man die beiden Seezeichen miteinander, ist ihre dreibeinige, hölzerne Grundkonstruktion gleich, aber sie sind am ›Kopf‹ zu unterscheiden. So haben alle elf im Original erhaltenen Baken sowie die eine rekonstruierte in Blokhus (s. S. 247) ein individuelles Design. Sie entstanden 1884/85 zur Ergänzung der Leucht- und Kirchtürme entlang der dänischen Nordseeküste, besitzen aber heute keine Funktion mehr als Seezeichen und werden deshalb hin und wieder auch einfach umgesetzt, wenn sie zum Beispiel durch Küstenerosion abzustürzen drohen.

Nørre Vorupør ▶ C 5

Möchten Sie Einheimische überraschen, artikulieren Sie den Namen von Thys größtem Badeort *nö[rr]eworböer:* verschlucken Sie das [rr] weitgehend, aber nie ganz, ziehen beide Wörter zusammen und sprechen die ›ö‹ offen – angeblich ist Nørre Vorupør für deutsche Zungen unartikulierbar.

Vom Strand ragt seit 1911 eine Mole gut 350 m ins Meer hinaus. Seinerzeit war ein derartiger Buhnenbau an der Nordsee ein großes, mehrere Jahre in Anspruch nehmendes Projekt – sogar der König reiste aus Kopenhagen zur Baustellenbesichtigung an. Als sich der örtliche Fischereiverein später bemühte, noch den Zuschlag für einen richtigen Hafen zu bekommen, kamen jedoch Hirtshals, später Hanstholm zum Zuge.

Dafür wurde 2014 auf der Südseite der Mole Dänemarks erstes ›Havbad‹ fertig, um trotz der üblichen Brandung und gefährlichen Unterströmungen ein sicheres Baden zu ermöglichen. Das Meerbad ist eine künstliche Badebucht mit breiten, behindertengerechten Betonrampen ins Wasser und mit einer kleinen Öffnung zum Meer, die einen regelmäßigen Wasseraustausch gewährleistet: Baden im Meer mit Freibad-Feeling. Auf der anderen Seite der Mole wird noch Strandfischerei betrieben, aber nur noch von Nebenerwerbsfischern mit kleinen Booten, die pittoresk auf dem Strand liegen. Zwei der größeren Kutter, die dazwischen auffallen, starten regelmäßig mit Hobbyanglern zum ›Gelben Riff‹ (s. Mein Tipp s. S. 221).

Fischerei ist Thema im **Vorupør Museum,** das oberhalb des Landungsplatzes in einer alten Kutterwerft eingerichtet ist und in der immer mal wieder traditioneller Bootsbau demonstriert wird (Vesterhavsgade 21, Tel. 97 93 88 50, www.vorupoermuseum.dk, April–Okt. Di–So 12–16, Juli u. 1. Aug.-Hälfte tgl. 10–16 Uhr, 30 DKK/ Erw.). Was Fischern vor der Küste in die Netze geht, sieht man im **Nordsø Akvariet** – sogar die großen Haie, die man aus einem Glastunnel hautnah bestaunt, sind ›Einheimische‹, ebenso die kleinen Sandhaie, die Schollen und die anderen Fische in den Berührungsbecken (Vesterhavsgade 131, Tel. 97 93 82 60, Ostern–Okt. tgl. 10–16, Juli/Aug. bis 18 Uhr, 60 DKK, 30 DKK/3–12 Jahre).

Klitmøller – Cold Hawaii ! ▶ C 4

Klitmøller entstand als Mühlensiedlung: Wassermühlen nutzten Abflüsse kleiner Seen im Hinterland, um Mehl für den regen Schutenhandel mit Norwegen zu mahlen, der hier vom Strand aus abgewickelt wurde. Mitte des 19. Jh. kam Strandfischerei hinzu, die seit der Eröffnung des Hafens von Hanstholm 1967 auch hier nur noch mit kleinen Booten als Nebenerwerb betrieben wird. Einer der typischen Kutter von früher, **›T 97 Bellis‹**, liegt auf dem Ufer und erinnert sorgfältig restauriert an die vergangene Zeit.

Mitte der 1980er-Jahre begann ein neues Zeitalter, Klitmøller wurde Nordeuropas heißeste Surf-Location: ›Klitte‹, so der Kosename, wurde etwa 1984/85 von deutschen Windsurfern entdeckt – der Legende nach, weil ihre Fähre nach Norwegen in Hanstholm wegen Sturms nicht auslaufen konnte und sie Zeit hatten, die Gegend zu erkunden. Ein Artikel in einem deutschen Surfer-Magazin löste dann 1986 den endgültigen Boom aus: ›Klitte‹ avancierte in Windeseile vom Geheimtipp zum ultimativen Spot. Bald stand nicht mehr ein einsamer ›Bulli‹ am Strand, sondern einer neben dem anderen. Die Bevölkerung jaulte auf. Heute gibt es überall in und um Klitmøller Schilder, die das ›Nachtparken‹ unterbinden, und Höhenschranken im Zentrum von Klitmøller verhindern, dass man vor lauter Wohnmobilen kein Meer mehr sieht.

Als die ersten Surfer über die Ørhage Bucht flitzten, schaute ein gerade 10-jähriger Junge aus dem Dorf staunend zu, mit 14 stieg er selbst aufs Brett und nach ein paar Jahren war Robert Sand einer der ganz Großen seines Sports. Später siedelte er den Firmensitz seiner in der Surfer-Szene angesagten Modemarke PLASMA in seinem Heimatdorf an und wurde treibende Kraft hinter dem PWA World Cup **»Cold Hawaii«**, einem jährlichen Surf-Event, der die Weltelite nach Klitmøller bringt. 2011 wurde Surfgeschichte geschrieben, als hier der 17-jährige deutsche Surf-Star Philip Köster mit einem Sieg seinen ersten Weltmeistertitel schon vor dem Saisonfinale klarmachte – ein Prestigeerfolg, denn während man in Klitmøller unter idealen Bedingungen spektakulären Sport sah, durfte Köster seinen Weltmeisterpokal eine Woche später auf Sylt nur abholen: Dort war wegen Flaute an Sport nicht zu denken.

›Cold Hawaii‹ hat aber auch anfängertaugliche Reviere, z. B. auf dem Limfjord und auf dem in der Szene legendären **Vandet Sø** an der Straße [557] knapp 4 km landeinwärts mitten im Nationalpark Thy. Über seine Nutzung als Surf Spot wird seit Jahren gestritten, aktuelle Zugangsmöglichkeiten kennt man vor Ort.

Mensch, Brett, Welle: Thy ist eines der besten Surferreviere in Europa

Übernachten

In der zweiten Reihe – **Hotel Klitheden:** Nordsøvej 10, Nørre Vorupør, Tel. 96 69 11 22, www.hotelklitheden.dk. Äußerlich bescheiden, innen nett renoviert. Wenige, zum Teil einfache Zimmer ab 650 DKK, Rabatte ab 3. Tag.

Surfers Paradise – **Nystrup Camping:** Trøjborgvej 22, Klitmøller, Tel. 97 97 52 49, www.nystrupcampingklitmoller.dk. Perfekt ausgestatteter 3-Sterne-Platz mit vielen Stellplätzen für die Wohnmobile der Surfer, die sich hier gern treffen; auch Hütten.

Ferienhäuser

Regionaler Anbieter seit drei Jahrzehnten – **Klitmøller Sommerhusudlejning:** Ørhagevej 117, Klitmøller, Tel. 97 97 53 50, www.klitmoeller.dk. Dem Namen zum Trotz nicht nur Objekte in Klitmøller – genaue Kenntnis aller Objekte, gute Beratung, unkomplizierter Service.

Über 400 Häuser in allen Küstenorten Thys – **Feriepartner Thy:** Vesterhavsgade 44, Nørre Vorupør, Tel 97 93 80 22, www.feriepartner-thy.dk.

Essen & Trinken

Alle Restaurants haben nur im Sommer und in Ferienzeiten täglich geöffnet, Details zu den anderen Jahreszeiten auf ihren Webseiten oder beim i-Büro.

Fischbuffet – Spezialist – **Niels & Sinnes Fiskerestaurant:** Hotelvej 3, Nørre Vorupør, Tel. 97 93 18 18, www.nielsogsinnesfiskerestaurant.dk. Fisch mal traditionell zubereitet wie Aal zur Flatrate mit Sahnekartoffeln – pures Hüftgold! – oder abwechslungsreich beim großen Fischbuffet, das in der Hochsaison jeden Tag aufgedeckt wird. Hauptgerichte ab ca. 150 DKK, Buffet ca. 170 DKK.

Mein Tipp

Petri Heil – Angelfreuden genießen

An allen Nordseestränden kann man Brandungsangeln versuchen, außerdem gelten die langen Buhnen von Agger und die Mole von Nørre Vorupør als ideale Angelplätze. Ruhiger geht es am und auf dem Limfjord zu, der u. a. Meerforellen, Hornhechte und saisonal auch Aale bietet. Ein fischreicher Süßwassersee ist der **Flade Sø** nördlich Agger, bei dem man beinahe gleichzeitig Zander und Dorsch angeln kann, so nah sind sich See und Meer an seinem Westufer (s. S. 216). Darüber hinaus gibt es Put&Take-Anlagen.

Traum aller Angler ist allerdings das **Gule Rev,** das **›Gelbe Riff‹**, eines der besten Reviere der Nordsee zum Hochseeangeln. Hier ist mancher Rekordfang an den Haken gegangen, der für Dorsche liegt derzeit bei 31 kg. Über ein halbes Dutzend Boote bieten Angelfahrten ab Hanstholm (s. S. 230) und Nørre Vorupør (s. S. 219) – dort ist eine Strandlandung inbegriffen. Frühes Aufstehen muss sein, denn die Boote starten zwischen 3 und 7 Uhr morgens, bei einigen ist auch Übernachten an Bord möglich. Tagestouren (8–13 Std.) kosten ab 600 DKK, 2-Tages-Touren ab ca. 1400 DKK inkl. Verpflegung, Infos und Reservierung über alle i-Büros der Region. Angelausrüstung ist auf allen Kuttern zu leihen.

Wie am Mittelmeer – **Café Conrad:** Ørhagevej 147, Klitmøller, Tel. 97 97 54 30, www.restaurantconrad.dk. Hier treffen Pasta und Tapas in netter Atmosphäre die dänische Butterscholle (Hauptgerichte ab ca. 140 DKK), aber

des Autors Favorit ist und bleibt das Thy-Lamm mit Rotwein-Gorgonzola-Sauce (ca. 230 DKK).
Burger mit Moin-Moin-Flair – **Inside Cold Hawaii:** Ørhagevej 150, Klitmøller. Gaby und Andre aus Hamburg haben sich Klitmøller als Auswanderungsziel ausgesucht und servieren jetzt als Nicht-Surfer Super-Hamburger und gut gemachte Kaffeespezialitäten mitten im Surferherz, die Ørhage-Bucht vor der Tür, Surf-Shops nebenan, und bei Events trifft sich bei ihnen die Weltelite.
Räucherfisch – **Klitmøller Røgeri:** Ørhagevej 152, Klitmøller, Tel. 97 97 55 66, www.klitmoeller-roegeri.dk. Ein paar Bänke zum Sofortessen oder man kauft für ein Picknick in den Dünen ein – deftig und preiswert (ab 50 DKK).

Einkaufen

Fischladen mit Meer hinterm Haus – **FiskeCompagniets Detailsalg:** Vesterhavsgade 182, Nørre Vorupør, Tel. 97 93 80 19. Fischhandel mit eigener Räucherei gleich neben dem Landungsplatz der Strandfischer – beste Frischfisch-Auswahl weit und breit, auch immer lebender schwarzer Hummer parat!
Surfausrüstung und Kurse – **Westwind Klitmøller:** Ørhagevej 150, Klitmøller, Tel. 97 97 56 56, http://klitmoller.westwind.dk. Alles was man zum Surfen kaufen oder leihen kann; außerdem Kurse, um zu lernen, was auf dem Brett möglich ist: Kite- (1200 DKK) und Windsurfen (ab 400 DKK), Wellenreiten (ab 180 DKK), SUP (ab 250 DKK) – alles inkl. Ausrüstung.
Trend-Schnäppchen – **PLASMA Lagersalg:** Vangsåvej 12, Klitmøller, Tel. 20 78 23 72. Kleines Keller-Outlet, kurze Öffnungszeiten und coole Klamotten ›Dedicated to Cold Water Surfing‹, etwas günstiger als in normalen Shops.

Aktiv

Mit Strandfischern auf Tour – **T 248 Skagerak** (Tel. 97 92 07 41, www.skagerak-t248.dk) und **T 284 Maagen** (Tel. 97 93 80 07,www.maagen.com): Beide ab Nørre Vorupør ca. 10 Std. 700 DKK. Details s. ›Mein Tipp‹ s. S. 221
Wavesurfer-Camps – **emcee Wavecamps:** www.emcee-wavecamp.de, Tel. +49 179 133 33 01 oder +49 171 804 22 24, Mitte Mai–Aug inkl. Unterbringung in Hütten auf Nystrup Camping (s. o.) ca. 190–400 €. Hier machen Enthusiasten aus Kiel ihr Hobby zum Geschäft, bringen Anfängern mit intensiven 3–7-tägigen Camps das Wavesurfen bei oder fördern die Erfahrung bei denen, die schon Basiskenntnisse haben.

Infos & Termine

Thy Turistbureau: Vesterhavsgade 21, Nørre Vorupør, Tel. 97 93 83 77, www.visitthy.dk, Apr.–Okt. Di–So 12–16, Juli–Mitte Aug. tgl. 10–16 Uhr, sonst Büro in Thisted (s. S. 231).
Postalisch gehören Nørre Vorupør und Klitmøller zu 7700 Thisted.
Infos zum Surfen: NASA, Ørhagevej 140, Klitmøller, www.coldhawaii.eu (z. Zt. nur dän.). Beschreibungen der Surfspots in dt. auf www.spot-explorer.com (dt). Live-Webcams: http://www.waves4you.com.
Strandfeste: Hawfest in Klitmøller (1. Juli-Wochenende), Stenbjergdagen am Stenbjerg Landingsplads (2. So im Juli), Strandfest in Nørre Vorupør (Wochenende Mitte Juli) – alle mit Musik, Essen, Trinken und oft einer Seenot-Übung.
Surfevents: Im Sommer gibt es in ›Klitte‹ regelmäßig Surfevents, mal harter Wettbewerb, mal eher Fest. Die Szene ist aber schnelllebig, Namen und Konzepte ändern sich oft. Mitte Sept.

tritt die Weltelite des Surfsports in Klitmøller zum **PWA World Cup »Cold Hawaii«** an (s. S. 78).

Hanstholm ▸ C 4

Hanstholms Mittelpunkt besteht aus dem an die Shopping-Mall einer amerikanischen Kleinstadt erinnernden Hanstholm Centret mit gut 30 Läden inklusive Post, Bank und Supermärkten. Die 2300-Einwohner-Stadt ist keine Schönheit, vieles wirkt trostlos, aber die Lage reißt einiges wieder heraus: Der Ort thront über der Küste auf einem Plateau und wo immer man an dessen Rand kommt, beeindruckt der Blick auf Hafen, Küste und Meer.

Der Parkplatz am Ende des Helshagevej hoch über dem Hafen bietet diese Aussichten ebenso wie der skurrile **Skulpturenpark** am Roshagevej. Dort kann man in Gesellschaft absonderlicher Steinmenschen Sonnenuntergänge genießen, lauschen, ob die Steinharfe dazu spielt, und auf dem Havhimmelskibet eine Kreuzfahrt antreten. Dieses Meereshimmelsschiff ist die künstlerische Klammer, die alle Skulpturen zu einem Gesamtkunstwerk vereint. Neben dem Skulpturenpark dienen das **Hanstholm Kunstbygning** und ein ›ausgegrabener‹ Bunker dem rührigen Kunstverein von Hanstholm jeden Sommer für Ausstellungen mit Arbeiten regionaler Künstler (Roshagevej 20, Tel. 97 99 15 01, Ostern–Okt., Do–So 14–17 Uhr).

Im Hafen

Als Hanstholms Hafen 1967 eingeweiht wurde, waren fast genau 100 Jahre des Debattierens, Planens, Verwerfens, Neuplanens und Bauens vergangen. In den 1920er-Jahren gab es sogar Visionen, Hanstholm zur Retortenstadt für 20 000 Menschen mit Überseehafen und Fernbahnanschluss auszubauen. Sehr futuristisch angesichts früherer Einwohnerzahlen: Mitte des 19. Jh. lebten keine 200 Menschen in dem damals Hansted genannten Ort und knapp 800 waren es, als er 1943 von den Deutschen evakuiert wurde. Immerhin gab es seit 1907 eine Schutzmole ähnlich der in Nørre Vorupør.

Nachdem der Hafen dann realisiert war, entwickelte er sich rasant. Fast zu jedem runden Geburtstag konnte eine Erweiterung eröffnet werden, die nächste ist für 2016 geplant. Es gab auch Frust, weil man sich als Fährhafen gegen den Konkurrenten Hirtshals nicht behaupten konnte, aber beim Fisch hat man die Nase vorn. In Hanstholm wird montags bis freitags so viel Fisch umgeschlagen wie nirgendwo sonst in Dänemark, vor allem Dorsch, Seelachs, Scholle und Schellfisch. An manchen Tagen kommen weit über 100 t bei der **Hanstholm Fiskeauktion** unter den Hammer und der wird noch real in der Auktionshalle geschwungen – Besucher dürfen zusehen, solange sie den Profis nicht im Wege stehen. Und da wird schnell gearbeitet, denn maximal 24 Stunden nach dem Zuschlag soll die Ware bei jedem Empfänger innerhalb der EU ausgeliefert sein (Auktionsgade 11, www.hanstholmfiskeauktion.dk, Mo–Fr außer Fei 6.45 Uhr, gratis).

Danish Wave Energy Center

www.danwec.com oder www.green.thisted.dk (auch engl.), Tel. 31 37 31 78; Führungen zu ausgewählten Terminen dän./engl. ca. 90 Min./75 DKK, Treffpunkt: Hanstholm Entwicklungszentrum, Kai Lindbergs Gade 200, Hanstholm

Hanstholm ist aber auch immer noch für Zukunftsvisionen zu haben: DanWEC – Danish Wave Ener- ▹ S. 226

Auf Entdeckungstour: Kriegserinnerungen im Ferienland – Festung Hanstholm

Rund 600 Bunker und Geschützstellungen ließen deutsche Truppen in und um Hanstholm in die Dünen setzen – die größte Festung aus dem Zweiten Weltkrieg in ganz Skandinavien. Nirgendwo an der dänischen Nordsee kann man den Größenwahn des Atlantikwall-Projekts eindeutiger erleben.

Reisekarte: ▶ C 4
Planung: MuseumsCenter Hanstholm: Molevej 29, Tel. 97 96 17 36, www.museumscenterhanstholm.dk, Febr.–Okt. tgl. 10–16, Juni–Aug. bis 17 Uhr, 75 DKK, 25 DKK/7–14 Jahre; Munitionsbahn: Ostern, Juni–Aug., 42. Woche, 25/10 DKK/Fahrt.
Zeit: ca. 2–3 Std. inkl. Bunkerbahn

Bunkererkundungen sind überall entlang der dänischen Nordseeküste eine populäre Urlaubsbeschäftigung und die Bauwut der deutschen Besatzer war rund um Hanstholm besonders zügellos. Ein modern konzipiertes Dokumentationszentrum hoch über Hafen und Küste hilft, die Bauten in den Geschichtszusammenhang zu stellen und so die Faszination der mit den Anlagen verbundenen Technik zu relativieren.

Die tödliche Schranke

Die Bewohner Hanstholms wunderten sich schon Mitte der 1930er-Jahre, wie begehrt ihr Dorf bei deutschen Kunstmalern war. Die krabbelten durch die Dünen und zeichneten viel. Gleich nach der Besetzung tauchten ihre Geländeskizzen als Pläne für die Festung Hanstholm wieder auf. Diese sollte mit einer Schwesteranlage in Südnorwegen eine tödliche Schranke an der Durchfahrt zwischen Nord- und Ostsee bilden. Um den 120 km breiten Skagerrak zwischen Hanstholm und Kristiansand zu kontrollieren, ist beiderseits eine Schussweite von 60 km erforderlich. Da die installierten 38-cm-Kanonen knapp unter dieser Marke blieben, wurde die verbleibende Lücke vermint. Von den 350 Waffensystemen, die diese Megakanonen sichern sollten – vom Flammenwerfer am Strand bis zu Flugabwehrgeschützen –, ist heute nicht mehr viel zu sehen. Das 38-cm-Rohr, das neben dem Museumseingang steht, ist zwar vom gleichen Typ, war jedoch für eine Stellung bei Esbjerg vorgesehen.

4000 Deutsche in Hanstholm

Im **Dokumentationscenter** erfährt man alles Wissenswerte über Hitlers Atlantikwall. Ausgestellt sind Originaluniformen, Alltagsgegenstände der Soldaten und Zivilbevölkerung als auch weiteres Kriegsgerät. Bis zu 4000 deutsche Soldaten und Zivilangestellte wohnten zeitgleich in Hanstholm, die 800 Einheimischen wurden indes 1943 zwangsevakuiert, nur 500 kamen nach dem Krieg zurück. Generalfeldmarschall Rommel inspizierte in seiner Verantwortung für den Atlantikwall Ende 1943 Hanstholm und forcierte den Ausbau. An dem beteiligten sich auch dänische Unternehmen und Arbeiter, die im strukturschwachen Jütland gern solche Aufträge annahmen. Und wofür? Die Mammutkanonen erlebten keinen Gefechtseinsatz, Bunker- und Verteidigungsanlagen keinen Angriff. In den 1950er-Jahren wurden die Geschütze verschrottet.

Vom Dokumentationscenter geht man direkt in den **Museumsbunker,** einer von vier großen Geschützständen, die mit ihren 38-cm-Kanonen das Kernstück der Festung Hanstholm bildeten. Um sie mit Geschossen zu versorgen, verband eine Munitionsbahn die Stellungen. Sie rattert und quietscht heute mit Besuchern statt Granaten durchs Gelände, in dem sich über ein Dutzend weitere Betonbauten verbergen, erschlossen durch markierte Bunkerwege.

Viel Aufwand für ein Filmset

Die Bunker von Hanstholm sind seit 1979 Touristenattraktion. Zuvor machten sie schon als Filmset Karriere: In der Bunkeranlage entstanden Teile von »Die Olsenbande fährt nach Jütland«, dem dritten Film um die in der ehemaligen DDR heiß geliebten Gauner-Chaoten Egon, Kjeld und Benny. Eine Szene, die hier entstand, blieb DDR-Bürgern in der alten DEFA Fassung aber Jahrzehnte vorenthalten: Egon stößt bei der Erkundung des Bunkers auf einen versteckten Raum mit einem großen Hitler-Porträt.

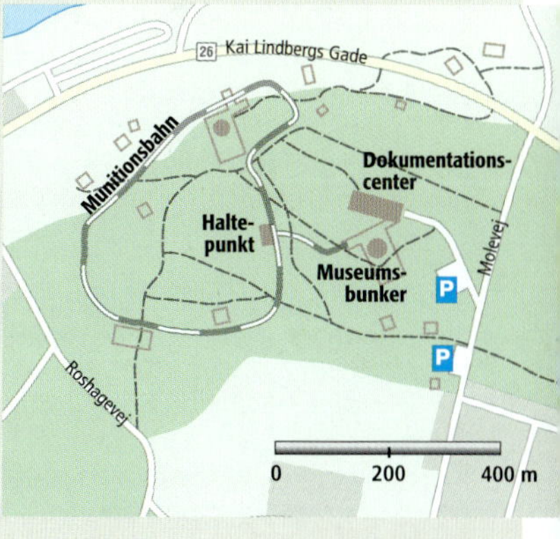

gy Center – macht den Hafen zu einem Zentrum für die Erforschung der Wellenenergie. Immer wieder sieht man im Meer oder am Ufer futuristische Objekte, real gewordene Visionen, die dem Praxistest unterzogen werden, aber auch das ein oder andere Zeugnis großen Scheiterns. Etwas gibt den Forschern und Ingenieuren Zuversicht: Dänemarks Windkraftindustrie fing vor 30 Jahren auch klein an und das Energiepotenzial der Wellen wird für mindestens so groß gehalten wie das des Windes. Die nächste Ausbaustufe des Hafens wird beide Techniken auf und in der neuen Außenmole vereinen. Das Ziel: Hanstholm Havn will 0-Energie-Hafen werden und so viel erneubare Energien produzieren, wie er verbraucht.

Hanstholm Fyr

Tårnvej 21, tgl. von 8 Uhr bis Sonnenuntergang, 10 DKK/Erw., 5 DKK/ Kinder

Oben auf dem Plateau, 65 m über dem Meer, weist Hanstholm Fyr den Weg in den Hafen. Unter seinen Leuchtturm-Kollegen im Westen Jütlands ist er der kleinste, stand aber immer für Innovation: 1843 war er der erste an der dänischen Nordsee. 1889 bekam er als erster im Lande eine elektrisch betriebene Kohlenbogenlampe und strahlte mit der neuen Technologie viele Jahre so hell wie kein zweiter auf der Welt. 1923 kamen hinter seinen Linsen Dänemarks erste Hochleistungsglühlampen zum Einsatz: 4000 Watt, durch Prismen verstärkt, sind über 50 km weit zu sehen. Die Entstehungsgeschichte des Baus ließ indes keine Superlative erwarten: Ein erster Turm war 1842 so schwach konstruiert, dass er Linsen und Kupferdach nicht tragen konnte. Er musste abgerissen und neu errichtet werden. In dem großen Gebäudekomplex, aus dem der Leuchtturm ›heraus sticht‹ residiert im Sommer das örtliche i-Büro und man findet regelmäßig Ausstellungen von Künstlern und Kunsthandwerkern.

Vigsø Bugt und Lild Strand ▶ C/D 4

Östlich Hanstholm schwingt sich der einsamste Streifen der Nordseeküste an der Vigsø Bugt entlang bis zum Bulbjerg, erschlossen durch schmale, oft nicht einmal asphaltierte Wege. Die Wanderroute des Vestkyststien (s. S. 217) verläuft in diesem Abschnitt teils über den Strand, teils dahinter durch die Dünen. An der Hanstholm zugewandten Bucht fallen wieder etliche Bunker auf (siehe auch Auf Entdeckungstour S. 224), doch liegen die meisten der Betonklötze vom Meer unterspült als Wellenbrecher im Wasser – deutliche Zeichen für die Küstenerosion. Das 100-Einwohner-Dorf Lild Strand im Osten der Bucht ist einer der verbliebenen Landungsplätze für die traditionelle Strandfischerei – die meisten Boote gehören Nebenerwerbsfischer.

Nationale Testcenter for Store Vindmøller ▶ D 4

Testcentervej, 7700 Thisted, www.vindenergi.dtu.dk/English/ About/Oesterild.aspx (engl.), www. green.thisted.dk (engl.). Parkplatz mit Schautafeln: Plantør Kroghs Vej, 7700 Thisted. Freier Zugang zum Gelände

Gut 20 km südöstlich Hanstholm in der Østerild Klitplantage hat sich das nationale Testzentrum für große Windkraftanlagen seit seiner Eröffnung 2012 überraschend zur Touristenattraktion gemausert. Nahe Straße [569], die von der [11] Richtung Bulbjerg hinausführt, stehen Prototypen der größten europäischen Windkraftanlagen, einige Giganten sind bis zu 250 m hoch – u. a.

testen hier VESTAS und Siemens neueste Windenergieanlagen.

Kirsten Kjærs Museum ▶ D 4
Langvedvej 64, Frøstrup, Tel. 97 99 10 52, www.kkmuseum.dk, April–Okt. Di–So 11–17 Uhr, Spende erbeten
Ein Stück im Hinterland gelegen, würdigt dieses ungewöhnliche Museum die exzentrische Porträtmalerin Kirsten Kjær (1893–1985), hat jedoch auch Platz für wechselnde Ausstellungen von Gegenwartskünstlern. Kirsten Kjær stammt aus Vester Torup auf der anderen Seite der Vejlerne, verbrachte aber die meiste Zeit ihres Lebens in Kopenhagen, wo sie als letzte wirkliche Bohemienne galt und offen dazu stand, wie sie mit 32 zur Malerei kam: Es ist doch ganz gut, wenn man das künstlerische Talent von einem Psychiater attestiert bekommt, formulierte sie es in einem Interview. Das Museum ist unkonventionell wie sie selbst. Ein Ring von Anbauten um ein ehemaliges Sommerhaus mitten im Grünen, Eintritt zahlt man nach Gutdünken freiwillig, Gleiches gilt für Kaffee und Kuchen, die immer bereitstehen. Auch wer auf dem idyllischen Anwesen seinen Picknickkorb auspackt, ist willkommen – ein zauberhaftes Ausflugsziel.

Bulbjerg ▶ D 4
Der 47 m hohe Bulbjerg markiert schließlich Jütlands Nordwestecke. Fast wie ein Grenzstein trennt er in der modernen politischen Karte Dänemarks die Großkommunen Thisted und Jammerbugt (s. Mein Lieblingsort S. 228). Weil von oben der Überblick auf Küste und Meer so perfekt ist, wurden auch hier im Zweiten Weltkrieg Geschützstellungen und Bunker gebaut. Einer der Bunker dient als Schautafel-Ausstellungsraum, in dem auch über die Natur des Bulbjerg informiert wird. Die Kalkklippe, die der Bulbjerg zur Nordsee zeigt, ist Dänemarks einziger wirklicher **Vogelfelsen** und steht unter Naturschutz. Eissturmvögel, nordische Vettern des Albatros und wie dieser an Röhren auf dem Schnabel zu erkennen, sowie Basstölpel, die vor allem durch ihre pfeilförmigen Sturzflüge auffallen, sind hier zu beobachten. Beide Arten sind sonst eher auf den Inseln des Nordatlantik zu Hause. Der Bulbjerg verändert sich ständig, denn sein Kalkstein ist nicht das härteste Material. Wie veränderlich die Küste ist, sieht man bei niedrigem Wasserstand knapp 150 m davor: Der Stumpf des **Skarreklit** schaut dort aus dem Wasser, Rest eines hohen Felsenturms, der 1978 einstürzte (Bulbjergvej, 7741 Frøstrup).

Übernachten, Essen

Sportlich – **Montra Hotel Hanstholm:** Chr. Hansens Vej 2, Hanstholm, Tel. 97 69 10 44, www.hotelhanstholm.dk (Small Danish Hotels S. 25). Langgezogene flache Zimmertrakte in grünem Umfeld, Fitnesseinrichtungen (DZ ab 995 DKK). Das Restaurant bemüht sich um moderne nordische Küche (Hauptgerichte ab ca. 180 DKK).

Keine Schönheit, aber bodenständig – **Harbour Inn:** Kai Lindbergsgade 71, Hanstholm, Tel. 97 96 11 45, www.harbour-inn.dk. Ehemaliges Seemannsheim am Hafen, funktionale Doppel- (550 DKK) und 3–4-Bett-Familienzimmer (ab 700 DKK), Frühstück extra, im Restaurant immer ein wechselndes Tagesgericht ca. 70 DKK.

Großflächiger Ferienpark – **Vigsø Feriecenter:** Vigsø Bugt Vej 1, Vigsø (ca. 7 km östl. Hanstholm), Tel. 96 55 66 66, www.vigsoe-ferie.dk, ganzj. bis auf Wochen 2–6. Vermarktung in Deutschland u. a. über www.danland.de. In den 1970/80er-Jahren angeleg-

Lieblingsort

Bulbjerg –
der Felsen von Jütland ▶ D 4

Gleich hinter Lild Strand ragt der Bulbjerg (s. S. 227) auf, das 47 m hohe Nordwestkap Jütlands. Wie ein gewaltiger Grenzstein trennt er die Regionen Thy und Han Herred. Von oben beeindrucken Aussichten auf die Vigsø Bugt im Westen, die Jammerbugt im Osten sowie auf die Unendlichkeit der Nordsee – ein Traumplatz für ein Picknick mit Aussicht.

ter Ferienpark mit rund 175 freistehenden Häusern verschiedener Größe, Mindestmietzeit zwei Tage, flexible Wechseltage; mit Restaurant, Hallen-Spaßbad, Golfanlage, Fahrradverleih und Quadbike-Bahn. Auch einige Hotelzimmer im Zentralgebäude, DZ ab ca. 600 DKK.

Essen & Trinken

Auf den ersten Blick ein Imbiss – **Færgegrillen:** Kai Lindbergsgade 77, Tel. 97 96 07 07, www.faergegrillen.dk, tgl. 11/12–ca. 20 Uhr. Für Hanstholm ist der Grill am Hafen eine Institution mit preiswerten Würstchen, Burgern, Fischfilets, äußerst populären Fischfrikadellen und riesigen Eisportionen – das meiste wird selbst gemacht oder kommt von Handwerks-Schlachtern, fast alle Gerichte unter 100 DKK, auch jeden Tag ein deftiges Tagesgericht, zu dem viele Arbeiter aus dem Hafen kommen.

Nostalgische Räucherei mit Fischladen – **Det Gamle Røgeri:** Kuttergade 7, Tel. 23 46 13 53, Laden und Restaurant tgl. 10–18/19 Uhr. Mitten im wuseligen Hafen wird geräuchert, verkauft und im angeschlossenen Restaurant serviert – viel maritime Atmosphäre; die meisten Gerichte unter 100 DKK.

Aktiv

Hochseeangeln ab Hanstholm – **Rederiet Gule Rev:** Tel. 97 97 53 94, www.gule-rev.dk. Details s. Mein Tipp S. 221.

Infos

Thy Turistbureau: Tårnvej 21 (am Leuchtturm), 7730 Hanstholm, Tel. 97 92 19 00, www.visitthy.dk, nur im Sommer, sonst i-Büro Thisted (s. S. 231)

Thisted ▸ C/D 5

Thisted ging aus einem alten Handelsplatz hervor, stand lange unter dem Einfluss der Bischöfe von Børglum (s. S. 251) und bekam erst mit der Reformation eigene Privilegien. Zwar am Wasser gelegen, gab es bis Mitte des 19. Jh. keinen ordentlichen Hafen. Der wurde erst angelegt, als nach dem Durchbruch der Agger Tange viele Skipper, die zuvor den Schutenhandel mit Norwegen von Nordseeständen aus betrieben, sichere Limfjord-Häfen nutzen wollten.

›Wohnzimmer‹ der Stadt ist der **Store Torv,** auf dem freitags und samstags Bauern der Umgebung Markt halten, und an dem das alte **Rathaus** im Stil der Neorenaissance das augenfälligste Gebäude ist, in dem auch das i-Büro residiert.

Thisted Museum

Jernbanegade 4, Tel. 97 92 05 77, www.thistedmuseum.dk, Di–Fr 11–16, So 13–16 Uhr, Hochsaison auch Mo 11–16 u. Sa 13–16 Uhr, 40 DKK/ ab 18 Jahre

Ein paar Meter die Jernbanegade hinunter füllt das kulturhistorische Thisted Museum eine Gründerzeitvilla. Bekannt ist das Museum für seine exzellente Sammlung von Bronzezeitfunden aus der Region. Ein Raum würdigt den bekanntesten Sohn der Stadt, den Schriftsteller Jens Peter Jacobsen (1847–85). Seine naturalistischen Romane »Niels Lyhne« und »Frau Marie Grubbe« zählen zum Besten, was die europäische Literatur seiner Epoche hervorbrachte, und sind bis heute auch im deutschen Sprachraum zugänglich, u. a. als kostenlose E-Books.

Der jung an Tuberkulose verstorbene Jacobsen ist auf dem alten **Friedhof** der Stadt begraben. Der grenzt an die westliche Verlängerung der Fußgängerzone, die Vestergade, und ist heute Thisteds schönste und zentralste Grünanlage. An ihrem Rande liegt auch die spätgotische **Stadtkirche.**

Übernachten

Hoch über dem Limfjord-Ufer – **Hotel Limfjorden:** Simons Bakke 39, Tel. 97 92 40 11, www.hotellimfjorden.dk. Modern, schön gelegen am Rande der Stadt. Flexible Preise ab ca. 700 DKK, auch Golf-, Wochenend- und Miniferienangebote.

3-Sterne-Herberge vor der Stadt – **Danhostel Thisted:** Kongemøllevej 8, Thisted-Skinnerup, Tel. 97 92 50 42, Fax 97 92 51 50. 22-Zimmer-Herberge ca. 4 km nördlich des Zentrums nahe der Kreuzung der Straßen nach Hanstholm und Klitmøller – also sehr zentral für Thy. Einzelbett 150 DKK; Doppel- und Familienzimmer (-6 Pers.) ab 400 DKK, Sommer ab 500 DKK.

Essen & Trinken

Gutes vom Grill und aus den Kesseln – **Restaurant Bryggen:** Sydhavnsvej 9, Tel. 97 92 30 90, www.bryggen.eu, Mo–Sa ab 17 Uhr. Hier werden Steaks zum Kultobjekt – während man gleichzeitig alles daran setzt, vor Ort das ultimative Bier dazu zu brauen! Steaks ca. 140–300 DKK (s. a. S. 74).

Einkaufen

Shoppen oder Großeinkauf – Für weite Teile der Regionen Thy und Han Herred (s. S. 235) ist Thisted Zentrum für Einkäufe, Arzt- und Behördengänge. Storegade, Torvegade, Store Torv und Vestergade bilden eine zusammenhängende **Fußgängerzone** quer durchs Zentrum mit Shops aller Art. Für den Wocheneinkauf empfehlen sich **SB-Warenhäuser** an beiden Enden der Fußgängerzone, jedes mit einer großen Lebensmittelabteilung: Superbrugsen, Vestergade 15 A oder Føtex, Storegade 2.

Bier als Souvenir – **Thisted Bryghuset:** Die exotischen Biere aus der lokalen Brauerei (s. S. 74) findet man in jedem Supermarkt der Region, Hochsaison und Woche 42 mittwochs Brauereibesichtigungen, Tickets beim i-Büro 50 DKK.

Abends & Nachts

Drei Konzepte für partyfeste Leute – **Dampmøllen:** Østerbakken 11, www.facebook.com/dampmollen, Do–Sa ab 22/23 Uhr. ›Großraum-Dorfdisse‹ titulierte eine Surfer-Postille Thys größte Disco mit Cocktailbars, großem und kleinem Dancefloor und gelegentlichen Konzerten. Im Erdgeschoss haben Fr/Sa in der Bier- und Tanzkneipe ›Flaske Peter‹ ältere Trinker und Tänzer ihr Partybiotop (Mindestalter 26 Jahre, grundsätzlich Altersnachweis!). Zu ausgewählten Terminen (Daten www.facebook.com/YoungClubDk) gibt es aber auch eine alkoholfreie Teeny-Disco ›Young Club‹, mit der man urlaubsgelangweilte Teenager aufmuntern könnte!

Infos & Termine

Thy Turistbureau: Store Torv 6, 7700 Thisted, Tel. 97 92 19 00, www.visitthy.dk

Volksfest: Vilsund Marked: Ende Juli (30. Woche). Drei-Tage-Event (Di–Do) mit einer Mischung aus Vieh-, Floh- und Jahrmarkt. Schauplatz ist seit 1871 Vilsund, 9 km südwestlich von Thisted an der Brücke nach Mors. Am Mo zuvor stimmungsvoller Schausteller-Gottesdienst (www.vildsund-marked.dk).

Das Beste auf einen Blick

Jammerbugt, Lønstrup und Hirtshals

Highlight!

Lønstrup Klint: Nirgendwo sonst zeigt sich Dänemarks Nordseeküste so rau, so archaisch, so spektakulär wie an der Steilküste Lønstrup Klint mit Rubjerg Knude als Höhepunkt. Hier schiebt sich eine Wanderdüne über ein Plateau hoch über dem Meer und inmitten der instabilen Landschaft haben ein Leuchtturm und eine Kirche den Kampf gegen die Kräfte der Natur schon verloren. S. 253

Auf Entdeckungstour

Aalborg: Nordjütlands quirlige Hauptstadt bietet jede Menge Kunst, ungewöhnliche Architektur – und viel Nightlife. S. 244

Nordsøen: Hinter einer dicken Scheibe tummeln sich in 4 500 000 l Wasser Heringsschwärme, Dorsche, Rochen, Haie und unförmige Mondfische. Und im Robbarium des Meeresaquariums in Hirtshals schaut man aus einem Tunnel den Robben von unten zu. S. 262

Kultur & Sehenswertes

Die Strandfischer von Thorup: Wenn der Bulldozer röhrt und Ölzeug Standard-Outfit ist, erlebt man am Thorup Strand real existierende Küstenkultur, dort ganz bewusst als Bewahrung einer alten Tradition gelebt. S. 238

Mit dem Rad unterwegs

Mountainbiken im Svinkløv Forst: Auf Dänemarks bestem Mountainbike-Trail gut 20 km Hügel auf und Hügel ab durch eine abwechslungsreiche, geologisch spannende Küstenlandschaft mit grandiosen Aussichten – wenn man für die überhaupt ein Auge hat angesichts der Herausforderungen der Strecke. S. 239

Genießen & Atmosphäre

Villa Vest und Café Havblik: Perfekte Aussicht aufs Meer und bombastische Sonnenuntergänge schaffen in Lønstrup die perfekte Kulisse für die Gourmetküche der Villa Vest. Gleiches gilt für die etwas bodenständigere Landküche in der Dependance Havblik mit Dänemarks spektakulärster Open-Air-Gastronomie auf einer Terrasse über dem Meer. S. 257

Abends & Nachts

Vendsyssel Festival: Na, wer hat's erfunden, in einer Urlaubsprovinz Klassik auf höchstem Niveau zu präsentieren? Das Sommerfestival in Kirchen und Hallen des Vendsyssel ist 15 Jahre älter als das oft gehypte Schleswig-Holstein Musik Festival. S. 256

Die lange Bucht und das Tor nach Norwegen

Vom Bulbjerg, dem gewaltigen ›Grenzstein‹ (s. S. 227), zieht sich die Jammerbugt rund 50 km als ununterbrochenes Band sandiger Strände vor breiten Dünen nach Nordosten. Der nördliche Teil kann mit Autos befahren werden und ist so fest, dass das dänische Militär bei Übungen darauf schon vollbeladene Hercules-Transporter landen und starten ließ (YouTube: [a plain in blokhus denmark]). Viele Strände werden regelmäßig mit Blauen Flaggen für gute Wasserqualität ausgezeichnet, im stillen Svinkløv wie im lauten Blokhus.

Bei Løkken endet geografisch die Jammerbugt, die wilde Küstenlandschaft setzt sich aber weiter nach Norden fort. Sie wird sogar abwechslungsreicher und bildet mit Lønstrup

Infobox

Im Internet

www.visitnordjylland.de: Nordjütland nördlich des Limfjord
www.visitjammerbugten.de: Bulbjerg bis nördlich Blokhus
www.lysetsland.dk/de: Ab Løkken nordwärts
www.visitnordjylland.de/de/erlebnisse/aktiv/radwege: Perfekte Seite auf Deutsch mit Links zu allen wichtigen, markierten Radrouten und zu allen Fahrradverleihern der Region.

Anreise und Weiterkommen

Auto: A7/E 45 bis Kreuz Aalborg Nord/Abfahrt 10 (ab Grenze ca. 295 km), weiter über Straßen [11]/[55] zum Küstenabschnitt Blokhus–Løkken oder über E39 im Abschnitt von Lønstrup bis Hirtshals, ab Grenze in die Küstenorte ca. 3,5 Std. bei normalen Verkehrsbedingungen.
Bahn/Bus: Wichtigste Bahnhöfe und Fernbus-Stationen mit tgl. Verbindungen ab/bis Deutschland sind Aalborg (ab Hamburg ca. 6,5 Std.) und Hjørring (ca. 7 Std.). Ab beiden Orten Lokal- und Regionalbusse in die Küstenorte sowie ab Hjørring Lokalbahn nach Hirtshals (www.njba.dk).
Flugzeug: Der nächstgelegene Flughafen mit internationalen Verbindungen via Kopenhagen ist Aalborg, von dort Taxi (z. B. Aalborg Taxa, Tel. 98 10 10 10) in Küstenorte: Blokhus ca. 400 DKK, Løkken ca. 500 DKK, Svinkløv und Slettestrand ca. 500–550 DKK.

Öffentlicher Verkehr preiswert

Für Nordjütland inkl. touristischer Sommerrouten wie Linie 99 Blokhus–Skagen mit Stopps an vielen Stränden und Attraktionen gilt der **NT travel pass** (24 Std.: 150 DKK, 75 DKK/unter 16 und ab 65 Jahre, 72 Std. 250/125 DKK; pro Erw. 2 Kinder bis 12 Jahre gratis), den man *ausschließlich* online auf www.nordjyllandstrafikselskab.dk (dort ›Billetter & Priser‹ klicken, dann ›Travel Pass‹, Bestellvorgang auf engl., Bezahlung mit gängigen Kreditkarten) bestellen kann und der als Mobil-Ticket per SMS aufs Mobiltelefon geliefert wird.

Klint Dänemarks spektakulärste Naturkulisse um die Steilküste von Rubjerg Knude, ehe sich das typische Sandstrand-Dünen-Ferienhäuser-Bild von Skallerup bis vor Hirtshals fortsetzt.

Gewachsene Städte gibt es im Hinterland. Die Orte an der Küste entstanden meist aus armen Fischerlagern und wuchsen mit dem Tourismus: romantisch Lønstrup, laut, manchmal schrill Løkken und Blokhus, ruhig die kleinen Siedlungen an der Küste von Han Herred. Hirtshals ganz im Norden thront auf einem alten Moränenplateau wie auf einem Ausguck und besitzt den bedeutendsten Fährhafen für den Verkehr zwischen Mitteleuropa und Norwegen.

Politisch berührt der in diesem Kapitel vorgestellte Küstenabschnitt zwei Großkommunen: Jammerbugt (ca. 38 000 Einw.) und Hjørring (ca. 65 500 Einw.). Die Grenze verläuft zwischen Blokhus und Løkken, sodass diese sich so ähnlichen und geografisch so nahen Orte touristisch praktisch nie zusammen auftreten – wer sich im Netz oder aus Prospekten über die Region informieren will, sollte immer mehrere Quellen anzapfen.

Han Herred ▸ D–F 4/5

Die Region Han Herred vereint auf noch kleinerem Raum als Thy (s. S. 213) die raue Natur entlang der Nordsee mit landwirtschaftlich intensiv genutzten Gebieten am Limfjord. Obwohl sich sehr ähnlich, gehen auch diese Landschaften aufgrund der dänischen ›Kleinstaaterei‹ touristisch getrennte Wege: Thy ist seit 2007 identisch mit der Kommune Thisted, Han Herred wurde der Kommune Jammerbugt zugeschlagen; die Grenze verläuft durch das Gebiet der Vejlerne.

Vogelparadies Vejlerne

▸ D 4

Am Bulbjerg war das Land zwischen Nordsee und Limfjord bis weit ins 19. Jh. hinein kaum 5 km breit. Nach dem Verlust des fruchtbaren Südjütland an Preußen 1864 galt es jedoch als nationale Pflicht, wo immer möglich Land zu gewinnen. Also versuchte man einen Seitenarm des Limfjord trockenzulegen. Dabei wurde viel Geld versenkt, ehe man 1916 das Projekt aufgab. Zurück blieben Vejlerne, ein Zwitterland aus flachen Seen mit breiten Schilfgürteln und angrenzenden Sumpfgebieten. Seit 1960 stehen etwa 6000 ha unter Naturschutz, nach dem internationalen RAMSAR-Abkommen ein für die Vogelwelt existenzielles Feuchtgebiet.

Ornithologen beobachten hier vor allem Wat- und Stelzvögel. Im Herbst kommen große Gruppen Kraniche vorbei und an Sommerabenden treffen sich mancherorts exotisch wirkende Löffler, die mit flachen, breiten Schnäbeln Nahrung suchen – der dänische Name *Skestorke* (dt. Löffelstorch) verrät Laien mehr über die biologische Verwandtschaft.

Das eigentliche Reservat darf nicht betreten werden, ist aber von vielen Wegen sowie Beobachtungshütten und -türmen gut einsehbar. Zwei Hütten stehen östlich von Frøstrup an jenem Damm, der 1904 für die längst stillgelegte Bahnstrecke zwischen Thisted und Fjerritslev quer durch den Lund Fjord gebaut wurde und der von Radfahrern und Fußgängern benutzt werden darf – der einfachste Weg mitten ins Naturschutzgebiet.

Wer nur einen schnellen Blick und ein paar Informationen über die gefiederten Vejlerne-Bewohner sucht, findet an der Hauptstraße [11]/[29] am **Bygholm Damm,** der das Vejlerne-

Lieblingsort

Das schönste ›alte‹ Badehotel der dänischen Nordseeküste ▸ E 4
Das **Svinkløv Badehotel** ist ein äußerst lebendiges Relikt der Epoche mondänen Badelebens in den 1920er-Jahren: direkt am Meer, zeitlos schön und begehrter als viele Luxushotels dieser Welt. Die Atmosphäre sollte man auf jeden Fall einmal erleben und sei es nur zum Kaffeetrinken im Blauen Salon oder beim gepflegten Dinner im Sonnenuntergangszimmer, in dem die Abendsonne geradezu explodiert (s. S. 240).

Reservat vom Limfjord trennt, das **Vejlernes Naturcenter** mit Schautafeln und Aussichtshütte sowie noch einmal knapp 11 km westlich davon neben einem kleinen Rastplatz den Beobachtungsturm **Tømmerby Fjord Tårnet.**

Fjerritslev und die südliche Jammerbugt

Wer in Han Herred Urlaub macht, den zieht es an die Küste nach Thorup Strand, Klim Strand, Grønnestrand, Svinkløv, Slettestrand und Tranum Strand. Wie auf Thy wechseln flache Abschnitte – alter Meeresboden – mit Anhöhen und Steilküsten – ehemalige Inseln im steinzeitlichen Meer.

Thorup Strand ► E 4

Ein Klassiker unter den Fotomotiven von der dänischen Nordseeküste zeigt Fischkutter auf dem Strand. Mit dem Bau der Häfen Hanstholm, Hirtshals und Skagen im 20. Jh. reduzierte sich die zuvor weit verbreitete Strandfischerei auf wenige Plätze. Der letzte noch für kommerzielle Fischerei in größerem Umfang genutzte Landungsplatz liegt am Thorup Strand, dem ersten nennenswerten Ort östlich des Bulbjerg. Hier operieren noch über ein Dutzend große Kutter und bringen pro Jahr 1500–2000 t Fisch an Land.

Wer das ›Auslaufen‹ erleben will, muss früh aufstehen: Je nach Jahreszeit starten die Kutter zwischen 3 und 5 Uhr morgens. Dabei kommt in der Regel die große Winde zum Einsatz, mit der die Boote aufs Meer hinausgezogen werden. Das notwendige Stahlseil läuft dabei über eine vor der Küste auf dem Meeresboden verankerte Rolle. Kommen die Boote am Nachmittag oder frühen Abend zurück, wird lieber der Bulldozer benutzt, der die Kutter ebenfalls per Stahlseil an den Haken nimmt und aus dem Wasser zieht. Dafür wird vom Boot eine dünne Leine mit Gewicht Richtung Land geworfen und, falls der Wurf nicht bis an Ufer kommt, mit einem umfunktionierten Angelhaken aus dem Wasser gefischt. Mit den dünnen Leinen wird anschließend das Stahlseil vom Kutter zum Land gezogen und am Bulldozer eingehakt.

Viele Kutter verkaufen direkt ›von Bord‹, sobald das Boot fest auf dem Strand steht. Wer die Prozedur kennt, hält dem Skipper gleich eine passende Plastiktüte entgegen – frischer und billiger geht nicht! Ansonsten wird der Fang in einer kleinen Kühlhalle für den Weiterverkauf vorbereitet. Ein großer Teil kommt am nächsten Morgen bei der Fischauktion in Hanstholm unter den Hammer und ein wachsender Anteil geht direkt an Delikatess- und Fischmärkte in Großstädten – ›Küstenfisch aus Thorup‹ ist in Dänemark eine Qualitätsmarke.

Gleich neben dem Windenhaus des Landungsplatzes erinnert eine hochmoderne Rettungsstation daran, dass die Küstenfischerei vom Strand aus nicht ungefährlich ist: Hier steht auf einem Trailer hinter PS-starkem Traktor permanent ein Hightech-Rettungsboot bereit, in Minuten zu Wasser gebracht zu werden.

Kollerup Strand und Grønnestrand ► E 4

Die Strände in diesem Abschnitt der Jammerbugt sind einsam und autofrei. Es ist ein Leichtes, in den Dünen ungestörte, windgeschützte Plätzchen zu finden. Eine der wenigen Stellen, an denen man auf nicht gänzlich asphaltierten Wegen bis ans Meer kommt, ist am **Kollerup Strand.** Gleich östlich am **Grønnestrand** trotzt eine winzige Windmühle dem harschen Küstenklima, Dänemarks einzige Lyngmølle: Ihre ›Außenwand‹ besteht aus einem Gerüst aus Eichenholz, bedeckt mit Heidekraut (dän.: *lyng)*.

Mountainbiken im Svinkløv Forst ► E 4

Strecke: 22 km Single-Track, hügelige, bewaldete Küstenlandschaft; Karte als Faltblatt in umliegenden i-Büros oder online: www.naturstyrelsen.dk/media/nst/67584/MTB_Svinkloev.pdf. Mtb-Ausleihe (ab 170 DKK/Tag) sowie Mountainbike-Pakete Unterkunft u. Leihrad u. a. Feriecenter Slettestrand, www.slettestrand.dk

Die **Svinkløv Klitplantage** und das hinter der Küste mehr als 50 m aufragende **Svinkløv Plateau** geben die Kulisse für Dänemarks beste Mountainbike Route. Deren Markierung (normale Route = weiße Richtungspfeile) lässt keine Wünsche offen. Die Standardstrecke spricht Normal- und Urlaubsfahrer an, steile Alternativ-Abfahrten (= schwarz/weiße Richtungspfeile) auch Biker mit erhöhtem Adrenalinbedarf und mehr Erfahrung.

Das Plateau ist geprägt von geologisch-biologischen Kapriolen: Eine dicke Flugsandschicht legte sich hier über fruchtbaren Boden, der an einigen Spalten durch Erosion wieder an die Oberfläche kommt. Dort gedeihen mitten im sonst anspruchslosen Dünenforst üppigste, artenreiche Pflanzenwelten. Der Name Svinkløv stammt von Verwitterungsformen in der Steilküste, die vom Meer aus wie ›Schweineklauen‹ aussehen. Davor schmiegt sich ein Strand mit kleinen Dünen an die Küste, mittendrin seit den 1920er-Jahren das **Svinkløv Badehotel** – eine Sehenswürdigkeit für sich (s. Lieblingsort S. 237).

Slettestrand ► E 4

Slettestrand ist für sein Wahrzeichen bekannt, die **Metallskulptur einer übergroßen Krabbe,** ein beliebtes Hintergrundmotiv auf Fotos von Familie oder Freunden. Nur wenige Schritte entfernt widmet sich im ehemaligen Rettungshaus die 2010 eröffnete **Museumswerft** des Vereins Han Herred Havbåde dem Erhalt historisch wertvoller Strandkutter und -boote sowie der Pflege der alten Bootsbautechniken durch Nachbauten. Auf dem Strand liegen fast immer einige der nostalgischen Boote. Nebenan informiert das **Havbådehuset** über Landungsplätze und damit verbundene Küstenkultur (Han Herred Havbåde, Slettestrandvej 158, Ausstellung werktags 10–16 Uhr, Werft nur Di 14–16 Uhr).

Fjerritslev ► E 4

Die wichtigste Einkaufsstadt für die Küstenorte der südlichen Jammerbugt ist das 3500-Einwohner-Städtchen Fjerritslev; hier gibt es die Supermärkte mit langen Öffnungszeiten, in denen Ferienhausmieter aus weitem Umkreis gern einkaufen. Im Zentrum entstand 1885 eine Brauerei, **Den gamle Bryggergaard,** die 1968 wieder geschlossen und zum Heimatmuseum **Fjerritslev Bryggeri- og Egnsmuseum** wurde (Østergade 1, Tel. 98 21 16 55, www.fjerritslevmuseum.dk, Mitte Juni–Aug. Mo–Sa 10–16.30, sonst Mo 11–15.30 Uhr, 25 DKK/ab 14 Jahre; auch lokales Sommer-i-Büro).

Der Weg vom Ort zum nächsten Nordseestrand kann derweil eine Reise durch die unendlichen Weiten des Weltraums werden: Auf dem Parkplatz am Brøndumvej, nicht weit von der Fjerritslev Kirke, steht eine Sonne als große goldene Kugel mit einem Durchmesser von 1,4 m und markiert den Startpunkt eines **Planetenwegs** durch unser Sonnensystem im Maßstab 1:1 Milliarde. Merkur, Venus, Erde und Mars reihen sich noch auf den ersten 250 m am Brøndumvej, Saturn passiert man nach knapp 1,5 km am Kollerup Klitvej und Pluto, der offiziell kein Planet mehr ist, steht fast 6 km entfernt am Kollerup Strand (s. o).

Eine alternative Strecke zum Meer biegt westlich Fjerritslev in **Klim** von Straße [569] zur Küste ab. Nach ein paar hundert Metern passiert sie den **Klim Kalkovn.** Die Kalkbrennerei mit dem markanten Brennturm, der von einem Berghang über eine Brücke gefüllt wurde, war über 100 Jahre in Betrieb, ehe sie Mitte der 1970er-Jahre schloss und jetzt als Mini-Museum über Kalkgewinnung renoviert wurde – nicht sensationell, aber ein Mosaikstein im Bild des Urlaubslandes Nordjütland mit seinen Kalkhorsten und deren ganz speziellen Biotopen (Mai–Sept. tgl. 8–20 Uhr, 10 DKK).

Übernachten

Begehrter Klassiker – **Svinkløv Badehotel:** Svinkløvvej 593, Svinkløv, Tel. 98 21 70 02, www.svinkloev-badehotel.dk, Mitte April–Anfang Okt.; Kreditkarten werden nicht akzeptiert. Wunderbar die Lage am Meer, zeitlos mondän die Atmosphäre. Die drei Dutzend Zimmer in Dänemarks größtem Holzhaus sind geschmackvoll, die meisten inzwischen mit Bad und WC aufgerüstet (ab ca. 1700 DKK), nur wenige noch spartanisch mit Handwaschbecken (ab 1350 DKK). Die Preise schließen Frühstück und einen stilvollen ›Abendkaffee‹ ein, Rabatte gibt's ab der dritten Nacht. Wer hier in der Saison wohnen will, muss Geduld aufbringen: Stammgäste reservieren bei der Abreise gern für das nächste Jahr, neue Gäste können frühestens elf Monate vor dem gewünschten Termin buchen – dann wird es aber auch Zeit. Mit etwas Glück bekommt man aber auch kurzfristig Zimmer, weil etwas storniert wurde (s. Lieblingsort S. 237).

Frischer geht nicht: Kaum ist der Kutter auf dem Strand, beginnt der Fischverkauf

Traditionelle Familienhotels – In dem kleinen Badeort **Slettestrand** findet man, für Dänemarks Nordseeküste ungewohnt, viele traditionelle Hotels mit DZ ab ca. 750 DKK und vielen Paketangeboten, u. a. das rustikale **Rønnes Hotel** (Kystvejen 25, Tel. 98 21 71 50, www.roennes-hotel.dk), das romantische, aber etwas teurere **Sanden Bjerggaard** (Slettestrandvej 88, Tel. 98 21 71 33, www.sanden-bjerggaard.dk) oder das landeinwärts gelegene **Hotel Højgaarden** (Slettestrandvej 50, Hjortdal, Tel. 98 21 70 36, www.hojgaarden.dk).
5-Sterne-Herberge – **Danhostel Fjerritslev:** Brøndumvej 14–16 (im Han Herred Fritidscenter), Fjerritslev, Tel. 98 21 11 90, http://danhostelfjerritslev.dk/de. Im modernen Freizeitcenter mit Sport- und Schwimmhallen, alle Zimmer mit Bad/WC. DZ ab 400 DKK, 4-Bett-Zimmer ab 530 DKK plus Frühstück – viele Gruppen.
Wellness an einsamer Küste – **Klim Strand Camping:** Klim Strand, Tel. 98 22 53 40, www.klimstrand.dk. Strandzugang vom Platz, In-und-Outdoor-Spaßbad, Wellnesscenter, Kinderspaß inkl. Indoor-Spielland sowie Reittouren am Strand.
Camping in ungeahnten Höhen – **Svinkløv Camping:** Svinkløvvej 541, Svinkløv, Tel. 98 21 71 80, www.svinkloevcamping.dk. Auf dem Plateau gelegener Drei-Sterne-Platz; einige Standplätze mit Meerblick und viel Wind, andere geschützt im Wald; auch Hütten mit oder ohne Bad/WC.

Essen & Trinken

Und beim Dinner explodieren die Farben – **Svinkløv Badehotel:** s. o. Zum Frokost gibt's typisch Dänisches (ab 90 DKK) und zum Kaffee Torten – berühmt ist die hausgemachte Wallnuss-Sahne Torte – oder Gebäck. Abends sollte man einen Tisch im gelben Salon reservieren (Tel. 98 21 85 05), weil es das Licht der untergehenden Sonne so grandios einfängt. Dazu empfiehlt sich das 3-Gänge-›Havfrisk‹-Menü (meerfrisch) mit Fisch für ca. 465 DKK – immer gibt's aber auch eine vegetarische Alternative.

Aktiv & Kreativ

Radtouren über den Strand – **Vestkystruten Bulbjerg–Blokhus–Løkken:** Mein Lieblingsabschnitt des Nordseeküsten-Radwegs (Vestkystruten) mit viel landschaftlicher Abwechslung: Heide im Hinterland östlich Hanstholm, Dünenforst auf dem Svinkløv Plateau, alter Rettungsweg in den Dünen nordöstlich Slettestrand und dann gut 15 km zwischen Blokhus und Løkken über den Strand (s. S. 247). i-Büros der Region halten Faltblätter mit Karten für diesen Abschnitt der Küste bereit, online findet man sie auf www.vestkystruten.dk/de.
Fantasie in Sand – **Sandskulpturskonkurrence:** Populärer Sandskulpturen-Wettbewerb für jedermann. Im Hochsommer mittwochs am Strand von Tranum mit wechselnden Themen. Teilnehmen kann jeder, und welches Kind nimmt nicht gern den gut dotierten Siegerpreis in Empfang, selbst wenn Papa mit Akribie alles allein gebaut hat?
Reiten am unendlichen Strand – **LuksusRideferie:** Thorupstrandvej 102, Thorup, Tel. 96 50 80 94, www.luksusrideferie.dk. Auf Islandpferden kurze Strandritte oder ganze Reiterferien (ab ca. 250 DKK/Std.).

Infos

Jammerbugt Turistbureau Fjerritslev: Im Bryggeri- og Egnsmuseum, Østergade 1, 9690 Fjerritslev, Tel. 72 57 89 77, www.visitjammerbugten.dk, nur 15. 6.–15. 8. Mo–Fr.

Die Limfjordküste von Han Herred ▸ E/F 4/5

Aggersborg ▸ E 5
Die flachen Gebiete westlich des Svinkløv-Plateaus werden von Historikern als Ausfahrt eines zur Wikingerzeit schiffbaren Wasserwegs vom Limfjord nach Norden zur Jammerbugt betrachtet. Das erklärt, warum auf dem südlichen Zipfel von Han Herred, der den Limfjord ganz schmal werden lässt, um 980 die Aggersborg entstand. Es war die größte von fünf Ringburgen aus der Zeit der Gründung eines gesamtdänischen Königreichs unter Harald Blauzahn, der auch Machtansprüche in Norwegen durchsetzen wollte, und seines Nachfolgers Svend Tveskæg, der Dänemarks Macht nach England ausdehnte – beide brauchten schiffbare Zugänge zur Nordsee.

Der Durchmesser des heute nur in seinen Umrissen angedeuteten, früher aber befestigten Ringwalls war mit 240 m doppelt so groß wie der der anderen vier Burgen. In der Aggersborg könnten bis zu 5000 Menschen in den 48 zeittypischen Langhäusern gelebt haben, die durch Ausgrabungen belegt sind. Alle waren baugleich wie aus einem Fertighauskatalog, deutliches Zeichen für ein Militärlager. Und da alle anderen dänischen Ringburgen der Zeit nur jeweils 16 Langhäuser besaßen, war es ohne Zweifel ein bedeutender Standort. Eine Schautafel-Ausstellung in einem Nebengebäude der benachbarten Kirche informiert über die Burg (Aggersborgvej, 9670 Løgstør, immer zugänglich, gratis).

Den Limfjord entlang ▸ E/F 4
Auch andere Epochen hinterließen Spuren im Süden von Han Herred: In der **Husby Hole** erinnert ein wuchtiger Gedenkstein an eine hier ausgefochtene Schlacht des heroischen, aber blutig niedergeschlagenen Bauernaufstands von 1441 (Husbyvej 67B, 9690 Fjerritslev). Und bei **Attrup** darf man im Hvisselhøj Dänemarks einziges Drei-Kammer-Grab aus der Steinzeit erkriechen, vorausgesetzt, man hat Licht dabei (Alsbjergvej 14, 9460 Brovst). Das **Kokkedal Slot** mit seinem markanten Stufengiebel entstand 1560 als Herrensitz an einen Ort, wo schon zur Wikingerzeit eine Wallanlage bestand und eine erste Burg den Wirren des Bauernaufstands von 1441 zum Opfer fiel. Heute dient es als Schlosshotel, gern genutzt für romantische Hochzeiten (s. Übernachten).

Was zwischen Attrup und Øland glückte, scheiterte zwischen Øland und Gjøl: Landgewinnung durch Trockenlegung eines flachen Seitenarms des Limfjord. **Ølands Vejle,** lokal auch Ulvedybet, blieb als Feuchtgebiet erhalten und steht als Vogelreservat unter Naturschutz. **Gjøl,** Dorfidylle in Sichtweite von Aalborg, ist beliebtes Ziel von Freizeitskippern auf dem Limfjord, die meist den Gjøl Kro zum Ziel haben, der direkt neben der Marina liegt (s. Essen & Trinken).

Brovst ▸ F 4

Der **Herrensitz Bratskov** aus dem 16. Jh. dient der Stadt Brovst als Kultur- und Ausstellungshaus, im Sommer residiert auch ein i-Büro in einem Seitenflügel. In der Hochsaison erlebt man jeden Donnerstag von 10 bis 13 Uhr eine Zeitreise, wenn altes Handwerk demonstriert wird und Mägde, Knechte, Burgfrauen und Gutsbesitzer in historischen Gewändern durch die Räume wuseln und zeigen, was es an Arbeit und Müßiggang in herrschaftlichen Häusern gab.

Im Rahmen der ›Levendegørelser af Herregården Bratskov i Brovst‹ gibt es Führungen durch das Gebäude (Fredensdal 8, in der Regel gratis).

Nordöstlich Brovst, an der Landstraße zwischen Tranum Enge und Birkelse, zeigt sich das **Harmonikamuseet** als Mischung aus Musikantenstadl und Museum: Hier hat ein liebenswertes Paar ein Leben lang Schifferklaviere gesammelt. Rund 1000 kamen zusammen, die ältesten über 150 Jahre alt. Viele sind spielbar und werden immer mal wieder aus den Regalen geholt. Wer Volksmusik mag, sich für alte Musikinstrumente interessiert und eine Sammlung akzeptiert, die vor allem mit Leidenschaft präsentiert wird, ist hier richtig – bleibt zu hoffen, dass die hochbetagte Eva Petersen ihr Museum noch lange selbst führen oder einem Nachfolger in die Hände legen kann (Tranum Engevej 250, Tel. 98 23 81 46, Mai–Mitte Sept. sowie dän. Herbstferien tgl., sonst nur Sa/So 11–17 Uhr; in der Saison Mi ab 19 Uhr oft Tanz, Programm auf www.harmonikamuseet.dk, dort ›Arrangementer‹ anklicken).

Übernachten

Komfort in historischen Mauern – **Kokkedal Slot:** Kokkedalsvej 17 (ca. 5 km südwestlich Brovst), Tel. 98 23 36 22, www.slotshotel.dk. Das Schlosshotel ist stilvoll, aber nicht so versnobt, dass Urlauber sich fehl am Platze fühlen. DZ So–Fr ab 650 DKK, Sa/So ab 850 DKK, Frühstück optional 125 DKK/Pers.; viele Paket-Angebote sowie Ferienwohnungen in den ehemaligen Wirtschaftstrakten.

Essen & Trinken

Dänische Küche total – **Gjøl Kro:** Fjordgade 18, Gjøl, Tel. 98 27 70 14, www.gjoelkro.dk. Der Kro steht seit 1901 am Hafen von Gjøl, Spezialität ist gebratener Aal mit *flødestuvede kartoffler*, die ähnlich Béchamelkartoffeln in Sahne gekocht werden; der Preis ist noch moderat, teuer wird's wegen der vielen notwendigen Verdauungsschnäpschen. Hauptgerichte ca. 110–225 DKK.

Infos

Jammerbugt Turistbureau Brovst: Fredensdal 8 (auf Gut Bratskov), 9460 Brovst, Tel. 72 57 89 75, www.visitjammerbugten.dk, Mitte Juni–Mitte Aug. Mo–Fr 9–16 Uhr.

Nördliche Jammerbugt

Ab Rødhus Klit Richtung Norden wird die Bebauung mit Ferienhäusern und Campingplätzen wieder dichter, ab Blokhus ist man dann im muntersten Abschnitt der Jammerbugt, der sich bis Løkken die Küsten entlangzieht. Beide Orte haben über hundert Jahre Erfahrung mit dem Tourismus.

Wer hier Ferien machen will, findet im Küstenabschnitt Blokhus–Løkken über ein Dutzend Campingplätze mit unterschiedlichem Standard, Tausende Ferienhäuser sowie Ferienparks mal ›stadtnah‹ in Blokhus und Løkken, mal abgelegen in den Dünen – klassische Hotels sind hingegen Mangelware.

Das Publikum ist in diesem Teil der Nordseeküste internationaler als im Süden, hier machen auch Norweger und Schweden gern Urlaub, unter ihnen viele junge Gäste, die es genießen, in Dänemark Alkohol frei von staatlicher Gängelei und dazu relativ preiswert einkaufen zu können – man merkt's zu später Stunde.

Auf Entdeckungstour: Nordjütlands lebenslustige Hauptstadt – Aalborg

Aalborg ist die Hauptstadt Nordjütlands: quirlig, voll Kunst und Architektur, voller Genüsse. Übermütige Stadtwerber schwärmen schon mal vom Paris des Nordens, eher passen Vergleiche mit Städten im Rheinland: Aalborg ist Skandinaviens Karnevalshochburg und hat mit der Jomfrue Ane Gade Dänemarks längste Theke.

Reisekarte: ► G 4

Planung: Aalborg Turistbureau, Kjellerups Torv 5, 9000 Aalborg, Tel. 99 31 75 00, www.visitaalborg.com
Dauer: Tagesausflug
Fahrzeiten: Auto ab Blokhus ca. 35 Min. (40 km), Løkken 40 Min. (50 km), Lønstrup und Hirtshals ca. 45/50 Min. (65 km via E 39), **Bus** z. B. ab Blokhus 50 Min, Løkken 60 Min., **Bahn** ab Hirtshals ca. 90 Min.

Paris des Nordens, längste Theke Dänemarks – das ist Marketinggetöse mit wahrem Kern. Aalborgs Name steht für Genuss und Feierlaune, denn Aalborg Akvavit, der weit über ein Jahrhundert in der Stadt gebrannt wurde, ist Dänemarks Nationalspirituose.

Aalborgs pralles Leben

Umsäumt von Kneipen und Restaurants mit viel Biergartenatmosphäre vor der Tür pulsiert der **C. W. Obel Plads,** an dem eines der in Dänemark so trendigen Brauhäuser deftiges Essen und selbstgebraute Spezialbiere serviert: **Søgaards Bryghus.** Die nicht einmal 200 m lange **Jomfru Ane Gade,** wenige Straßen weiter, begründet Aalborgs Ruf als Kneipenstadt: kaum eine Nacht, in der nicht ein paar Lokale bis zum Grauen des neuen Tages offen haben. Mehr Gasse denn Straße wird sie von Tischen und Bänken eingeengt, die jede Disco, jeder Club, jedes Bierlokal und jedes Restaurant vor der Tür hat. Die Kategorien sind dabei fließend: Manches biedere ›Speiselokal‹ dreht in langen Wochenendnächten richtig auf. Sicher dominiert ein junges Publikum, aber auch feierfreudige 40plus-Gäste finden ihre Lokale und ihre Musik. Das Angebot reicht von **Sprutten** (Nr. 5, tagsüber kleine Küche) mit dänisch-maritimer Atmosphäre über die anglo-amerikanisch getrimmte **O Leary's Sportsbar** (Nr. 6) und die Old-Style Disco **Hr. Nielsen** (Nr. 11) bis zu ganz trendy auf Aprés-Ski-Stimmung gestylten Stimmungs-Kneipen wie **Das Bierbar** (Nr. 9) oder **Zwei Große Bier Bar** (Nr. 10) – da dröhnt Alpenpop am Limfjord-Ufer. Die Restaurants haben täglich ab mittags geöffnet und in der Regel gibt es irgendwo ein traditionelles Frokost-Buffet. Von den Clubs, die mehr auf Party aus sind, haben die meisten nicht alle Tage geöffnet, aber von Donnerstag bis Sonntag zum Morgengrauen machen sie die Nächte lang.

Nach Norden Richtung Limfjord setzt sich die Lifestyle-Zone in **Ved Stranden** fort, wo man die Küchen der Welt entdecken oder im Aalborg Casino die Urlaubskasse verzocken kann. Sogar auf dem Limfjord bekommt man zu essen, so auf dem Ex-Eisbrecher **Elbjørn.** Nach seiner Jungfernfahrt 1954 folgten fünf Jahrzehnte ›Bereitschaft‹ für wenige Wochen alle paar Jahre, in denen Dänemarks ›innere Fahrwasser‹ wie der Limfjord zufrieren. Die Klimaerwärmung trieb den Eisbrecher dann endgültig in seine neue Rolle als Restaurantschiff.

Über die Kultur- und Freizeitmeile

Vom Elbjørn nach Osten bummelt man hinein in Aalborgs neues Gesicht. Die Stadt gönnt sich am Limfjordufer eine niegelnagelneue Kultur- und Freizeitmeile auf Metropolen-Niveau: Das ›Ponton‹-Freibad **Havnebad** ist kostenlos und eine Demonstration: Schaut her, unser Limfjord ist so sauber, dass wir darin baden können.

Dann fällt direkt am Ufer ein architektonisch extravagantes Gebäude ins Auge, mit dem Aalborg einen großen Sohn würdigt: Jørn Utzon, Architekt der Oper von Sydney. Das in seinem Todesjahr 2008 eröffnete **Utzon Center** war einer seiner letzen Entwürfe – da schließt sich ein großer Lebenszyklus wieder mit einem Bau am Wasser, der erneut die Silhouette einer Stadt prägt (Slotspladsen 4, www.utzoncenter.dk). Sie wollen jetzt verschnaufen und dabei Utzon spüren? Die Beton-Sofas im **Utzon Park** neben dem Center gehen auf Entwürfe des weltberühmten Architekten zurück.

Etwas weiter östlich, nahe der Promenade, wurde ein altes Kraftwerk zum Kultur- und Aktivitätscenter **Nordkraft,** in dem auch Aalborgs Turistbureau residiert neben Hallen zum Klettern, für Konzerte und Kunstausstellungen und natürlich mit noch mehr Gastronomie – statt Turbinen surrt hier jetzt Leben. Und weil man in Dänemark von Kultur nie genug bekommt, entstand zwischen Nordkraft und dem Hafen das **Limfjord Musikkens Hus,** ein edles Konzerthaus für ganz Nordjütland, das 2014 fertig wurde.

Und was mehr in Aalborg?

Zum Livestyle der Stadt gehören exzellente Shopping-Optionen im Zentrum, in dem Dänemarks schönste Renaissance-Bürgerhäuser unübersehbar sind. Brand-Shops dänischer und internationaler Modemarken säumen **Bispensgade** und **Østerå,** kleinere Boutiquen und Delikatessenläden die Fußgängerzone **Algade–Bredegade–Nørregade** nebst abzweigenden Gassen.

Aalborgs bedeutendstes Museum **Kunsten** im Süden der Stadt zeigt moderne Kunst mit allen wichtigen Strömungen des 20. und 21. Jh.; das lichtdurchflutete Gebäude von 1972 ist selbst ein Kunstwerk der klassischen Moderne, eine Arbeit des finnischen Architekten Alvar Aalto (Kong Christians Allé 50, www.kunsten.dk, Di–So, dän. Ferien auch Mo). Voraussichtlich bis Herbst 2015 wird Kunsten renoviert, so lange dient der Bahnhof **Aalborg Banegård** (John F. Kennedys Plads 3) als Ersatz-Kunstmuseum. Auf der Anhöhe hinter Kunsten erlaubt der Aussichtsturm **Aalborgtårnet** die ultimative Aussicht auf Stadt und Limfjord – selbst zwar nur 55 m hoch, aber inklusive ›Basis-Hügel‹ schafft die Besuchskanzel 105 m über dem Meeresspiegel (Søndre Skovvej 30, April–Mitte Okt. tgl.). Weit im Westen zeigt das **Springeren – Maritimt Oplevelsescenter** alles über zivile und militärische Schifffahrt, Publikumsrenner sind ausgemusterte Schiffe der Marine, darunter ein bis 1988 benutztes U-Boot (Vestre Fjordvej 81, www.springeren-maritimt.dk, tgl.). Und am Nordufer des Limfjord machen fast 700 Steinsetzungen aus Eisen- und Wikingerzeit, viele in Schiffsform, die Hügelkuppe **Lindholm Høje** zu einer der bedeutendsten Nekropolen der Vorzeit in Nordeuropa (Vendilavej 11, Nørresundby, Gräberfeld frei zugänglich).

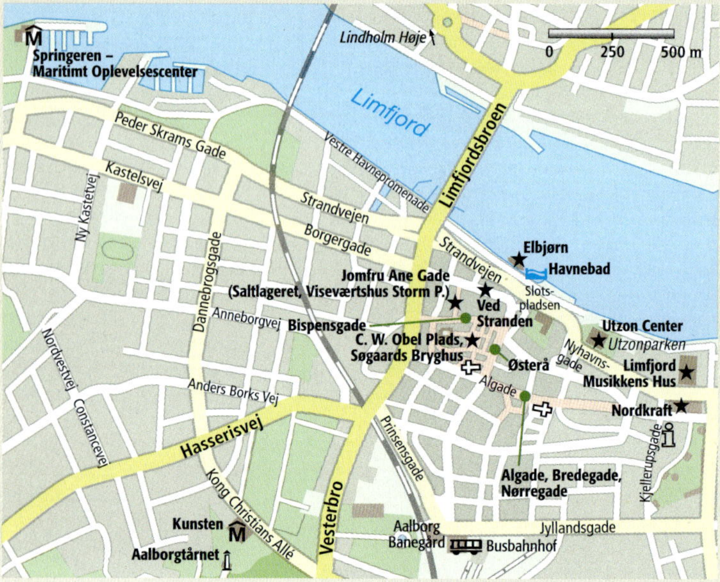

Blokhus ▸ F 3

Blokhus ist rund ums Jahr gut besucht, in der Hochsaison gar brechend voll mit jährlich rund 1 Mio. Gästen. Mitten durch den erst in jüngerer Zeit aufgehübschten Ort mit Restaurants, Kneipen, Shops und Einkaufspassagen windet sich die Hauptstraße, die den Verkehr schließlich durch einen schmalen Durchlass auf den breiten Strand spült. Der ist zum Glück groß und breit genug, jeden sommerlichen Ansturm zu bewältigen, außerdem gibt es autofreie Abschnitte und einige pittoreske Motive wie die weißen Strandhütten unter der rostrot aus den Dünen aufragenden **Blokhus Bake.** Die ist in diesem Fall kein Original aus den 1860er-Jahren, sondern eine 2006 aufgestellte Rekonstruktion des ursprünglichen Seezeichens, das deutsche Truppen während der Besatzungszeit zerstörten.

Kein Nachbau, sondern eine echte Vorderlader-Schiffskanone britischer Herkunft ist die **Blokhuskanone,** die nach einer der vielen Havarien vor der Küste 1808 an den Strand gespült wurde. Nach sorgfältiger Restaurierung schießen damit in der Hochsaison jeden Abend Mitglieder der rührigen Kanonengilde Blokhus Kanonlaug die Sonne ab – kleine Kanone, großer Knall und viel Tamtam (ca. Juli/1. Hälfte Aug. tgl. 21 Uhr am Strandkiosk).

Fårup Sommerland

Pirupvej 147, Saltum, 7 km nordöstl. Blokhus, Tel. 98 88 16 00, www.faarupsommerland.dk, Mai u. 1. Hälfte Sept. nur ausgewählte Tage, Juni–Aug. tgl. 10–17, 18, 19, 20 oder 20.30 Uhr, je nach Saison ca. 240–265 DKK/3–64 Jahre, 190–210 DKK/ab 65 Jahre

Fårup Sommerland war der erste und ist der größte Freizeitpark seiner Art im Lande. In den letzten Jahren wurde er international u. a. zum drittbesten Familienpark der Welt und zum besten Sommerland-Freizeitpark in Nordeuropa gekürt. Rund 50 Attraktionen, darunter ein Open-Air-Spaßbad mit großen Wasserrutschen, diverse Achterbahnen, ein gigantischer Rafting-Fluss, Bahnen für Go-Karts und Moon-Cars sowie ein See mit Speed-Booten, sorgen dafür, dass alle Altersstufen auf ihre Kosten kommen.

Strandstraße

Der mit Autos meistbefahrene Strandabschnitt entlang der dänischen Küste sind die rund 15 km zwischen Blokhus und Løkken. Der Strand ist bei fast jedem normalen Wasserstand nutzbar und auch für Radfahrer fest genug. Gänzlich frei von weichen Passagen und Furten durch kleine Wasserläufe ist er aber nicht – fahren Sie konzentriert, sonst sitzen Sie irgendwann doch fest. Offizielle Verkehrsschilder begrenzen die Höchstgeschwindigkeit auf 30 km/h und zeigen alternative Abfahrten vom Strand an, u. a. in **Saltum, Grønhøj** und **Rødhus** (südl. Blokhus). In einigen Abschnitten müssen sich Autofahrer den Strand mit Strandseglern und Kite-Buggy-Fahrern teilen – gewähren Sie den vom Wind Getriebenen Vorfahrt.

Und trotz all dem Verkehr kann man auf dem Strand natürlich spielen, toben und baden: Vor Blokhus und Løkken gibt es jeweils autofreie Areale und professionelle Rettungsschwimmer bewachen von ihren charakteristischen, weithin sichtbaren Beobachtungstürmen in den Wochen 26–33 Badeabschnitte direkt neben der Strandzufahrt in Blokhus und am Strand südlich der Zufahrt vom Ny Strandvej in Løkken.

Übernachten

Wohnblock-Ferienpark – **Feriecenter Nordsøen:** Høkervej 5, Tel. 98 24 93 33, www.feriecenternord.dk, Vermarktung in Deutschland vor allem durch www.danland.de. Bausünde der 1970er-Jahre mit Badeland, Fitness-/Wellnessabteilung und Restaurant zwischen Zentrum und Strand. Alle Wohnungen mit Aufstellbetten im Wohn-/Speiseraum, die kleinsten sind für mehr als zwei Erwachsene kaum zu empfehlen. Mindestmiete für 2 Tage je nach Saison und Standard ca. 1250–3250 DKK, ab 3. Tag 320–1320 DKK/Tag, zusätzliche Rabatte bei längerer Miete und an wenig nachgefragten Tagen.

4-Sterne-Herberge im Hinterland – **Danhostel Blokhus-Hune:** Kiekvej 26, Hune, Tel. 98 24 91 80, www.danhostel.dk/blokhus, nur Mai–Sept., DZ ab ca. 435 DKK, mit Bad/WC 480 DKK, 4-Bett-Zi. 480/525 DKK, Frühstück 60 DKK.

5-Sterne-Camping am Fårup Sommerland – **Jambo Feriepark:** Solvejen 60, 9493 Saltum, Tel. 98 88 16 66, www.jambo.dk. Maß aller Dinge in Sachen Camping an der Jammerbugt mit viel Entertainment für Kinder in- und outdoor; über ein Dutzend Luxushütten (3 Schlafräume/6 Pers., je nach Saison 4900–8800 DKK/Woche), auch Pakete inkl. Fårup Sommerland.

Ferienhäuser

An der Jammerbugt verwurzelt – **Simosol:** Aalborgvej 31, Tel. 98 24 89 99, www.simosol.dk, lokale Marke eines großen Vermittlers.

Rund 650 Häuser an der Jammerbugt – **Feriepartner Jammerbugten:** Aalborgvej 17, Tel. 96 18 02 00, www.feriepartner.de/jammerbucht, mit weiteren Servicebüros in Løkken (s. S. 249) und Lønstrup (s. S. 253).

Essen & Trinken

Fein und maritim – **Strandingskroen:** Høkervej 2, Tel. 98 24 90 07, www.strandingskroen.dk. Der Traditions-Kro serviert Edles aus dem Meer und von den Weiden in maritimem Ambiente. Hauptgerichte um 200 DKK, Menüs um 300 DKK.

Urig unterm Reetdach – **Restaurant Futten:** Høkervej 2, Tel. 98 24 82 03, www.futten.dk. Maritimes Ambiente und das ganze Jahr Livekonzerte, Schwerpunkt Jazz (Sa meist zum Frokost, sonst abends); die Küche ist dänisch-bürgerlich von Schollenfilets mit Pommes rot-weiß zum Frokost bis Jägerschnitzel am Abend (ca. 90–200 DKK), äußerst populär das dänische Lunch-Buffet, die sogenannte ›Fut-Krokost‹, für knapp 130 DKK.

Einkaufen

Fischhändler mit Restaurant – **Klausen Fisk & Skaldyr:** Ilsigvej 11, Hune, Tel. 98 24 88 72, www.klausenfiskogskaldyr.dk, tgl. im Sommer 10–17.30 Uhr, im Winter kürzer. Die Adresse für alles aus dem Meer mit Laden, eigener Räucherei und Restaurant, das schon mittags neben Fischfrikadellen auch in Weißwein gedämpften *jomfruhummer* (s. S. 29) serviert. Frokost ab ca. 80 DKK, abends Hauptgerichte – darunter viele mit Schalentieren – ca. 150–300 DKK.

Frisches vom Lande – **Råvaremarked i Blokhus:** Di ca. 10–14 Uhr in der Hochsaison im malerischen Innenhof neben dem Restaurant Futten (s. o.) mit Frischem und Eingemachtem vom Land, etwas Kunsthandwerk und Trödel.

Infos & Termine

VisitJammerbugten: Springvandstorvet 4, 9492 Blokhus, Tel. 72 57 89 70, www.visitjammerbugten.dk

Vendsyssel Festival: Mitte Juli–Mitte Aug. Konzerte nahe Blokhus u. a. in Hune Kirke, Saltum Kirke, Jetsmark Kirke (s. S. 256).

Konzerte auf Blokhus Torvet: in der Hauptsaison. Stars und Sternchen der dänischen Musikszene heizen Di ab ca. 19.30 Uhr auf dem zentralen Platz in Blokhus der Menge ein.

Løkken ▸ F 3

Løkken ist wie kaum ein anderer Ort entlang der dänischen Nordseeküste dem Massentourismus verfallen mit Kneipen, Pubs, Discos, Imbissbuden, Straßencafés und Souvenirshops. Weil das Städtchen aber auch auf eine lange Geschichte als Landungsplatz für den Schutenhandel und später für viele Kutter von Strandfischern zurückblickt, hat es viel Altes, in manchen Winkeln geradezu Pittoreskes bewahrt. Løkkens Markenzeichen ist die ›Weiße Stadt‹: Die fast 500 weißen Badehäuschen, die jeden Sommer wie Perlen am Strand aufgereiht stehen, besitzen das Flair einer Schrebergartenkolonie am Wasser und sind fast alle über Generationen in Familienbesitz – an Touristen werden sie offiziell nicht vermietet.

Der kürzeste Weg vom munteren Ortsmittelpunkt Torvet zum Strand führt über den Søndre Strandvej an der Musikkneipe Peder Baadsmand vorbei auf die Løkken Mole zu, die rund 250 m in die Nordsee hinausragt und auf der Angler gern ihre Rute in Stellung bringen. Auf der Leeseite der Mole betreiben noch einige Fischer mit ihren Kuttern Strandfischerei. In den Dünen dahinter stehen die **Løkken Bake** von 1884 sowie ein Signalmast, von dem aus in Vor-Funk-Zeiten heimkehrenden Fischern mit Flaggen die Wind- und Strömungsverhältnisse am Ufer angezeigt wurden. Zwischen dem Søndre Strandvej und dem nächsten stadtnahen Strandzugang weiter nördlich erstreckt sich einer der feinsten und kinderfreundlichsten Sandstrände Nordjütlands und vor allem: Er ist autofrei!

Gleich neben diesem Zugang über Nordre Strandvej zeigt das **Kystfiskerimuseet** in der alten Rettungsboot-Station von Løkken, wie Küstenfischerei funktioniert. Die kleine Ausstellung gehört zum kulturhistorischen **Løkken Museum,** das im Johanne Grønbechs Hus u. a. über den traditionellen Schutenhandel mit Norwegen informiert (Nørregade 12, Tel. 98 99 18 47, Juni Mi, Fr, So, Juli/Aug. Mo–Mi, Fr, So 13–16 Uhr, 10 DKK).

Mein Tipp

Erlebnisse für alle Sinne

Die **Galleri Munken** südlich von Løkken definiert sich für jede Saison neu, immer innovativ, immer kreativ – und immer wieder anders zu erleben: Man kann hier einfach nachmittags bei einer Radtour zu einem Cappuccino halten, sich in der aktuellen Ausstellung umsehen und vielleicht etwas in der Galerie kaufen. Oder man taucht ganz in die kreative Welt dieses privaten Kulturzentrums ein, vielleicht bei einem Mal- oder Skulpturenkurs, bei einem der Kultursonntage, die sich einem Thema ganz unterschiedlich mit Lesungen, Musik, Theater oder Tanz nähern … Oder man genießt abends eines der Jazzkonzerte, die gern mit einem Essen kombiniert werden (Munkensvej 11, Ingstrup, Tel. 98 88 39 01, www.gallerimunken.dk, Ostern–Woche 42 Sa/So, Juli/Aug. Mi–So 11–16/17 Uhr).

Übernachten

Ferienpark südlich Løkken – **Dayz Grønhøj Strand:** Ingeborgvej 2, Ingstrup, Tel. 98 88 32 22, www.dayzgronhoj.dk. ›Schön ist etwas anderes‹ sagt man sich, wenn man die eng nebeneinander stehenden Reihenhäuser sieht, aber Badeland, Kinderspielland und Sportanlagen sind gut, die Wohnungen großzügig, alle mit drei Schlafzimmern und zwei Bädern auf zwei Etagen. Keine festen Wechseltage, variable Preise, Mindestmietzeit 2 Tage ab ca. 1650 DKK, deutlich günstiger ab 3. Tag, 1 Woche in der Hochsaison über 10 000 DKK, viele Pakete für Mini- und Wochenendferien.

Traditionshaus im Süden von Løkken – **Kallehavegaard Badehotel:** Søndergade 80, Tel. 98 99 10 30, www.kallehavegaard.dk, Ostern–Okt., 800 m vom Zentrum, 600 m vom Strand. Sowohl einfache Zimmer ohne als auch mit Bad/WC (Hochsaison ca. 750 bzw. 895 DKK), preiswertes Restaurant mit solider dänischer Küche.

Campen stadt- und strandnah – **Løkken By Camping:** Søndergade 69, Tel. 98 99 17 67, www.loekkenbycamping.dk, ganzjährig! Mit komfortablen Familieneinrichtungen und drei Dutzend Hütten verschiedenen Standards.

Ferienhäuser

Rund 480 Häuser in der Region – **Nordvestkysten Feriehusudlejning:** Søndergade 33, Tel. 96 67 09 00, www.nordvestkysten.dk.

Essen & Trinken

Familienrestaurant mitten im Leben – **Restaurant Løkken Badehotel:** Torvet 8, Tel. 98 99 22 00, www.restaurantlb.dk, ganzj. außer Wochen 2–5, tgl. Frokost, Kaffee, Abendessen, an Feiertagen besondere Öffnungszeiten. Viele Tische vor der Tür am zentralen Platz von Løkken – da sitzt man an schönen Sommertagen mitten im Leben. Die Küche bietet Mainstream mit Frokostklassikern um 100 DKK und diversen Smørrebrød, abends HG um 200 DKK, viele Kindergerichte.

Erlebnisse für alle Sinne – **Galleri Munken:** siehe Mein Tipp S. 249

Einkaufen

Ganz viel Süßkram – **Bolcheriet:** Torvet 1, Tel. 98 99 00 07, www.bolcheriet.dk. Hier gibt es nichts, was der Zahnarzt seiner Familie empfiehlt und der Fitnesstrainer auch nicht, eher das Gegenteil: ›Bolcher‹, Karamellbonbons usw. Das Bonbonmachen wird auf traditionellen Maschinen zelebriert – darf man das Kindern vorenthalten?

Käse in Handarbeit gemacht – **Ingstrup Mejeri:** Hovedgaden 48, Ingstrup (südl. Løkken), Tel. 98 88 30 13, Di–Fr 9–17, Sa 8.30–13 Uhr. Im Land der alles beherrschenden Großmolkereien ein liebenswertes Relikt: Hier wird Käse in Handarbeit produziert und im Molkereiladen verkauft.

Abends & Nachts

Musikkneipe mit Tradition – **Peder Baadsmand:** Sdr. Strandvej 4, Tel. 98 99 13 87, www.peterbaadsmand.dk. Musikkneipe ›hvor de voksne mødes‹ – wo die Erwachsenen hingehen – für Folk bis Rock bei gutem Bier am Übergang von Zentrum zum Strand. Mittags preiswerte Frokost-Klassiker, abends solides Bar-Food.

Rasen, Ballern, Abtanzen – **Action House:** Industrivej 1, Tel. 99 67 67 10, Programm: www.actionhouse.dk, in der Saison tgl. 10 Uhr bis Mitternacht. Wie der Name verspricht: Action ohne Ende u. a. auf Gokarts, beim Bowling,

Die ›weiße Stadt‹ am Strand von Løkken

bei einer Paint-Ball-Ballerei oder beim Tanz durch die Nacht in der Großdisco New York (Saison Di–Sa 23–05 Uhr).

Infos

Løkken Turistbureau: Jyllandsgade 15, 9480 Løkken, Tel. 98 99 10 09, www.loekken.dk

Im Hinterland der Jammerbugt ▸ F/G 2/3

Brønderslev ▸ G 3

Brønderslev steht in Dänemark geradezu als Synonym für Provinz, hat aber den Ruf einer günstigen Einkaufsstadt. Von hier wurde Dänemarks größtes Hochmoor, das **Store Vildmose,** Anfang des 20. Jh. kultiviert. Ein bescheidener Rest ist südwestlich der Stadt im ›Rohzustand‹ erhalten und steht unter Naturschutz – Elfen und Erlkönige sollen dort leben. Am Rande von Brønderslev informiert das **Vildmosemuseet** über dieses Moor und seine Urbarmachung (Pavkjærvej 15, Tel. 98 82 43 44, Mitte Mai–Mitte Sept., Di–Fr 10–16, Sa, So 13–16 Uhr, 40 DKK/ab 18 Jahre).

Børglum Kloster ▸ F 3

Børglum Klostervej 255, 9760 Børglum, Tel. 98 99 40 11, www.boerglumkloster.dk, Wochen 7 u. 8, Ostern–Woche 42 und ausgewählte Tage in der Adventszeit tgl. 10–17 Uhr, 85 DKK, 25 DKK/7–16 Jahre

Auf einem Hügel 5 km östlich Løkken ragt der kantige Bau des Børglum Kloster aus der Landschaft. Noch zur Wikingerzeit gründeten Augustiner das Kloster, das 1220 zum Prämonstratenserorden kam, als Børglum schon Bischofssitz für Nordjütland war. Der letzte katholische Bischof Stygge Krumpen galt als Despot und Weiberheld, nicht einmal Nonnenkutten waren vor ihm sicher. Da störte kaum, als das Anwesen mit der Reformation in weltliche Hände kam. Im 18. Jh. wurde das Anwesen im Stil des Barock renoviert, nur die alte Klosterkirche behielt romanische Elemente. Sie kann ebenso wie die Teile des Gutes besichtigt werden, die jeden Sommer für Kunst- und Geschichtsausstellungen genutzt werden.

Mittelalter-Graffitis in Kirchen

Das Hinterland der Jammerbugt ist Jütlands Hochburg der Kalkmalerei in mittelalterlichen Kirchen. Besonders flächenfüllend in Kirchenschiff und Chor ist die **Jetsmark Kirke** (▶ F 4) östlich von Blokhus verziert, Fresken »ausgeführt im Jahre des Herrn 1474«. Mit derart drastischen Szenen wie dem Kindermord zu Bethlehem im mittleren Gewölbe oder der Ausdärmung des heiligen Erasmus von Antiochia im westlichsten bekäme ein Film von heute keine Jugendfreigabe.

Die weiter nördlich gelegene **Saltum Kirke** (▶ F 3) besitzt einen prächtig ausgemalten Stammbaum Jesu und ein paar unchristliche Motive im Chorgewölbe: Da hat ein Mann seine Hosen heruntergelassen und streckt dem Betrachter den blanken Hintern hin mit eindeutigem Fingerzeig auf den Mittelpunkt: ›Du kannst mich mal …‹. An anderer Stelle hat sich einer zur Notdurft hingehockt, streckt dabei aber noch kräftig die Zunge raus.

In der **Vrå Kirke** (▶ G 3) dokumentiert eine Malerei im Chor die Sitten der Entstehungszeit um 1500: Ein alter Mann liegt auf dem Sterbebett. Um seine Seele streiten ein Engel mit dem Schwert in der Hand und der Teufel mit Gesichtern überall am Körper, sodass ihm nichts entgeht. Neben dem Totenbett kuschelt die junge Witwe mit ihrem jugendlichen Liebhaber. Der aber hat anderes im Sinn: Er wühlt in der Goldkiste des Alten, wendet eher geistesabwesend den Kopf zur Liebsten und beide beachten nicht einmal den Diener, der ihnen Wein einschenkt: »Mach Dir keine Gedanken über seinen Tod, wir haben ja das Gold sicher« steht in Dänisch auf einem Spruchband – alle anderen Worte im Freskengewirr der Kirche sind Lateinisch. Junge Frauen wurden früher aus wirtschaftlichen Gründen oft in Ehen mit reichen alten Männern gezwungen und man drückte dann ein Auge zu, wenn sie sich einen Liebhaber in ihrem Alter hielten.

Übernachten, Essen

Ambitionierter Traditionskro – **Luneborg Kro:** Luneborgvej 310, Tylstrup, Tel. 98 26 51 00, www.luneborg.dk, Feb.–Dez. Frokost Di–So, abends Di–Sa, Mitte Juni–Aug. tgl. mittags u. abends. Im alten Moor Store Vildmose wird dänische Küche gern mit Bezug auf die Region und die Jahreszeiten auf höchstem Niveau gepflegt. HG um 250 DKK, außerdem oft Themen-, Gourmet- und Weinmenüs sowie fast jede Woche ein Buffet-Abend, im Sommer meist Fisch und Schalentiere, im Herbst Wild und im November um St. Martin Gans und Ente. In zwei Gebäuden Doppel- und wenige Dreibett-Familienzimmer, je nach Standard und Saison ca. 800–1400 DKK.

Einkaufen

Frisch vom Bauern – **Vildmosekartofler:** www.storevildmosekartofler.dk. Kartoffeln aus dem Hochmoor Store Vildmose sind in Dänemark kulinarischer Qualitätsbegriff. Viele Bauern verkaufen sie tagesfrisch geerntet in Treu-und-Glauben-Ständen an der Straße – halten sie Kleingeld bereit, Wechselkassen gibt es nicht.

Lønstrup Klint !

▶ F 2/3

Nördlich Løkken wird der Strand schmaler und schmaler vor höher und höher aufragendem Steilufer. Die gut 15 km langen Lønstrup Klint bieten perfekte Thermik für Paraglider – bei schönem Wetter tanzen sie als bunte Tupfer durch den Himmel über der Küste. Die besteht aus relativ harten Ton- und weichen Sandschichten und wirkt durch die unterschiedliche Erosionsgeschwindigkeit ungemein zerklüftet. Nur wenige Treppen und eine Rampe in **Nørre Lyngby,** die auch Autos nutzen, erlauben Auf- oder Abstieg zwischen Strand und Land. Nørre Lyngby ist ein Dorf auf der Kippe, einige Häuser sind bereits abgestürzt, andere hängen als Ruinen über dem Steilhang – darunter sollte man nicht unbedingt sonnenbaden.

Lønstrup ▶ F 2

Das Dorf Lønstrup zwängt sich in ein Dünental, fast eine Schlucht, geformt vom Lønstrup Bæk. Durch Regenmassen eines Unwetters zum reißenden Strom angeschwollen, riss der unscheinbare Bach 1877 das halbe Dorf ins Meer. Beim Wiederaufbau bedachte man bereits den seinerzeit aufkommenden Tourismus und vom mondänen Stil der frühen Jahre hat Lønstrup viel bewahrt. Bescheiden sind die Bademöglichkeiten an einem kleinen, von Buhnen geschützten Strand nördlich des Landungsplatzes, den noch wenige Fischer für ihre Boote nutzen. Er liegt unterhalb der Rettungsstation (Mitte Juni–Mitte Aug. Mi, Fr, So 19.30–21.30 Uhr, gratis) am Ende des Strandvejen, direkt vor den Fenstern des Juwels der Gastronomie von Lønstrup: Das Restaurant Villa Vest bietet 5-Sterne-Meerblick und eine nicht minder gute Küche und ist das Tüpfelchen auf dem i einer Reihe von Restaurants, Cafés und Galerien mit Kunst und Kunsthandwerk, die sich quer durch den Ort entlang der leider allzu oft verstopften Hauptstraße zieht. Neben all dem ist Lønstrup das Tor zu Dänemarks spektakulärstem Küstenabschnitt, der Steilküste Lønstrup Klint.

Mårup Kirke

Gleich südlich des Dorfes demonstriert die Natur ihre Macht gegenüber Menschenwerk, selbst wenn dies Gott geweiht ist: Die Mårup Kirke stand acht Jahrhunderte hoch über den Klippen, vor 200 Jahren noch einen halben Kilometer von der Abbruchkante entfernt. Aber die kam näher und näher. Vor allem im Herbst und Winter rutschten jedes Jahr Teile der Steilküste in die Tiefe. Als Gotteshaus wurde die Kirche 1928 aufgegeben, dann tobte ein Streit zwischen lokalen Denkmalschützern, die die Kirche durch Küstenschutz retten wollten, und Dänemarks Naturschutzbehörde, die in diesem Küstenabschnitt der Natur freien Lauf gewährt und sich durchsetzte.

2008 entschloss man sich, die seit Jahren leergeräumte Kirche nicht abstürzen zu lassen, sondern aus Sicherheitsgründen ihre Mauern auf 2 m Höhe abzutragen und alles Mauerwerk für einen eventuellen Wiederaufbau zu markieren und zu lagern. Das verbliebene Mauerwerk wird jetzt kontinuierlich so entfernt, dass immer ein Mindestabstand von 6 m zur Klippenkante bleibt – die ersten Mauerreste im Westen und das Waffenhaus sind schon entfernt, die letzten im Osten dürften gegen Ende dieses Jahrzehnts ›fallen‹.

Lieblingsort

Im Würgegriff der Naturgewalten ▶ F 2

Keine Fahrt entlang der Nordseeküste ohne Besuch am **Rubjerg Knude Fyr.** Jedes Jahr neue Fotos, jedes Jahr sehen sie anders aus. Eine flüchtige Landschaft. Der Sand wandert und die Klippenkante kommt näher. Ich trank noch Kaffee in einem der Nebengebäude am Fuß des Turms, inzwischen sind die Gemäuerreste des Cafés schon wieder unter dem Sand hervorgekommen, nachdem sich die Düne einmal darüber gewälzt hat – daran merke ich, wie lange ich den Platz schon liebe (s. S. 256).

Die Abbrüche geben aber schon seit Jahren sterbliche Überreste derer frei, die auf dem Kirchhof ihre letzte Ruhe finden sollten, darunter die 226 Opfer der Havarie der britische Fregatte ›The Crescent‹, die 1808 in der Brandung wenige hundert Meter vor Lønstrup zerschlagen wurde. Fallen Skelettteile auf den Strand, werden sie auf dem neuen Kirchhof in Lønstrup wieder bestattet. Auch der gewaltige Anker, der 1940 von dem in nur 12 m Tiefe liegenden Wrack der ›Crescent‹ geborgen wurde und dann lange vor der Westfassade der Mårup Kirche stand, musste schon auf die landeinwärts gewandte Seite der Kirchenruine umgesetzt werden.

Rubjerg Knude ▶ F 2

Mit einem ähnlichen Problem quält sich der Leuchtturm **Rubjerg Knude Fyr** herum. Sein Licht strahlte Weihnachten 1900 das erste Mal aufs Meer, im August 1968 wurde es wieder abgeschaltet, weil es draußen auf See niemand mehr sehen konnte. Sand, von Regen und Wellen aus dem 50 m hohen Steilufer herausgespült, wehte sich ausgerechnet vor seiner Linse zu einer gewaltigen Düne zusammen, zeitweilig doppelt so hoch wie der 23 m hohe Leuchtturm. Dann schob sich der Sand in seine Richtung, verschüttete alle Nebengebäude, aber direkt um den viereckigen Bau verfing sich der Wind so wild, dass der immer seine Spitze im Freien behielt und eher frei- als zugeweht wurde (siehe Lieblingsort S. 254).

Inzwischen hat er sogar wieder freie Sicht aufs Meer, aber das ist kein gutes Omen: Die Klippenkante kommt gefährlich nah und die Hänge westlich des Leuchtturms werden immer steiler. Ähnlich wie die Mårup Kirche (s. o.) wird auch Rubjerg Knude Fyr über kurz oder lang abgebaut werden müssen, um nicht eine Gefahr für Menschen zu werden, die unten am Strand entlang gehen (Fyrvejen 30, 9480 Løkken).

Das **Flugsandmuseum,** das lange im ehemaligen Leuchtturmwärterhaus am Fuße des Turms zu Hause war, wurde schon vor Jahren vom Thema seiner Ausstellung überrollt und zog um auf den ehemaligen Hof des Strandvogts von Rubjerg weiter landeinwärts (Langelinie 2, Rubjerg, Tel. 98 96 01 60, www.rubjergknude.dk, 2 km südl. der Parkplätze für den Leuchtturm, nur Juli So–Fr tgl. 11–17 Uhr; 40 DKK/ab 18 Jahre).

Mein Tipp

Klassik im Ferienland

Das Vendsyssel Festival – Vorbild des inzwischen bekannteren Schleswig-Holstein Musik Festival – bringt seit 1971 jedes Jahr von Mitte Juli bis Mitte August fast jeden Tag mit stimmungsvollen Konzerten hochkarätige Klassik vorrangig in Stadt- und Landkirchen der Region. Programm und Infos (auch dt.): www.vendsysselfestival.dk. Tickets – mit wenigen Ausnahmen 75 DKK – in den i-Büros der Region oder bei www.vendsysselbilletten.dk (nur dän.); Klassik-Fans nutzen Dauerkarten für alle Konzerte (500 DKK/Pers., 900 DKK/Paar).

Skallerup Klit ▶ F 2

Nördlich Lønstrup wird das Land wieder flach. Buhnen versuchen, die Küste zu schützen und machen den Strand badefreundlich, aber was vor Lønstrup und Skallerup des einen Freud ist, ist im Lee der Buhnen bei Nørlev des anderen Leid (siehe auch S. 53). Dort verstärkt sich die Erosion, erste

Ferienhäuser wurden schon unterspült. Ein Ferienpark mit Geschichte ist **Skallerup Seaside Resort,** und nicht etwa, weil er gerade seinen Traditionsnamen Skallerup Klit Feriecenter aufgab, um Missverständnisse auf dem englischsprachigen Markt zu vermeiden: Als Dänemark nach dem Zweiten Weltkrieg auf Wunsch der Alliierten Lager für deutsche Flüchtlinge bereitstellen sollte, witterten Lokalpolitiker ihre Chance und machten sich für ein Lager stark, vorausgesetzt, sie dürften die Unterkünfte später für Urlauber nutzen. So wurden 150 schwedische Waldarbeiterhütten erst einmal für rund 2400 Flüchtlinge ausgestattet, aber schon ab 1947 umgerüstet. Die ersten Feriengäste kamen 1949. Eine Originalhütte ist als Museum erhalten, die eine Hälfte wie zu Lagerzeiten, die andere im Stil der ersten ›Sommerhäuser‹.

Übernachten

Charme des frühen 20. Jh. – **Badehotel Lønstruphus:** Rubjergvej 2, 9800 Lønstrup, Tel. 98 96 00 66, ca. Ostern bis Woche 42, Vor- und Nachsaison nur Mi–So. Die Macher hinter der Villa Vest (s. Essen & Trinken) haben hier eine weitere Perle geschaffen, die moderne, geschmackvolle Interpretation eines traditionellen Badehotels im Stil der Jahre vor dem Ersten Weltkrieg, als dieses Haus entstand. DZ ohne Bad/WC ab ca. 1100 DKK, mit Bad/WC 2100 DKK, Gourmet-Pakete in Zusammenarbeit mit Villa Vest.

Mitten in Lønstrup – **Hotel Marinella:** Strandvejen 94, Lønstrup, Tel. 98 96 07 00, www.hotel-marinella.dk. Liebevoll restaurierter und zum Hotel umgebauter alter Handelshof. DZ ca. 800–1250 DKK.

Ex-Flüchtlingslager – **Skallerup Seaside Resort:** Nordre Klitvej 2, Skallerup Klit (4 km nördl. Lønstrup), Tel. 99 24 84 00, www.skallerup.dk. Rund 275 moderne, über ein großes Gelände verstreute Einzel- oder Doppelhäuser; im Zentralkomplex Restaurant, Spaßbad, Spielland, Wellness, Bowling, Sportplätze out- und indoor sowie ein Supermarkt; außerdem gehört der Reiter- und Besuchsbauernhof Klithusegaarden zum Feriecenter (s. u.).

Ferienhäuser

Großer, regionaler Anbieter – **Nordvestkysten Feriehusudlejning:** Strandvejen 86, Lønstrup, Tel. 96 67 09 00, www.nordvestkysten.dk. Der regionale Spezialist mit Zentrale in Løkken ist auch in und um Lønstrup bestens vertreten.

Ferienhäuser und Privatzimmer – **Lønstrup Turistbureau:** Ferienhausvermittlung des lokalen i-Büros (s. S. 258).

Essen & Trinken

Aussicht und Essen vom Feinsten – **Villa Vest:** Strandvejen 138, Lønstrup, Tel. 98 96 05 66, www.villavest.dk, April–Woche 42, Mi, Do abends, Fr, Sa Frokost & abends, Hochsaison tgl. Frokost & abends. Die Küche serviert Gourmetklasse, wird aber von der Aussicht aufs Meer, den kleinen Landungsplatz und die irren Sonnenuntergänge noch getoppt. Das kostet natürlich: 3–5-Gänge-Menü ab ca. 530 DKK, passendes Weinmenü ab 400 DKK. Preiswerter ist **Café Havblik** gleich gegenüber mit Dänemarks spektakulärsten Open-Air-Sitzplätzen hoch über dem Meer (Tel. 98 96 07 98).

Einkaufen

Romantische Atmosphäre und anspruchsvolle Klientel – das lockt viele Galeristen und Kunsthandwerker nach Lønstrup:

Originell – **Glashuset:** Strandvejen 68, Lønstrup. Verbindet Gastronomie und eine Glasbläserei unter einem Dach.
Bernstein – **Ravgården:** Skallerupvej 525, 9800 Sønderlev, Mo–Fr 10–17 Uhr. 5 km landeinwärts von Lønstrup vermischen sich in dieser Bernsteinschleiferei die Grenzen zwischen Shop und Museum.

Aktiv & Kreativ

Reiter- und Besuchsbauernhof – **Skallerup Seaside Resort Ridecenter:** Klithusevej 116, Skallerup Klit, Tel. 30 70 54 23, www.skallerup.dk. Der Hof gehört zwar zu einem Ferienpark, steht aber allen offen, Ponyreiten ab 50 DKK/15 Min., Strandtouren mit Islandpferden ab 200 DKK/1 Std.
Steinmetzkurse – **Klaus Unger:** Lyngby Torp 84, Lyngby, Tel. 98 99 61 18, www.klaus-unger.dk/de. Der gelernte Steinmetz und Restaurator zog 1985 ins Vendsyssel, wo er sich als Bildhauer etablierte – heute stehen überall in Dänemark seine Werke. Auf seinem Atelier-Hof landeinwärts von Nørre Lyngby bietet der gebürtige Dortmunder Ferienkurse zur Kunst der Steinbearbeitung an, auf dem Hof können Teilnehmer in einer Ferienwohnung Quartier nehmen.

Infos

Lønstrup Turistbureau: Strandvejen 90, Lønstrup, 9800 Hjørring, Tel. 96 25 22 20, www.loenstrup.dk

Hjørring ▸ G 2

Hjørring ist Hauptstadt des historischen Vendsyssel und wichtigste Einkaufs- wie Kulturstadt im Hinterland des Küstenabschnitts von Løkken bis Hirtshals. Mit Stadtrechten seit dem frühen Mittelalter konnte es sich prächtig entwickeln; drei Kirchen aus romanischer Zeit nah beieinander in der Altstadt belegen die frühe Bedeutung. In der Nachbarschaft der Kirchen nutzt das kulturhistorische **Vendsyssel Historiske Museum** Gebäude einer alten Schule und der ehemaligen Probstei: Vorzeit, Kirchenkunst, historische Landwirtschaft, bürgerliche Wohnkultur und im Innenhof Heilkräuter – viele Themen werden angesprochen (Museumsgade 3, Tel. 98 92 06 77, www.vhm.dk, Mitte Juni–Aug. tgl., sonst nur Di–Fr 11–16 Uhr, 60 DKK/ab 18 Jahre).

In der Stadt stößt man überall auf moderne Skulpturen bekannter Künstler. Den Vogel schießt der **P. Nørskjærs Plads** ab. Bjørn Nørgård (geb. 1947), längst etablierter, aber in seinen jungen wilden Jahren auch umstrittenster Multikünstler Dänemarks, schuf hier ein exzentrisches Wasserspiel, umgeben von meterhohen Figuren, die Elemente afrikanischer Kunst mit Symbolen der nordischen Mythologie verbinden.

In diesem Umfeld bezog das **Vendsyssel Kunstmuseum** eine sorgfältig für diesen Zweck umgebaute ehemalige Textilfabrik und zeigt vorrangig Arbeiten zeitgenössischer Künstler aus Nordjütland, schaut aber auch über diesen regionalen Tellerrand hinaus, vor allem bei regelmäßig Aufsehen erregenden Sonderausstellungen (Tel. 98 92 41 33, www.vkm.dk, Di–So 11–16 Uhr, 50 DKK/ab 18 Jahre).

Übernachten

Vier-Sterne-Herberge – **Danhostel Hjørring:** Thomas Morildsvej 11, Tel. 98 92 67 00, www.danhostelhjoerring.dk. Doppel- und Familienzimmer (bis 6 Pers.) je nach Saison und Personenzahl 535–995 DKK. Im Garten komplett mit Bad/WC und Mini-Küche ausgestattete Hütten.

Infos

Hjørring Turistservice: Østergade 30, 9800 Hjørring, Tel. 72 33 48 78, www.visithjoerring.dk (in Hjørring Bibliothek, 1. Etage des Shoppingcenter Metropol).

Hirtshals ▸ G 2

Hirtshals hockt auf einem alten Moränen-Plateau wie auf einem Ausguck. Wegen dieser Lage bauten 1941 deutsche Truppen 69 Bunker und Stellungen am Südwestrand der Stadt ins Gelände, heute als Museum zugänglich. Ein **Ausstellungsbunker** neben dem Leuchtturm informiert über die Anlage und mögliche Rundgänge (Fyrbakken, Tel. 96 24 10 50, www.vhm.dk, Mai/Juni und Sept. Di–Sa, Juli/Aug. und 42. Woche Mo–Sa 10–16 Uhr, 20 DKK/ab 18 Jahre; 1–2 x pro Woche Führungen 40 DKK; Rundweg frei zugänglich).

Das 1862 gebaute **Hirtshals Fyr** verschafft einen Ausblick der Extraklasse über Bunkeranlagen, Hafen und Stadt, den man sogar vorab schon testen kann: www.hirtshals-fyr.dk/cam3.htm. Hat man die Aussichtsplattform nach 144 Stufen selbst erklommen,

Mein Tipp

Skandinavische Landschaften genießen

Tagesausflüge über Skagerrak oder Kattegat nach Norwegen oder Schweden kosten ab ca. 100 DKK und alle Überfahrten bieten Passagen durch skandinavische Schärenlandschaften: Color Line (Tel. 99 56 19 00, www.colorline.dk) fährt ab Hirtshals nach Kristiansand und Larvik, wobei die Fahrpläne keinen Landaufenthalt zulassen, während bei Fjordline (Tel. 97 96 30 00, www.fjordline.com) der Sommerfahrplan der Katamaran-Fähre Hirtshals–Kristiansand einige Stunden Aufenthalt in Norwegen erlaubt. Je nach Saison und Wochentag lässt auch der Fahrplan der Stena Line manchmal ein paar Stunden für einen Bummel in Göteborg oder man bucht eine Kurzreise mit Hotelübernachtung (Tel. 96 20 02 00, www.stenaline.dk, Überfahrten ab Frederikshavn).
Mini-Kreuzfahrten mit Übernachtung an Bord bietet Stena Line auf der Route Frederikshavn–Oslo inkl. Passage durch den beeindruckenden Oslofjord, in der Regel in 22 Std. hin und zurück ohne Landgang und an ausgewählten Tagen mit zwei Nächten auf dem Schiff inkl. Landgang (ab ca. 300 bzw. 400 DKK). Zwei Nächte an Bord erfordert die längste Seereise ab Hirtshals mit Fjordline nach Bergen mit Stopp in beiden Richtungen in Stavanger (wer dort aussteigt hat ca. 13 Std. Landgang), dafür erlebt man beeindruckende Passagen durch die Schären- und Fjordwelt Westnorwegens (tgl. ab ca. 350 DKK). Tickets bei den Reedereien (online jedoch nur auf deren dänischen Webseiten) oder in i-Büros der Region. Auf Strecken nach Norwegen gibt es noch Duty-free-Verkauf, alle Preise an Bord orientieren sich aber am extrem hohen norwegischen Preisniveau!

Überblick vom Leuchtturm: Die kleine Stadt Hirtshals mit dem Tor nach Norwegen

steht man 54 m über dem Meeresspiegel, 35 m davon misst der Leuchtturm. (Fyret 2, tgl. 10–18 Uhr, 20 DKK/ab 16 Jahre, 10 DKK 6–15 Jahre).

Hafen

Der Hafen von Hirtshals wurde erst 1919 angelegt und schon mehrfach erweitert. Hier ist eine große Fischereiflotte zu Hause, die Servicebetriebe fertigen aber auch fremde Boote unter teils exotischen Flaggen ab, die in der Nordsee unterwegs sind. So zeigt sich der Hafen immer international und geschäftig. Ein zweites Standbein ist der Fährverkehr nach Norwegen und auf den Nordatlantik bis zu den Färøer-Inseln und weiter nach Island. Ein schöner Aussichtsplatz auf das Hafentreiben ist die moderne, einen Wellenschlag symbolisierende Freitreppe, die von der höher gelegenen Stadt zum Sydvestkaj hinunterführt. Leider sind nicht mehr alle Bereiche im Hafen frei zugänglich, auch nicht die Fischauktionen – fragen Sie das i-Büro, ob es wieder Hafenführungen inkl. Auktionsbesuch gibt! Viel über die Fische der Nordsee und die Fischerei erfährt man in Nordsøen, einem der schönsten und größten Ozeanarien Europas (s. Auf Entdeckungstour S. 262).

Hirtshals Museum

Sophus Thomsensgade 6, Tel. 98 94 34 24, www.vhm.dk, Mai–42. Woche Di–Do 11–16, Fr 11–14, Juli/Aug. Mo–Fr 10–16, Juli auch Sa 10–14, sonst nur Di/Do 11–16 Uhr, 30 DKK/ab 18 Jahre

Das Hirtshals Museum, eingerichtet in einem Fischerhaus von 1880, befasst sich mit den Menschen am Meer zu früheren Zeiten. Gezeigt werden traditionelle Fischerboote und im Sommer das

Handwerk, das zur Fischerei gehört, wie Flicken und Präparieren der Netze. Und dann gibt es noch die Abteilung ›Bjesk‹, die sich mit dem Aufgesetzten der Region befasst. Sie können gern Klaren mitbringen, er wird dann nach alter Tradition mit Kräutern und Heilpflanzen aufgesetzt.

Tornby Strand

Vorläufer der Fähren, die zwischen Hirtshals und Norwegen verkehren, waren ein- oder zweimastige Lastkähne mit flachem Rumpf, die am Strand aufsetzen konnten. Vom Mittelalter bis weit ins 19. Jh. pendelte eine Flotte dieser Schuten über den Skagerrak. Die Skipper kauften auf eigene Rechnung landwirtschaftliche Produkte in Jütland, segelten damit nach Norwegen und brachten von dort Holz, Granit, Kalk oder Eisen mit. Tornby Strand, der große weite Sandstrand südwestlich von Hirtshals, war früher eine Hochburg dieses Schutenhandels, der nahe der Strandzufahrt am alten Packhaus der Schutenhändler auf Schautafeln erläutert wird: **Skudehandel i Tornby** ist frei zugänglich.

Knoten zwischen dem exportorientierten Schuten- und dem lokalen Landhandel war der **Tornby Gamle Købmandsgaard** und er ist bis heute wie Mitte des 19. Jh. eingerichtet. Eine Ausstellung erzählt vom Schutenhandel und den Kindertagen des Tourismus. Im Laden kann man neben Souvenirs eines der Elixiere aus der hauseigenen Kräuterschnapsproduktion kaufen (Hovedvejen 61, Tel. 98 97 71 66, Jan.–März tgl. 12.30–17, sonst Mo–Fr 11–17, Sa/So 12.30–17 Uhr; Mitte Juni–Anfang Aug. So 10–17 Uhr Flohmarkt). ▷ S. 265

Auf Entdeckungstour: Schwarmfische, Robben und Meer – Nordsøen

Hinter dickem Glas ziehen Schwärme von Heringen, Makrelen und dünnen Hornhechten ihre Bahnen, dazwischen Dorsche, Glattbutte, Nagelrochen und verschiedene Haie – alle Fische sind heimisch in unseren Breiten. Das trifft im Sommer sogar auf eine exotisch wirkende Art zu, deren Exemplare, wann immer sie hier Runden drehen, zu Stars des Ozeanariums avancieren: Mondfische. Geht ein Exemplar dänischen Fischern ins Netz und überlebt, landet es meist hier – eine Garantie, Mondfische zu sehen, gibt es aber nicht.

Reisekarte: ▶ G 2
Info: Willemoesvej, Tel. 98 94 44 44, www.de.nordsoenoceanarium.dk, Mitte Jan.–Nov. tgl. mind. 10–16, an Spitzentagen 9–17 oder 18 Uhr, 160 DKK, 85 DKK/3–11 Jahre, Rabatte bei Online-Kauf. Robbenfütterungen: 11 und 15 Uhr; Taucher im Ozeanarium: 13 Uhr, Juli/Aug. auch 16 Uhr.
Dauer: mindestens 3 Std.

Das Meer lässt sich in Hirtshals nirgendwo ausblenden. Ganz nah kommt man seinen Geheimnissen und Bewohnern im **Nordsøen,** einem der größten Salzwasseraquarien Europas, angegliedert einem angesehenen meeresbiologischen Forschungszentrum. Die Meeresfauna der Nordsee steht im Fokus, sogar alle sechs Hai-Arten, die hier leben, sind *locals* – auf Hauptsache-bunt-und-spitze-Zähne-Exoten verzichtet man bewusst.

Nordsøen gibt sich Mühe, das Meer vor der Tür mit seiner ökologischen wie ökonomischen Bedeutung auch Kindern nahezubringen und bietet Erklärungen wie Animationen auf Deutsch. Man sieht die Dinge aus verschiedenen Blickwinkeln: Ein virtueller Skipper erzählt über das Meer an sich, ein Forscher über die Meeresbewohner, ein Fischer davon, welche Fische er wie fängt, und ein Koch, welche sich auf dem Teller am besten eignen.

Von der Mole zur Tiefseerinne

Der erste Saal mit einem Schiffsbug als Blickfang präsentiert fünf typische Nordsee-Lebensräume: Die **Mole von Hirtshals** ist von Menschen zum Schutz von Küste und Hafen geschaffen, aber in ihrer Nähe treiben sich immer Plattfische, junge Dorsche und zu bestimmten Jahreszeiten Heringsschwärme herum. Auch **Wracks** vor der Küste, wie das der »Stornoway«, sind Menschenwerk. Einmal auf Grund, werden sie von Bewohnern des Meeres übernommen.

Zu den buntesten Unterwasserwelten unserer Breiten gehören die steinigen Inseln des **Jyske Rev,** des Jütland-Riff, eine unterseeische Endmoräne der letzen Eiszeit. Kleinfische fühlen sich hier wohl, auch Seeigel, Seesterne und die markante orangefarbene Korallenart Dødningehånd, die Hand des toten Mannes. Sie ist für Stein- und Felsküsten des Nordens typisch und zählt in Dänemark sogar zum nationalen Naturkanon.

Mit den bunten Unterwasserwelten der Steininseln kontrastieren gigantische Sandwüsten der **Doggerbank** – Sand so weit das Taucherauge reicht, aber fruchtbarer als Sandwüsten an Land. Krebse, Würmer und Muscheln bilden hier die Nahrungsgrundlage vieler ökonomisch wichtiger Fischarten wie Scholle und Seezunge, Kabeljau und Schellfisch. An der Doggerbank ist die Nordsee noch relativ flach, nur etwa 50 m tief. An ihrem Westrand fällt der Meeresgrund jedoch in die mehr als 700 m tiefe **Norwegische Rinne,** Heimat der bekanntesten Delikatesse der dänischen Küste, dem Jomfruhummer – auf Deutsch Kaisergranat.

Dänemarks größte Raubtiere

Das von großzügig angelegten Spiel- und Picknickplätzen umringte **Robbarium** liegt unter freiem Himmel und wird von Säugetieren der dänischen Nordseeküste bewohnt: weit verbreitete Seehunde und seltenere, aber bis zu dreimal so dicke Kegelrobben – Dänemarks größtes heimisches Raubtier. Zweimal täglich wird ihre Fütterung in einer Show zelebriert. Suchen Sie unbedingt den etwas versteckten Eingang zum Glastunnel durch das Robbarium: Dort steht man mitten im ewigen Spiel der Tiere und kann mit ihnen nur durch das Glas getrennt regelrecht interagieren.

Ozeanarium: ›Das offene Meer‹

Durch den Tunnel erreicht man den Höhepunkt von Nordsøen, das Ozeanarium. Das elliptische Groß-Aquarium ist eine Klasse für sich: In längster Ausdehnung 33 m, in breitester 22 m, fasst es 4 500 000 l Wasser. Wie in einem Theater sitzt man vor der 70 m² großen Acrylglasscheibe. 41 cm ist sie dick und wurde zum Frühjahr 2015 erneuert – nur eine Firma in Japan konnte sie in diesen Maßen herstellen. Die Akteure dahinter sind 2000 bis 3000 Fische, die hier leben wie im offenen Meer. In nur wenigen Aquarien der Welt beobachtet man Schwarmfische wie Hering, Makrele und Hornhecht so gut wie in

Hirtshals. Und auch die Vielfalt der Haie beeindruckt Laien. Dorn- und Hundshai kommen optisch dem Klischee am nächsten, das viele Menschen von Haien haben, weniger passt dazu der kleinere gefleckte Katzenhai – ungefährlich für Menschen sind sie aber alle, und sie sind Fische der Nordsee.

Große Brocken

Eine Art stiehlt immer wieder den anderen die Show: Zum ersten Mal kam 2001 ein Exemplar der unförmig-exotischen, aber gutmütigen Mondfische ins Ozeanarium, Fischern als Beifang vor Dänemark ins Netz gegangen. Ihr europäisches Hauptverbreitungsgebiet sind Gewässer vor Spanien und Portugal, in Nord- und Ostsee sind sie selten, aber nicht ungewöhnlich. Mondfische brauchen Wassertemperaturen über 16 °C und kommen nur im Sommer so weit nach Norden. Die, die vor dem Winter nicht rechtzeitig den Weg zurück nach Süden finden, können in unseren Breiten jedoch nicht überleben.

Mondfische sind eine Art schwimmender Kopf mit zwei großen Finnen oben und unten sowie zwei kleinen

›Brustflossen‹. Die Schwanzflosse ist zu einer Art Ruder verkümmert, mit dem sie allenfalls die Richtung beeinflussen können. Nur eine Handvoll Aquarien weltweit halten Mondfische, in Hirtshals hat man aber große Erfahrungen damit. So wuchs hier schon ein Exemplar, das Fischern nahe Kopenhagen ins Netz gegangen war, in gut zweieinhalb Jahren vom 20 kg Fischchen zum 4 Zentner Brocken heran, im offenen Meer können Mondfische sogar gut 1 t schwer werden. Damit gilt der Mondfisch als schwerster Knochenfisch überhaupt. Und die Art sorgt noch für einen weiteren Weltrekord: Die Weibchen, in der Regel größer als die Männchen, legen bis zu 300 Mio. Eier auf einmal ab.

Der Mondfisch, den die Dänen wenig charmant Klumpfisk nennen, ist kein Jäger, sondern schwimmt gern wie im Schlaraffenland mit offenem Mund durchs Meer und saugt ein, was ihm hineinkommt – hauptsächlich kleine Quallen und Plankton. Davon gibt es im Ozeanarium nicht genug, aber einfach ins Wasser geworfenes Futter ignoriert er. Also muss der Taucher, der jeden Tag ins Ozeanarium steigt, die gutmütigen Fische direkt füttern, aber auch Haie fressen ihm schon mal aus der Hand.

Mondfische des Nordsøen wurden sogar schon Namenspatrone wie Stars eines Spielfilms über das nicht immer einfache Fischerleben in Hirtshals in Zeiten von Quotendruck und EU-Regulierungen. Ein grantiger Fischer, der sein Lebensmodel bedroht sieht, und eine Meeresbiologin des Nordsøen, die für all die Regeln und Quoten steht, kommen sich einem romantischen Mix aus Liebe, Lokalkolorit und Sozialrealismus nahe – ›Klumpfisken‹, so das Original bzw. ›The Sunfish‹ in der internationalen Version, gibt's in der Butik des Nordsøen auch auf DVD.

Übernachten, Essen

Große Zimmer – **Montra Skaga Hotel:** Willemoesvej 1, Tel. 98 94 55 00, www.skagahotel.dk (Small Danish Hotels s. S. 25). Modernes Komforthotel gegenüber Nordsøen mit Hallenbad und Fitnesseinrichtungen (DZ ab 1095 DKK, Juli–Mitte Aug. ab 1245 DKK; viele Zimmer für Familien 2+2 geeignet). Das Restaurant im Obergeschoss punktet mit einem Sonnenuntergangspanorama, gekocht wird dänisch zu moderaten Preisen (Hauptgerichte um 190 DKK, Menüs ab 240 DKK).

3-Sterne-Herberge, 5-Sterne-Blick – **Danhostel Hirtshals Vandrerhjem:** Kystvejen 53, Tel. 98 94 12 48, www.danhostelhirtshals.dk. Nicht weit von Zentrum und Hafen und ganz nah zum Leuchtturm. Großer Speiseraum mit Panoramablick aufs Meer. Einzelbett (nur Juli–Sept.) 160 DKK, DZ ab 425 DKK, Familienzimmer 3–6 Pers. ca. 475–795 DKK, opulentes Frühstück 60 DKK, auch Mittag- und Abendessen.

Essen & Trinken

Edel mit Schwerpunkt Fisch – **Restaurant Lilleheden:** Hjørringgade 2, Tel. 98 94 45 38, www.restaurantlilleheden.dk, ab 17 Uhr. Im ersten Stock am zentralen Grønne Torv innen und außen mit Hafenblick. Hauptgerichte ab 160 DKK, Menüs ab 380 DKK; zum Frokost Herings- und Smørrebrød-Klassiker ab ca. 60 DKK, Hg. ab ca. 140 DKK. Einfacher ist das Café Lilleheden im Erdgeschoss mit einigen preiswerteren Gerichten und Außengastronomie auf dem Platz.

Einkaufen

Fleisch in der Fischstadt – **Slagter Winther:** Hjørringgade 5, www.slagterwinther.dk, tgl. bis 20.30 Uhr. In Hirtshals wird viel Fleisch angeboten und bei Slagter Winther gibts noch Schnaps im Sonderangebot dazu – spätestens da merkt man, dass Norweger auf der Heimreise die primäre Zielgruppe sind. Eine Umfrage in Norwegen ergab, dass Slagter Winther hinter H. C. Andersen und Königin Margrethe der drittbekannteste Däne im Lande ist! Die Qualität stimmt und Spezialitäten wie Knoblauchwurst mit Læsø-Salz sind schon etwas Besonderes.

Aktiv

Mole oder Hochsee – **Angeln:** Populär sind beide Hafenmolen. Fahrten zum Hochseeangeln am Anglerparadies ›Gule Rev‹ (s. S. 221) vermittelt das i-Büro, Infos u. a. www.ms-tinker.dk, www.ms-albatros.dk.

Lebensretter im Dienst – **Tornby Strand:** Hier steht in den Wochen 26–33 ein Rettungsturm mit professionellen Rettungsschwimmern. Unbewacht, autofrei, aber gut geeignet für Kinder ist **Husmoderstranden** unterhalb des Leuchtturms von Hirtshals.

Infos & Termine

Hirtshals Turistbureau: Dalsagervej 1 (Hirtshals Service- og Velkomstcenter am Ende der E 39), 9850 Hirtshals, Tel. 98 94 22 20, www.visithirtshals.dk, vermittelt auch Ferienhäuser (www.visittoppen.dk/de).

Hirtshals Fiskefestival: www.hirtshalsfiskefestival.dk, Do–Sa am Wochenende mit dem 1. Sa im Aug.; Feiern und Futtern im Zentrum sowie am Hafen an Ständen, die Fisch auf vielfältigste Art zubereiten, und bei begehrten Fischbuffets am Freitag- und Samstagabend (Tickets ca. 175 DKK vorab u. a. beim i-Büro).

Das Beste auf einen Blick

Tannis Bugt und Halbinsel Skagen

Highlights!

Wanderdüne Råbjerg Mile: Fast ein Kilometer breit ist die Sandwalze, schiebt sich Meter für Meter von der Nordsee zur Ostsee und gibt hinter sich eine von kleinen Seen bedeckte Ebene frei, die Råbjerg Stene. S. 272

Grenen, Dänemarks ›Land's End‹: Ganz, ganz oben in Dänemark, wo sich auch Mitteleuropa im Meer verliert und wo Kattegat und Skagerrak miteinander ringen, findet man inmitten einer spektakulären Dünenwelt ein Kunstmuseum, das Grab eines bekannten Skagenmalers und ein Gourmetrestaurant. S. 279

Auf Entdeckungstour

Mit den Skagenmalern durch Skagen: Das Gemälde »Sommeraften ved Skagen Sønderstrand« von P. S. Krøyer mit zwei Frauen im blau schimmernden Licht eines Sommerabends zählt zu den am häufigsten reproduzierten Gemälden der europäischen Kunst und ist *das* Bild der Skagener Malerschule. Wo die Mitglieder der international bedeutendsten Künstlergruppe, die Dänemark je hervorbrachte, lebten, wo sie malten und wo ihre Bilder heute hängen, erschließt diese Entdeckungstour. S. 280

Kultur & Sehenswertes

Skagens Bamsemuseum: Neben all der Kunst in Skagen übersieht man leicht diese Perle für kindliche Seelen. Unter rund 1000 Teddys aus aller Welt war einer sogar Kuscheltier eines kleinen Prinzen, der später König der Dänen wurde. S. 278

Aktiv unterwegs

Kanutour auf der Uggerby Å: Nordjütlands beliebteste Kanu-Reise führt die letzten 5 km von Uggerby das Flüsschen stromabwärts zur Mündung in die Nordsee – besonders populär zum Sonnenuntergang. S. 269

Wandern in der Tversted Klitplantage: Der abwechslungsreiche Rundweg durch einen Dünenforst, über den Strand und an versteckten Seen vorbei schaffen selbst kleine Kinder, und als Bonus sieht man eine kuriose Windmühle. S. 270

Genießen & Atmosphäre

Badehotels: Skagen erlebte nach der Jahrtausendwende die Wiedergeburt traditioneller Badehotels. Ganz luxuriös mit einer Gourmetküche der Topklasse begeistert das Ruths Hotel, idyllisch in faszinierend rauer Landschaft liegen Hjorths Hotel und Kokholms Hotel in Kandestederne. S. 284, 285

Abends & Nachts

Havnevej: Skagen ist beim Nachtleben eine Klasse für sich. Fiskehuskaj, Havneplads und Havnevej bilden die längste Theke der Stadt mit Kneipen und Clubs für alle Generationen und Geschmäcker. S. 289

Das nördlichste Dänemark

Die breiten, langen Nordseestrände setzen sich an der Tannis Bugt fort. Die schwingt sich von Hirtshals (s. S. 259) erst sanft Richtung Osten, dann deutlich nach Norden. Hinter Strand und Dünen pflanzte man ab dem 19. Jh. Dünenforste gegen den verheerenden Sandflug an. Rad- und Wanderwege erschließen die Wälder. Je weiter man nach Norden kommt, desto näher kommt die sanfte Ostsee. Das Land ist kaum mehr als 5 km breit, wo die Düne Råbjerg Mile von einem Meer zum anderen wandert. Die quicklebendige Hafenstadt Skagen ist bekannt für ihre Strände an beiden Meeren und für so viel Lifestyle, wie kein anderer Urlaubsort Dänemarks zu bieten hat.

Tannis Bugt ▸ G/H 2

Tversted ist Zentrum des Tourismus an der Tannis Bugt, ein ansehnliches 600-Einwohner-Örtchen mit dem weit und breit besten Zugang, besser gesagt der besten Zufahrt zum Strand.

Infobox

Im Internet

www.visitnordjylland.de: Ganz Nordjütland nördlich des Limfjord
www.toppenafdanmark.dk: Der hohe Norden ca. von Løkken bis Skagen
www.visitnordjylland.de/de/erlebnisse/aktiv/radwege: Links zu Infos und Karten aller wichtigen, markierten Radrouten und zu Fahrradverleihern

»Skagen Pas«

Eher Rabattsystem denn echter Spar-Pass: Beim gleichzeitigen Kauf mehrerer Tickets beim i-Büro Skagen oder in den wenigen beteiligten Unterkünften für Skagener Attraktionen, (u. a. Skagens Museum, Skagen Odde Naturcenter, Stadtwanderungen) bekommt man bis zu 30 % Rabatt.

Anreise und Weiterkommen

Auto: Zur Tannis Bugt E45/E39 via Autobahnkreuz Aalborg Nord bis Kreisverkehr am Autobahnende vor Hirtshals (ab Grenze 350 km), von dort über Straße [597] (Tverstedvej/Skagensvej) in die Zielorte. Über diese Route sind auch Aalbæk und Skagen (ab Grenze ca. 400 km/4–4.15 Std.) schnell erreicht, ähnlich lang ist die Alternativroute über die E 45 bis Frederikshavn und weiter auf der [40] in die beiden Orte.
Bahn/Bus: Wichtigster Bahnhof der Region ist Frederikshavn mit regelmäßigen Direktverbindungen ab Aalborg (Bahn ca. 75 Min., Bus ca. 65 Min.) und mit Umsteigen ab Hamburg (Bahn ca. 8–10 Std.). Ab Frederikshavn fahren Regionalbusse und die Lokalbahn **Nordjyske Jernbaner** bis zu 20 x tgl. nach Skagen (www.njba.dk).
Flugzeug: Der nächste Flughafen mit internationalen Verbindungen via Kopenhagen ist Aalborg, von dort Taxi z. B. nach Skagen ca. 105 km, 1350 DKK/180 €.
Sparen im öffentlichen Nahverkehr in ganz Nordjütland s. **NT travel pass** S. 234

Der kann ab hier auf längeren Abschnitten befahren werden, Richtung Norden sogar bis zur Ausfahrt am Skiveren Campingplatz – als Transitstrecke ist das aber nicht zu empfehlen.

Kanutouren auf der Uggerby Å

Strecke: Bindslev–Strand ca. 14 km/ 3–4 Std., Uggerby–Strand ca. 5 km/ 1–1,5 Std., flußabwärts, familiengeeignet. Kanuverleih: Uggerby Kanofart, Skagen Landevej 849, Uggerby, Tel. 98 97 53 04, www.uggerby-kanofart.dk (dort weitere Tour-Vorschläge), Mai–Sept., nur Miete ab Uggerby 60 DKK/Std., 250 DKK/ Tag. Pauschalpreise pro Kanu inkl. Kanutransfers 150 DKK für Uggerby–Strand, 340 DKK für Bindslev–Strand. Mit eigenem Kanu/Kajak: Gastlizenz für Uggerby Å 50 DKK/Tag, u. a. bei Uggerby Kanofart. Personentransfers: Uggerby Kanofart vermittelt Personentransfer oder Leihfahrräder (40 DKK), um z. B. ein am Startplatz deponiertes Auto abzuholen, Radstrecke Strand–Uggerby ca. 4 km, Strand–Bindslev ca. 8 km

Die Uggerby Å mäandert schmal und gemächlich durch das Hinterland der Tannis Bugt. **Uggerby,** ein Dorf östlich von Hirthals, ist Einstieg für viele Kanutouren auf dem Fluss, ein großer Bootsverleih ist hier zu Hause. Insgesamt ist die Uggerby Å knapp 70 km lang, etwa 50 km davon ab Ilbro nahe Hjørring bis zur Mündung in die Nordsee sind mit Kanus befahrbar.

Und nicht nur Kanuten lieben die Uggerby Å, hier lassen sich auch leicht Meerforellen angeln. Um den Fischen den Aufstieg im Fluss am alten Wasserkraftwerk von Bindslev vorbei zu ermöglichen, entstand dort Dänemarks höchste Fischtreppe, dort ist auch der Einstieg in diese Tagestour. Nebenan ist das alte Wasserkraftwerk **Bindslev Gl. Elværk,** ein Kleinod spätindustrieller Ingenieurskunst. 1919 in Betrieb genommen, wurde es schon zweimal als zu klein und veraltet abgeschaltet, produziert heute aber, von einem Verein betreut, wieder als wahrscheinlich letztes Gleichstrom-Kraftwerk in Europa Strom. Der muss nur umgewandelt werden, bevor er ins öffentliche Netzt eingespeist wird. Das Kraftwerk kann besichtigt werden (Sdr. Bindslevvej 2, 9881 Bindslev, Spende erbeten), und vielleicht sind gerade Bodil und Christian Lautrup zu Hause, ein älteres Paar, das im ehemaligen Wärterhaus lebt, malt und Bilder verkauft – das ist Dänemark von einer liebenswerten, traditionellen Seite.

Je nach Können und sportlichem Einsatz ist man in 2 bis 3 Std. von Bindslev an der Zentrale von **Uggerby Kanofart.** Sicher der populärste Abschnitt der Uggerby Å sind die letzten 5 km von hier bis zur Mündung in den

Kanutouren auf der Uggerby Å

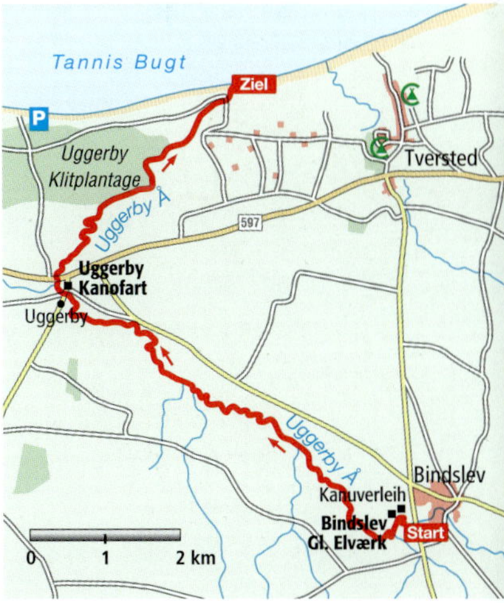

Skagerrak. Etwa anderthalb Stunden ist man da unterwegs, selbst wenn man kaum selbst paddelt, sondern die Strömung den Job machen lässt. Besonders gern wird diese Tour am späten Nachmittag gestartet, sodass man zum Sonnenuntergang am Meer ankommt – perfekt, wenn man dann einen Picknickkorb im Boot hat!

Wanderung durch die Tversted Klitplantage

Strecke: ca. 3 km, mit Verlängerung 5,5 km, flach, Zufahrt über Plantørvej bis zum Parkplatz am Forsthaus
Die kurze, küstennahe Wanderung in der Tversted Klitplantage, die auch mit kleineren Kindern gut zu bewältigen ist, bietet auf etwa drei Kilometern so viel Abwechslung wie nur wenige Kurzwanderungen sonst an dieser Küste: Dünen, Dünenforst, Heide, Strand, kleine Strandseen.

Als Bonus bekommt man noch ein in Dänemark einzigartiges Bauwerk zu sehen: Die reetgedeckte Scheune des ansonsten verschwundenen Hofes **Østerklit.** Auf dem Dachfirst thront eine kleine Bockwindmühle, **Stokmøllen Tversted.** Gebäude und Mühle wurden weitgehend aus angeschwemmtem Strandgut gebaut (Plantørvej 7, 9881 Bindslev).

Wanderung durch die Tversted Klitplantage

Mygdal ▸ G 2

In Mygdal, einige Kilometer landeinwärts, arbeiten in der Bernsteinwerkstatt, **Rav-Værkstedet,** zwei der innovativsten Bernstein-Schmuckdesigner entlang der gesamten Küste (s. Mein Tipp S. 271).

Am Rande des Dorfes besitzt **Gut Odden** eine umfangreiche Sammlung von Studien und Skizzen des Multikünstlers Jens Ferdinand Willumsen (1863–1958). Der Maler, Grafiker, Fotograf, Bildhauer, Keramiker und Architekt gilt als einer der Väter der dänischen Moderne (Oddenvej 31, Tel. 98 97 52 02, Feb.–Okt. tgl. 10–17 Uhr, 60 DKK/ab 16 Jahre).

Ørnereservatet Tuen ▸ H 2

Skagensvej 107, Tuen, 9881 Bindslev, Tel. 98 93 20 31, www.eagleworld.dk, April–Okt. je nach Saison 2 x wöchentl. bis 2 x tgl. (nie Mo), genaue Daten s. Website oder in überall in der Region ausliegenden Broschüren, 145 DKK, 80 DKK/4–12 Jahre, online billiger! Gelände und Ausstellung sind nur während der Vorführungen plus 60 Min. vorher geöffnet
Östlich von Tuen sieht man am Himmel oft Raubvögel kreisen. Königs- und Seeadler leben dort zusammen mit verschiedenen Falken in einer Adlerwarte, die der Naturfotograf Frank Wenzel aufgebaut hat. Im Som-

Mein Tipp

Peppiger Bernstein
Andreas und Beate Wörner emigrierten 2009 aus der Schmuckstadt Pforzheim nach Nordjütland und übernahmen eine alteingesessene Bernsteinschleiferei, die heutige **Rav-Værkstedet,** Bernsteinwerkstatt. Die beiden gehen mit ihrer Arbeit weit über das pure Schleifen hinaus und bringen mit einem die natürliche Schönheit der Steine betonenden Design Pepp in die sonst oft altbackene Branche. Sie mischen für ihren extravaganten Schmuck Bernstein mal mit Treibholz vom Strand, mal mit Silber oder mit Gold. Beide teilen gern ihr Wissen über Bernstein und dessen Verarbeitung und lassen sich bei der Arbeit zusehen – unbedingt einen Umweg wert (Højtvedvej 7, Tel. 98 97 52 23, www.rav-vaerkstedet.dk, Mo–Fr 10–17 Uhr)!

mer wird die hohe Kunst der Falknerei vorgeführt, zu bewundern sind u. a. Königs- und Seeadler beim Flug sowie Auge in Auge auf den Armen der Falkner. Das Gelände ist so günstig für die Könige der Lüfte, dass sich gelegentlich wilde Adler angezogen fühlen und Vorführungen in großer Höhe beiwohnen. In einer Ausstellung werden Fotos der Tiere gezeigt, die im Reservat gebrütet haben – in solcher Nähe zu Menschen ein seltenes Ereignis.

Übernachten

Fast 120 Jahre Erfahrung – **Tannishus:** Tannisbugtvej 123, Tversted Strand, Tel. 98 93 13 00, www.tannishus.dk. Direkt an der Strandzufahrt liegt das Aparthotel mit Wohneinheiten von kaum mehr als Hotelzimmergröße bis zum 50 m²-Apartment für 4–6 Pers. Je nach Größe ab 545–805 DKK/Tag, in der Hochsaison Mindestaufenthalt vier Tage (ca. 2600–3900 DKK), Frühstücksbuffet 80 DKK.

Camping mit Erlebnisbad – **Aabo Camping Vandland:** Aabovej 18, Tversted, Tel. 98 93 12 34, http://aabo-camping.dk. Großer Platz mit Erlebnisbad im Zentrum und dem Meer gut 1,5 km entfernt.

Campingstadt in den Dünen – **Skiveren Camping:** Niels Skiverensvej 5, Aalbæk, Tel. 98 93 22 00, www.skiveren.dk. Im Norden der Tannisbucht bilden fast 600 Stellplätze und Hütten unterschiedlichen Standards eine ›Campingstadt‹ mit allem, was Camper brauchen inkl. Supermarkt (den auch Kunden aus umliegenden Ferienhäusern nutzen können), Pool, Sport- und Wellnesscenter, Café etc. Und vom kilometerlangen Strand trennen den Platz nur ein paar Dünen.

Einkaufen

Kunst und Kunsthandwerk der Region – **Mygdalhus:** Skagen Landevej 658, Mygdal, Tel. 44 40 21 06, www.mygdalhus.dk, Di–Fr 13–17, Sa, So sowie an allen dänischen Ferientagen inkl. Mo 11–17 Uhr. Kooperative Verkaufsgalerie von über einem Dutzend Künstlern und Kunsthandwerkern aus der Umgebung mit Malerei, Keramik, Glas, Bernsteinschmuck und mehr.

Infos

Tversted Turistbureau: Østervej 10, Tversted, 9881 Bindslev, Tel. 98 93 11 26, www.tversted.dk

Halbinsel Skagen

▶ H 1

Mit jedem Meter weiter nach Norden bekommt man jüngeres Land unter die Füße. Wo heute die Wanderdüne Råbjerg Mile über das Land kriecht, ist die Halbinsel 5000, bei Gammel Skagen knapp 1400 Jahre alt – und Grenen, die Nordspitze, verändert sich noch Tag für Tag.

»Wer das Meer in seiner ganzen Kraft und Fülle sehen will«, schreibt der spätere Literaturnobelpreisträger Henrik Pontoppidan 1890 in seinen »Reisebildern aus Dänemark«, »der muss nach Skagen reisen. Dort lernt er zugleich die Dünen in ihrer größten Ausdehnung kennen und macht schließlich Bekanntschaft mit einem Städtchen, das an Eigentümlichkeit seines Gleichen sucht. Skagen ist nämlich der Name eines armen Fischerdorfes von über zweitausend Seelen, das draußen auf dem äußersten, öden Ende von Jyllands Nordspitze einsam zwischen den Dünen liegt, von zwei großen Meeren umgeben, deren unaufhörlich vorrückende Wellenreihen dort auf einandertreffen und mit einander ringen wie zwei lärmende Heere, – übrigens mit der umgebenden Welt verbunden (oder von ihr getrennt) durch die schmale, meilenlange, ganz unbewohnte Dünenwüste, wo nur eine Reihe trauriger Telegraphenstangen an menschliche Tätigkeiten erinnert«.

Skagen hat seit 1890 gut 10 000 Einwohner hinzubekommen und ist mittlerweile auch kein armes Fischerdorf mehr, sondern eine Stadt der Jachten und Luxuslimousinen, in der nicht Schmalhans Küchenmeister ist, sondern Gourmetköche an den Herden stehen und wo einheimische *jomfruhummer* (s. S. 29) beliebte Delikatessen aus dem Meer sind. Und zu der traurigen Reihe der Telegrafenstangen haben sich eine Bahnlinie, eine perfekt ausgebaute Straße sowie ein Radwanderweg gesellt. Aber sonst trifft die Beschreibung noch immer den Kern. Die Meere, der allgegenwärtige Sand in den Dünen, der Wind, der ihn treibt, und das ungewöhnliche Licht sind die Elemente, die in Skagen intensiv ineinandergreifen. Ende des 19. Jh. kam ein fünftes Element hinzu, die Kunst (s. Auf Entdeckungstour S. 280).

Wanderdüne Råbjerg Mile !

Ganz im Süden der Halbinsel kuschelt sich die romanische **Råbjerg Kirke** mit ältesten Teilen aus dem 13. Jh. in die archaisch wirkende Landschaft. Sie reckt keinen Turm in den Wind, ihre Glocke hängt neben dem Chor in einem Balkengerüst (Råbjergvej 246, 9982 Ålbæk). Weiter nördlich wird das Bild von der Wanderdüne **Råbjerg Mile** 1 dominiert, eine Filiale der Sahara in Dänemark: 2 km lang, fast 1000 m breit und rund 40 m hoch schiebt sich die Walze aus etwa 4 Mio. m^3 Sand über das Land, hat die Halbinsel fast bis zur Hälfte überquert (Råbjerg Mile Vej 2, 9990 Skagen). Jedes Leben erstickend, schafft sie in normalen Jahren 8 bis 10 m, weht viel Wind, können es auch 20 m werden. Lässt man sie ungehindert – also auch über die Hauptstraße und die Bahnlinie – weiterwandern, dürfte sie in 100–150 Jahren in der Ostsee verschwunden sein und stellt man sein Auto heute vor der Front ab, kann man die Reste in etwa 40 Jahren hinter der Düne wieder abholen – so lange braucht sie, um sich in ganzer Länge vorwärtszuwälzen.

Hinter sich gibt die Wanderdüne eine karge Steinebene frei, die **Råbjerg**

Stene, mit ungewöhnlichen Feuchtbiotopen, den Milesøer. Die Dünenseen entstehen, weil nur trockener Sand weggeweht wird, also immer nur bis auf Höhe des Grundwassers. Fällt das in trockenen Jahren, werden Senken ›ausgeweht‹, die in Jahren mit viel Regen voll Wasser laufen.

Am Nordrand der Råbjerg Mile vorbei erreicht man bei **Kandestederne** eine Zufahrt auf den hier sehr einsamen Nordseestrand (Kandestedvej, 9990 Skagen). Ca. 2,5 km südlich der Zufahrt gelangt man vom Strand aus leicht auf den ›Hinterhof‹ der Wanderdüne, die Råbjerg Stene.

So wie Råbjerg Mile sahen bis Ende des 19. Jh. weite Teile der Halbinsel Skagen aus – eine annähernd vegetationslose Sandwüste von Meer zu Meer. Erst ab 1888 stabilisierten systematisch angepflanzte Dünenforste die Landschaft (s. S. 52). Ein Museum sowie ein Erlebniscenter erklären die spezielle Natur der Halbinsel:

Naturhistorisk Museum Skagen/ Skagen Naturcenter 2

Flagbakkevej 30, Tel. 98 45 07 06, www.naturmuseum-skagen.dk, Juli–Mitte Aug. und 42. Woche tgl. 11–16 Uhr, sonst Mai–Okt. wechselnde Öffnungszeiten auf Anfrage, 40 DKK, 10 DKK/bis 15 Jahre

Von Süden kommend liegt noch vor der Stadt das Naturhistorisk Museum Skagen/Skagen Naturcenter im alten Bahnhof Højen Station. Die ungewöhnliche Flora und das reiche Vogelleben sind seine Themen. Immerhin treffen auf Skagen die Hauptflugrouten aller Vögel zusammen, die auf den Zügen zwischen ihren Brutgebieten im Hohen Norden und Überwinterungsgebieten im Süden den Küsten von Nord- und Ostsee folgen, sodass die Vielfalt der Arten hier größer ist, als irgendwo sonst im Lande.

Naturcenter Skagen Odde 3

Bøjlevejen 66, Tel. 96 79 06 06, Mai–42. Woche tgl. 10–16, Juli bis 17 Uhr, 65 DKK/Erw., 30 DKK/Kinder

Dieses Wissens- und Erlebniscenter informiert über die vier natürlichen Elemente Skagens mit interaktiven Konzepten und ist dabei selbst ein Kunstwerk: Die Architektur stammt von dem 2008 verstorbenen Jørn Utzon, der dem australischen Sydney mit der weltberühmten Oper seinen Stempel aufgedrückt hat – ein Grund, warum das Naturcenter auch immer Kunst und Design in seinen Räumen präsentiert. Das Gebäude am Nordwestrand von Skagen – ›Wüstenfort‹ tauften es die Skawboer – dominiert indes nicht die Landschaft, sondern verschwindet eher darin, duckt sich mit hellen, sandfarbenen Mauern in die Dünen. Unnahbar auf den ersten Blick, wundert man sich, wenn man erst einmal im Inneren steht, wie viele Ausblicke diese Festung auf die Landschaft bietet.

Den Tilsandede Kirke 4

Gammel Landevej 63, Skagen Klitplantage, Turmbesteigung Juni–Aug. tgl. 11–17 Uhr, 10 DKK/Erw., 5 DKK/Kinder

Mahnmal für die Katastrophe von gestern und Wahrzeichen für das Skagen von heute ist der Turm der versandeten Sct. Laurentii Kirke, Den Tilsandede Kirke; pittoresk ragt er in der Skagen Klitplantage auf: Die Kirche war im Mittelalter größtes Gotteshaus in weitem Umkreis, immerhin war Skagen um 1400 mit 3000 Einwohnern im damaligen Jütland eine Großstadt. Neben Fischerei konnte Ackerbau betrieben werden, bis der Sand kam und sich über Äcker, Weiden und Teile der Stadt legte. Als Ursache der Sandflugkatastrophe von Mitte des 15.

bis ins 19. Jh. gilt das Zusammenspiel menschlichen Umweltfrevels – Abholzung der Wälder – und einer Klimaverschlechterung. Viele Quellen belegen eine Kleine Eiszeit, die ab dem 14. Jh. weite Teile West- und Nordeuropas heimsuchte. Der Wasserspiegel der Meere sank und legte an der dänischen Nordseeküste – verstärkt noch durch die dortige Landhebung (s. S. 51) – weite Sandflächen frei, die dann von Stürmen auf Wanderschaft übers Land geschickt wurden.

Irgendwann erreichte eine Wanderdüne die Laurentius-Kirche. Die Skawboer kämpften noch ein paar Jahre mit Schippe und Besen für ihren Weg zu Gott, doch 1795 gaben sie auf, schlossen die Kirche und versteigerten ein paar Jahre später das Inventar. Zu dieser Zeit lebten gerade noch 1000 Menschen in Skagen. Den Verbliebenen kam in ihrer Not der Abriss der Kirche gerade recht, gute Steine konnte jeder gebrauchen. Nur der Turm blieb als Seezeichen stehen.

Skagen Stadt ▸ H 1

Aus dem Katastrophenkaff ist inzwischen eine gestylte Perle geworden, die aber auch deshalb besonders glänzt, weil sie sich immer ein wenig vom Hauch des Untergangs umwehen lässt – Råbjerg Mile und die versandete Kirche sind gern herausgestellte Attraktionen. Im Sommer ist Skagen quicklebendig mit einem deutlich internationaleren Publikum als in anderen Urlaubsgebieten entlang der dänischen Nordseeküste. Vor allem Norweger und Schweden kommen gern, viele mit dem eigenen Boot. Das färbt auf Nightlife und Entertainment ab, zu dem die hellen Nächte ein besonderes Ambiente schaffen – Skagen schläft im Sommer kaum.

Ein besonderes Merkmal Skagens ist die Architektur. Vor allem in den Nebenstraßen sieht man noch die typischen Häuser mit gelb getünchtem Mauerwerk, roten Dächern und weißen Fugen an deren Rändern und am First. Viele der schönsten Bauten verdankt Skagen Ulrik Plesner (1861–1933), zur aktiven Zeit der Skagenmaler der Stararchitekt am Orte. Er ordnete repräsentative Bauten der Boomzeit dem Stil der alten Fischersiedlung unter und verband so das vergangene mit dem neuen Skagen. Eigentlich kam Plesner 1891 nur, um einen Leuchtturm für Gammel Skagen zu planen. Bald baute er Privathäuser für die in den Ort strebende Schickeria, darunter südlich der Stadt die **Sommervilla Klitgården** 5 (nicht zugänglich), die bis zur Jahrtausendwende der königlichen Familie gehörte, sowie deren Pendant **Admiralgården** 4 am Østre Strandvej, heute Hotel. Richtig berühmt wurde Plesner durch öffentliche Bauten wie **Skagens Gamle Posthus** 1909 (Sct. Laurentii Vej 33, heute eine Bank), den Bahnhof **Skagen Station** 1919, **Skagens Bank** 1918 (heute Nordjyske Bank, Sct. Laurentii Vej 39) und das **Skagens Museum** 10 1928 (s. S. 277).

Im Hafenviertel

Darüber hinaus gilt Skagen nach Menge und Umsatz als Dänemarks größter Fischereihafen. Der Hafen, zuletzt 2006/07 zum 100-jährigen Jubiläum massiv erweitert, wird von Trawlern aus der halben Welt angelaufen ebenso wie im Sommer von Kreuzfahrtschiffen bis zu einer Länge von 150 m und von Tausenden Jachten. Die Fischerei schätzt neben den Reparaturwerften und Serviceeinrichtungen vor allem die modernen Verarbeitungsanlagen von Filetier- bis zu Europas größter Fischmehl- und Fischölfabrik und natürlich

Jachthafen vor Skagens Fiskepakhusene: Immer munter, immer international

Auktionshallen 6, ein bedeutender Umschlagplatz für Hummer und andere Schalentiere – Frühaufsteher dürfen bei der hektischen Auktion sogar zusehen (Hauptauktion Mo–Fr 7 Uhr, bei großen Mengen Hummer 6.30, Sommer an ausgewählten Terminen zusätzlich 10 Uhr).

Am Fiskehuskaj treffen Freizeit- und Arbeitswelt aufeinander. Die rot gestrichenen **Fiskepakhuse** 7 mit ihren weißen Fenstern und Türen um den Jachthafen herum sind Skagens Antwort auf GOSCH Sylt – Fischlokale und Imbisse füllen die Häuser und frischen Fisch gibt es in einem Laden auch noch. Der Architekt und Designer Thorvald Bindesbøll (1864–1908) schuf die markanten Gebäude 1907 in Anlehnung an norwegische Hafenbauten. Vor den Packhäusern reihen sich die Straßencafés und direkt davor liegen die Jachten der Hobby-Skipper – zwei Hafenbecken stehen ihnen hier zur Verfügung.

Museumsbummel durch die Altstadt

Parallel zum Hafen zieht sich Skagens schmale Altstadt hinter der Küste entlang, zum Wasser begrenzt von Vestre und Østre Strandvej, zum Land hin vom Sct. Laurentii Vej. Die Gassen und Sträßchen dazwischen sind verkehrsberuhigt, der zentrale Teil des Sct. Laurentii Vej eine **Fußgängerzone.** Man kann hier gut von Museum zu Museum bummeln, angefangen in Vesterby, der Weststadt, im volkskundlichen Freilichtmuseum **Nordjyllands**

Kystmuseum – Museet i Skagen 8, das Lebensbedingungen der Menschen im alten Skagen authentisch erlebbar macht (P. K. Nielsenvej 10, Tel. 98 44 47 60, www.kystmuseet.dk/skagen, Nov.–Feb. Mo–Fr 11–15, März–Okt. Mo–Fr 10–16, Juni–Aug. auch Sa/So 11–16 Uhr, 50 DKK/ab 18 Jahre). Einen großen Stellenwert haben Museen zur Kunst, drei befassen sich mit

Skagen

Sehenswert

1 Råbjerg Mile
2 Naturhistorisk Museum Skagen/ Skagen Naturcenter
3 Naturcenter Skagen Odde
4 Den Tilsandede Kirke
5 Sommervilla Klitgården
6 Auktionshallen
7 Fiskepakhuse
8 Nordjyllands Kystmuseum – Museet i Skagen
9 Drachmanns Hus
10 Skagens Museum
11 Michael und Anna Anchers Hus
12 Huset Tavi
13 Skagens Bamsemuseum
14 Vandtårnet
15 Hvide Fyr
16 Vippefyret
17 Skagen Fyr/Grå Fyr
18 Skagen Vest
19 Solnedgangskiosken
20 Grenen
21 Skagen Bunkermuseum
22 Holger Drachmanns Grav
23 Grenen Kunstmuseum

Übernachten

1 Ruths Hotel
2 Color Hotel Skagen
3 Brøndums Hotel
4 Admiralgården
5 Hotel Petit
6 Danhostel Skagen Vandrerhjem
7 CampOne Grenen Strand
8 Skagen-feriebolig
9 Skagenferie.dk
10 Hjorths Badehotel/ Kokholms Hotel
11 Råbjerg Mile Camping

Essen & Trinken

1 Aavangs Fiskehus
2 Skagen Fiskerestaurant
3 Bodilles Kro
4 KappelBorgen Café & Restaurant
5 Skagen Bryghus
6 Jørgens Spisehus
7 De 2 Have

Einkaufen

1 Bolcheriet
2 Pier 1
3 The Skagen Denmark Shop

Aktiv

1 Hafenmolen (Angelplätze)
2 Skagen Cykeludlejning

Abends & Nachts

1 Jacobs Café og Bar
2 Green's
3 Pakhuset

den Skagenmalern (s. Entdeckungstour S. 280): das **Drachmanns Hus** 9 (Hans Baghs Vej 21, Tel. 98 44 51 88, www.drachmannshus.dk, im Mai Sa, So, Juni–Sept. sowie dän. Oster-, Pfingst- und Herbstferien tgl. 11–15 Uhr, 50 DKK/ab 14 Jahre), das **Skagens Museum** 10, das alle Skagener Künstler würdigt und 2014/2015 erweitert und renoviert wird (Brøndumsvej

4, Tel. 98 44 64 44, www.skagensmuseum.dk; 2015 Einschränkungen: Mai–Woche 42 tgl. 10–17 Uhr, Hochsaison Mi bis 21 Uhr, Sept.–1. Hälfte Okt. Mo geschl., Nov. 2015–Jan. 2016 komplett geschlossen, 90 DKK/ab 18 Jahre), sowie das **Michael og Anna Anchers Hus** 11 (Markvej 2–4, Tel. 98 44 30 09, www.anchershus.dk, April Di–So 11–15, Mai–Sept. tgl. 10–17, Okt. tgl. 10–16, Nov. Do–Sa 11–15 Uhr, 80 DKK/ab 15 Jahre), das ganz auf das bekannte Malerpaar fokussiert ist.

Aktuelle Gegenwartskunst pflegt das **Huset Tavi** 12, eine Mischung aus Galerie, Museum und Kulturhaus (Vestre Strandvej 20, Tel. 96 79 40 22, www.galleritavi.dk, Ende Mai–Anfang Sept. tgl. 10–18 Uhr) das sich jedes Jahr neu erfinden muss – man sah schon Moderne Kunst, Design oder auch Geweih-Kunst. Zwischen all die Kunst haben sich 1000 Teddybären gedrängt, der älteste über 100 Jahre alt: **Skagens Bamsemuseum** 13. Im ersten Stock sind in einem Diorama königliche Kuscheltiere vereint, einer soll dem späteren Frederik IX. als Kind gehört haben (Oddevej 2 a, Tel. 98 44 21 08, Mai–Sept. Di–So, Juni–Aug. auch Mo 10–17, sonst Mi–So 11–15, 40 DKK/Erw., 10 DKK/Kinder).

Skagens Türme

Skagen wirkt mit seinen typischen Häusern und rot-weißen Dächern von oben betrachtet wie eine Modellbaustadt und der 1934 gebaute, 34 m hohe **Vandtårnet** 14 gleich neben dem Michael und Anna Anchers Hus ist für solch einen Blickwinkel die ideale Plattform – vorausgesetzt, man steigt seine 120 Stufen im Inneren hinauf. Bis 1983 war er als Wassertum in Betrieb und fasste 150 000 l Wasser (Markvej 1).

Dort wo nach Norden die Bebauung abrupt endet, wird die Hauptstraße zum Fyrvej, dem Weg der Leuchttürme. Passend steht gleich am Anfang **Hvide Fyr** 15, das ›Weiße Feuer‹, der älteste im Original erhaltene Skagener Leuchtturm. Bei Bedarf wurde in einem Eisenkorb auf der Spitze Feuer gemacht. Heute kann er von Künstlern oder Kunsthandwerkern für Ausstellungen oder als Galerie gemietet werden (Fyrvej 2).

Auf einer nahen Düne reckt **Vippefyret** 16, Nachbau eines noch älteren Leuchtfeuers aus dem 17. Jh., seinen ausgestreckten Arm mit einem Eisenkorb – auch hier zur Aufnahme von Feuer oder glühender Kohle – in den Himmel. Zum Nachfeuern wurde der Korb auf den Boden gelassen und anschließend wieder in die Höhe gewippt, immerhin auf 25 m über dem Meeresspiegel.

Kurz vor Erreichen der Landspitze Grenen schießt seit 1858 der höchste dänische Leuchtturm **Skagen Fyr** 17, vor Ort besser als Grå Fyr (grauer Leuchtturm), bekannt, fast 50 m in den Himmel. Hat man die 210 Stufen im Inneren geschafft, wartet oben eine beeindruckende Aussicht auf Stadt, Halbinsel und beide Meere (Fyrvej 36, Mo–Fr 10–16 Uhr, wetterbedingte Schließungen möglich, 20 DKK, 10 DKK/bis 15 Jahre).

Von oben sieht man im Westen den jüngsten im Bunde der Leuchttürme: **Skagen Vest** 18, ein dünnes Betonminarett, ferngesteuert und irgendwie charakterlos.

Zur Sicherung der gefährlichen Gewässer um Skagen, insbesondere zur Warnung vor Skagens Rev, der submarinen Verlängerung der Halbinsel, reichten die Leuchttürme in Prä-GPS-Zeiten nicht, und so lag von 1878 bis 1979 noch ein Feuerschiff vor Grenen und ein weiterer Leuchtturm, Højen Fyr, strahlte bis 1956 bei Gammel Skagen aufs Meer.

Gammel Skagen

Während die Halbinsel Skagen nach Norden durch angespülten Sand immer länger wird, leiden andere Abschnitte unter Schwund: Ausgerechnet wo sich das schmucke Gammel Skagen in die Dünen schmiegt, tragen Strömungen besonders viel Land ab. Buhnen sollen den Strand befestigen, trotzdem stehen einige Häuser verdächtig nah am Abgrund, andere fielen im Laufe der Jahre dem Landfraß bereits zum Opfer, darunter der genannte Leuchtturm Højen Fyr.

Gammel Skagen – manchmal Højen genannt – war einst Fischerlager, heute ist es Schickeria-Treff mit edlen Restaurants und Hotels sowie vielen Time-Share-Apartments. Feste Einwohner sind jedoch Mangelware: Etwa 30 Menschen sind hier noch ganzjährig gemeldet. Trotzdem blieb Gammel Skagen ein pittoreskes Dorf in den Dünen, konsequent im Skagener Stil: rote Dächer mit weißen Fugen über gelb getünchten Hauswänden – Farben, die im goldenen Licht der untergehenden Sonne geradezu explodieren. Diese Stunden, wenn die Sonne zu einem goldenen Ball wird und langsam in die Nordsee sinkt, bis man meint, es zischen zu hören, haben in Gammel Skagen Kultstatus und **Solnedgangskiosken** 19, der Sonnenuntergangskiosk, ist die Institution für diesen Augenblick (Solnedgangen 2, Ostern–Okt. tgl. 9 Uhr bis Sonnenuntergang, Süßigkeiten, Eis usw., siehe Lieblingsort S. 286).

Grenen !

Kein Besuch in Skagen ohne Abstecher nach **Grenen** 20: Mit 57° 45′ 06″ Nord ist der nördlichste Punkt Dänemarks und Mitteleuropas einer jener geografischen Eckpunkte, auf denen man einmal im Leben gestanden haben will. Das Ende ist auf einer Sandzunge erreicht, die von Strömungen mal mehr nach Osten, mal mehr nach Norden gewendet wird, aber dabei immer weiter wächst. Zum Ritual eines Besuchs gehört der breitbeinige Stand genau dort, wo das Wasser über die Spitze schwappt: Geht Ihr Blick jetzt aufs Meer, dann steht Ihr rechtes Bein im Kattegat und damit in der Ostsee, das linke im Skagerrak und damit in der Nordsee.

Auf den Zwei-Meere-Stand sollten Sie verzichten, wenn Sie bei Sturm kommen, dafür erleben Sie dann ein brodelndes Ringen der Meere. Genaugenommen sind es aber nicht Wellen der zwei Meere, die da aufeinander losstürmen, sondern die unterseeische Topografie des **Skagens Rev** sorgt dafür, dass Wellen der Nordsee bei Westwind eine Wende von 180° schaffen und von beiden Seiten gegen die Landspitze schlagen. Doch gleichgültig, ob das Meer brodelt oder spiegelglatt ist, Baden ist rund um Grenen wegen der gefährlichen Strömungen immer verboten.

Im Zweiten Weltkrieg befestigten die deutschen Besatzer Dänemarks Nordspitze mit rund 150 Bunkern, einige davon auf Grenen. Viele Einheimische lachten sich dabei ins Fäustchen, denn sie kannten die Plage ihrer Stadt, den Sandflug. Prompt hatten die Besatzer ihre liebe Not, die Zugänge zu den Schutzbauten freizuhalten.

Unter anderem davon erzählt das **Skagen Bunkermuseum** 21 am Rande des Grenen Parkplatzes in einem ehemaligen Sanitätsbunker, zeigt aber auch – eher naiv als ideologisch motiviert – markante Nazi-Symbole (Fyrvej 39, Grenen, Tel. 98 44 40 40, www.skagen-bunkermuseum.dk, Wochen 7 u. 8, Ostern, April–Woche 42 Kernzeit 11–15, Juni–Aug. 10–17 Uhr, 50 DKK, 20 DKK/Kinder).

▷ S. 283

Auf Entdeckungstour:
Skagens fünftes Element – die Kunst

Die archaische Natur, das ärmliche Fischermilieu und das einzigartige Licht in und um Skagen treffen Sehnsüchte der Kunstszene im späten 19. Jh. und machen den Ort zwischen den Meeren zum Künstlertreff. Hier erreicht der Impressionismus die dänische Malerei, die wichtigste Malerschule des Landes entsteht. An sie erinnern Museen, Treffpunkte und ein Dünengrab.

Cityplan: s. S. 277

Öffnungszeiten und Infos: Nordjyllands Kystmuseum – Museet i Skagen, Skagens Museum, Drachmanns Hus sowie Michael und Anna Anchers Hus s. S. 276, Brøndums Hotel s. S. 283

Dauer: Für die Besichtigung aller Museen sollten man einen halben bis ganzen Tag einplanen.

Eines der frühesten Werke im Fundus des Skagens Museum stammt aus dem Jahr 1848. Vilhelm Melbye fing in »Aussicht über Skagen von den Dünen nördlich der alten Kirche« die ganze Tristesse der Skagener Landschaft Mitte des 19. Jh. ein: Hier und dort ein paar Halme Strandhafer. Ein Mann schleppt sich mit einer Last auf dem Rücken durch die Sandberge. Häuser und Leben ahnt man nur geduckt hinter den

Dünen, am Horizont das Meer mit ein paar Segeln. Vor allem aber sieht man Sand, Sand, Sand. In dem ist der alte Turm der Laurentius-Kirche längst tief versunken.

Dahinter eine kleine Kapelle und das ›Hvide Fyr‹, das ›weiße Feuer‹, der zweite Leuchtturm, den Skagen 1747 bekam, und jene Mühle, die heute Teil des **Nordjyllands Kystmuseum – Museet i Skagen** 8 ist – ein guter Platz, um sich auf einen Rundgang zu den Museen der Maler und Malereien einzustimmen, denn das Stadtmuseum dokumentiert das Leben, wie es die Künstler auf die Leinwand brachten.

Holger Drachmann – der Initiator

Als Prinz, der Skagen wach küsste, gilt Holger Drachmann, Schriftsteller, Journalist, Kunstrezensent, Übersetzer, Dichter, Marinemaler, Lebemann und Frauenversteher – kurz gesagt eine der schillerndsten Persönlichkeiten Dänemarks zu seiner Zeit. 1872 kommt er zum ersten Mal den Sommer über nach Skagen, dann immer wieder, bis er sich 1902 im Ort niederlässt und ihm über seinen Tod 1908 hinaus treu bleibt – seine Urne ist in einer Düne auf Grenen beigesetzt 21.

Drachmann ist auch einer der bekanntesten Bohemiens seiner Zeit in Dänemark, ein VIP und Trendsetter. Wer in Kopenhagens Kunstszene ›in‹ sein will, folgt ihm nach Skagen. Dort ist er ungemein beliebt, weil er kein Dünkel hat, bestens mit den einfachen Leuten, vor allem mit den Fischern, auskommt und sogar Namen und Renommee nutzt, sich für deren Belange einzusetzen. **Drachmanns Hus** 9 am Südrand der Stadt, nur ein paar Minuten Fußweg vom Stadtmuseum entfernt, wird schon 1911 Gedenkmuseum und ist auch in der Einrichtung kaum verändert seit Drachmanns Lebzeiten.

Peter Severin Krøyer – das Aushängeschild

Von Drachmans Hus kann man über den Sct. Laurentii Vej, die in langen Abschnitten verkehrsberuhigte Hauptstraße, zum bedeutendsten Museum der Stadt bummeln, das **Skagens Museum** 10. Bis ins frühe 20. Jh. bildet Skagen einen künstlerischen Gegenpol zur Hauptstadt mit ihrer erstarrten Kunstakademie. Aus den Ateliers ziehen die Maler zum Arbeiten unter den freien Himmel.

Peter Severin Krøyer, Däne mit norwegischen Wurzeln, wird das bekannteste und heute höchstgehandelte Aushängeschild der Skagenmaler, obwohl er nach seiner aktiven Zeit erst einmal in Vergessenheit gerät. Krøyer kommt 1882 nach Skagen und lebt dort mit wenigen Unterbrechungen bis zu seinem Tod 1909 – er wird nur 58 Jahre alt. Depressionen und Verfolgungswahn prägen seine letzten Jahre, in denen sein Genie nur noch periodisch aufblitzt. Seine Motive sind Fischer, Künstlerkollegen und Ehefrau Marie.

Einige seiner Bilder sind weit mehr als Gemälde. So trägt sein »Hip, Hip, Hurra« von 1888 als Symbol dänischer Lebensfreude viel zur nationalen Identität der Dänen bei: Die ›Brüderschaft‹, wie Krøyer die Malergruppe in Skagen nennt, feiert im Garten des Kollegen Michael Ancher. Auf dem Tisch schon etliche leere Flaschen, die Gesellschaft ist ›i godt humør‹, in bester Stimmung. Gastgeber Michael Ancher erhebt das Glas zum Hip Hip Hurra zusammen mit Hotelier und Kunstmäzen Degn Brøndum, Krøyer selbst und den Malern Viggo Johansen, Thorvald Niss, dem Norweger Christian Krohg und dem Schwede Oscar Björck. Während sie sich stehend zuprosten, sitzen drei Frauen mehr beobachtend am Tisch, erheben zaghaft ihre Gläser und die heute bekannteste Malerin der Skagener Schule, Anne Ancher, schaut auf ihre Tochter im Arm statt hinauf zu den lauten Männern. Zur fröhlichen Stimmung kommt das Licht, es gibt dem Bild unendlich Wärme und man spürt geradezu, wie angenehm dieser Sommerabend ist – eine Stimmung, die Dänen über alles lieben. Hip, Hip, Hurra!

Zwar kaufte ein schwedischer Sammler das Gemälde, noch bevor es ganz fertig war und vermachte es später zum Ärger der Skagener Museumsleute der Kunsthalle Göteborg, aber trotzdem ist es in Skagen allgegenwärtig. Dort wo es entstand, in Krøyers erstem **Atelier,** das heute im Garten des Skagens Museum liegt, wird es ausführlich gewürdigt.

Ein anderes Krøyer-Gemälde des Skagener Museums war auch schon viele Jahre außer Landes, kam aber zurück: »Sommeraften ved Skagen Sønderstrand«. Zwei Frauen – Krøyers Ehefrau Marie und die Malerkollegin Anna Ancher – gehen in langen weißen Kleidern im blauen Licht eines Sommerabends am Skagener Südstrand spazieren. Dieses Bild, in Reproduktionen ein Megaseller, war bis 1986 im Besitz des Berliner Verlegers Axel Springer. In seinem Vermächtnis bestimmte der die Rückgabe des Gemäldes nach Dänemark, ausdrücklich als Dank an die Dänen für die Rettung der in ihrem Land lebenden Juden vor dem Holocaust.

Degn Brøndum – der Mäzen

Treffpunkt der Skagener Künstlerszene um die Jahrhundertwende ist das noch heute existierende **Brøndums Hotel** 3, gleich neben Skagens Museum und das stilechte Etablissement, um sich bei diesem Rundgang zu stärken. Mit Degn Brøndum als Förderer und der Malerin Anne Brøndum, spätere Anne Ancher, wird die Hoteliersfamilie Teil der Szene. Degn ist auch einer der Initiatoren des Skagens Museum. Das wird 1908 gegründet und bekommt 20 Jahre später ein eigenes Gebäude, nur wenige Schritte von Brøndums Hotel entfernt.

Sein Hotel vermacht Degn Brøndum testamentarisch dem Museum und so wechselt 1946 der von Thorvald Bindesbøll entworfene Speisesaal mit seinen in die Wandpanele eingelassenen Gemälden – manches Bild beglich ausstehende Hotelrechnungen – zwar den Standort vom Hotel ins Museum, aber nicht den Besitzer.

Anne Ancher – die Verkannte

Anne Ancher blieb das bedeutendste Skagener Eigengewächs unter den Künstlern. Zu Lebzeiten spielt sie eher die Rolle der bescheidenen, nebenbei malenden Frau und Mutter an der Seite des großen, aber eher konservativ agierenden Künstlers Michael Ancher. Erst Jahre nach ihrem Tode werden viele ihrer impressionistischen Bilder überhaupt erst entdeckt und gewürdigt. Längst ist ihr Werk in der dänischen Kunst neu positioniert – posthum überflügelt ihr Ruhm den ihres Mannes.

Das Œuvre der beiden wird wiederum nur wenige Schritte von Brøndums Hotel und Museum entfernt im **Michael og Anna Anchers Hus** 11 mit vielen Nebenwerken und Skizzen – über 200 Arbeiten insgesamt – präsentiert, ihre Hauptwerke hängen im Skagens Museum.

Kunst in den Dünen

Wie überall in und um Skagen begegnet man auch auf Grenen der Kunst. Eine der Dünen wurde für Holger Drachmann (s. S. 281) zum Grabhügel, **Holger Drachmanns Grav** 22, die Entwürfe für Urne und Portal lieferte Künstlerkollege P. S. Krøyer.

Das 2012 mit neuem Konzept und einer Zusammenarbeit mit der bekannten Gallerie Rasmus wiedergeborene **Grenen Kunstmuseum** 23 befasst sich in einer kleinen ständigen Sammlung mit dem Lebenswerk des 2011 kurz vor seinem 104. Geburtstag verstorbenen Museumsgründers Axel Lind, eines Marine- und Landschaftsmalers. Darüber hinaus ist es Dependance einer der wichtigsten Kunstgalerien Dänemarks mit skandinavischer Gegenwartskunst (Fyrvej 40, Tel. 98 44 22 88, www.grenenkunstmuseum.dk bzw. www.gallerie-rasmus.dk, ganzjährig ausgewählte Wochenend-, Feier- und Ferientage 11–15, 2. Junihälfte–Aug. tgl. 11–15/16/17 Uhr, Details auf den genannten Web-Seiten).

Vom Parkplatz vor dem Museum fährt **Sandormen** ab. Dieser ›Sandwurm‹ besteht aus einem kräftigen Trecker mit Passagieranhänger und windet sich durch die Dünen bis zur äußersten Spitze Grenens hinaus (www.sandormen.dk/de, ca. Ostern–Okt. wetterbedingt ab 10 Uhr solange Bedarf, 25 DKK, 10 DKK/bis 11 Jahre pro Strecke). Einen Weg sollte man auf jeden Fall zu Fuß gehen, am besten raus zur Landzunge am Dünengrab von Holger Drachmann vorbei und dann auf der ›Ostseeseite‹ am Strand entlang – so hat man Grenen die ganze Zeit vor Augen.

Übernachten

Zweiter Frühling mit 100 – **Ruths Hotel** 1: s. Mein Tipp S. 285

Modern und weiträumig – **Color Hotel Skagen** 2: Gammel Landevej 39, Tel. 98 44 22 33, www.skagenhotel.dk. Im Motelstil am Südrand der Stadt mit Pool, Wellness- und Fitnesseinrichtungen – gleich hinter den Häusern beginnen die Dünen. DZ und Suiten ca. 1050–2800 DKK, auch Familienzimmer für 2+2 und Apartments für bis zu 6 Pers; verschiedene Angebote für Mini- und Aktivferien.

Hier trafen sich die Künstler – **Brøndums Hotel** 3: Anchersvej 3, Tel. 98 44 15 55, www.broendums-hotel.dk. Sie kommen wegen der Skagenmaler? Dann müssen Sie hier wohnen: Das Hotel direkt neben dem Skagens Museum war Treffpunkt der Malerclique zu ihrer größten Zeit. April–Sept. DZ ca. 1500 DKK (Bad/WC auf dem Gang). Dependance im 200 m entfernten **Admiralgården** 4, dort auch DZ mit Bad, ca. 1050–1500 DKK, Okt.–April billiger.

Zentral, familiär und hilfsbereit – **Hotel Petit** 5: Holstvej 4, Tel. 98 44 11 99, www.hotelpetit.dk. Das Hotel Petit wird seinem Namen gerecht, liegt ruhig aber nah am pulsierenden Leben von Skagen. Nachfrageorientierte Tagespreise: DZ ca. 850–1800 DKK, auch Familienzimmer 2+2.

Bestens ausgestattete Herberge – **Danhostel Skagen Vandrerhjem** 6: Rolighedsvej 2, Tel. 98 44 22 00, www.skagenvandrerhjem.dk, März–Nov. Zentrumsnahes, modernes Haus mit vielen Bad/WC-Zimmern. Einzelbett 180 DKK, DZ 350–625 DKK, Familienzimmer 3–5 Pers. ca. 500–800 DKK, Frühstück 55 DKK.

Camping ortsnah – **CampOne Grenen Strand** 7: Fyrvej 16, Tel. 98 44 25 46, www.campone.dk/grenen. Von den drei Campingplätzen in Skagen liegt dieser am Nordrand der Stadt mit Blick auf Grenen am nächsten zum Meer – mit über 300 Stellplätzen ist

das Areal optimal genutzt, freien Raum gibt es wenig, das gilt aber auch für die beiden anderen ortsnahen Plätze (www.skagencamping.dk, www.pouleegcamping.dk); alle drei Campingplätze haben auch Hütten.
Ferienhäuser und Stadtwohnungen – **Skagen-feriebolig 8**: Sct. Laurentii Vej 96B, Tel. 98 44 15 02, www.skagen-feriebolig.de, kleiner lokaler Anbieter u. a. mit Stadtwohnungen; **Skagenferie.dk 9**, Jens Vævers Vej 8, Tel. 98 44 22 23, www.skagenferie.dk, ähnliches Angebot. Ansonsten gibt es in und um Skagen weniger Ferienhäuser als sonst an Dänemarks Nordseeküste üblich: »Die Deutschen kommen immer nur bis Aalbæk, weil wir nicht so viele Ferienhäuser haben«, erklärte mir ein Skawboer, weshalb seiner Ansicht nach deutsche Urlauber in der Stadt fast Exoten sind. In der Tat findet man viele Ferienhäuser südlich entlang der Kattegatküste um Hulsig und Bunken (▶ H 1; ca. 15 km südl. Skagen), um Aalbæk (▶ H 2; ca. 20 km) und reichlich am Bratten Strand (▶ H 2; ca. 30 km) oder ziemlich exklusiv an der Nordseeseite in der einsamen Landschaft von Kandestederne (▶ H 1; 18 km, s. u.).
Privatzimmer und B & B – In Skagen werden traditionell so viele Privatzimmer – mal mit Teeküche, mal mit Frühstück – vermietet wie nirgendwo sonst in Dänemark und man bekommt außer an wenigen Spitzentagen wie in Woche 29 fast immer spontan ein Zimmer. Das Onlineportal **www.skagenguide.dk** liefert Adressen und Beschreibung meist auf Dänisch, aber das reicht, sich ein Bild zu machen und die Telefonnummer gibt es dazu. Ansonsten sucht man über Schilder an der Straße oder lässt sich ein Zimmer gegen Gebühr im i-Büro vermitteln (DZ ab 400 DKK).

Südliche Halbinsel

Paradies in wilder Landschaft – **Hjorths Badehotel/Kokholms Hotel 10**: Kandebakkevej 17, Kandestederne (ca. 18 km südwestl.), Tel. 98 48 79 00, www.hjorthshotel.dk, Ostern bis 42. Woche. Zwei traditionelle Badehotels von 1890 und 1906 in einer Hand, restauriert zu Perlen im nordischen Landhausstil. In der Hochsaison DZ ohne Bad ab 1015 DKK, mit Bad ab 1275 DKK, sonst ab 950 DKK.
Camping vor der Wanderdüne – **Råbjerg Mile Camping 11**: Kandestedvej 55, Skagen, Tel. 98 48 75 00, www.raabjergmilecamping.dk, ca. 15 km südl. der Stadt. Großzügiger als die ortsnahen Plätze (s. o.) in spannender Naturlandschaft angelegt; auch Hütten.

Essen & Trinken

Skagen Stadt

Einige Lokale sind tagsüber Café oder Restaurant und abends munterer Musikclub, deshalb lohnt auch ein Blick in die Rubrik Abends & Nachts (s. u.).
Von Imbiss bis edel – **Fiskepakhuse 7**: In den historischen Packhäusern am Hafen kann man aus einem halben Dutzend Lokalen von **Aavangs Fiskehus 1**, dem Deli-Imbiss mit gut sortiertem Fischladen (Fiskehuskaj 1–3, Tel. 98 44 14 33, www.aavangsfiskehus.dk) bis zum edlen **Skagen Fiskerestaurant 2** wählen (Fiskehuskaj 13, Tel. 98 44 35 44, www.skagen-fiskerestaurant.dk).
Für Kunstfans – **Brøndums Hotel 3**: Hier atmet man Kunstgeschichte und isst dänische Klassiker mit französischer Note modern interpretiert: mittags u. a. gute Smørrebrød (Stück ab ca. 90 DKK), abends HG ca. 200–400 DKK, auch immer ein Menü nach Jahreszeit (3-Gänge ca. 500 DKK).
Typisk dansk – **Bodilles Kro 3**: Østre Strandvej 11, Tel. 98 44 33 00. Die

Küche experimentiert ungern, warum auch, voll wird's immer. In der Saison im ersten Stock tgl. ein Fisch- und Schalentierbuffet, das aber mehr auf Sättigung als auf kulinarische Genüsse zielt. HG um 200 DKK, Buffet ca. 230 DKK.

Alte Schule mit neuem Leben – **KappelBorgen Café & Restaurant** 4: Sct. Laurentiivej 54, Tel. 98 48 88 48, www.kappelborgen.dk, ganzj., aber nur im Sommer tgl. ab 11 Uhr. Eine alte Schule mitten in der Stadt wurde 2014 komplett renoviert und als Kulturhaus mit Bibliothek, Kino sowie Räumen für Konzerte und Vorträge eröffnet (www.kappelborgskagen.dk). Der Teil, der an einen kleinen Innenstadtplatz im Verlauf der Fußgängerzone stößt, wurde zum Café & Restaurant mit ›Spillested‹, wie die Dänen ihre Musik- und Kleinkunstbühnen nennen: Die Küche ist regional ausgerichtet – immer steht ein Menü nach Jahreszeiten oder an ausgewählten Tagen ein Buffet auf der Tafel (Frokostgerichte um 100 DKK, abends HG ab ca. 125 DKK, Menüs ab ca. 210 DKK).

Brauhaus mit Frokost-Küche – **Skagen Bryghus** 5: Kirkevej 10, Tel. 98 45 00 50, www.skagenbryghus.dk, April–Okt. Mo–Fr 11–19, Sa 11–20, So 11–16 Uhr, sonst Mo, Di geschl., nur Frokost. Hier kann man zu deftigen Frokost-Happen hausgebraute Spezialbiere mit lokalen Namen wie *Skawskum* – Skagenschaum, ein Dunkel im bayerischen Stil – oder *Sandmilen* – Sanddüne, ein helles Starkbier – genießen (Hauptgerichte ab ca. 100 DKK), an ausgewählten Tagen Brauereiführungen und Livemusik.

Bodenständig statt Schickimicki – **Jørgens Spisehus** 6: Sardinvej 7, Mo–Sa 9–20, So 10–20 Uhr. Das Lokal im Cafeteria-Stil liegt in dem Teil des Hafens, in dem noch Arbeit statt Müßiggang angesagt ist, und hier kriegen Fischer,

Mein Tipp

Zweiter Frühling mit 100: das Ruths Hotel

Wohl dem, der mit über 100 so frisch aussieht wie das **Ruths Hotel** 1 in Gammel Skagen. 1904 öffneten Emma und Hans Christian Ruth ihre Bade-Pension und kamen mit dem Boom, den die Skagenmaler losgetreten hatten, zu Wohlstand. Bis 1978 blieb das Ruths in Familienbesitz. Nach einigen Jahren des Stillstands erfolgte zum 100. Geburtstag ein Neustart als luxuriöses Badehotel mit Wellness- und Beautyabteilung. Das Ruths besitzt heute 52 Zimmer, Suiten und Mini-Apartments, verteilt auf das Haupthaus und drei benachbarte Gebäude, jedes mit eigenem Stil, aber alles in exklusivem Rahmen. Seit dem Neubeginn gehört es zum Ruths-Erlebnis, dass Spitzenköche am Herd stehen. 2014 übernahm Thorsten Schmidt diese Aufgabe, eine vielfach ausgezeichnete Ikone der neuen nordischen Küche – innovativ, auf das Wesentliche der Speisen konzentriert und mit erster Priorität für das Regionale: Skagen soll man schmecken. Serviert wird edel und nach Schmidts reiner Lehre im **Ruths Gourmet v/Malling & Schmidt** (nur abends, Hochsaison Di–Sa, Winter nur Fr, Sa). Zwangloser geht es in **Ruths Brasserie** zu (tgl. 11–21, Hochsaion bis 22 Uhr, Reservierungen nur bedingt mögl.), wo auch französische Einflüsse zu schmecken sind – und natürlich gibt's täglich frische Austern. Trotz Luxus ist das Ruths im Ort verwurzelt, so kann hier jeder morgens frische Brötchen kaufen (Hans Ruths Vej 1, Gammel Skagen, Tel. 98 44 11 24, www.ruths-hotel.dk, DZ/Suiten ca. 1725–3850 DKK, Gourmet-, Golf-, Wellness- und Miniferien-Pakete).

Lieblingsort

Kiosk vor glühendem Himmel ▶ H 1

Kuschelige Plätzchen für zärtliche Momente unter Sonnenuntergangshimmel gibt es in Skagens Dünen reichlich, für kollektive Erlebnisse steuert man zur entscheidenden Stunde den **Solnedgangskiosken** 19 an – für mich bei jedem Skagenbesuch ein liebgewonnener Pflichttermin. Gleich neben dem eher unromantischen Kiosk schaut man auf Strand, Wellen, das goldene Glitzern der Sonne im Meer – und auf Hunderte, die dieselbe Idee haben. Übrigens: Bier zum Anstoßen gibt es am Kiosk, wer Sekt für angemessener hält, muss ihn mitbringen (s. S. 279).

Werftarbeiter und Seeleute ordentlich was auf den Teller: jeden Tag von 12–19 Uhr z. B. ein wechselndes Tagesgericht *(Dagens Ret)* mit Hausmannskost für 70 DKK, ansonsten sind Wienerschnitzel Spezialität des Hauses (Hauptgerichte ca. 60–180 DKK), auch super die Smørrebrød zum Frokost (40 DKK/Stück).

Rest der Halbinsel

Zwei kulinarische Welten unter einem Dach – **Ruths Gourmet v/Malling & Schmidt** mit neuer nordischer Küche und **Ruths Brasserie** mit französischer Ausrichtung im **Ruths Hotel** 1 (s. Mein Tipp S. 285).

Gourmetrestaurant trifft Gastropub – **De 2 Have** 7: Fyrvej 42, Tel. 98 44 24 35, www.restaurantde2have.dk. In den Dünen der Landspitze Grenen belegt ein zweigeteiltes Restaurant das Obergeschoss des Grenen Kunstmuseum: Auf der Ostseite ein Gourmetrestaurant (Mai–Aug. sowie ausgewählte Ferien- und Feiertage, jedoch nur Hochsaison tgl., Details s. Website) und auf der Westseite ein leger konzipierter Gastro-Pub im Strandbar-Stil (Mai–Aug. tgl. 11 Uhr bis Sonnenuntergang, sonst Ostern–42. Woche an ausgewählten Tagen 11–17 Uhr). Das Angebot reicht vom Cappuccino über dekadent-deftige Frokost-Leckereien (Austern vom Limfjord, gebratene Heringe, hausgemachte Fischfrikadellen oder zu gewissen Zeiten Sushi) auf der einen Seite bis zum gediegenen 6-Gänge-›Cool-Klimate‹-Menü zum Sonnuntergang inkl. passendem Wein-Menü für etwa 1500 DKK auf der anderen Seite.

Landhausatmosphäre – **Hjorths Badehotel** 10: s. Übernachten, Juli tgl. 12–22 Uhr, sonst Mai–Woche 42 an ausgewählten Tagen Frokost, Kaffee & Kuchen, Dinner. An Romantik ist diese Oase in rauer Dünenlandschaft hinter dem Nordseestrand im Süden der Halbinsel unübertroffen, die nordische Küche verarbeitet Frisches aus der Region, Hauptgerichte mittags ab ca. 90 DKK, abends um 200 DKK.

Einkaufen

Kalorien und Karies, aber lecker – **Bolcheriet** 1: Havnevej 6, Woche 7–42, nur Hochsaison tgl., nicht an allen Shop-Tagen auch Produktion: aktuelle Zeiten: www.bolcheriet.dk. ›Bolcher‹ mit Lakritz, Himbeer, Erdbeer oder was auch immer für einen Geschmack Sie mögen und dazu ein paar Karamellbonbons. Fast alles, was im Shop verkauft wird, wird vor den Augen eines meist kindlichen Publikums auf uralten Bonbonmaschinen wie eine Show zelebriert hergestellt. Und hinterher Zähneputzen nicht vergessen ...

Mode casual bis maritime – **Pier 1** 2: Nordkajen 2, Tel. 98 44 53 01. Direkt am Hafen mit angesagten dänischen Modemarken und internationalen Brands für Frauen und Männer wie Henri Lloyd oder Ralph Lauren, die die Kunden von den Jachten im nahen Hafen gern tragen.

Skagen Design Born in the USA – **The Skagen Denmark Shop** 3: Sct. Laurentii Vej 6, Tel. 45 96 09 92, www.skagen.com. Die Designermarke für Lifestyle-Accessoires – am bekanntesten sind die Uhren – stammt eigentlich aus den USA, gegründet von Auslands-Dänen. Seit sie in Europa verkaufen, war ein Brand-Shop in der Stadt, deren Namen sie benutzen, ein Muss.

Aktiv

Hochseeangeln – **www.skagen-havfiskeklub.dk:** Tel. 42 80 10 46. Skagens Angelclub nimmt bei Angeltouren mit Kuttern auf freien Plätzen auch NichtMitglieder mit. Andere aktuelle

Anbieter von Angelfahrten und ihre Termine kennt das i-Büro (s. Infos). Beliebt als Angelplätze sind ansonsten die **Hafenmolen** **1**.

Leihräder – **Skagen Cykeludlejning** **2**: Banegårdspladsen, Ostern–Sept. direkt am Bahnhof, und ganzjährig Fiskergangen 8–10, Tel. 98 44 12 14.

Abends & Nachts

Am Fiskehuskaj, Havneplads und Havnevej, wo schon tagsüber viel los ist, tobt später Skagens Nachtleben. Ab Mai gibt es an den Wochenenden Livekonzerte, von Mittsommer bis Mitte August kann man praktisch jede Nacht verschiedenste Musikrichtungen auf diversen Mini-Bühnen erleben in Lokalen, die tagsüber Kneipe, Café oder Restaurant sind. Bis in den Oktober hinein klingt die Saison dann langsam wieder aus. Das Winterhalbjahr ist dagegen sehr viel ruhiger.

Tagsüber Café, nachts Club – **Jacobs Café og Bar** **1**: Havnevej 2, www.jakobs.dk. Die Party Generation trifft sich hier in der Saison bei Konzerten und Nightclub-Atmosphäre an der Bar. Die Küche bringt internationale Mainstream-Kost wie Burger, Steaks & Co auf den Tisch; populäres Straßencafé an der Fußgängerzone.

Livemusik von Country-Rock bis Blues – **Green's** **2**: Havnevej 3, Tel. 98 45 15 85, ganzj., Juli–Aug tgl. bis 2/3 Uhr, Küche: Frokost immer, abends nur Juli–Aug. tgl., sonst Fr/Sa. Hier ist das Stammpublikum sichtlich über 40 und genießt in der Saison täglich Livemusik, sonst Kneipenatmosphäre mit großer Auswahl an Spezialbieren. Zum Frokost gibt es hier gute *Fish & Chips*.

Hier tanzt die silberne Generation – **Pakhuset** **3**: Rødspættevej 6, Tel. 98 44 20 00, www.pakhuset-skagen.dk. Im Juli tgl. und sonst vor allem an Wochenenden werden um 22 Uhr die Tische im HavneCafén umgeräumt, um Platz für die Band zu machen. Dann erlebt man, wie ausgelassen Nordleute feiern können, auch wenn sie schon über 40 sind. Viele bleiben gleich vom Essen sitzen, dann hat man einen Platz sicher. Pakhuset hat neben der populären Außengastronomie in Tuchfühlung zum Hafen zwei Restaurants mit maritimer Atmosphäre und viel Fisch auf der Karte: Fiskerestauranten im ersten Stock versucht es edel (3-Gänge-Menüs ab ca. 400 DKK), HavneCafén im Erdgeschoss wird hingegen in der Saison von Laufkundschaft überrannt und dann leidet manchmal die Qualität – ich aß hier schon ganz ordentlich, aber auch katastrophal (abends HG um 200 DKK).

Infos & Termine

Skagen Turistbureau: Vestre Strandvej 10, 9990 Skagen, Tel. 98 44 13 77, www.skagen-tourist.dk, www.skagen.dk. Das i-Büro bietet ganzjährig Themen- oder Stadtteiltouren, leider nur wenige in Deutsch/Englisch, ca. 90 DKK/ab 13 Jahre, spezielles Kinderprogramm mit Kinder-Guide während der dänischen Sommerferien.

Skagen hat einen großen Terminkalender mit Kunstevents und Konzerten, Führungen und Festivals, Details auf den Seiten des i-Büros, hier eine kleine Auswahl:

Sankthansaften: 23. Juni. An Skagens Stränden sind Feuer zum Sankthansaften (s. S. 34) spätestens seit P. S. Krøyers monumentalem Gruppenbild »Sct. Hansblus på Skagens strand« von 1906 Kult und stets eindrucksvoll.

Skagen Festival: Anfang Juli. Eines der wichtigsten Folk-Festivals in Europa mit viel nordischer Musik und immer ein paar bekannten Namen aus der anglo-amerikanischen Folk-Szene (Tel. 98 44 40 94, www.skagenfestival.dk).

Sprachführer

Alphabet und Aussprache

Geschriebenes Dänisch versteht man relativ leicht, wehe aber, Dänen sprechen: Sie sind Weltmeister im Verschlucken von Silben. Zudem werden einige Buchstaben ungewohnt ausgesprochen: das S immer stimmlos, das G gelegentlich wie J. Dänische Sonderbuchstaben sind Æ/æ, gesprochen wie Ä, und Ø/ø, wie Ö. Å/å entspricht Aa/aa, wird jedoch bei Eigennamen uneinheitlich verwendet. So heißt es manchmal Åbenrå, meist aber Aabenraa. Gesprochen werden Å/å bzw. Aa/aa wie ein offenes O: Aalborg also am Anfang wie Oldenburg, nicht wie Aachen.
Wichtig bei der Suche in Registern: Æ, Ø und Å/Aa rangieren hinter XYZ, das W – Dänisch ›Doppel-V‹ – kommt im dänischen Alphabet nicht vor und wird dem V zugeordnet.

Allgemeines

Du/Sie	du/De
Guten Morgen	god morgen
Guten Tag	goddag
›Tachchen‹	davs
Auf Wiedersehen	farvel
Wir sehen uns!	Vi ses!
Entschuldigung	undskyld
Danke	tak
Danke für letztens!	tak for sidst!
Bitte sehr	værsågod

Im täglichen Umgang hat das ›Du‹ das förmliche ›De‹ (Sie) weitgehend ersetzt. Ein direktes Pendant zum ›Bitte‹, wie in ›Ich möchte bitte …‹ ist unbekannt, ihm entspricht das ›tak‹ (danke) am Satzende: ›Jeg vil gerne …, tak!‹. Auch heißt es ›Ja, tak‹, wo man im Deutschen eher ›Ja, bitte‹ sagt.

Unterwegs

(Stadt-)Bus	(by)bus
S-Bahn/Zug	S-tog/tog
Haltestelle	stoppested
Bahnhof	banegård
Fahrplan	køreplan
Abfahrt	afgang
Ankunft	ankomst
ab/an	fra/til
Pkw-Platz (auf Fähre)	bilplads (på færgen)
Fähre(hafen)	færge(havn)
Auto(verleih)	bil(udlejning)
Fahrrad	cykel
Durchfahrt	gennemkørsel
Parkplatz	parkeringsplads
(nach) rechts	(til) højre
(nach) links	(til) venstre
Flughafen	lufthavn
Charter-/Linienflug	charter-/rutefly
Einbahnstraße	ensrettet
Brücke	bro
Fußgängerzone	gågade
Platz	plads
Radweg	cyklesti
Einfahrt/Zugang	adgang
geschlossen	lukket
geöffnet	åbent

Zeit

Minute/Stunde	minut/time
Tag/Woche	dag/uge
Monat/Jahr	måned/år
heute/gestern	i dag/i går
Morgen/Mittag	morgen/middag
Nachmittag	eftermiddag
Abend/Nacht	aften/nat
täglich (außer)	dagligt (undtagen)
werktags	hverdage
außer	undtagen
Feiertag	helligdag

Notfall

Hilfe!	hjælp!
Polizei(-station)	politi(gården/station)
(Zahn-)Arzt	(tand-)læge
Zahnarzt	tandlæge
Apotheke	apotek
Unfallstation	skadestue
Krankenhaus	sygehus

Unfall/Panne	ulykke/uheld
Rettungswagen	ambulance

Übernachten

Ferienhaus-vermietung	Feriehusudlejning
Einzel-/Doppel-/ Familienzimmer	enkelt-/dobbelt-/ familieværelse
Bett	seng
Dusche	brusebad
alles belegt	alt optaget
zu mieten	til leje
(Nicht-)Raucher	(ikke)ryger
Rechnung	regning

Einkaufen

Geschäft	forretning
Markt	marked/grøntorv
Kreditkarte	kreditkort
Geld (-automat)	penge (-kontanten)
Bäckerei	bageri
billig/teuer	billigt/dyrt
Größe	størrelse
bezahlen	betale

Zahlen

1	en
2	to
3	tre
4	fire
5	fem
6	seks
7	syv
8	otte
9	ni
10	ti
11	elleve
12	tolv
13	tretten
14	fjorten
15	femten
16	seksten
17	sytten
18	atten
19	nitten
20	tyve
21	en-og-tyve
30	tredive
40	fyrre
50	halvtreds (femti)
60	tres (seksti)
70	halvfjerds (syti)
80	firs (otti)
90	halvfems (niti)
100	ethundrede
225	tohundrede-femogtyve
1000	ettusinde

Die wichtigsten Sätze

Allgemeines

Sprechen Sie Deutsch/Englisch?	Taler du tysk/engelsk?
Ich verstehe kein Dänisch.	Jeg forstår ikke dansk.
Ich heiße ...	Jeg hedder ...
Wie geht's?	Hvordan går det?
Gut. Und wie geht es Dir?	Fint! Og hvordan går det med dig?
Wie viel Uhr ist es?	Hvad er klokken?
Es ist drei Uhr	Klokken er tre.
halb/viertel vor	halv/kvart i
zehn Minuten nach	ti minutter over

Unterwegs

Wo kann ich das Auto parken?	Hvor kan jeg parkere bilen?
Wo finde ich ...?	Hvor er ... ?
Wo fährt der Bus/ die (S-)Bahn ab?	Hvor går bussen/ (S-)toget fra?

Notfall

Können Sie mir bitte helfen?	Kan du hjælpe mig?
Ich brauche einen Arzt.	Jeg har brug for en læge.
Hier tut es weh.	Jeg har smerter her.

Übernachten

Haben Sie ein Zimmer?	Har Du et værelse?
mit Frühstück?	med morgenmad?
Kann ich mit (dieser) Kreditkarte bezahlen?	Kan jeg betale med (dette) kreditkort

Einkaufen

Wie viel kostet ...?	Hvor meget koster ...?
Wann öffnet/ schließt ...?	Hvornår åbner / lukker ...?
Nehmen Sie Kredit-karten?	Tager Du kreditkort?

Kulinarisches Lexikon

Allgemeines

ad libitum	›nach Belieben‹, eine kulinarische Flatrate
bagt	gebacken
dampet	gedämpft
fra panden	aus der Pfanne
fra grillen	vom Grill
frisk	frisch
fyldt	gefüllt
gennem	durch
hvidvinsdampet	in Weißwein gedämpft/gekocht
rå	roh
røget	geräuchert
smørstegt	in Butter gebraten
stegt	gebraten
torve-/fra torvet	frisch vom Markt
egnsretter	regionale Gerichte
gammeldags	traditionell(e)
kæmpe	große Portionen
kolde retter	kalte Gerichte
lune retter	lauwarme Gerichte
varme retter	heiße Gerichte
vegetar	vegetarisch
krydderier	Kräuter
hvidløg	Knoblauch

Frühstück

flute	Baguette
franskbrød	Weißbrot
oste(tallerken)	Käse(-teller)
Danbo	beliebter Schnittkäse
gammel ost	alter, gereifter Käse
gårdoste	Bauernkäse aus privater Herstellung
rullepølse	Presswurst aus Bauchspeck
rundstykke	Brötchen mit Mohn
røræg	Rührei
skinke	Schinken
smør	Butter
spanske	Brötchen ohne Mohn
spegepølse	Pökelwurst
tebirkes	süßes Blätterteiggebäck mit Mohn

Lunch

fiskefrikadeller	Fischfrikadellen
frokostanretning	Lunchplatte
håndmadder	Schnittchen
jomfruhummer	Königsgarnelen
landgangsbrød	belegtes Baguette
(fjord)rejer	Krabben
pil selv	zum selber Pulen
pillede	gepulte
rogn	Rogen
røget torskrogn	geräucherter Dorschrogen
stenbiderrogn	Seehasenrogen (dän. Kaviar)
sild	Hering
carry –	in Curry-Sauce
krydder –	in Kräuterlake
marrineret –	mariniert
stegt –	in Butter gebraten
sildeanretning	Heringsplatte
smørrebrød	belegte Brote

Fisch und Meeresfrüchte

fisk(eretter)	Fisch(gerichte)
(blå-)muslinger	(Mies-)Muscheln
blæksprutte	Calamaris
fjordlaks	Fjordlachs (Zucht)
fjæsing	Petermännchen
havkat	Seewolf
havtaske	Seeteufel/Angler
havørred	Meerforelle (lachsähnlich)
hellefisk	Schwarzer Heilbutt
helleflynder	Heilbutt
kammusling	Kammmuscheln/Jakobsmuscheln
kuller	Schellfisch
makrel	Makrele
pighvar	Steinbutt
pighaj	Dornhaj
rejecocktail	Krabbencocktail
rødspætte(filet)	Scholle(nfilet)
rødfisk	Rotbarsch
stenbider	Seehase
søtunge	Seezunge

torsk	Dorsch
sej	Seelachs
ål	Aal
østers	Austern
østersølaks	Ostseelachs (Wildfang)

Fleisch und Geflügel

fjerkræ	Geflügel
hønsesalat	Hühnersalat
kylling(ebryst)	Hähnchen(brust)
kød(retter)	Fleisch(gerichte)
dansk bøf	s. hakkebøf
engelsk bøf	Rumpsteak
entrecôte	marmoriertes Rindersteak
fransk bøf	kurzgebratenes Rindersteak vom Filet
frikadelle	Frikadelle
pølser	Würstchen (Pl.)
hakkebøf	Hacksteak (Rind)
hamburgerryg	Kassler
mørbrad	Schweinefilet

Gemüse und Beilagen

grøntsager	Gemüse
gulerødder	Karotten
peberfrugt	Paprika
rødkål	Rotkohl
salat(bord)	Salat(buffet)
svampe	Pilze
kartofler	Kartoffeln
bagt kartoffel	Backkartoffel
flødestuvede k.	Bechamelkartoffeln
hvide kartofler	Salzkartoffeln
stegte kartofler	Bratkartoffeln
nudler	Nudeln
ris	Reis
surt	saure Beilagen (Rote Beete, Gurken)

Nachspeisen und Kuchen

is	Eis
rødgrød	Rote Grütze
æblekage	Apfelkompott
vanilleis m/syltetøj	Vanilleeis mit Erdbeersauce
kage	Kuchen
flødeskum	Schlagsahne
lagkage	Schichttorte
(små)kager	Gebäck
tærte	(Frucht)torte

Getränke

dansk vand	Mineralwasser
kildevand	stilles Wasser
saft/juice	Saft
hyldebær (saft)	Holunderbeeren(saft)
hyldeblomst (saft)	Holunderblüten(saft)
øl	Bier
vin (hvid/rød)	Wein (Rot-/Weiß-)
snaps (akvavit)	Schnaps (Aquavit)

Im Restaurant

Ich möchte einen Tisch reservieren.	Jeg vil gerne bestille et bord.
Die Speisekarte, bitte.	Må jeg bede om menukortet.
Die Rechnung, bitte.	Må jeg bede om regningen.
Frühstück	morgenmad
Mittagessen	frokost
Abendessen	middag
Vorspeise	forretter
Suppe	suppe
Hauptgericht	hovedretter
Nachspeise	desserter
børnetallerken	Kinderteller
Beilagen	tilbehør
Tagesgericht	dagens ret
Messer/Gabel	kniv/gaffel
Löffel	ske
Glas/Flasche	glas/flaske
Salz/Pfeffer	salt/peber
Öl/Essig/Senf	olie/eddike/sennep
Zucker/Süßstoff	zukker/sødestof

Register

Das Register richtet sich nach dem dänischen Alphabet, bei dem die Buchstaben Æ/æ, Ø/ø, Å/å sowie dessen Synonyme Aa/aa am Ende stehen.

Autor/Abbildungsnachweis/Impressum

Der Autor: Nach dem Studium der Publizistik und Skandinavistik arbeitete Hans Klüche einige Jahre als Auslandskorrespondent in Dänemark und blieb dem Land auch später als Autor und Fotograf treu. Dänemarks Nordseeküste besucht er regelmäßig, oft begleitet von seiner Familie. Sohn Rasmus sorgt dafür, dass er die Interessen jüngerer Dänemarkurlauber im Auge behält. Für den DuMont Reiseverlag schrieb er u. a. die Reise-Handbücher »Dänemark« und »Neuseeland« sowie »DuMont Direkt Kopenhagen«.

Abbildungsnachweis
DONG Energy A/S: S. 72
Glow Images, München: S. 24, 80/81
Huber-Images, Garmisch-Partenkirchen: S. 52, 148 li., 168/169, 196 re., 212 (Gräfenhain)
Hans Klüche, Bielefeld: Titelbild, Umschlagklappe vorn, S. 6, 8 (2 x), 10, 11, 12 (4 x), 13 li. o., 13 re. o., 13 re. u., 16/17, 29, 32, 47, 50/51, 60/61, 66, 68/69, 74/75, 78/79, 82 (2 x), 83, 92, 98/99, 104, 107, 112, 120, 132/133, 140/141, 144/145, 146, 148 re., 149, 156/157, 160, 172, 176, 184, 192, 196 li., 197, 202, 209, 218, 220, 224, 228/229, 232 re., 233, 236/237, 240, 251, 260/261, 262, 266 (2 x), 275, 286/287, 296
laif, Köln: S. 86 (Galli)
Look, München: S. 13 li. u., 232 li., 254/255 (IBL)
Mauritius Images, Mittenwald: S. 125 (Alamy); 59 (Diederich); 7, 42/43 (Schön)
picture alliance, Frankfurt a. M.: S. 267, 280 (abaca); 48 (dpa); 65 (Wildlife)
Visit Denmark: S. 55, 244

Kartografie
DuMont Reisekartografie, Fürstenfeldbruck

Umschlagfotos
Titelbild: Im Hafen von Skagen
Umschlagklappe vorn: Leuchtturm Noerre Lyngvig nördlich von Hvide Sande

Hinweis: Autor und Verlag haben alle Informationen mit größtmöglicher Sorgfalt geprüft. Gleichwohl erfolgen alle Angaben ohne Gewähr. Bitte schreiben Sie uns! Über Ihre Rückmeldung und Ihre Verbesserungsvorschläge freuen wir uns: **DuMont Reiseverlag,** Postfach 3151, 73751 Ostfildern, info@dumontreise.de, www.dumontreise.de

2., vollständig überarbeitete Auflage 2015

Grafisches Konzept: Groschwitz/Blachnierek, Hamburg
Printed in China

MIX
Papier aus verantwortungsvollen Quellen
FSC® C020056
FSC www.fsc.org